Theory of Efficiency Analysis

효율성 분석 이론

자료포락분석과 확률변경분석

고 길 곤

Kilkon Ko

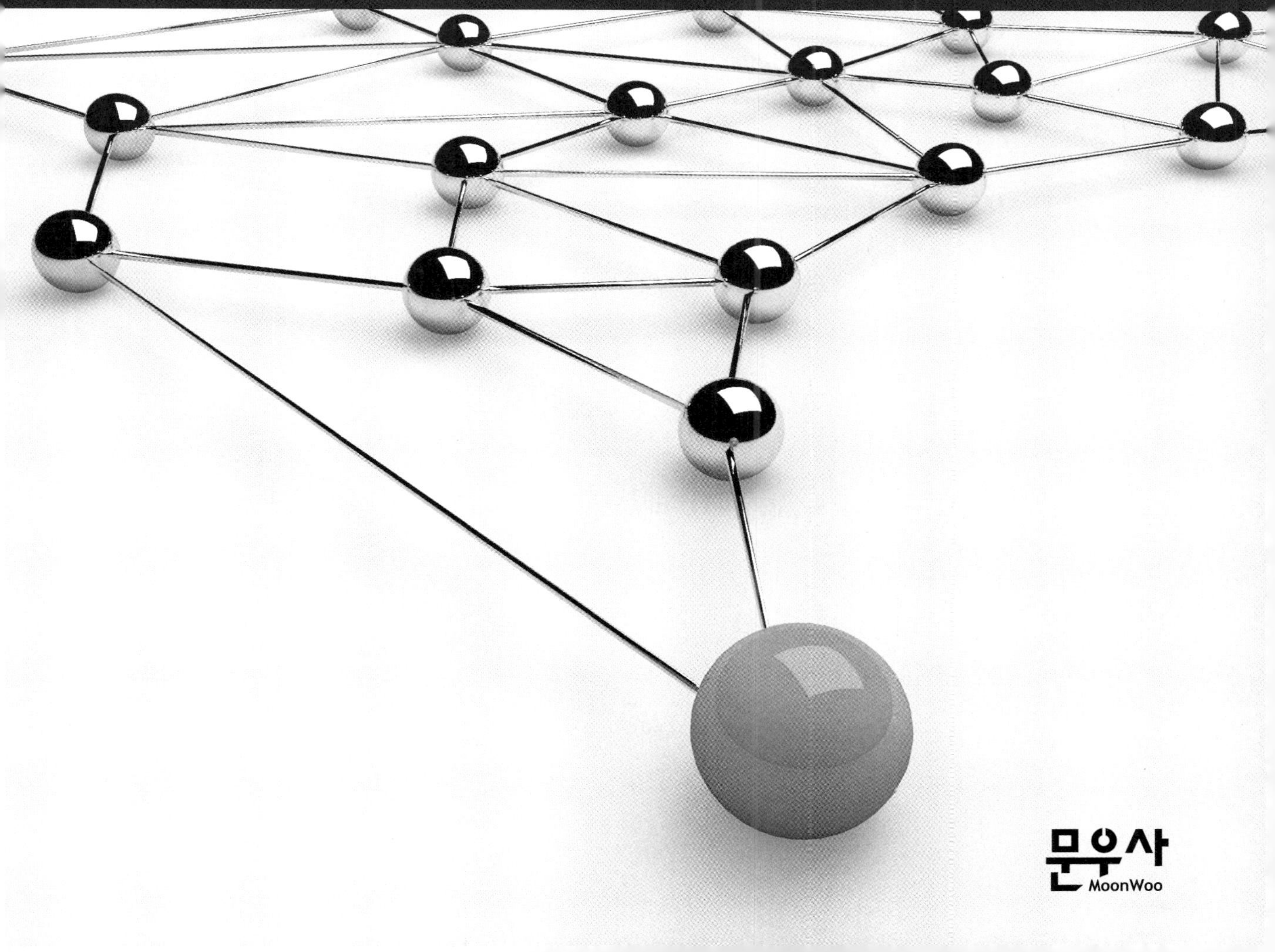

문우사
MoonWoo

* 이 책을 아내 금화와 딸 희경 그리고 아들 석찬에게 바칩니다.

머리말

효율성 분석은 행정학, 경영학, 경제학에서 널리 관심을 기울이는 분야이다. 기업이나 정부의 활동을 위해서는 인력, 예산, 자본, 정보, 기술 등 다양한 투입이 필요하고 이러한 투입은 생산기술을 통해 산출로 전환된다. 이처럼 기업이나 정부의 활동을 투입과 산출의 관계로 이해한다면 효율성 분석을 적용할 여지가 매우 크다.

저자의 효율성 분석에 대한 관심은 상당히 오래전부터 시작되었다. 경제학을 처음 공부할 때 주어진 투입과 산출 자료를 이용해서 생산함수를 어떻게 찾아낼 수 있을까 고민한 적이 있었다. 그리고 비용편익분석 연구를 하면서 화폐적 순편익을 나타내기 어려운 사업 간의 우선순위를 비교할 수 있는 방법은 없을까를 고민한 적도 있었다. 이런 고민들이 결국 효율성 분석에 대한 관심으로 이어지게 되었다.

이 책을 본격적으로 구상한 시기는 의사결정론에 관한 책을 구상하던 2011년으로 거슬러 올라간다. 의사결정론은 조직, 행정, 정책이론의 핵심임에도 불구하고 이를 체계적으로 가르치는 대학들은 찾아보기 힘들다. 물론 합리모형, 점증모형, 쓰레기통 모형, 상황이론, 전략이론 등과 같은 이론은 조직학이나 행정학에서 일부 다루어져 왔다. 하지만 구체적인 자료와 계량모형에 근거한 의사결정론은 온전히 개별 연구자들이 홀로 공부해야 되는 상황이었다. 그 결과 용어, 기호, 방법론의 범위, 접근 방식, 프로그램 등이 산만하게 흩어져 학문적 틀이 세워지지 못한 채 방치되어 왔다.

저자는 이를 안타깝게 여기고 의사결정론을 체계화하기 위해 비용편익분석, 분석적 계층과정(Analytic Hierarchy Process, AHP), 선형계획법(Linear Programming, LP), 자료포락분석(Data Envelopment Analysis, DEA), 확률변경모형분석(Stochastic Frontier Analysis, SFA) 그리고 의사결정나무분석(Decision Tree Analysis, DTA) 기법을 포괄하는 의사결정론 연구서를 준비하기 시작하였다. 하지만 각 방법에 대한 깊이 있는 연구서가 전제되지 않는 이상 한 권의 책에 모든 내용을 담는 것은 독자들에게 큰 도움이 되지 않는다고 판단했다. 그 결과 자료포락분석과 확률변경모형분석을 중심으로 한 효율성 분석 책을 먼저 출판하게 된 것이다.

저자는 사회과학 연구자들을 위한 방법론 연구서들은 이론과 활용방법이 함께 제공되어야 한다고 믿는다. 수학 논리를 이용한 이론 설명과 실제 사례를 이용한 응용과정에 대한 설명이 적절히 균형을 이루어야만 사회과학 연구자들이 실제 연구에 정확히 활용할 수 있기 때문이다. 저자는 수식을 읽고 '대충 무슨 소리인지 알겠다'라고 생각했다가도 막상 실제 사례에 적용할 때 '아 내가 제대로 이해하지 못했구나' 하고 깨달은 적이 한두 번이 아니다. 여러 번 반복해서 읽고 생각하고 적용하면서 방법론의 의미를 겨우 이해해 온 것 같다. 저자는 이론을 제대로 이해한 후 이를 활용하는 단계까지 충분히 훈련하지 않은 채 이론을 폄하하거나 지나치게 맹신하는 극단에 빠지게 되는 경우를 많이 보아 왔다. 이 책이 이론을 정확히 이해하고 실제 사례분석을 해 나가면서 깊이를 더해 가는 데 도움이 되기를 소망할 뿐이다.

방법론 연구자가 직면하는 또 하나의 문제는 어떤 분석 프로그램을 사용할지의 문제이다. 이 책에서는 SAS를 이용한 효율성 분석 프로그램을 제시하였다. 효율성 분석에 특화되어 있는 DEA Solver, DEAFrontier와 같은 프로그램을 비롯하여 Benchmarking, FEAR, SFA 등 R 기반 프로그램들도 제공되고 있다. 하지만 저자는 다양한 방법론들을 하나의 분석 플랫폼에서 구현하는 접근을 선호하기 때문에 SAS를 이용한 효율성 분석 프로그램을 개발하였다. 이 접근의 장점은 독자들이 기존 모형을 수정한 새로운 모형들을 개발하고자 할 때 제시된 SAS 프로그램을 간단히 수정하기만 하면 된다는 점이다. 또한 처음 이론을 배우는 연구자들이 SAS 프로그램의 내용들을 이해해 나가면서 이론을 정확히 숙지할 수 있다는 장점도 있다. 그러나 무엇보다도 큰 장점은 SAS 프로그램에서 제공하는 계량방법론들과 효율성 분석 방법론들을 연결하여 하나의 플랫폼에서 분석할 수 있다는 점이다. 특히 최근에는 SAS IML에서 R 패키지와 SAS의 각종 프러시저를 함께 사용할 수 있을 뿐 아니라 IML 고유의 함수들까지 사용할 수 있게 되었다. 물론 SAS를 이용하지 않는 독자들도 이론에 대한 설명을 충분히 제공하고 있기 때문에 효율성 분석을 이해하는 데 전혀 문제가 되지 않을 것이다.

이 책은 크게 DEA 이론과 SFA 이론 부분으로 구성되어 있다. DEA는 주로 경영학 분야를 중심으로, SFA 이론은 계량경제학 분야를 중심으로 발전되어 왔지만 두 방법은 상호 보완적으로 사용될 수 있는 가능성이 매우 높다. 이 책은 또한 효율성 분석의 여러 이론적 쟁점을 이해하는 데도 매우 도움이 된다. 특히 확률적 모형과 비확률적 모형, 모수적 모형과 비모수적 모형의 차이를 이해하는 것은 혁신적인 효율성 분석 이론 개발에 필수적이다.

DEA는 중요 DEA 이론들을 방사형, 비방사형, 민감도, 그리고 특수 문제들을 중심으로 서술하였다. 각 장별로 먼저 이론을 설명하고 프로그램을 이용하여 실제 자료를 분석하고 그 결과를 서술하는 순서를 따랐다. SFA 분야는 핵심 내용을 중심으로 서술하였다. SFA 자체만 해도 한 권의 책이 될 수 있는 광범위한 분야이지만 핵심적인 논리를 이해할 수 있도록 기술하되 중요 수식들은 가능하면 책에 포함시키고자 하였다.

DEA나 SFA 모두 완벽한 방법론이 아니기 때문에 꾸준히 새로운 이론들이 발전해오고 있다. 하지만 새로운 이론들은 여전히 논쟁 중이거나 지나치게 수준이 높아 포함시키기 어려운 경우가 많았다. 부족한 부분은 앞으로의 개정 과정을 통해 조금씩 개선하고자 한다. 특히 효율성 분석을 응용한 좋은 연구들이 많이 나와 그 사례들을 다음 개정에 포함시킬 수 있기를 기대한다.

2017년 1월

서울대학교 관악연구실에서

고길곤 적다

이 책의 활용법

이 책의 각 장은 이론을 설명한 부분과 프로그램 결과 해석 부분으로 나누어 구성되어져 있다. 기존의 DEA 관련 책들이 이론 부분을 지나치게 수식 위주로 설명을 하거나 모형의 의미에 대한 해석들을 간략하게 설명하는 단점이 있어서 가급적 자세한 설명을 추가하려고 노력하였다. 기존의 DEA 모형을 변형하여 자신만의 DEA 모형을 만들고자 하는 독자들을 위해서 각 모형의 중요 선형제약식은 가능한 한 충실히 제공하고자 하였다. 선형제약식은 유사한 형태를 가지고 있기 때문에 익숙해지면 어렵지 않게 이해할 것으로 판단된다.

마지막 장에는 SFA(확률변경분석)를 설명하였다. SFA 자체가 매우 중요한 계량경제학의 분야이기 때문에 하나의 장에서 다루는 것이 충분하지 않을 수 있다. SFA의 고급이론을 다루기 위해서는 사회과학 분야의 독자들이 이해하기 어려운 깊이 있는 수준의 계량경제학 이해가 필요하다. 따라서 이 책에서는 DEA의 보완적인 방법으로 SFA의 기본적인 이론과 활용방법을 소개하였다.

이 책의 프로그램은 SAS에 기반을 두고 있어 SAS 프로그램을 사용해보지 않은 독자들은 거리감을 느낄 수도 있을 것이다. 하지만 SAS를 이용한 분석 결과가 다른 DEA 상용 프로그램을 사용하는 경우와 유사한 결과를 제공하기 때문에 크게 걱정하지 않아도 된다. 다른 DEA 상용 프로그램을 사용하는 독자는 분석 결과 해석을 중심으로 책을 읽어 내려가면 DEA 응용방법을 어렵지 않게 이해할 수 있을 것이다. 분석에 사용된 모든 프로그램 코드를 각 장의 마지막에 수록함으로써 사용자들이 문제에 맞게 코드를 수정할 수 있도록 하였다. 참고로 SAS University Edition은 무료로 사용할 수 있다.

저자는 R을 이용한 DEA 분석도 수행을 해 보았는데 인수값만을 지정하면 되기 때문에 독자들도 손쉽게 활용할 수 있을 것으로 판단된다. 다만 매번 프로그램의 버전이 바뀜에 따라 안정적인 결과를 얻지 못하는 문제가 있다는 점은 유념해야 한다. SAS에서는 IML 환경에서 R의 패키지들을 읽어올 수 있기 때문에 R 패키지 중 유용한 것을 어렵지 않게 사용할 수 있다.

시중의 DEA 상용 프로그램들은 상당히 비싸기도 하고 이 책에서 제공하는 다양한 분석 방법을 제공하지 못한다. DEA는 단순한 방법론처럼 보이지만 실제로는 여러 가정들을 변형하여 다양한 분석을 수행할 수 있다. 학술논문이나 전문적인 연구목적으로 DEA 분석 방법을 사용할 때는 비전문가가 상용 프로그램을 사용하여 얻은 분석 결과에 의존하기보다는 꼭 DEA와 자료분석 전문가의 자문을 받아 사용하기를 추천한다. 이론을 제대로 이해하지 못한 채 프로그램 결과만을 제시해서는 의미 있는 연구 결과를 얻기가 불가능하기 때문이다.

SAS 코드에 대한 설명을 부가해주면 좋겠지만 안타깝게도 지면과 저자의 시간상의 제약으로 짧게 부록으로만 포함시킬 수 밖에 없었다. 국내에서는 OPTMODEL에 대한 소개도 많이 이루어지지 않아서 독자들의 요구가 있다면 독립적인 책으로 출간하는 것을 고려해보고자 한다. 마지막으로, 본 책에서 제공되는 SAS 코드 파일은 kilkon@gmail.com으로 요청하시면 보내드릴 것이다.

감사의 글

이 책의 출간은 2015년 저자의 연구년이 없었다면 불가능했을 것이다. 더 늦기 전에 관심 있는 분야를 연구해보겠다는 욕심으로 가족마저 한국에 두고, 좋아하는 여행도 접어둔 채 싱가포르 국립대학교 연구실에 출퇴근하며 글을 썼다. 가족의 이해와 희생이 없었다면 이 책은 불가능했을 것이다. 처음 맞는 연구년 동안 남편과 아빠 노릇 제대로 못하고 혼자 외국에 나가 생활한 미안함이 무척 크다. 아내와 아이들에게 고마움을 표현할 수 있는 길이 이 감사의 글밖에 없음에 더욱 미안할 뿐이다.

책을 쓰면서 척박한 연구 환경 속에서도 효율성 분석을 소개해 주신 분들에 대한 감사의 마음이 더욱 커져갔다. 단순히 이해하는 것과 책을 쓰는 것이 얼마나 다른지는 책을 쓰는 고통을 경험한 사람만이 알 수 있다. 더욱이 수식 하나하나의 의미를 이해하고 프로그램을 짜는 과정 속에서 우리말로 쓰여진 연구서가 왜 필요한지를 더욱 절감하게 되었다. 서울대의 이정동 교수님, 군산대 유금록 교수님을 비롯해 효율성 분석 분야를 소개해주시고 연구해주신 많은 선학들께 감사드리고자 한다. 아울러 부족한 제자에게 큰 가르침을 주신 서울대 행정대학원 노화준 명예교수님을 비롯한 여러 은사님들, 그리고 미국 피츠버그 대학의 John Mendeloff 교수님께 깊이 감사드린다. 또한 쉽지 않은 상황에서도 연구년을 허락해주신 서울대 행정대학원 선배 교수님들께도 감사드린다.

연구년 동안 싱가포르 국립대학교의 정치학과와 리콴유 정책대학원에서 연구실을 제공해주었다. 싱가포르의 East Asia Institute에서는 세미나에 초청해주고 좋은 의견들을 제시해주었다. 북경사범대에서는 8주에 걸친 중국 체류기간 동안 효율성 분석뿐만 아니라 중국 연구에 대한 여러 의견을 교환할 수 있도록 도와주었다. 이 글을 통해 Shamsul Haque, Luke O'Sullivan, Eduardo Araral(NUS), Qian Jiwei(EAI), Xifeng Li, Xinsong Wang(BNU) 교수님께 감사의 뜻을 전한다.

본 연구는 서울대 행정대학원 공공성과관리센터와 호반장학재단의 연구비를 지원받았다. 부족한 저자에게 기회를 주신 서울대 행정대학원 박순애 교수님과 호반장학재단께 감사를 표한다.

요즘은 실적과 장학금을 쫓아가다보니 인생을 걸고 묵묵히 연구하려는 학생은 줄어들고 있는 것이 아닌가 하는 걱정이 든다. 이런 분위기에도 불구하고 서울대 행정대학원의 박정수 박사는 DEA 코드를 짜고 정리하는 데 큰 도움을 주었다. 저자가 짜놓은 지저분한 프로그램 코드를 간결하게 만들고 새로이 코드를 짜는 일을 묵묵히 도와주었다. 방법론에 대한 뛰어난 이해력뿐만 아니라 성실함까지 갖춘 박정수 박사가 앞으로 학자로서 크게 성장할 것을 굳게 믿는다.

국회 예산정책처의 탁현우 박사, 서울대 행정대학원 박사과정의 김지윤, 이즈현, 조수연, 김대중 학생 역시 원고 교정에 도움을 주었다. 모두에게 감사의 뜻을 전하고자 한다.

우리나라에서는 책에 대한 심사 절차들이 제도화되어 있지 않다. 두꺼운 원고를 꼼꼼히 서로 읽어주고 토론해주는 문화가 정착되지 않았고 출판사들의 열악한 재정은 여러 차례에 걸친 전문가 검토를 불가능하게 만들고 있다. 저자는 학문의 무오류성을 믿지 않는다. 당연히 이 책에도 개선을 해야 될 부분이 많다고 믿는다. 이 책에 혹시라도 있을 오류를 지적해주실 미래의 조언자분들께 미리 감사의 말씀을 드리고자 한다.

저자는 싱가포르 국립대학교에서 서울대학교로 옮길 때 변변치 않은 지식이지만 후학들에게 도움이 될 수 있도록 기초통계이론, 고급계량분석, 의사결정이론, 그리고 인과이론으로 이어지는 책을 쓸 뜻을 세웠다. 책을 쓸 때마다 떨어지는 시력과 늘어나는 공부의 양을 생각하면 너무 힘들 뿐이다. 외국 저널에 논문이나 쓰지 왜 시간 낭비하면서 책을 쓰냐고 말리는 분들도 있다. 너무 힘이 들어 의사결정론의 나머지 부분을 마칠 수 있을지 자신이 없다. 하지만 세계적 수준과 비교해도 손색이 없는 책을 써주시고 혼신의 힘을 다해 학생들을 가르쳐주셨던 은사님들을 감히 떠올리며, 또한 조금이라도 저자의 책으로부터 도움을 받을 학생들과 연구자들을 떠올리며 마음을 다잡고자 한다.

영화 콘텐츠 하나로 몇백억 원을 버는 세상이 되었지만 학술서적은 사회에서 외면당해온 지 오래다. 이런 어려운 출판 현실에서 좋은 책을 만들기 위해 애써주신 문우사 김영훈 사장님, 김병성 과장님 그리고 직원 여러분들께 다시 한 번 깊이 감사드린다.

차례

제1장

서 론

Theory of Efficiency Analysis

제 1 장

Theory of Efficiency Analysis

서 론

1.1 효율성 분석의 필요성

효율성은 경영과 행정에서 낯설지 않은 단어이다. 지방자치단체의 효율성, 국가의 효율성, 기업의 효율성과 같이 어떤 조직 전체 수준의 효율성을 이야기하기도 하고 경제정책의 효율성, 교육정책의 효율성과 같이 특정 정책의 효율성을 말하기도 한다. 또한 효율성, 효과성, 생산성, 성과 등 다양한 용어를 사용하기도 한다.[1] 조직이나 정책이 달성하고자 하는 바람직한 상태가 산출, 서비스의 질, 대응성, 책임성, 능률성 등으로

1 이 책에서는 효율성은 투입과 산출의 비율로, 효과성은 다양한 활동을 통해 목표가 달성된 정도라는 의미로, 생산성은 시간에 따른 효율성 변화의 의미로 사용하고자 한다(이 책과 유사한 접근은 Fox(2002:12) 참고). 일부 책에서는 효과성을 비용 대비 목표 달성도로 정의하는데, 이렇게 비용효과성으로 정의하는 이유는 목표 달성도를 화폐화하기 어렵기 때문이다(Boardman et al., 2001). 하지만 DEA에서는 화폐화의 문제가 중요하지 않으므로 비용효과성의 관점에서 효과성을 정의할 필요가 없다. 또한 일부에서는 생산성을 효율성 혹은 성과의 관점에서 정의하는데 (Holtzer, 1995), DEA에서는 시간의 개념이 부과된 맘퀴스트의 동태적 효율성으로 생산성을 이해하기 때문에 이 책에서도 그러한 정의를 따르고자 한다. 이 밖에도 공공부문에서는 책임성 (accountability 혹은 responsibility), 대응성(responsiveness) 등의 가치들도 제시하고 있다. 이들 용어 역시 다의적으로 사용되고 있어서(Mulgan, 2000; Behn, 2001) 앞으로 더 많은 연구들이 필요하다.

다양하게 이해되고, 이를 달성하기 위해 사용되는 투입 역시 다양하다는 점을 고려한다면 효율성이 여러 의미로 사용되는 것은 자연스러운 일이라고 할 수 있다.

공공부문에서 효율성에 대한 관심이 증가한 배경에는 시대적 맥락이 존재한다. 영국과 미국의 경제성장이 급격히 둔화되고 공공부문의 경쟁력이 떨어지면서 1970년대 말부터 행정학에서는 투입을 줄여 효율성을 높이려는 감축관리(cutback management)가 광범위하게 시도되었고(Rubin, 1985; Levine, 1978), 그 결과 영국의 대처 정부 그리고 미국의 레이건 정부에서 공공부문이 축소되고 각종 성과 중심의 관리전략들이 나타나기 시작했다. 1990년대에 들어서면서는 전 세계적으로 신자유주의에 바탕을 두고 경제적 효율성을 강조하는 관리기법이 유행하였고 조직관리에서도 효율성이 핵심가치가 되었다.

한국에서는 1990년대 이후 개방경제로의 전환이 급속하게 이르어지고 국내외 경쟁이 심화됨에 따라 제도와 시스템에 바탕을 둔 경영으로 전환하려는 움직임이 나타났다. 정부도 과거의 권위적인 모습에서 탈피하여 정부활동을 투명하게 공개하고 성과평가를 통한 조직관리를 시도해야 한다는 요구에 부응하기 위해 김대중 및 노무현 정부에 이르러서는 성과관리 시스템을 광범위하게 제도화하였다(이윤식 외, 2006; 이윤식, 2010). 특히 공공기관평가, 정부업무평가, 재정사업평가 등 다양한 평가들을 정부업무평가기본법 아래 통일적으로 관리하기 시작하면서 효율성은 공공기관, 중앙정부, 지방정부, 그리고 각종 재정사업평가에서 핵심문제로 대두되었다. 그 결과 거의 대부분의 공공조직이 형태는 다르지만 다양한 효율성 평가 제도를 갖추게 되었다.

기업이나 공공조직에서 효율성이 중요하다는 것을 인정하더라도 실제 효율성을 측정하는 것은 쉽지 않다. 예를 들어 지방자치단체 간의 효율성을 비교하는 연구를 한다고 가정해보자. 지방자치단체의 활동은 매우 다양할 뿐 아니라 그 목표 역시 모호하면서도 다양하다. 경제발전을 목표로 제시하는 단체장도 있고 복지를 강조하는 단체장도 있다. 경제발전도 고부가가치의 서비스 산업 발전을 목표로 하는 경우가 있고 고용률을 높이는 제조업 성장을 목표로 하는 경우도 있다. 또한 지방자치단체의 활동에는 인력, 예산, 정보 등 매우 다양한 자원들이 필요하며 정치 · 사회 · 경제 · 문화적 환경까지도 고려해야 한다. 이런 상황에서 지방자치단체의 효율성을 정의하는 것은 쉽지 않은 일이다.

그 결과 복잡한 문제를 체계적으로 분석하기보다는 효율성이 무엇인지를 정의하지 않은 채 효율성에 대한 상식적인 이야기로 평가하는 현상이 발생하였다. 공무원 수가 많기 때문에 효율성이 떨어진다는 주장, 공기업의 예산이 방만하게 운영되고 있어 효율성이 떨어진다는 주장, 예산이 적어서 교육서비스의 질이 떨어진다는 주장 등이 그 예이다. 충분한 근거 없이 제기되는 이런 주장들은 국가정책의 방향을 왜곡하고 당파적인

이익에 따라 정책이 결정되는 결과를 초래했다.

이러한 문제점을 인식한 학자들은 효율성 평가 기준을 설정하고 효율성을 측정하려는 노력들을 시도해 왔다. 정책평가 이론에서 널리 알려진 격언 중의 하나는 유능한 평가자는 모든 것을 평가하려고 하지 않는다는 것이다. 평가전문가는 평가목표가 무엇인지를 명확히 하고 평가 가능한 영역과 그렇지 않은 영역을 최대한 구분한 후 평가 가능한 활동에 대한 평가 기준과 가중치를 검증 가능한 절차를 통해 결정하고자 노력한다. 평가전문가의 이러한 노력은 평가의 객관성과 투명성을 높이는 데 기여할 수 있다. 하지만 평가 기준에 대한 합의 도출이 어려울 뿐 아니라, 가중치 설정에 대한 논리적 근거를 찾는 것은 쉽지 않다. 그래서 흔히 사용되는 방법이 전문가들이 모여서 평가 기준과 가중치를 결정하고 전문가의 판단에 근거하여 효율성을 평가하는 것이다. 수많은 평가위원회에서 이루어지고 있는 평가 과정은 이러한 전문가의 판단에 의존하는 경우가 많다. 그러나 평가 결과만을 가지고는 전문가들이 주어진 자료를 어떻게 해석하여 판단했는지를 알 수 없어 투명성과 검증가능성이 낮은 한계를 갖고 있다. 그 결과 전문가의 판단이 잘못되었을 경우 무엇이 잘못되었는지를 찾아내기 어렵기 때문에 학습을 통한 개선이 이루어지는 시스템 구축이 어려운 실정이다.[2]

전문가의 주관적 판단에 의존한 모형보다 진일보한 방법은 각종 분석모형에 바탕을 둔 시스템을 활용하는 부분과, 전문가의 창의성이 발휘되어야 할 부분을 조화시키는 것이다. 수십 개의 변수로 구성된 투입과 산출 정보를 하나의 효율성 점수로 전환하는 일을 일관되게 수행할 수 있는 전문가는 많지 않다. 비록 그러한 전문가가 있다고 하더라도 현장에서 효율성 분석을 담당하는 직원이 매일매일 전문가에게 자문을 구하기도 어렵다. 따라서 매번 반복적으로 일어나는 효율성 분석을 수행할 수 있는 모형을 조직 내부에 갖출 수 있다면, 이를 활용하여 효율성의 변화를 모니터링하고 이 모형이 포괄하지 못하는 복잡한 영역은 전문가의 판단을 통해 보완하는 것이 대안으로 제시될 수 있다. 예를 들면 병원에서 의사들은 수많은 환자들을 진단한다. 과거에는 의사의 전문적 판단을 컴퓨터 프로그램으로 대체하는 것이 불가능하다고 생각했다. 하지만 최근 발전하고 있는 의사결정지원시스템(decision support system)은 컴퓨터가 잘할 수 있는 부분은 컴퓨터가, 의사의 전문적 판단이 필요한 부분은 의사가 수행할 수 있도록 해주고 있다. 실시간으로 각종 정보들을 모니터링하는 시스템을 구축하는 것이 현대 경영과

2 특히 짧은 기간 동안 매번 새로운 전문가가 평가하는 시스템에서는 학습을 통한 효율성 평가 방법의 개선은 쉽지 않다.

행정에서 전혀 이상하지 않은 것처럼 효율성 분석 절차를 기업이나 공공조직 내부에 구축할 필요가 커지고 있는 것이다.

저자는 공공기관의 효율성 평가는 어렵다는 주장을 자주 접해왔다. 공공기관은 민간기업과 달리 수익만을 목표로 하는 것이 아니라 공익성도 함께 목표로 해야 하기 때문이다. 공공기관의 특수성을 저자도 인정하지만, 민간기업도 단순히 수익만을 목표로 하는 것은 아니다. 이들 역시 안정성, 성장성, 수익성, 활동성 등 다양한 측면을 극대화하기 위한 경영전략을 수립한다. 민간기업의 효율성 분석도 이러한 다양성을 전제로 이루어진다. 마찬가지로 공공기관이 비록 다양한 목적을 추구하지만, 분석이 용이한 재무적 효율성 혹은 경영효율성을 체계적인 모형을 이용하여 분석한다면 기업처럼 효율성 분석을 시도하지 못할 이유가 없다. 따라서 공공부문에서도 검증 가능하고 체계적인 이론에 바탕을 둔 효율성 분석의 필요성은 매우 크다고 할 수 있다.

1.2 효율성 분석의 어려움

효율성이 기업이나 정부의 활동에 있어 중요하다는 것에 동의하지 않는 학자들은 거의 없다. 행정학과 조직이론의 기초를 닦았다고 알려진 루터 굴릭(Luther Gulick)은 민간기업이나 공공기관에 관계없이 효율성은 좋은 것이라 하였고, 드와이트 왈도(Dwight Waldo)는 단순하게 적은 비용을 투자하는 것이 문제가 아니라 효율성이 문제라고 주장하였으며, 피터 드러커(Peter Drucker)는 일을 제대로 하는 능력을 효율성이라고 하였다(Callender, 2009:1). 법경제학의 관점에서는 효율성을 거래비용이 주어진 상황에서 지불의사로 측정된 가치를 극대화하는 행위로 이해하기도 한다(Margolis, 1987). 이 외에도 무수히 많은 학자들이 효율성을 정부와 기업 활동이 추구해야 하는 기본가치라고 주장해왔고 정부와 기업은 효율성 향상을 목표로 변화와 혁신을 추구해왔다(Quinn & Cameron, 1983).

효율성에 대한 연구는 여러 관점에서 진행되어 왔지만 대부분의 학자들은 카메론(Cameron, 1986)이 주장하듯 효율성[3]은 정의 및 측정이 어렵다는 데에 동의한다. 효율성의 개념이 무엇이고, 어떻게 측정하며, 효율성의 원인은 무엇이고, 효율성이 초래하는

3 Cameron은 효과성(effectiveness)이라는 용어를 사용하고 있지만 효율성의 의미로 사용해도 큰 차이는 없다.

여러 가지 결과들은 무엇인지에 대한 많은 연구들이 이루어졌음에도 불구하고, 효율성은 여전히 상식적 수준에서 대중적인 개념으로 머물러 있을 뿐(Callender, 2009:3), 효율성을 구체적으로 정의하고 측정하는 방법론은 더디게 발전하였다. 이 문제의 본질에는 조직 활동의 목표가 다양함에도 불구하고 모든 관련 요소를 효율성이라는 단일 개념으로 축소하려는 무리한 시도가 자리 잡고 있다. 문제를 잘 풀 수 있도록 쉬운 부분으로 나누고, 가장 쉬운 것부터 복잡한 것으로 인식의 단계를 밟아가는 절차 대신 효율성이라는 모호한 개념을 쉽게 받아들이거나, 복잡한 것을 차분히 분석하기보다는 깊이 있는 분석을 쉽게 포기하는 오류를 범해왔던 것이다.[4]

효율성 분석의 어려움은 측정의 문제에서도 나타난다. 기업의 활동을 살펴보면 인력이나 자본과 같은 기본 요소가 투입되지만 이 인력들도 연구인력, 생산인력, 판매인력 등으로 세분할 수 있고 자본도 자본금, 자본 잉여금, 자본조정 등 다양하다. 한편 산출 역시 매출액으로만 표현되는 것이 아니라 영업이익률, 유동성 비율, 부채비율, 매출이익률, 순자산이익률 등으로 다양하다. 이렇게 다양한 투입과 산출요소들을 종합적으로 고려하여 효율성을 측정할 때는 각 요소 간의 상대적 중요성에 대한 가중치를 결정하기 어렵고 여러 제약조건을 반영하는 것도 어렵다.

효율성 분석의 또 다른 어려움은 분석 대상이 다양하다는 점이다. 이 책의 마지막에 수록된 부록 1에서 확인할 수 있는 것처럼 다양한 조직에서 다양한 기준이 적용되어 효율성 분석이 이루어지고 있다. 병원(Ozcan, 2014), 은행(Asmild et al., 2004), 도서관(유금록, 2010), 도시공공서비스(박과영 · 김갑성, 2014), 교육기관(최영출 · 김민희, 2012) 등과 같이 국가, 산업, 조직, 정책 등에서 다양한 수준의 활동에 대해 효율성 분석을 시도하고 있는 것이다. 하지만 민간 및 공공조직을 포괄하는 여러 유형의 조직에 응용할 수 있는 효율성 분석 방법론을 개발하는 것은 도전적인 연구문제이다.

효율성 분석의 또 다른 어려움은 전문 인력의 양성에서 찾을 수 있다. 과거에는 정보기술이 발달하지 않아 자료의 수집이 어려웠기 때문에 계량분석 방법론의 발전에 한계가 있었다. 하지만 대용량의 다양하고 가치 있는 정보가 빠른 속도로 생산되고 유통되는 현대 사회에서 자료 부족의 한계는 점차 극복되고 있다. 그럼에도 불구하고 경영이나 행정 분야

4 데카르트는 그의 저서 방법서설에서 논리학의 네 가지 규칙을 제시하고 있다. 위에서 제시한 두 가지 규칙 이외에도 '명백한 증거로써 참이라고 인식하는 것이 아니면 참으로 단정하지 말 것', 그리고 '그 무엇도 빠뜨리지 않았다고 확신할 수 있을 만큼 개별적인 것들을 살펴본 후 전체를 모두 살펴볼 것'이라는 규칙을 제시하였다. 데카르트(소두영 옮김, 2007), 『방법서설/성찰/철학의 원리/정념론』, 동서문화사, p. 25 참고.

의 교육과정에서는 이러한 방법론 교육이 제대로 진행되지 못하고 있다. 의사결정나무분석, 베이지안 추론, 기계학습과 같은 방법론은 일부에서만 다루고 있고 이책에서 다루고자 하는 자료포락분석이나 확률변경분석과 같은 기초적인 효율성 분석 기법도 행정학 정규 교과과정에서 다루어지는 경우가 드물다. 그 결과 효율성 분석 방법론을 응용하는 것도 어려운 상황이고 새로운 이론을 개발하는 것은 더욱 어려운 상황에 처한 것이다.

1.3 DEA와 확률변경분석의 장점

이 책은 자료포락분석(Data Envelopment Analysis, DEA)과 확률변경분석(Stochastic Frontier Analysis, SFA)이라는 효율성 분석 방법론을 다룬다. 이 효율성 분석 방법론의 장점은 다음과 같이 제시할 수 있다.

첫째, 효율성의 정의를 명확하게 하고 있다는 점이다. DEA에서 효율성은 투입 대비 산출로 정의된다. 여기서 투입이나 산출은 반드시 금전적인 형태로 표현될 필요는 없다. 예를 들면 인건비 대신 직원 수를 사용할 수도 있고 서비스 제공 금액 대신 서비스 이용 횟수 등을 산출로 사용할 수도 있다. 하지만 DEA는 효율성 정의를 위해서는 항상 투입과 산출을 함께 고려해야 하며 이것의 상대적 비율의 형태로 정의해야 된다고 가정하고 있다. 또한 효율성을 투입 대비 산출로 정의하고 있기 때문에 투입요소와 산출요소를 명확히 제시하는 장점이 있다.

SFA 역시 투입과 산출의 관계를 생산함수 혹은 비용함수를 통해 명확히 가정하고 주어진 자료를 이용해서 오차를 최소화하거나 우도함수(likelihood function)를 극대화하는 모수들을 추정한다. 이러한 접근을 이용하면 투입과 산출의 관계를 설명할 수 있을 뿐만 아니라 예측가능성도 높일 수 있다는 장점이 있다.

둘째, 다수의 투입과 산출요소를 고려한 효율성 분석을 할 수 있다. 효율성 측정이 어려운 것은 효율성을 결정하는 투입과 산출이 하나가 아니라 여럿이기 때문이다. 조직의 효율성을 예로 들면, 투입은 예산 · 인력 · 기술 등 다양하며, 조직의 목표가 다양한 경우에는 산출물도 여럿일 수밖에 없다. 따라서 다수의 산출과 투입요소를 함께 고려하여 효율성을 측정해야 하는데, 상당수의 연구들은 단일 산출요소에 초점을 맞추거나 간단한 지표를 만들어 효율성을 측정하는 데 머물러 있었다. DEA와 SFA는 이런 다수의 투입요소 및 산출요소를 갖는 경우에도 효율성 분석이 가능하다는 장점이 있다.

셋째, DEA는 어떠한 의사결정단위(예: 조직, 정책, 상품)를 다른 의사결정단위와 비교하여 그 의사결정단위가 효율적인지 아닌지, 비효율적이라면 얼마나 비효율적인지, 어떤 투입 혹은 산출요소를 개선해야 효율성이 나아질 수 있는지 등에 대한 시사점을 얻게 해준다. DEA는 특정 의사결정단위(Decision Making Unit, DMU)[5]가 다른 DMU에 비해 '상대적으로' 얼마나 효율적인지를 측정하는 방법이다.[6] 여기서 DMU는 조직, 정책, 상품 등 연구자가 효율성을 평가하고자 하는 기본 단위이다. DEA의 기본 아이디어는 DMU들의 투입과 산출 정보를 이용하여 가장 효율적인 생산가능경계(production possibility frontier) 혹은 효율경계(efficiency frontier)를 찾아낸 후 각 DMU별로 이 효율경계에 도달할 수 있는 투입과 산출요소의 가중치를 계산해 내어 상대적 효율성 점수를 도출하는 것이다.[7] 이렇게 계산된 효율성 점수와 가중치를 통해 특정 DMU가 다른 DMU에 의해 효율적인지 여부와, 효율성 개선을 위해 어떤 요소를 어떻게 변화시켜야 할지 판단할 수 있다.

이 밖에도 효율성에 대한 정의와 측정방식에 따라 해당 문제에 적합한 여러 DEA 모형들을 활용할 수 있다는 장점이 있다. DEA는 주어진 제약조건하에서 각 DMU의 효율성을 극대화하려는 목적함수의 문제로 이해할 수 있기 때문에 선형계획법(linear programming)의 특수문제로 이해할 수도 있다. 따라서 선형계획법을 어느 정도 이해하는 연구자는 어렵지 않게 DEA를 이해할 수 있을 것이다. 다만 생산함수의 형태에 대한 가정이나 효율성에 대한 가정에 따라 다양한 DEA 모형이 제시될 수 있으므로, 의사결정 문제에 따라 어떤 DEA 방법론이 적절한지를 잘 이해하는 것이 중요하다.

이러한 DEA의 장점에도 불구하고 제기되는 중요한 비판 중의 하나는 DEA 자체가 비모수적, 비확률적 접근을 취하기 때문에 효율성 점수에 내포되어 있는 무작위 오차를 구분하기 쉽지 않다는 것이다. 이 문제는 최근 부트스트랩핑 DEA(bootstrapping DEA)와 같이 비모수적 방법을 이용하여 효율성 점수의 신뢰구간을 추정하는 방법들이 제시됨으로써 어느 정도 완화되고 있다. 그럼에도 불구하고 주류 계량분석 방법론에서는 확률분포를 이용한 모수적 추정을 선호하고 있기 때문에 계량경제학 분야에서 널리 사용되어온 확률변경분석(Stochastic Frontier Analysis, SFA) 이론도 함께 소개하였다.

---

5 의사결정단위는 정부조직, 기업, 비영리단체 등 다양하게 정의할 수 있다.

6 Cooper, W. W. et al.(2011), "Data Envelopment Analysis: History, Models, and Interpretations", *Handbook on Data Envelopment Analysis,* Springer, p. 4.

7 DMU에 가장 유리한 가중치를 찾아 효율성을 계산하기 때문에(곽노균 · 최태성, 1998:180) 어떤 DMU의 효율성이 낮더라도 이것이 가중치가 불리하게 결정되었기 때문이라고 보기는 어렵다.

SFA 모형은 DEA와 크게 차이가 나는 모형이라고 보기는 어렵지만, 효율변경으로부터 자료의 변동을 무작위 오차변동과 비효율성에 따른 변동으로 구분하여 통계적 추론을 가능하게 한다는 장점이 있다.

1.4 효율성 분석 프로그램

국내에서 효율성 분석 방법론 연구는 일부 연구자의 선도적인 노력에 의해 연구서 형태로 소개되어 왔다(이정동 · 오동현, 2013; 박만희, 2008; 김성호 외, 2007; 유금록, 2004). 이러한 이론서에서는 나름대로 분석 프로그램을 소개하고 있지만 DEA 활용자들이 이 분석 프로그램의 기반이 되는 이론을 제대로 이해하지 못하고 있는 실정이다. 정규 교과과정을 통해 선형계획법(linear programming)을 배우지 않은 상태에서 단기 특강이나 독학으로 DEA 방법을 혼자 공부하고 있는 것이 현실이다. 그 결과 학생 및 예비 연구자들의 방법론에 대한 이해도가 떨어지고 있다. 더욱 심각한 것은 효율성 분석 프로그램을 손쉽게 구할 수 있게 되자 이론을 제대로 이해하지 못하는 학생들이 효율성 분석을 남용 혹은 오용하는 경향도 발생하고 있다.

효율성 분석은 다른 여러 사회과학 방법론과 마찬가지로 이론을 정확히 이해하는 것이 무엇보다 중요하다. 이론을 정확히 이해하지 못한 상태에서 방법론을 적용하면 많은 문제점들이 발생한다는 사실은 여러 연구자들이 공통적으로 인지하고 있을 것이다.

현재 DEA나 SFA에 사용되는 대부분의 프로그램은 해외에서 만든 것들이다. 저자가 아는 한 현재까지 국내 학자가 만든 것은 이정동 · 오동현(2013)이 R을 이용해 만든 분석 프로그램과 박만희(2008)의 EnPas 등이 대표적이다. 해외에서는 여러 가지 DEA 프로그램이 개발되었는데 그중에서도 Joe Zhu가 엑셀의 add-in 함수로 만든 DEA Frontier 프로그램, Peter Bogetoft와 Lars Otto가 만든 R 기반 Benchmarking 패키지 등이 대표적이다. SFA 프로그램으로는 Tim Coelli와 Arne Henningsen이 만든 R 기반의 Frontier 패키지와 단독 소프트웨어인 Frontier 4.1 등이 있다.[8] 이러한 프로그램들은 개

8 이 외에도 DEA 전용 분석도구는 DEAP, DEAQual, EMS, FEAR, OnFront, PIMDEAsoft, Pioneer, Warwick DEA, MaxDEA, KonSi DEA, ISYDS(SIAD), xlDEA, iDEA 등이 개발되었다. 다른 도구에 비해 EnPAS는 국내에서 제작되었으며, 기본 모형인 CCR과 BCC 모형을 도출할 때 상대적으로 사용하기 쉽다는 특징이 있다.

발 당시에는 각각 DEA 혹은 SFA에 전문화되어 만들어졌기 때문에 별도로 프로그램 사용방법을 배워야 하는 문제점이 있다.

이 책에서는 DEA와 SFA를 SAS 플랫폼에서 구현하는 프로그램을 제시하였다. SAS는 직접 DEA만을 다루는 프러시저를 제공하지는 않지만, 일반적인 선형계획법 문제를 다룰 수 있는 PROC OPTMODEL 프러시저를 제공한다. 이 프러시저를 이용하면 DEA뿐만 아니라 일반적인 선형계획법 문제를 모두 다룰 수 있어서 이를 이용하여 DEA 프로그램을 개발하였다. 한편 SFA는 SAS의 QLIM 프러시저에서 지원하고 있으므로 이를 활용하였다. SAS를 이용한 분석의 장점은 무수히 많은데 몇 가지만 정리하면 다음과 같다.

첫째, 데이터 정리 및 기초 분석 절차와 DEA 및 SFA 절차를 하나의 플랫폼에서 수행할 수 있다. 실제 자료를 분석하면 자료의 입출력 및 관련 통계분석들을 함께 수행해야 하는데 SAS는 이 과정을 완벽하게 지원한다.

둘째, 프로그램을 직접 짜면서 자신이 원하는 형태의 분석을 수행할 수 있다. 예를 들어 특정 투입요소의 값이 일정 값보다 커야 한다는 조건을 부가하고 싶을 때, 이미 만들어진 프로그램을 이용하는 경우에는 코드를 수정하기 어렵기 때문에 이러한 분석이 불가능하다. 이에 비해서 사용자가 직접 프로그램 코드를 간단하게 수정할 수 있다면 해당 연구문제에 적합한 분석을 수행할 수 있다. 이 책에서 제시하는 SAS 코드는 사용자들의 편리에 따라 코드를 수정하여 원하는 선형계획법 모형을 사용할 수 있고, 입출력 결과도 자신들이 원하는 형태로 얻을 수 있다.

셋째, SAS 플랫폼의 유연성이다. SAS는 이미 2010년 초반부터 R의 패키지를 SAS에서 구현할 수 있도록 하고 있다. 최근 9.4 버전의 경우만 해도 각종 프러시저, SAS의 상호매트릭스언어(Interactive Matrix Language, IML), 그리고 R의 패키지를 통합하여 작업할 수 있는 환경을 제공한다. SAS가 이미 JMP 및 JAVA 등과도 연결된 작업환경을 제공하고 있다는 점까지 고려하면 SAS 플랫폼의 유연성은 매우 크다. 따라서 SAS IML 내에서 여러 프로그램을 함께 구동하거나 다른 기능들과 연동시킬 수 있다는 점을 활용하면, R 사용자도 SAS 환경에서 R 프로그램 작업을 할 수 있고 SAS 사용자는 새로운 분석 프로그램의 업데이트가 빠른 R의 장점을 활용할 수 있을 것이다.

제2장

효율성의 정의와 유형

Theory of Efficiency Analysis

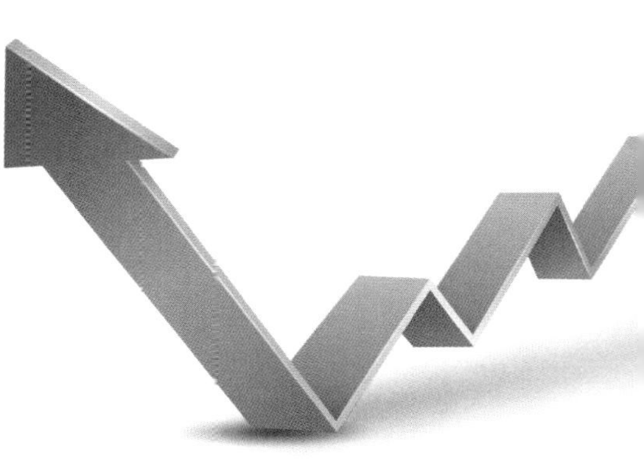

제 2 장

Theory of Efficiency Analysis

효율성의 정의와 유형

효율성은 투입 대비 산출로 정의될 수 있다. 이때의 효율성은 절대적 효율성을 의미한다. 하지만, 투입 대비 산출로 효율성을 정의하되 가장 효율적인 상태와 현재 상태를 비교하여 측정하는 것이 여러모로 유용하다. DEA는 가장 효율적인 상태와 관측치가 가진 현재의 효율성 상태를 비교하는 상대적 효율성을 측정한다. 따라서 투입과 산출의 비율을 측정하는 문제뿐만 아니라 가장 효율적인 상태가 무엇인지를 정의해야 된다. 가장 효율적인 상태를 정의하기 위해서는 먼저 생산가능한 투입과 산출의 조합에 대한 정의를 내려야 하고 이 생산가능집합 중에서 가장 효율적인 원소들로 구성된 생산가능경계를 찾아내야 한다. 이 장에서는 생산가능집합과 생산가능경계를 정의하는 방법을 이해하고 이를 바탕으로 상대적 효율성 개념이 어떻게 유도되는지 살펴본다.

2.1 생산가능집합의 개념

DEA 방법은 생산가능집합과 생산가능경계[1]를 이해하는 데에서 출발한다. 특정한

1 생산가능경계는 생산가능변경, 효율경계, 효율변경 등 다양한 이름으로 불린다. 기존의 효율성에

수준의 투입으로 특정한 수준의 산출을 만들어 낼 수 있는 경우, 이 투입과 산출의 조합을 생산가능하다고 하며[2] 이 생산가능한 투입과 산출의 조합들을 모두 모은 것을 생산가능집합(production possibility set)이라고 한다.[3] m 종류의 투입과 s 종류의 산출이 있다고 할 때 x는 m 차원이 양의 원소로 구성된 투입 벡터, y는 s 차원이 양의 원소로 구성된 산출 벡터라고 표현할 수 있으며 생산가능집합 P는 다음과 같이 나타낼 수 있다.

생산가능집합의 정의

$$P \equiv \{(x, y) \mid x\text{가 } y\text{를 생산가능}\}$$
$$(\text{단, } x \in R_+^m,\ y \in R_+^s)$$

위 식은 생산가능집합이 실행가능한 투입과 산출의 조합이라는 것을 의미한다. 이런 생산가능집합의 개념을 이용하여 산출을 투입의 함수로 혹은 투입을 산출의 함수로 나타내 볼 수 있다. P의 정보를 이용하여 산출가능집합이나 투입가능집합도 각각 다음과 같이 나타내 볼 수 있다.

산출과 투입의 생산가능집합의 함수적 표현

$$Y(x) \equiv \{y \mid (x, y) \in P\}$$
$$X(y) \equiv \{x \mid (x, y) \in P\}$$

하나의 투입요소를 X, 하나의 산출요소를 Y라고 할 때, 6개의 DMU에 대해 투입과 산출 조합을 나타내면 [그림 2.1]과 같다고 가정해보자. DMU 2를 살펴보면 X를 40만큼 투입하는 데 산출된 Y는 30에 불과하다. 이와 달리 DMU 3은 DMU 2와 동일한 수준의 투입을 사용하고도 산출은 50이나 된다. DMU 3처럼 다른 DMU에 비해 가장 효율적인 점으로 구성된 집합을 생산가능경계(production possibility frontier) 혹은 효율

대한 이론이 경제학적 관점에서 논의되다 보니 생산가능경계라는 용어가 일반적으로 사용되고 있어 이 장에서도 이 용어를 사용하고자 한다. 하지만 일반적인 맥락에서는 가장 바람직한 상태라는 의미의 효율경계라는 용어를 이 책에서는 주로 사용할 예정이다.

2 생산가능하다는 의미는 물리적으로 생산가능한 것으로 관측된 투입산출조합을 바탕으로 후술할 몇 가지 가정을 통해 확장된다.

3 이정동 · 오동현(2013), 『효율성분석이론』, 지필미디어, p. 16.

경계(efficient frontier)라고 한다. [그림 2.1]에서는 DMU 1, 3, 5를 연결하는 실선으로 효율경계가 표시되었다.

가장 효율적인 점으로 구성된 효율경계는 가정을 어떻게 두는지에 따라 그 형태가 달라진다. 예를 들어 [그림 2.1]에서 점선을 효율경계로 간주할 수도 있고 실선을 효율경계로 가정할 수도 있다. 효율경계를 결정하는 방식에 따라 DEA 모형이 달라지고, 효율성 점수의 크기도 달라지기 때문에 어떻게 생산가능집합과 효율경계가 정의되는지를 차분히 이해할 필요가 있다.[4]

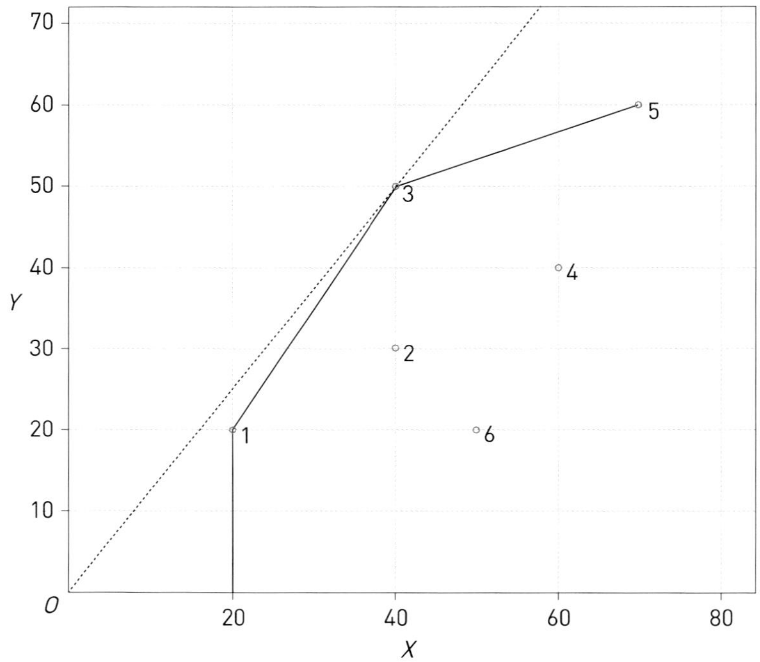

그림 2.1 ▸ 투입단위당 1산출단위의 효율경계와 생산가능집합

생산가능집합과 생산가능경계를 이해하는 데 필요한 몇 가지 가정[5] 가운데 대표적인

4 뒤에서 다루겠지만 점선으로 나타난 효율경계는 가처분성의 가정과 규모에 대한 수확불변 가정에 따라 만들어졌으며, 실선의 효율경계는 가처분성과 볼록성 그리고 규모에 대한 수확가변 가정에 의해 만들어졌다.

5 일부에서는 가정이라는 용어 대신에 공리라는 용어를 사용한다. 즉 볼록성 공리라고 부르는 것이다. 하지만 원래 공리라는 것은 참과 거짓을 판단하지 않고 조건 없이 참이라고 가정한 명제를 의미하고, 볼록성 가정이 적절하지 않다고 판단되는 경우도 있으므로 저자는 볼록성의 공리라는 용어보다는 볼록성 가정이라는 것이 적절하다고 판단한다.

것은 자유가처분성, 볼록성, 규모에 대한 수확의 가정이다.[6] 이 세 가지의 가정에 따라 생산가능집합의 정의가 달라지고, 이에 따라 DEA 모형이 달라지게 되므로 이 가정들을 하나씩 살펴볼 필요가 있다.

첫째, 자유가처분성(free disposability)은 어떤 투입-산출 조합 (x, y)가 생산가능하다면 이보다 많은 투입을 하거나 적은 산출을 하는 투입-산출 조합 역시도 생산가능하다는 성질이다. 즉, 주어진 투입요소의 수준에서 과소산출한 상태는 생산가능하다고 볼 수 있고, 주어진 산출요소의 수준에서 과잉투입이 된 상태 또한 생산가능하므로 이러한 조건에 놓인 투입-산출 조합은 생산가능집합을 구성할 수 있다는 것이다. 이렇듯 자유가처분성은 일반적으로 생각할 수 있는 생산기술의 성질이므로 직관적이고 널리 사용되는 가정이다.[7] 자유가처분성의 공식적인 정의는 아래와 같고, 그림으로 나타내면 [그림 2.2]와 같다.

자유가처분성의 정의

생산가능집합을 P라고 할 때,

$$(x,y)\in P,\ x' \geq x,\ y' \leq y \Rightarrow (x',y')\in P$$

n이 DMU의 총 개수일 때 자유가처분성을 만족하는 생산가능집합은 다음과 같이 나타낼 수 있다.

$$P = \{(x,y) \mid x \geq x_k,\ y \leq y_k\} \quad (\text{단},\ k = 1, 2, \cdots, n)$$

하지만, 자유가처분성의 가정이 항상 성립하지는 않는다는 점에 유의할 필요가 있다. 경우에 따라서는 현재 상태보다 더 많이 투입하게 되면 생산이 늘지 않고 생산이 불가능한 상황이 발생할 수 있다. 예를 들면 하루에 10명의 민원을 처리하는 공공기관에 10,000명의 공무원을 배치하면 산출이 감소하는 정도를 넘어서 생산 자체가 불가능할 수 있다. 생산이 가능하기 위해서는 효율적 업무분담이나 추가적인 사무실 공간과 같은

6 이 외에 생산가능집합을 정의하는 데 가법성(additivity) 가정이 더해지기도 한다. 이에 대한 내용은 Bogetoft & Otto(2011:72~73)가 소개하였다.

7 자유가처분성은 강처분성(strong disposability)이라고 불리기도 하며 약처분성(weak disposability)과 구분되기도 한다. 주어진 산출하에서 생산가능집합을 P라고 할 때, 생산가능투입을 x라고 하면, 즉 $x\in P$이면 투입요소의 비례확장(radial extension) $\lambda x\in P$(단, $\lambda \geq 1$) 역시 생산가능한 경우 약처분성을 만족한다고 한다. 김성호 외(2007), 『효율성 분석: 이론과 활용』, 서울경제경영, pp. 95~96 참고.

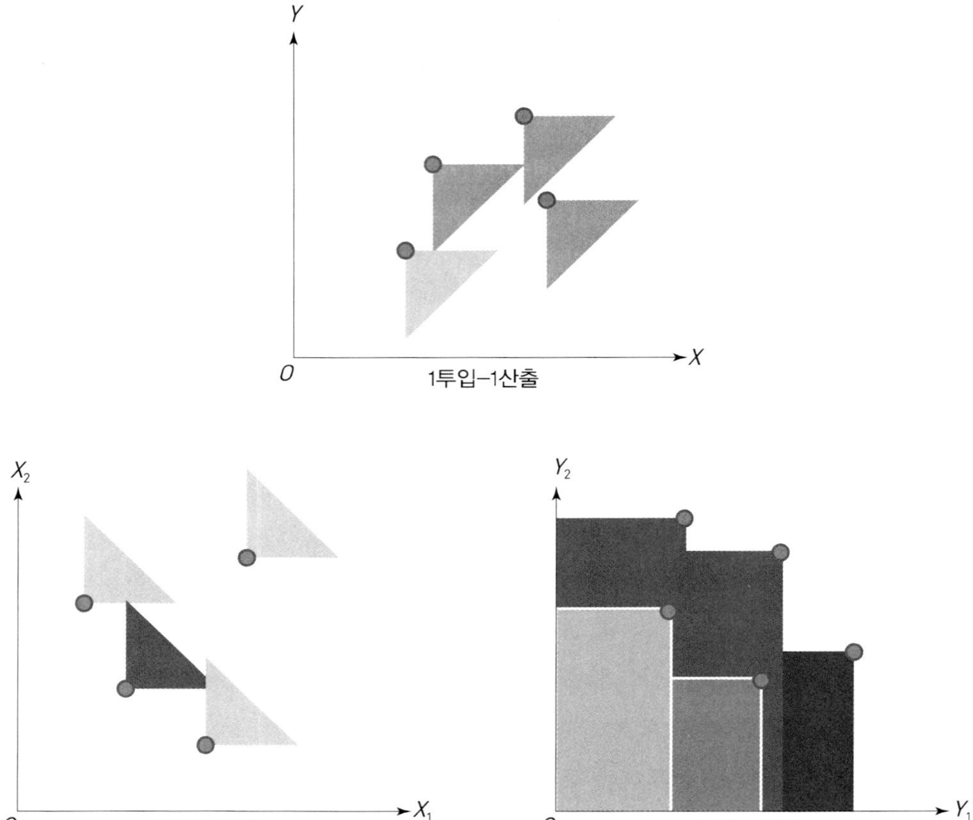

그림 2.2 ▸ 자유가처분성 가정에 따른 생산가능집합

새로운 투입요소가 필요하게 된다. 이러한 새로운 투입요소 없이 생산이 불가능하다면 자유가처분성은 만족하지 않는다고 할 수 있다.

둘째, 볼록성(convexity) 가정이다. 볼록성은 두 개의 생산가능한 조합이 존재할 때 이 조합에 대한 가중평균[8] 역시 생산가능하다는 성질을 나타낸다. 볼록성은 DEA 방법에서만 제시되는 독특한 성질이 아니라 경제학에서 생산함수나 효용함수를 정의할 때 널리 사용되는 성질이다. 이를 간단히 수학적으로 나타내보자.

생산가능집합을 P라고 하자. 만일 $(x^a, y^a) \in P$와 $(x^b, y^b) \in P$, 즉 두 투입과 산출조합이 모두 생산가능한 경우, $0 \le \lambda \le 1$인 임의의 가중치에 대해 $\lambda(x^a, y^a) + (1-\lambda)(x^b, y^b)$ 역시 생산가능하다면 볼록성의 성질을 만족한다고 말한다.[9]

8 이를 볼록결합(convex combination), 선형내분결합이라고도 표현한다.

9 이정동·오동현(2013), 『효율성분석이론』, 지필미디어, p. 20.

볼록성의 정의

생산가능집합을 P라고 할 때,

$$(x^a,y^a)\in P,\ (x^b,y^b)\in P,\ 0\le\lambda\le 1 \Rightarrow \lambda(x^a,y^a)+(1-\lambda)(x^b,y^b)\in P$$

볼록성을 쉽게 이해할 수 있도록 다음의 예를 생각해보자. 두 DMU의 투입과 산출 조합이 (2,3), (4,7)이라고 가정해보자. 당연히 이 두 점은 생산가능집합의 원소이다. 볼록성 가정은 만일 $\lambda=0.6$라고 하면 $0.6\times(2,3)+0.4\times(4,7)=(2.8,4.6)$ 역시 생산가능하다는 것이다.

볼록성을 만족하면 주어진 생산가능집합의 원소를 연결한 선분상의 점들 또한 생산가능집합을 구성하게 된다. [그림 2.3]은 원래 생산가능집합의 원소가 검은 점으로 표시되어 있는데 이를 이용하여 볼록성의 정의를 만족하는 원소들을 확장해 나가면 [그림 2.4]와 같이 볼록결합(convex combination)이 만들어진다.

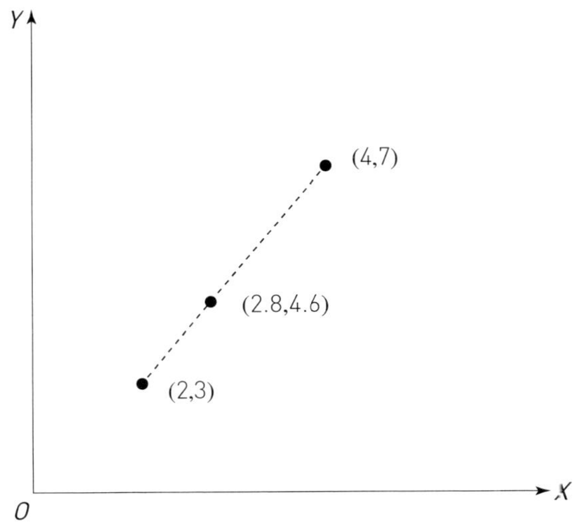

그림 2.3 ▸ 볼록성의 예시

주어진 관찰점과 볼록성 가정을 통해 생산가능집합을 만들 수 있다는 것을 일반화하면 다음과 같이 나타낼 수 있다.

$$P=\{(x,\ y)|x=\lambda_1x_1+\lambda_2x_2+\cdots+\lambda_kx_k,\ \ y=\lambda_1y_1+\lambda_2y_2+\cdots+\lambda_ky_k\}$$

$$(\text{단},\ \lambda_1+\cdots+\lambda_k=1,\ \forall i,\ \lambda_i\ge 0)$$

이 볼록성 가정 역시 항상 성립되는 것은 아니다. 먼저 투입과 산출을 어떠한 크기든 세분하는 것이 가능해야 볼록성 가정을 적용할 수 있지만 실제는 그렇지 않은 경우가 많다. 하지만 이러한 한계에도 불구하고 수리적 계산과 분석의 편의를 위해 DEA나 SFA에서는 볼록성 가정을 사용하는 것이 일반적이다.

이 볼록성 가정을 만족하는 볼록결합을 바탕으로 자유가처분성을 만족하는 생산가능집합은 [그림 2.4]와 같이 나타낼 수 있다.

$$P=\{(x,\ y)|x \geq \lambda_1 x_1 + \lambda_2 x_2 + \cdots + \lambda_k x_k,\ y \leq \lambda_1 y_1 + \lambda_2 y_2 + \cdots + \lambda_k y_k\}$$

$$(\text{단},\ \lambda_1 + \cdots + \lambda_k = 1,\ \forall\, i,\ \lambda_i \geq 0)$$

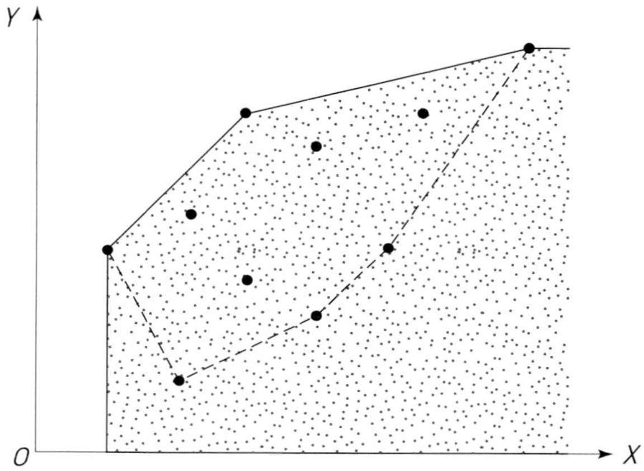

그림 2.4 ▸ 자유가처분성과 볼록성 가정에 따른 생산가능집합

이 볼록성 가정은 다음에 설명할 규모에 대한 수확가변 가정과 밀접하게 연결되어 있다.

셋째, 규모의 수확에 대한 가정이다. 규모의 수확에 대한 가정은 규모에 대한 수확불변(Constant Return to Scale, CRS) 가정과 규모에 대한 수확가변(Variant Return to Scale, VRS) 가정으로 나눠진다. 앞의 [그림 2.1]의 실선으로 표현된 효율경계는 생산함수가 규모에 대한 수확가변인 경우이지만, 규모에 대한 수확불변이라면 점선과 같이 표시할 수 있다. 양자의 차이는 CRS인 경우에는 투입 한 단위 증가에 따라 증가하는 산출량이 일정하지만 VRS의 경우에는 이 양이 일정하지 않다는 점에 있다. 기하학적으로는 생산가능경계의 각 점에서 기울기 값이 동일한 경우가 CRS이고 이 기울기 값이 다른 경우가 VRS 상태이다.

먼저, CRS 가정은 현재 수준의 투입과 산출이 가능하다면 이 투입과 산출을 동일

비율로 줄이거나 늘리는 수준의 생산도 가능하다는 것이다. 즉 $(x,y)\in P, \lambda \geq 0$인 생산가능집합의 원소에 대해서 $\lambda \times (x,y) \in P$인 성질을 만족하면 CRS 가정을 만족한다고 한다(Bogetoft & Otto, 2011:71).

규모에 대한 수확불변 가정의 정의

$$(x,y)\in P,\ \lambda \geq 0,\ \Rightarrow \lambda \times (x,y) \in P$$

규모에 대한 수확불변 가정과 자유가처분성 가정을 활용하면 [그림 2.5]에서 표시된 3개의 DMU에 의해서 형성되는 생산가능집합은 아래와 같이 표시될 수 있다.

$$P = \{(x,\ y) | x \geq \lambda_1 x_1 + \lambda_2 x_2 + \cdots + \lambda_k x_k,\ y \leq \lambda_1 y_1 + \lambda_2 y_2 + \cdots + \lambda_k y_k\}$$

$$(\text{단},\ \lambda_i \geq 0)$$

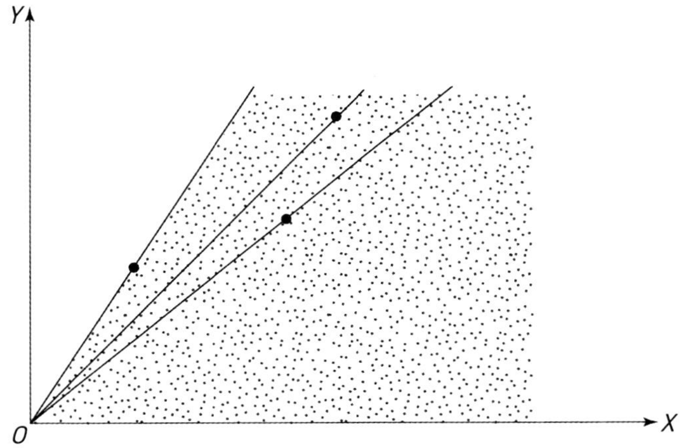

그림 2.5 ▸ 규모에 대한 수확불변 가정에 따른 생산가능집합

규모에 대한 수확체감(Decreasing Returns to Scale, DRS)은 투입의 증가율에 비해 수확의 증가율이 작은 경우를 의미한다. 즉 투입이 2배 증가하는 동안 산출은 2배 미만으로 증가하는 것이다. 그렇다면 [그림 2.5]에서 직선으로 표시된 부분에서 DMU 윗부분은 더 이상 생산가능집합이 되지 못하고 오직 DMU보다 산출을 줄이는 경우에만 생산가능집합이 된다. [그림 2.6]은 DRS 가정에 따른 생산가능집합을 나타낸다.

규모에 대한 수확체감 가정의 정의

$$(x,y) \in P,\ 0 \le \lambda \le 1 \Rightarrow \lambda(x,y) \in P$$

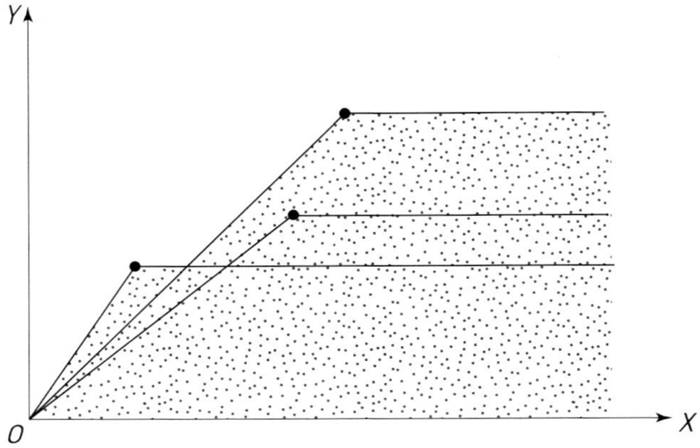

그림 2.6 ▸ 규모에 대한 수확체감 가정에 따른 생산가능집합

규모에 대한 수확체증(Increasing Returns to Scale, IRS)은 투입의 증가보다 산출의 증가가 더 빠르다는 것이다. 이는 다음의 수식으로 정의할 수 있으며 생산가능집합은 [그림 2.7]과 같다.

규모에 대한 수확체증 가정의 정의

$$(x,y) \in P,\ \lambda \ge 1 \Rightarrow \lambda(x,y) \in P$$

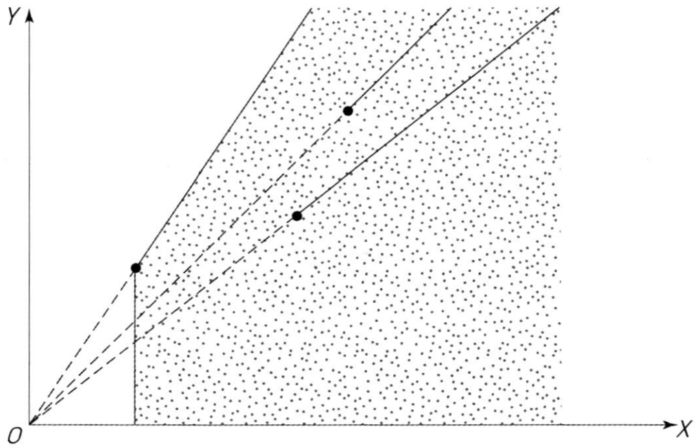

그림 2.7 ▸ 규모에 대한 수확체증 가정에 따른 생산가능집합

관찰된 정보를 가지고 생산가능집합을 어떻게 정의하는지는 DEA 모형을 결정하는 데 매우 중요한 역할을 한다. 이후에 다루게 될 DEA의 선형계획법 문제에서는 생산가능집합에 대한 가정에 따라 제약조건이 바뀌는데, 이 가정들은 관찰된 투입과 산출의 선형결합을 결정하는 λ에 대한 조건과 밀접하게 연결되어 있다. 따라서 효율성 분석 이론을 이해하기 위해서는 생산가능집합에 대한 가정이 의미하는 바를 확실히 알아두는 것이 좋다.

2.2 효율성의 정의와 의미

앞에서 생산가능집합을 정의하는 법을 살펴보았다. 이렇게 정의된 생산가능집합을 이용하여 효율성을 측정한다. 일반적으로 효율성은 투입 대비 산출로 다음과 같이 정의한다.

절대적 효율성의 정의

$$\text{효율성} = \frac{\text{산출요소의 생산량}}{\text{투입요소의 사용량}}$$

그러나 이러한 절대적 효율성은 분석에 있어 몇 가지 문제를 갖고 있다. 먼저 효율성 점수의 크기 비교가 용이하지 않다. 효율성 점수가 일정한 구간의 값을 갖도록 하는 것이 효율성 측정과 비교에 편리할 때가 있는데 투입 대비 산출로 측정하는 경우에는 이러한 조건을 만족시키지 못한다. 또한 투입·산출요소의 측정 단위가 달라질 때마다 효율성 점수가 변화하는 문제가 발생한다. 예를 들어 1투입 1산출의 경우, 투입이 일정할 때 생산량 측정단위를 억 원에서 천만 원으로 바꾸면 효율성 점수가 10배 증가한다. 이처럼 효율성이 일정 값의 범위를 갖지 않고 측정 단위에 따라 변화한다면 다수의 투입과 산출이 존재하는 상황에서는 DMU 간 효율성을 비교하기 어렵다.

이 문제를 해결하기 위해서 도입된 것이 상대적 효율성(relative efficiency) 개념이다. 상대적 효율성이란 효율경계에 위치한 가장 효율성이 높은 DMU의 효율성과 해당 DMU의 효율성을 비교하는 것이다. 즉, 가장 효율적인 DMU의 절대적 효율성 점수가 80이고 비효율적 DMU의 절대적 효율성 점수가 40이라고 가정해보자. 이 효율성 점수를 가장 큰 효율성 점수로 나누어 주면 상대적 효율성 점수는 각각 1(=80/80)과 0.5(=40/80)가 된다. 이처럼 상대적 효율성 점수는 절대적 효율성 점수를 가장 큰 절대적 효율성 점수로 나누어주기 때문에 0과 1 사이의 값을 갖게 되어 비교가능성이 높다는 장점이 있다. 이러한 상대적 값을 DEA에서는 효율성 점수라고 부른다.[10]

효율성 점수 값과 여유분의 유무에 따라 효율성 상태는 크게 강효율성, 약효율성, 비효율성 상태로 구분한다. 여기서 우리는 여유분(slack)이라는 용어를 접하게 되는데 이 여유분 개념은 선형계획법에서 사용되기 때문에 조금은 낯선 용어이다. 그러나 DEA에서는 효율성 상태를 판단하는 데 중요한 개념이기 때문에 이 의미를 이해할 필요가 있다. 효율경계 위에 있는 DMU는 효율적인 상태이나 여유분의 유무에 의해 강효율성과 약효율성으로 나뉘게 된다. 효율경계에 존재하면서 더 이상 투입산출을 개선할 여지가 없는 상태는 강효율성인 반면 효율경계 위에 존재하면서 투입을 늘리거나 산출을 줄일 수 있는 여지가 있는 상태는 약효율성이다. 이러한 약효율성 상태의 DMU가 효율경계 위에서 투입과 산출을 조정하여 강효율성으로 도달할 수 있는 추가적인 개선 여지를 여유분이라 한다.

효율성 상태의 구분

- 강효율성: 어떤 DMU의 효율성 점수가 1이며 투입이나 산출요소의 여유분이 모두 0이면 이 DMU는 강효율 상태이다.
- 약효율성: 어떤 DMU의 효율성 점수가 1이지만 투입이나 산출요소의 여유분 값이 하나라도 0보다 큰 값을 갖는 경우 해당 DMU는 약효율 상태이다.
- 비효율성: 어떤 DMU의 효율성 점수가 1보다 작으면 비효율 상태이다.

강효율성 및 약효율성은 Koopmans(1951)와 Farrell(1957)이 효율성을 다르게 정의한 것과 관련이 있다. Koopmans는 산출이 효율경계 위에 주어졌을 때 효율성을 높이기 위해 추가로 투입을 줄일 여지가 더 이상 없는 상태, 혹은 투입이 효율경계 위에 주어졌을 때 효율성을 높이기 위해 추가로 산출을 늘리기가 불가능한 상태를 효율성이라고 하였다. 이것은 파레토 최적(Pareto optimality)의 개념과 유사하다. 즉 추가적으로 산출을 늘리거나 투입을 줄이지 않고는 효율성 개선을 더 이상 달성할 수 없는 파레토 최적

10 DEA 책을 보면 효율성을 계산된 효율성(calculated efficiency)이라고 부르며 통계학에서처럼 효율성 추정치(efficiency estimate)라고 부르지 않는다. 이것은 DEA가 어떤 모집단의 모수를 가정하고 이를 추정하려는 것이 아니기 때문이다.

상태에 있는 것을 강효율성 상태에 있다고 이야기한다.

이와 달리 Farrell은 투입을 줄이거나 혹은 산출을 늘릴 가능성이 있지만 효율경계 위에 있기만 하면 효율적인 상태라고 보았다. 여기서 Koopmans의 효율성 개념은 강효율성이고, Farrell의 효율성 개념은 약효율성이라고 할 수 있다. 이를 [그림 2.8]을 이용해 살펴보도록 하자.

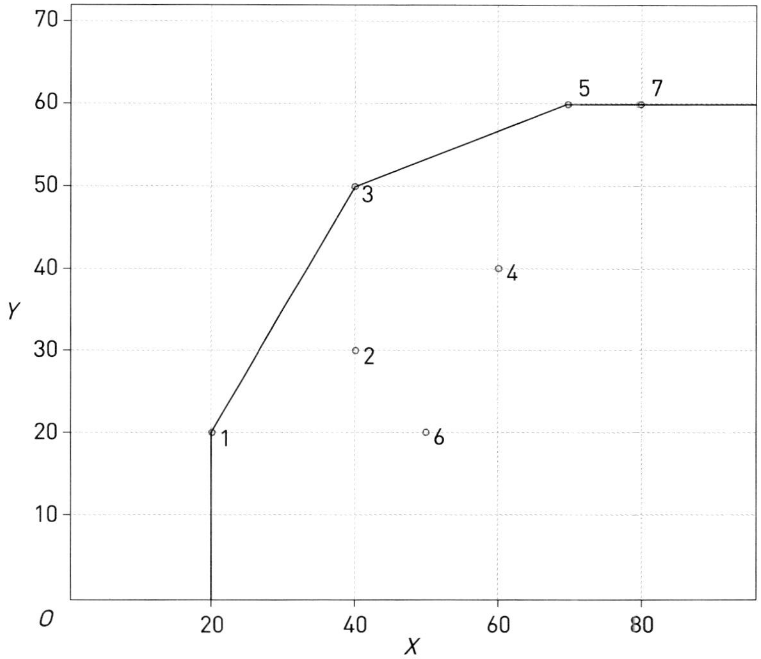

그림 2.8 ▸ Koopmans 효율성과 Farrell 효율성

[그림 2.8]에서 DMU 7은 효율경계 위의 점이다. 하지만 투입을 80에서 70으로 10만큼 줄여도 여전히 60이라는 산출수준을 유지할 수 있다. 이때 10만큼의 크기를 투입 여유분이라고 부른다. 이렇게 효율경계 위에 있더라도 여유분이 있으면 Farrell의 효율성은 만족하지만, Koopmans 효율성은 만족하지 못한다. 이와 달리 DMU 5는 효율경계 위에 있을 뿐만 아니라 투입을 늘리거나 산출을 줄이지 않고는 효율경계 위의 다른 점으로 이동할 수 없기 때문에 Koopmans 효율성을 달성한다고 이야기할 수 있다.

DEA 이론에서는 강효율성과 약효율성을 구분하는 경우가 많다. 하지만 확률변경분석(SFA)은 약효율성 개념에 기반하여 이론을 전개하는 경우가 일반적이다. 당연한 이야기지만 강효율성을 만족하면 약효율성도 만족한다. 그러나, 약효율성을 만족한다고 해서 반드시 강효율성을 만족하지는 않으므로 약효율성이 효율성을 더 넓게 정의한다고 할 수 있다. 그러나 DMU 간의 우선순위 평가 등을 할 때에는 약효율성이 갖고 있는 한계[11] 때문에 강효율성 개념을 반영하여 평가해야 하는 경우가 많다.

효율성의 개념은 어렵지 않으나 이를 활용하는 것은 쉽지 않다. 실제 상황에서 효율성이 어떻게 측정될 수 있는지를 기하학적 거리 개념으로 나타내면 의미를 이해하기 쉽다. 따라서 이하에서는 투입 및 산출요소의 개수에 따라 생산가능경계와 효율성 개념이 기하학적으로 어떻게 달라지는지 1투입 1산출부터 시작하여, 1투입 2산출, 2투입 1산출 등의 경우를 가지고 순차적으로 살펴보도록 한다. 이를 확장하면 향후 다투입 다산출의 경우에도 DEA 방법을 적용하는 데 무리가 없을 것으로 판단된다.

가. 1투입 1산출 경우의 생산가능경계와 효율성의 개념

1투입 1산출은 투입요소(X)와 산출요소(Y)가 각각 하나인 경우이다. [표 2.1]은 투입요소인 공기업들의 인건비와 산출요소인 매출액 및 효율성을 조사한 자료이다. 의사결정단위(Decision Making Unit, DMU)는 개별 공기업이며 각 DMU의 효율성은 투입 대비 산출 비율(=산출/투입)로 측정할 수 있다. 예를 들면 A라는 공기업은 2억 원의 인건비를 투입하여 1억 원의 매출을 올렸고 B라는 공기업은 3억 원의 인건비를 투입하여 6억 원의 매출을 올렸으므로 A의 절대적 효율성(0.5=1/2)은 B의 절대적 효율성(2.0=6/3)보다 낮다고 판단할 수 있다.

표 2.1 ▸ 1투입(인건비) 1산출(매출액)의 절대적 효율성 예시 (단위: 억 원)

회사	*A*	*B*	*C*	*D*	*E*	*F*	*G*	*H*
인건비	2	3	3	4	5	5	6	8
매출액	1	6	2	3	5	2	3	5
효율성	0.50	2.00	0.67	0.75	1.00	0.40	0.50	0.63

절대적 효율성의 크기가 투입 대비 산출로 측정되기 때문에 이 절대적 효율성은 원점과 DMU들을 연결한 직선의 기울기 크기와 같다. [그림 2.9]의 DMU 중에서 기울기가 가장 큰 DMU는 B이다. 규모에 대한 수확불변(CRS)을 가정하면, 절대적 효율성이 가장 큰 DMU와 원점을 연결한 선이 효율경계(efficient frontier)가 되므로, [그림 2.9]에

11 약효율성에 기반하여 분석할 경우 효율성 점수가 1인 DMU가 다수 나타날 수 있기 때문에 DMU별 효율성 차이를 구분해야 하는 경우 순위나 등급을 평가하기가 어렵다.

서 점선으로 나타낸 $\overline{OB}$가 효율경계가 되고 이 효율경계 아래에 위치한 DMU는 효율경계 위의 DMU에 비해 상대적으로 비효율적이라고 할 수 있다. 이와 달리 (2,A,B)로 연결되는 실선은 규모에 대한 수확가변(VRS)을 가정한 효율경계를 나타낸다.

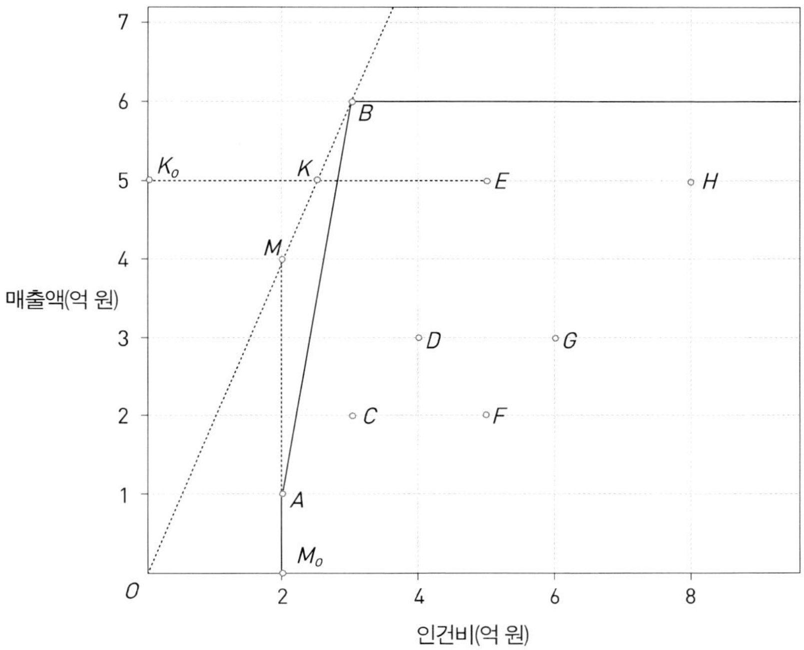

그림 2.9 ▸ 1투입 1산출의 생산가능집합, 효율경계, 효율성

논의의 편의상 CRS를 가정하고 효율성을 구해 보자.[12] 앞에서 제시하였듯 상대적 효율성을 정의하기 위해서는 일단 기준을 설정해야 하는데, 이때 사용하는 기준이 투입인지 산출인지에 따라 상대적 효율성은 다르게 측정된다.

투입방향 효율성은 동일한 산출수준을 가질 때 가장 투입량이 적은 효율경계 위의 DMU를 기준으로 삼는다. 즉 효율성을 계산하고자 하는 DMU의 투입과 산출의 크기를 (x, y)라고 한다면 동일한 산출수준 y가 주어졌을 때 가장 효율적 생산이 이루어지는 효율경계 위의 투입산출 조합 (x^*, y)를 구한 후 DMU의 투입방향 효율성은 x^*/x로 계산한다. 예를 들면 위 그림에서 E와 동일한 산출수준 5를 만족하면서 효율경계

12 앞으로 배우게 될 CCR 모형에서는 생산가능집합을 정의할 때 자유가처분성, 그리고 규모에 대한 수확불변을 가정한다. CCR 모형은 Charnes, Cooper, & Rhodes(1978)의 논문에서 저자들의 이름을 따서 명명되었다.

위에 있는 점, 즉 직선 $\overline{K_oE}$와 직선 $\overline{OB}$가 만나는 곳을 K라고 한다면 DMU E의 상대적 효율성은 다음과 같이 계산된다.

투입방향 상대적 효율성

$$\theta_{in} = \frac{x^*}{x} = \frac{\overline{K_oK}}{\overline{K_oE}}$$

(단, x^*는 동일한 산출수준하에서 효율경계 위의 투입수준)

θ_{in}의 값이 1에 가까울수록 효율성이 높고 θ_{in}의 값이 작을수록 효율성이 낮다고 해석할 수 있다. θ_{in}=1이면 효율성을 달성했다고 하며, 이때 DMU가 효율경계 위에 있음을 알 수 있다.

반면 산출방향 효율성은 동일한 투입수준을 가질 때 가장 큰 산출을 갖는 효율경계 위의 DMU를 기준으로 삼는다. 어떤 DMU의 투입과 산출을 (x,y)라고 한다면 효율경계 위에서 (x, y^*)의 투입과 산출을 갖는 점을 찾을 수 있으며, 이 DMU의 산출방향 효율성은 y^*/y 로 계산한다. 예를 들면 위 그림에서 A와 동일한 투입수준 2를 만족하면서 효율경계 위에 있는 점을 M이라 한다면 DMU A의 상대적 효율성은 다음과 같이 계산된다.

산출방향 상대적 효율성

$$\theta_{out} = \frac{y^*}{y} = \frac{\overline{M_oM}}{\overline{M_oA}}$$

(단, y^*는 동일한 투입수준하에서 효율경계 위의 산출수준)

산출방향 효율성의 경우 θ_{out}의 값이 1에 가까울수록 효율성이 높고 θ_{out}값이 클수록 효율성이 낮다고 해석할 수 있다. θ_{out}=1이면 효율성을 달성했다고 한다.[13]

13 산출방향 효율성 값은 $y^* \geq y$의 관계를 가지므로 항상 1보다 크거나 같은 값을 갖는다. 하지만 일반적으로 효율성 값은 0과 1 사이라고 해석하기 때문에 산출방향 효율성의 값에 역수를 취한 값을 산출방향 효율성 값으로 사용하기도 한다. 여기에서는 원래 값을 이용하여 산출방향 효율성 점수를 사용하지만 DEA 모형의 프로그램에서는 역수를 취한 값을 사용할 예정이다.

상대적 효율성이 투입방향과 산출방향으로 구분해서 측정될 수 있다는 점을 이해했다면 그 의미를 좀 더 살펴보자. 먼저 DMU E의 투입방향 효율성은 0.5로 계산됐는데, 이 값의 의미는 현재의 투입을 50%만큼 줄이면 효율성을 달성할 수 있다는 것이다. 즉 현재와 동일한 산출수준을 유지하면서 $(1-\theta_{in})$ 비율만큼 투입을 줄일 여지가 있다는 것으로 해석된다.

DMU A의 산출효율성을 계산하면 4라는 값이 나오는데, 이 효율성 점수의 의미는 현재의 투입수준으로 4배 정도까지 더 많은 산출을 달성할 수 있는 여지가 있다는 의미이다. 즉 현재와 동일한 수준의 투입을 사용해도 현재보다 4배나 큰 수준의 산출을 달성할 여지가 있다는 것이다.

위에서 제시한 상대적 효율성의 특징을 정리하면 다음과 같다. 첫째, 위에서 접근한 상대적 효율성은 투입을 일정한 비율로 줄이거나 산출을 일정한 비율로 늘릴 수 있는 여지를 측정한 것으로 Farrell의 효율성을 측정한 것이다.

둘째, 효율성은 투입방향 효율성과 산출방향 효율성으로 나눌 수 있다. 위에서 계산된 산출방향 효율성은 항상 1보다 크거나 같고 투입방향 효율성은 항상 1보다 작거나 같다. 이 두 효율성을 비교 가능하게 만들기 위해 산출방향 효율성 값의 역수를 취하여 두 효율성이 모두 0과 1 사이의 값을 갖도록 할 수 있다.

셋째, 동일한 DMU에 대해 투입방향 효율성 점수와 산출방향 효율성 점수가 다를 수 있다. 투입 및 산출방향 효율성 값이 0과 1 사이를 갖도록 변환하면 CRS 가정하에서 얻어진 두 효율성 값은 동일하다. 하지만 VRS 가정하에서 얻어진 투입방향 효율성과 산출방향 효율성은 다르다. 이에 대해서는 3장과 4장에서 자세히 살펴볼 예정이다.

넷째, 투입이나 산출변수에 일정한 값을 곱하여 측정단위를 바꾸어도 Farrell 효율성 값은 변하지 않는다. 효율성은 두 투입 값 혹은 두 산출 값의 비율로 계산된다. 따라서 투입요소나 산출요소의 단위를 변화시켜도 효율성은 변화하지 않는다. 이를 단위불변성(unit invariance)이라고 한다. 다만 모든 DEA 모형이 이러한 단위불변성을 갖는 것은 아님에 유의해야 된다.

일부 독자들은 굳이 Farrell 방식으로 효율성을 측정하지 않고 일반적으로 사용하는 회귀분석 기법을 이용하여 효율성을 측정하는 방법이 더욱 편리하다고 주장할 수 있다. 회귀분석에 기반한 효율성 분석 연구에서는 평균으로부터의 잔차(residual)를 이용하여 효율성을 정의한다. 예를 들면 종속변수를 산출변수 Y, 독립변수를 투입변수 X로 하여 회귀분석을 하면 [그림 2.10]의 점선같이 회귀직선을 구할 수 있다. 이 회귀직선의 위에 위치한 DMU일수록 효율성이 높고 아래에 위치한 DMU일수록 효율성이 낮다고 할 수 있다.[14] 이러한 회귀분석의 접근방법을 이용한 효율성 측정은 평균적인 효율성을 기준으로 다른 DMU들을 평가하는 것이다. 하지만 여러 DMU들을 비교할 때는 가장 효율적인 DMU에 비해 다른 DMU의 효율성을 비교하는 것이 유용한 경우가 많기 때문에 회귀분석 접근보다는 DEA 접근이 더 선호될 수 있다.[15] 회귀모형식을 이용한 효율성 측정의 문제는 확률변경분석(SFA)에서 구체적으로 다룬다.

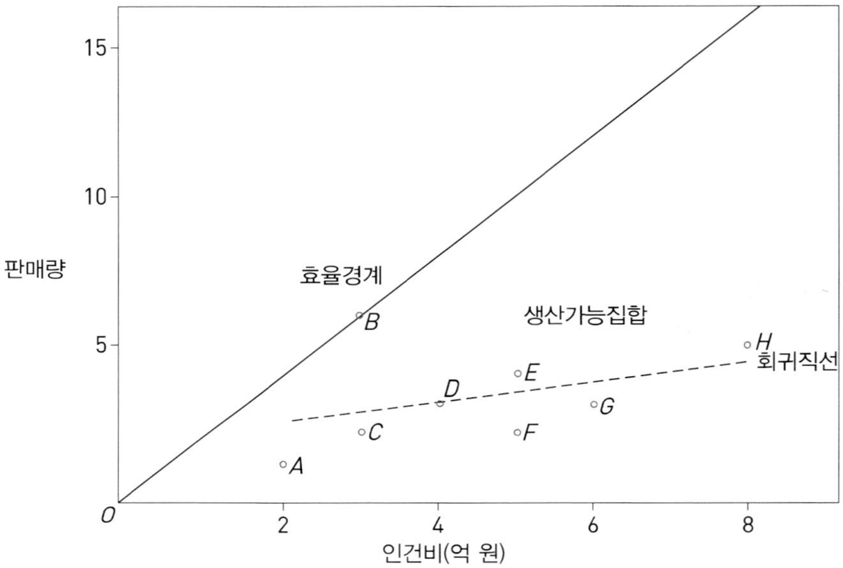

그림 2.10 ▸ 효율경계와 회귀직선

나. 2투입 1산출 경우의 생산가능집합과 효율성의 개념

효율성의 개념을 명확하게 이해하기 위해 두 개의 투입요소 x_1, x_2와 하나의 산출요소 y_1이 있는 경우의 효율성을 살펴보자. [표 2.2]는 직원수라는 인적 요소와 사무실 면적이라는 물적 요소를 투입하여 산출물을 생산하는 9개의 기업들의 효율성을 측정하는 사례이다. 이 표를 보면 DMU들이 모두 동일하게 1단위의 산출물들을 생산한다고 가정하고 있다. 여기서는 산출이 1단위라고 가정하였지만 이 가정을 완화하여 산출 1단

14 회귀분석 이론을 이해하는 독자라면 투입이 독립변수로 사용된 회귀모형은 투입이 비확률변수로 주어져 있다고 가정하기 때문에 DEA의 산출방향 효율성과 유사하게 효율성을 정의하고 있음을 이해할 것이다.

15 다만 가장 효율적인 DMU가 극단적으로 효율적인 경우에는 분석의 왜곡이 발생할 수 있으므로 이 경우 DEA 사용에는 주의를 기울여야 할 것이다.

위당 투입으로 변환하였다고 볼 수 있다. 투입요소가 직원수와 사무실 면적이라면 이 투입요소를 각각 산출요소로 나누어준 값을 사용하면 된다. 이 값은 결국 산출 1단위당 직원수와 사무실 면적이 되기 때문이다.

표 2.2 ▸ 2투입 1산출의 사례

회사	직원수(백 명)	사무실 면적(100m²)	판매량(천 개)
A	4.0	3.0	1
B	7.0	3.0	1
C	8.0	1.0	1
D	4.0	2.0	1
E	2.0	4.0	1
F	5.0	2.0	1
G	6.0	4.0	1
H	5.5	2.5	1
I	6.0	2.5	1

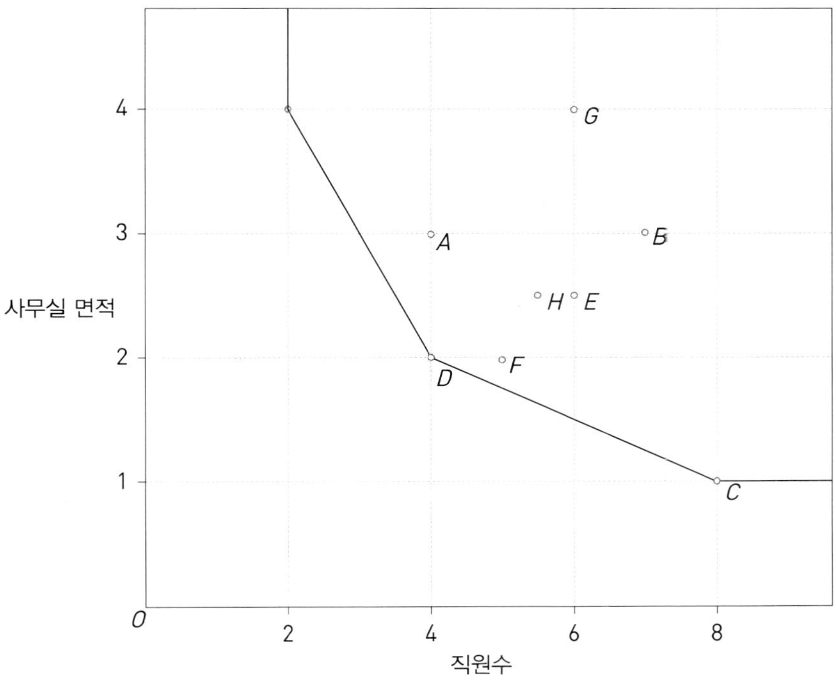

그림 2.11 ▸ 2투입 1산출의 생산가능집합, 효율경계

[그림 2.11]의 X축과 Y축은 각각 직원수와 사무실 면적을 나타낸다. G와 E를 비교해보면 E는 G에 비해 산출물 1단위를 생산하기 위해 훨씬 적은 사무실 면적을 투입하고 있다. 따라서 E는 G보다 효율적이라고 할 수 있다. 효율경계는 생산가능집합에 있는 DMU 중에서 투입요소를 가장 적게 투입하는 점들을 이어서 구할 수 있다.[16]

2개의 투입요소와 1개의 산출요소가 있는 경우의 효율성 정의는 투입 및 산출요소가 1개씩 있을 때와 같다. 효율성 점수를 계산하기 위해 효율경계와 실제 관찰된 투입 혹은 산출수준 간의 상대적 크기를 비교하는 것이다.

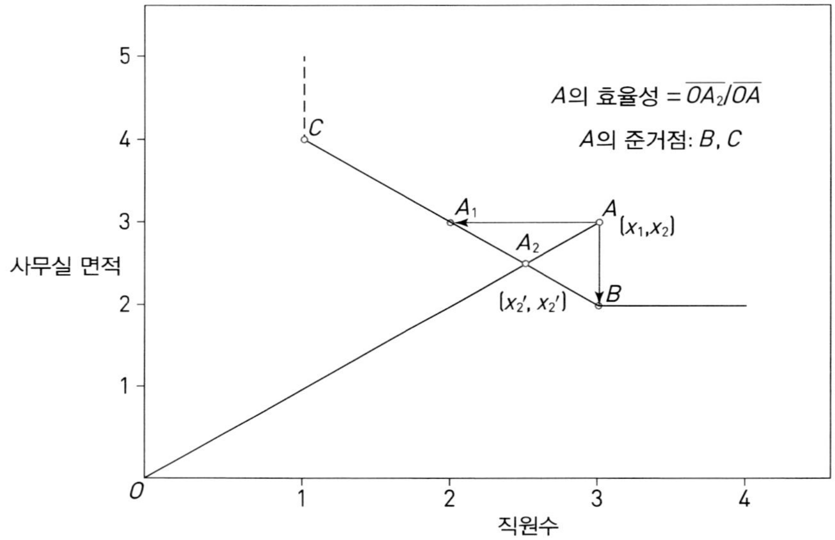

그림 2.12 ▸ 2투입 1산출의 효율성, 준거점

즉 [그림 2.12]처럼 원점에서 DMU까지의 직선거리에 대비한 원점에서 효율경계까지의 거리로 효율성을 측정한다. 즉 DMU와 효율경계 위의 효율적인 점 사이의 거리 개념을 이용하여 효율성을 측정하는 것이다. 이것은 Farrell 효율성을 2투입요소인 경우에 적용한 것이다. 여기서 산출을 고정시켰다고 했으므로 A의 투입방향 효율성 계수는 다음과 같이 측정할 수 있다.[17]

---

16 정확히는 생산가능집합의 효율경계, 즉 "efficiency frontier of the production possibility set"이라고 부를 수 있다(Cooper, Seiford & Zhu, 2004:27). 동일한 산출을 생산하기 위해 투입되는 투입요소 조합의 곡선을 미시경제학에서는 등량곡선(isoquant curve)이라고 부르기도 한다.

17 효율성 계수에서 분자 부분이 $\overline{OA_2}$인 것은 이 길이가 길어질수록 산출이 더 많아진다는 의미이므로 효율성이 증가한다는 의미를 반영한다고 할 수 있다.

DMU A의 투입방향 효율성 계수

$$\theta_A = \frac{\overline{OA_2}}{\overline{OA}}$$

[그림 2.12]에서 A의 좌표 (x_1, x_2)는 산출물 1단위 생산에 직원수와 사무실 면적이 각각 x_1, x_2만큼 사용되었다는 것을 나타낸다. 만일 사무실 면적은 동일하게 x_2만큼 투입하지만 직원수는 x_1보다 적게 투입하여도 산출물 1단위를 성산할 수 있다면, 이 점은 A보다 더 효율적인 점이며, A_1이 이에 해당한다. 마찬가지로 직원수는 동일하게 x_1만큼을 투입하였지만 사무실 면적은 x_2보다 적게 투입하여 산출물 1단위를 생산하는 B도 역시 A보다 효율적이라고 할 수 있다. A_1, A_2, B 모두 효율경계 위에 있는 점이므로 A가 이동할 수 있는 대안이 되지만, A가 기술적으로 최단거리로 이등할 스 있는 점은 A_2임을 어렵지 않게 알 수 있다. $A \rightarrow B$로 이동하기 위해서는 (3,3) → (3,2)이므로 거리가 1이고 $A \rightarrow A_1$은 (3,3) → (2,3)으로 1이지만, $A \rightarrow A_2$로의 이동은 (3,3) → (2.5,2.5)로 거리가 약 0.7이기 때문이다. 따라서 A의 비교 대상이 될 수 있는 가장 효율적인 점은 A_2이고 이 점에 대비하여 A의 상대적 효율성을 계산할 수 있다.[18]

1투입 1산출인 경우와 유사하게 A의 상대적 효율성은 원점과 A 사이의 거리 대비 원점과 A_2와의 거리를 이용하여 측정할 수 있다.

$$\frac{\overline{OA_2}}{\overline{OA}} = \frac{\sqrt{x'^2_1 + x'^2_2}}{\sqrt{x_1^2 + x_2^2}}$$

B 및 C의 좌표가 각각 (3,2) 및 (1,4)이므로 $\overline{OA}$와 $\overline{OC}$가 만나는 점인 A_2의 좌표는 (2.5,2.5)이다. 따라서 A의 효율성은 다음과 같다.

$$\theta_A = \frac{\sqrt{2.5^2 + 2.5^2}}{\sqrt{3^2 + 3^2}} = 0.83$$

18 Manzoni, A. & Islam, S. M. N.(2009), *Performance Measurement in Corporate Governance: DEA Modelling and Implications for Organisational Behaviour and Supply Chain Management*, Springer, pp. 85~86의 논의 참고. 이렇게 구해진 효율성에 내재된 가정은 두 개의 투입요소의 투입 비율이 동일하다는 점이다. 왜냐하면 측정하고자 하는 DMU나 비교 대상이 효율적인 DMU가 모두 직선 $\overline{OA}$ 위에 놓여 있기 때문이다. 이러한 이유에서 방사효율성(radial efficiency) 도형이라고 한다.

이렇게 계산된 효율성의 의미는 현재 x_1, x_2의 투입수준의 83% 정도만을 투입하더라도 현재 수준의 산출을 달성할 수 있다는 것이다. 혹은 모든 투입수준을 각각 약 17%씩 줄이면 효율성을 달성할 수 있다고 해석할 수 있다.

한편 A의 효율성 점수를 계산할 때는 다른 모든 DMU의 정보를 사용한 것이 아니라 B와 C라는 DMU의 정보만을 사용하였다. 즉 A의 효율성을 평가할 때 B, C가 준거점(reference point)이 된다. 이 준거점은 효율경계 위에 있는 점들, 즉 효율성을 달성한 점들이기 때문에 우수사례(best practice) 혹은 벤치마크(benchmark) 사례라고도 부른다. 이 준거점은 비효율적인 DMU가 효율적인 상태에 도달하기 위해서 참고해야 하는 값들인 것이다.

이상에서 살펴본 효율성 측정방법은 효율성을 달성하기 위해 동일한 비율로 모든 투입을 줄이거나 혹은 동일한 비율로 모든 산출을 늘린다는 가정을 하고 있기 때문에 비율모형(ratio model) 혹은 방사효율성 모형(radial efficiency model)이라고 부른다. 투입방향 방사효율성 모형은 비효율적인 상태에 있는 DMU가 효율적인 상태로 나아가기 위해서 투입요소를 줄일 때 투입요소 감소비율을 동일하게 한다는 특징이 있다. 예를 들면 효율개선을 위해 직원수와 사무실 면적을 동일하게 θ배만큼 줄여서 효율경계 위의 점 쪽으로 향하는 것이다. 방사효율성은 투입요소나 산출요소의 측정 단위 변화에 영향을 받지 않는(units invariance) 특징을 갖고 있기 때문에 널리 사용된다.

다. 1투입 2산출 경우의 생산가능경계와 효율성의 개념

1투입 2산출 조합의 경우에는 산출방향 효율성을 정의할 수 있다. 여러 개의 산출물이 있을 때 산출방향 효율성은 효율경계상의 산출물 조합과 주어진 산출물 조합의 상대적 비율로 나타낼 수 있다. [그림 2.13]의 X축과 Y축은 각각 고객수와 판매량이라는 두 개의 산출요소를 나타내며 투입요소는 직원 한 단위로 고정되어 있다. 여기서 B, E, F, G는 효율경계 위에 존재하는 효율적인 점들이고 이 효율경계 내부(왼쪽 아랫부분)는 생산가능집합이다.

산출방향 효율성을 거리개념을 이용하여 측정하면, DMU A의 효율성은 $\theta_A = \overline{OQ}/\overline{OA}$로 나타낼 수 있다.[19] 이 효율성의 크기는 각 산출을 θ_A배만큼 더 늘릴 수 있다는 의미가 된다.

---

19 주어진 투입요소에 대하여 산출요소의 상대적 생산비는 일정한 상황을 가정하고 효율성을 정의하므로, 이 경우도 역시 방사효율성 모형을 사용하고 있음을 알 수 있다.

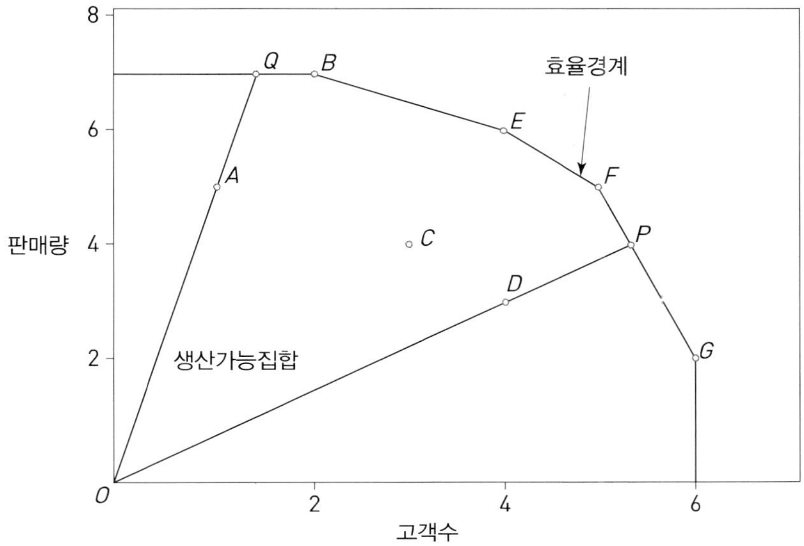

그림 2.13 ▸ 1투입 2산출의 효율경계, 효율성

한편 *A*의 효율성을 계산할 때 비교 대상이 되는 DMU *Q*는 *A*와 동일한 산출비율(판매량/고객수)을 갖는 효율경계 위의 점을 찾아 결정한 것이다. 이것은 원점에서 직선으로 확장한 점과 만나는 효율경계 위의 점을 이용하여 상대적 효율성을 계산하는 방사모형(radial model)을 이용하기 때문이다. 하지만 *Q*와 *B*를 비교해보면 *B*는 *Q*와 동일하게 판매액이 7이지만 고객은 *B*가 더 많이 유치하고 있다. 따라서 *B*가 *Q*보다 산출이 더 많다고 할 수 있고, 그렇다면 *A*가 비교해야 하는(벤치마크해야 하는) 효율적인 상태는 *B*라고 할 수 있다. 이러한 문제 때문에 두 산출의 비율이 일정하다는 가정을 완화하여 기술적 효율성을 구할 수도 있다. 이 경우 *A*가 *Q*로 이동하는 것은 순수 기술적 효율성(pure technical efficiency)의 문제라고 하고, 다시 *B*로 이동하는 것은 혼합 효율성(mixed efficiency)의 문제라고 한다.[20]

지금까지 다룬 효율성은 Farrell의 효율성 정의에 기반한 기술적 효율성(technical efficiency)의 개념이었다. 이후에 산출물이나 투입물의 가격, 예산제약, 혹은 규모에 대한 수확 등의 추가적인 정보에 따라 효율성의 개념을 확장하여 일반적 효율성(overall efficiency), 배분적 효율성(allocative efficiency),[21] 비용 효율성(cost efficiency), 수입 효

20 Cooper, W. W. et al.(2007), *Data Envelopment Analysis: A Comprehensive Text with Models, Applications, References and DEA-Solver Software*, Springer, pp. 11~12 참고.

21 배분적 효율성은 이윤극대화 또는 비용극소화 조건에 맞게 생산요소를 얼마나 잘 배분하여 사용하고 있는지를 나타낸다. 일정량의 산출물을 생산하기 위해 필요한 생산요소의 조합은 구한대로

율성(revenue efficiency), 규모 효율성(scale efficiency) 등 다양한 효율성 개념을 도입할 수 있다.

라. 효율성의 분해

앞 절에서는 투입과 산출의 수가 변함에 따라 생산가능집합과 효율경계 그리고 기술적 효율성이 어떻게 변하는지를 살펴보았다. 하지만 Farrell(1957)은 기술적 효율성 이외에도 여러 가지 효율성 개념을 함께 제시했다. 이러한 효율성은 기술적 효율성과 밀접한 관련이 있으면서도 효율성의 여러 차원을 이해하는 데 도움이 되므로 이를 살펴볼 필요가 있다.[22]

기술적 효율성과 배분적 효율성, 비용 효율성, 그리고 수입 효율성을 차례대로 살펴보도록 하자. 먼저 논의를 단순하게 하기 위해 하나의 산출 y와 두 개의 투입 x_1, x_2가 규모에 대한 수확불변의 생산함수를 갖는다고 가정해보자. [그림 2.14]와 같이 만일 주어진 DMU가 동일한 산출에 대해 P만큼의 투입조합을 갖는다면 투입방향 기술적 효율성은 다음과 같이 정의된다.

$$TE = \frac{\overline{OQ}}{\overline{OP}}$$

기술적 효율성은 기본적으로 투입과 산출의 양을 이용하여 효율성을 계산한다. 그러나 투입과 산출의 가격에 대한 추가적인 정보가 있으면 비용(cost), 수입(revenue), 이익(profit), 경계(frontier)에 대한 정보를 얻을 수 있다. 이를 바탕으로 여러 유형의 효율성을 정의할 수 있다.

예를 들어 [그림 2.14]처럼 투입요소 x_1, x_2의 가격에 대한 정보가 알려졌다면 $\overline{AA'}$와 같이 등비용선(isocost line)[23]을 그릴 수 있고 이 등비용선과 등량곡선(혹은 효율경

많다. 이는 등량곡선(isoquant curve)이 잘 나타낸다. 등량곡선상에서 비용을 극소화하는 점, 즉 등비곡선(isocost curve)과 접점에 맞는 생산요소를 배분하여 사용하였다면 완벽한 배분적 효율성을 갖는 DMU이다. 따라서 배분적 효율성을 추정하기 위해서는 생산요소 및 산출량 데이터 이외에도 생산요소가격 데이터가 필요하다(곽만순·이영훈(2005), 「효율성추정과 확률적 생산변경모형에 대한 문헌연구」, 계량경제학보, 16(4), p. 113).

22 Coelli, T. et al.(2005), *An Introduction to Efficiency and Productivity Analysis*(2nd ed.), Springer, pp. 51~57 참고.

23 등비용선은 일정한 생산비용으로 구입할 수 있는 투입요소의 조합을 말한다.

계)이 접하는 점 Q'이 가장 효율적인 투입수준임을 알 수 있다. 이때 기술적 효율성을 달성하던 Q는 Q'보다 더 많은 비용을 투입해야 하는 투입조합임을 알 수 있다. 따라서 기술적 효율성을 만족하는 점과 비용 최소화 투입조합이 일치하지 않을 때 발생하는 비효율성을 고려한 비용 효율성이라는 새로운 효율성 개념이 필요하다.

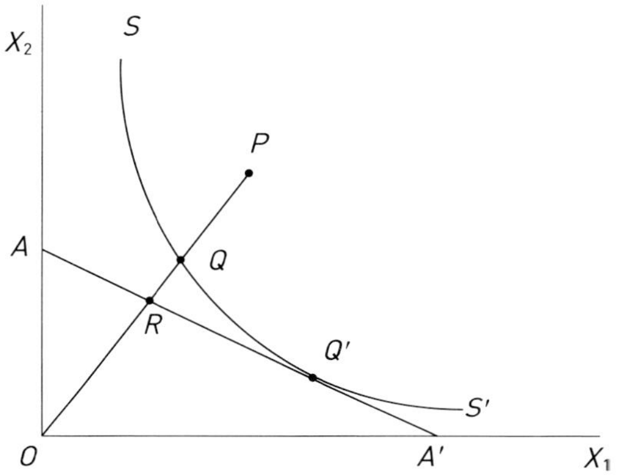

그림 2.14 ▸ 투입요소 가격 제약하의 등량곡선과 효율성

비용 효율성(Cost Efficiency, CE)은 실제 비용대비 가장 효율적인 비용의 크기를 측정한 것이다. 첫 번째와 두 번째 투입요소 가격의 벡터를 $w=(p_1, p_2)$라고 한다면 P점의 실제 총생산비용은 $p_1x_1+p_2x_2$이 된다. 가장 효율적인 투입상황인 Q'에서 투입 규모가 $({x_1}', {x_2}')$이면 비용 효율성은 다음과 같이 정의된다.

$$\mathrm{CE}=\frac{\text{효율적인 비용}}{\text{실제 비용}}=\frac{Q'w}{Pw}$$

이 비용 효율성을 달성하기 위해서는 크게 두 단계를 거치게 된다. 첫 번째 단계는 Farrell의 기술적 효율성 단계이다. 이 단계에서는 P점에서 두 투입요소를 일정한 비율로 줄여 효율경계 위의 점 Q로 이동하는 것이다.

$$\mathrm{TE}=\frac{\text{기술적으로 효율적인 비용}}{\text{실제 비용}}=\frac{Qw}{Pw}$$

두 번째 단계는 배분 효율성(Allocative Efficiency, AE) 단계이다. 기술적 효율성이 달성된 Q는 주어진 투입요소 가격하에서 가장 효율적인 Q'에 비해 총비용이 더 많이 든다. 왜냐하면 Q는 Q'을 통과하는 등비용선 AA'보다 위에 있는 점이기 때문이다.

Q는 투입요소 x_1을 늘리고 x_2는 줄여 투입요소를 적절히 배분함으로써 Q'으로 이동하여 효율성을 달성할 수 있다. 이러한 관점에서 배분 효율성은 다음과 같이 정의된다.

$$\mathrm{AE} = \frac{Q'w}{Qw}$$

이렇게 정의된 기술적 효율성과 배분적 효율성의 곱은 비용 효율성이라는 것을 어렵지 않게 확인할 수 있다.

$$\mathrm{TE} \times \mathrm{AE} = \frac{Qw}{Pw} \times \frac{Q'w}{Qw} = \frac{Q'w}{Pw} = \mathrm{CE}$$

위에서는 투입요소의 양과 가격을 곱하여 비용의 관점에서 효율성을 계산하였다. 그러나 거리의 관점에서도 효율성을 정의할 수 있다. 거리의 관점에서 비용 효율성, 기술 효율성, 배분 효율성은 다음과 같이 정의된다.

$$\mathrm{CE} = \frac{\overline{OR}}{\overline{OP}},\ \mathrm{TE} = \frac{\overline{OQ}}{\overline{OP}},\ \mathrm{AE} = \frac{\overline{OR}}{\overline{OQ}}$$

위의 예에서는 투입방향의 비용 효율성 개념을 다루었다. 만일 투입은 고정되어 있고 두 개의 산출이 있는 경우를 가정하면 [그림 2.15]와 같은 상황이 된다. 여기서도 유사하게 산출물 가격에 대한 추가적인 정보가 있다면 기술적 효율성과 배분적 효율성뿐 아니라 수입 효율성(Revenue Efficiency, RE)을 정의할 수 있다. 수입 효율성은 현재 상태에서의 수입액 대비 효율적인 상태의 수입액 크기라고 할 수 있다. 수입 효율성을 달성하기 위해서는 먼저 기술적 효율성을 달성하기 위해 $A \rightarrow B$로 이동을 하고 그다음 배분적 효율성을 달성하기 위해 $B \rightarrow B'$으로 이동을 해야 한다. 이러한 아이디어를 바탕으로 기술 효율성, 배분 효율성, 수입 효율성을 다음과 같이 정의할 수 있다.

$$\mathrm{TE} = \frac{\overline{OB}}{\overline{OA}}$$

$$\mathrm{AE} = \frac{\overline{OC}}{\overline{OB}}$$

$$\mathrm{RE} = \frac{\overline{OC}}{\overline{OA}}$$

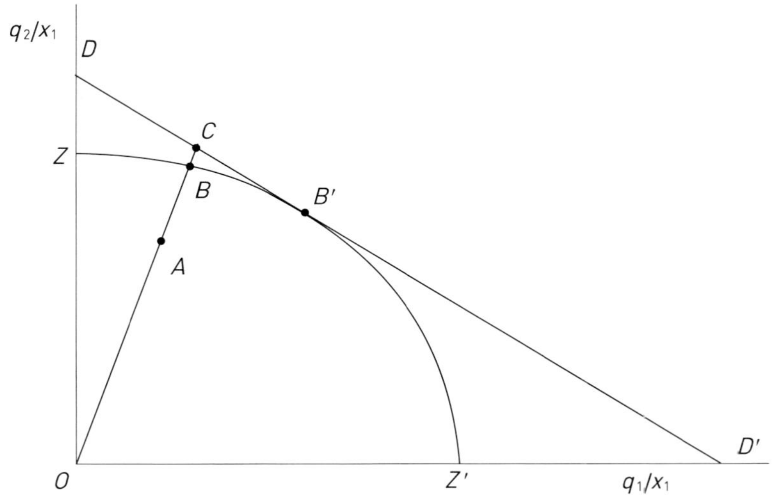

그림 2.15 ▸ 산출요소 가격 제약하의 생산가능곡선과 효율성

한편 투입요소에 대한 가격과 산출요소에 대한 가격의 정보가 모두 제공된다면 수익 효율성(Profit Efficiency, PE)을 정의할 수 있다. 이때 수익은 (총수입－총비용)으로 정의할 수 있으므로 수익 효율성은 가장 효율적인 상태에서의 수익 대비 현재의 수익으로 측정할 수 있다. 이 수익 효율성은 투입 배분 효율성, 산출 배분 효율성, 그리고 기술적 효율성으로 구성되어 있으며 투입방향으로 접근할지 혹은 산출방향으로 접근할지에 따라 측정이 달라질 수 있다(Coelli, 2005:57).[24]

마. 효율성 이론의 시사점

위에서 간단히 검토한 효율성 이론은 여러 가지 측면에서 활용 가능성이 매우 높다. 가장 큰 장점은 복잡한 생산함수를 가정하지 않아도 된다는 점이다. 산출과 투입 관계를 $y=f(x)$라는 함수식으로 나타낸다면 연구자는 함수 형태를 선형으로 가정해야 할지, 비선형으로 가정해야 할지 혹은 2차 방정식 형태로 해야 할지, 3차 방정식 형태로 해야 할지 등의 다양한 문제를 고민해야만 한다. 또한 $y=\beta_0+\beta_1 L+\beta_2 K+\epsilon$와 같은 함수식을 가정하더라도 자본($K$)과 노동($L$)의 생산계수 값이 얼마인지를 추정해야 한다. 이러한 추정을 위해 회귀분석이나 확률변경분석 같은 방법을 사용하려면 상당히 많은

24 이 밖에도 규모 효율성(scale efficiency), 동태적 효율성(dynamic efficiency), 생산성(productivity) 등의 개념들이 있다. 규모 효율성은 제4장의 규모에 대한 수확가변 모형에서, 동태적 효율성은 제7장에서 맘퀴스트 효율성을 다루면서 자세히 설명하고자 한다. 추가적인 내용은 Coelli(2005) 참고.

자료가 필요하다. 그러나 DEA는 자유가처분성이나 볼록성 가정과 같은 최소한의 가정을 이용하여 효율변경을 정의하기 때문에 유용하다. 또한 비효율적인 DMU가 참고해야 하는 효율변경도 몇 개 DMU들의 정보만 구해도 충분하다는 점 역시 장점이라고 할 수 있다.

둘째, 연구자가 효율변경을 정의하기 위해 사용하는 가정들을 자유롭게 선택할 수 있다. 효율변경을 계산하기 위해 자유가처분성 가정만을 사용할 수도 있고, 볼록성 가정 중 규모에 대한 수확가변 혹은 수확불변 가정을 사용할 수도 있다. 또한 가격정보 혹은 시점 간 정보를 사용할 수 있으면 효율성의 개념도 다양하게 정의할 수 있다. 이는 현실적인 효율경계를 이용하여 효율성 평가를 할 수 있으며, 효율성에 대한 정의도 의사결정 문제에 따라 다양하게 내릴 수 있음을 의미한다.

제3장

CCR 모형을 이용한 효율성의 계산

Theory of Efficiency Analysis

제 3 장

T h e o r y   o f   E f f i c i e n c y   A n a l y s i s

CCR 모형을 이용한 효율성의 계산

제2장에서는 자유가처분성, 볼록성, 규모에 대한 수확 가정에 따라 다양하게 생산가능집합을 정의할 수 있고 이에 따라 효율경계가 달라질 수 있음을 배웠다. 또한 효율성의 측정도 투입방향인지 산출방향인지에 따라 달라짐을 알 수 있었다. 이러한 생산가능집합과 효율성에 대한 가정을 바탕으로 DEA의 다양한 모형들이 발전되어 왔다.

DEA 모형 중에 가장 널리 사용되는 것은 CCR 모형과 BCC 모형이다. CCR 모형은 해당 기법을 소개한 Charnes, Cooper, 그리고 Rhodes의 첫 글자를 따서 지었고 BCC 모형의 명칭도 Banker, Charnes, 그리고 Cooper의 첫 글자를 따서 명명하였다. 이 두 모형의 차이는 생산가능집합 혹은 효율경계를 정의할 때 사용하는 가정에 있다. CCR 모형은 생산가능집합을 결정할 때 자유가처분성, 볼록성, 규모에 대한 수확불변을 가정하는 데 비해 BCC 모형은 자유가처분성과 볼록성 가정, 규모에 대한 수확가변 가정을 도입한다.

기존의 DEA 문헌에서는 CCR 모형과 BCC 모형이라는 용어를 널리 사용해왔지만 최근에는 이 두 모형의 차이가 규모에 대한 수확 가정에 있으므로 CCR 모형은 규모에 대한 수확불변을 의미하는 CRS(Constant Returns to Scale) 모형, 그리고 BCC 모형은 VRS(Variant Returns to Scale) 모형이라고 부르는 문헌들이 늘어나고 있다(Bogetoft & Otto, 2011). 저자도 이러한 새로운 견해가 맞는다고 생각하지만 여전히 CCR, BCC 모형이라는 용어가 널리 사용되고 있기 때문에 이 책에서도 일단 전통적 표기 방법을 따르기로 한다.

DEA 모형은 효율성에 대한 가정과 관점에 따라 여러 모형으로 구분될 수 있으나 모두 목적함수와 제약식으로 구성된 선형계획법(linear programming)의 특수문제로 나타낼 수 있다. 처음 DEA를 접하는 학생들에게는 선형계획법이 낯설 수 있으나 주어진 제약조건하에서 최적해를 구하는 방법으로 이해하면 큰 무리가 없다. DEA에서 제약조건은 생산집합과 효율경계라고 할 수 있고 목적함수는 효율성 점수를 극대화하는 것이라고 할 수 있다. 여러 DEA 모형들은 기본적으로 선형계획법 형식을 따르고 있기 때문에 하나의 모형을 정확히 이해하면 다른 모형은 쉽게 이해할 수 있다. 일반적으로 규모에 대한 수확불변을 가정하는 CCR 모형이 이해하기도 쉽고 가장 먼저 제시되었기 때문에 DEA 원리를 이해하는 데 좋은 출발점이 된다. 따라서 이 장에서는 CCR 모형을 먼저 살펴보도록 한다.

3.1 CCR 모형의 기본 이론

다수의 투입 및 산출요소가 있는 경우 투입 대비 산출로 정의되는 효율성을 쉽게 계산하기 어렵다. 다수의 투입요소 혹은 산출요소를 단일한 투입 및 산출 값으로 나타내기 어렵기 때문이다. 이 문제를 해결하기 위해서는 다수의 투입요소를 선형결합 함수로 표현하여 총괄투입 값을 계산하고, 다수의 산출요소들에 대해서도 총괄산출 값을 계산한 뒤 그 비율을 이용하여 효율성 점수를 구하는 방법을 생각해볼 수 있다.

이때 총괄투입을 중심으로 볼 것인지 총괄산출을 중심으로 볼 것인지에 따라 투입방향 모형, 산출방향 모형으로 나누기도 하고, 최적화 문제를 승수문제로 볼 것인지 아니면 이 승수모형의 쌍대문제[1]로 볼 것인지에 따라 승수모형과 포락모형으로 구분하기도 한다. 각 모형들은 효율성 분석에 필요한 고유한 정보들을 제공하므로 각 모형의 특징을 정확히 이해한다면 DEA의 활용에 큰 도움이 될 것이다.

---

1 쌍대문제는 선형계획법에서 매우 중요한 이론 중의 하나이다. 선형계획법 문제는 목적함수와 제약조건을 바꾸어 문제를 풀어도 동일한 해를 얻게 된다. 관심 있는 독자들은 선형계획법과 관련된 기초 교과서(곽노균 · 최태성, 1998)들을 이용하여 쌍대문제에 대한 자세한 이론들을 이해하기 바란다.

가. 총괄투입과 총괄산출 계산의 어려움

CCR 모형의 기본 원리를 이해하기 위해 학교 효율성 평가에 대한 예제를 살펴보자. 아래 [표 3.1]은 학교 간의 성과를 평가하기 위해 교육비와 정교사 비율을 투입요소로, 국어와 과학점수를 산출요소로 가정한 후 수집한 자료이다. 효율성을 측정하기 위한 단위, 즉 의사결정단위(Decision Making Unit, DMU)는 학교 1~학교 6이며 각 투입요소 및 산출요소의 값은 [표 3.1]과 같다.

표 3.1 ▸ 학교 간의 성과 평가를 위한 투입요소와 산출요소

학교	교육비(백만 원)	정교사 비율(%)	국어점수	과학점수
1	8.939	64.3	25.2	223
2	8.625	99.0	28.2	287
3	10.813	99.6	29.4	317
4	10.638	96.0	26.4	291
5	6.240	96.2	27.2	295
6	4.719	79.9	25.5	222

출처: Scharge(2000:404~409), 김성호 외(2007:10)에서 재인용

효율성을 구하기 위해서는 투입 대비 산출의 값을 계산해야 한다. 하지만 위 예제에서는 투입이나 산출이 여러 개의 요소로 구성되어 있다. 예를 들어 투입요소는 교육비와 정교사 비율로 구성되어 있기 때문에 효율성을 구하려면 이 두 요소를 종합해서 총괄투입 값(total input)을 계산할 필요가 있다.

총괄투입 값은 교육비와 정교사 비율을 단순히 합하여 구할 수는 없다. 두 투입요소의 단위가 다르고 상대적 중요성도 다르기 때문이다. 교육비는 학교가 1년 동안 학생 1인에게 지불한 비용으로 단위가 백만 원이고, 정교사 비율의 단위는 %이다. 학교 1의 총괄투입 값을 구하려고 두 변수들을 단순하게 더하여 $8.939+64.3$으로 계산한다면 단순히 숫자의 크기가 큰 정교사 비율을 교육비보다 더 중요하게 고려하는 오류를 범하게 된다. 정교사 비율은 최댓값과 최솟값의 차이가 35.3($=99.6-64.3$)이나 되지만 교육비의 경우는 6.094($=10.813-4.719$)에 불과하기 때문이다.[2] 따라서 단위가 다른 투입변수들을 단순하게 합하여 총괄투입을 구하는 것은 변수 간의 상대적 중요성을 왜곡

2 이러한 문제를 해결하기 위해서 통계적으로는 교육비와 비저소득층 비율을 표준화 변수(standardized score)로 변환하여 총괄투입 값을 구하는 방법을 생각해볼 수 있다. 이 문제는 이후 DEA의 측정단위 문제에서 이론적인 검토를 다시 해보기로 하자.

할 수 있다.

이러한 변수 간의 상대적 중요성 차이 문제를 해결하기 위해 사용할 수 있는 것이 가중치이다. 각 투입요소가 총괄투입에 얼마나 중요한지에 대한 가중치를 부여한 후 이를 이용하여 총괄투입을 구하는 것이다. 만일 교육비에 0.7의 가중치를 부여하고 정교사 비율에 0.1의 가중치를 부여했다고 가정하자. 이 경우 학교 1의 총괄투입은 12.7 $(= 8.939 \times 0.7 + 64.3 \times 0.1)$이 된다. 마찬가지로 산출에 있어서도 국어점수와 과학점수에 각각 0.7과 0.2의 가중치를 부여하면 학교 1의 총괄산출 값은 62.2가 된다. 이렇게 총괄투입과 총괄산출 값을 구한 후 효율성을 계산하면 [표 3.2]에서 확인할 수 있는 바와 같이 학교 5가 5.6으로 가장 효율성이 높은 것으로 판단할 수 있다.

표 3.2 ▸ 가중치 부여 후 총괄투입과 총괄산출 계산

학교	교육비 (백만 원)	정교사 비율(%)	국어점수	과학점수	총괄투입	총괄산출	효율성
1	8.939	64.3	25.2	223	12.7	62.2	4.9
2	8.625	99.0	28.2	287	15.9	77.1	4.8
3	10.813	99.6	29.4	317	17.5	84.0	4.8
4	10.638	96.0	26.4	291	17.0	76.7	4.5
5	6.240	96.2	27.2	295	14.0	78.0	5.6
6	4.719	79.9	25.5	222	11.3	62.3	5.5

하지만 실제 효율성 분석에서 왜 가중치가 0.7 혹은 0.2로 정해졌는지에 대한 논리적 근거를 제시하지 못하면 이 방법은 정당성을 확보하기 어렵다. 또한 효율성 값도 0과 1 사이의 값을 갖지 못해 비교도 용이하지 않다. 따라서 투입·산출요소의 단위 문제나 요소들 간의 상대적 중요성 문제를 고려하여 효율성 점수를 계산하기에는 단순합이나 임의가중치 부여 방법 모두 한계가 크다.

나. CCR 비율모형(CCR ratio model)

CCR 모형은 단순합이나 임의가중치 부여 방법의 한계를 극복하기 위해 효율성을 제약조건하에서 목적함수의 최적화 문제로 변환시킨다. DEA의 기본이 되는 모형이므로 CCR 모형의 수식을 구체적으로 살펴보기에 앞서 DEA에서 사용되는 주요 기호들을 먼저 이해할 필요가 있다. 선형계획법에 기반을 둔 DEA 관련 문헌들은 약간씩 차이는 있지만 [표 3.3]에서 제시한 기호들을 가장 보편적으로 사용하므로 이 책에서도 이 기호 체계를 따르기로 한다.

표 3.3 ▸ DEA의 목적함수 및 제약식에 사용되는 주요 기호

지수(index)

j : j 번째 DMU$(j=1,\cdots,n)$
i : i 번째 투입요소$(i=1,\cdots,m)$
r : r 번째 산출요소$(r=1,\cdots,s)$
k : 효율성을 계산하려는 특정 k 번째 DMU
n : DMU의 총개수
m : 투입요소의 총개수
s : 산출요소의 총개수

자료(data)

y_{rj} : j 번째 DMU의 r 번째 산출요소
x_{ij} : j 번째 DMU의 i 번째 투입요소

변수(variable)

v_i : i 번째 투입요소의 목적함수의 기여계수(가중치)
u_r : r 번째 산출요소의 목적함수의 기여계수(가중치)
s_i^- : i 번째 투입요소의 여유변수(slack variable)
s_r^+ : r 번째 산출요소의 여유변수
λ_j : j 번째 DMU의 가중치

이렇게 기호로 약속을 하면 k 번째 DMU의 총괄투입과 총괄산출 및 효율성은 다음과 같이 정의할 수 있다.[3] 먼저 DMU k의 총괄투입은 투입요소 x_{ik}에 각 투입요소의 가중치 v_i를 곱하여 아래와 같이 구할 수 있다.

$$\text{DMU } k\text{의 총괄투입: } \sum_{i=1}^{m} v_{ik} x_{ik}$$

총괄투입과 마찬가지로 총괄산출은 산출요소 y_{rk}에 대해 각 가중치를 u_r이라고 할 때 이들의 곱을 합하여 계산한다. 효율성은 각 DMU별로 계산이 되기 때문에 'DMU k의 총괄산출'은 k 번째 DMU에 대해 총괄산출이 계산된다는 것을 나타낸다. 즉 산출요소의 가중치가 DMU별로 다르기 때문에 u_{rk}로 나타내고, 산출요소 역시 DMU마다 다르

3 총괄투입과 총괄산출을 가상투입(virtual input)과 가상산출(virtual output)이라고 부르기도 한다(Cooper, W. W. et al., 2006:23).

기 때문에 y_{rk}로 표기하는 것이다.

$$\text{DMU } k\text{의 총괄산출: } \sum_{r=1}^{s} u_{rk} y_{rk}$$

이렇게 DMU별로 총괄투입과 총괄산출을 구하면 효율성은 다음과 같이 정의할 수 있다.

$$\text{DMU } k\text{의 효율성: } Max\ E_k = \frac{\sum_{r=1}^{s} u_{rk} y_{rk}}{\sum_{i=1}^{m} v_{ik} x_{ik}}$$

이때 위 효율성은 DMU k의 투입 대비 산출의 비율을 극대화한 값을 의미한다. 즉 투입벡터($x_{1k}, x_{2k}, \cdots,\ x_{mk}$)와 산출벡터($y_{1k}, y_{2k}, \cdots,\ y_{sk}$)를 갖는 DMU k의 입장에서 E_k를 극대화하는 ($v_{1k}, \cdots,\ v_{mk}$)와 ($u_{1k}, \cdots,\ u_{sk}$)를 찾은 결과가 DMU k의 효율성 점수인 것이다. 선형계획법에서는 최적화하고자 하는 함수를 목적함수(objective function)라고 부른다. CCR 비율모형의 경우 목적함수는 투입요소와 산출요소에 해당하는 변수와 이 변수의 계수 값으로 구성된다. 이때 목적함수를 구성하는 변수의 계수를 기여계수라고 부르기도 한다.

앞의 학교 효율성 예제를 사용해 본다면 학교 4의 총괄투입, 총괄산출, 효율성은 다음과 같이 구할 수 있다.

$$\text{DMU 4의 총괄투입: } 10.638 v_{14} + 96.0 v_{24}$$

$$\text{DMU 4의 총괄산출: } 26.4 u_{14} + 291 u_{24}$$

$$\text{DMU 4의 효율성: } Max\ E_4 = \frac{26.4 u_{14} + 291 u_{24}}{10.638 v_{14} + 96.0 v_{24}}$$

CCR 비율모형(CCR ratio model)의 기본 아이디어는 k번째 DMU의 효율성을 극대화할 수 있도록 DMU k의 투입요소와 산출요소의 가중치, 즉 v_{ik} 및 u_{rk} 값을 구하는 것이다.

위와 같은 목적함수의 최적화 문제는 일정한 제약조건하에서 이루어지게 된다. CCR 비율모형에서는 여러 제약조건이 부과된다. 먼저 v_{ik} 및 u_{rk} 값이 결정되었을 때 DMU k의 효율성은 1을 초과할 수 없으며, 이 가중치를 사용하여 다른 DMU의 효율성을 구하더라도 이 효율성 값은 1보다 클 수 없다고 가정한다. 즉 k 번째 DMU는 다음과 같은 제약식을 만족하고 이 제약식은 다른 $n-1$개의 DMU에 대해서도 모두 성립해야 한다. 따라서 DEA 모형은 효율성 값이 1보다 작거나 같다는 n개의 제약식을 가진다.

$$E_k \leq 1,\ \text{제약식: } \frac{\sum_{r=1}^{s} u_{rk} y_{rj}}{\sum_{i=1}^{m} v_{ik} x_{ij}} \leq 1 \ (\text{단, } j = 1, 2, \cdots, n)$$

이것을 앞의 예제를 이용하여 살펴보도록 하자. 우리의 관심이 학교 2의 효율성 평가에 있다고 해보자. 그렇다면 학교 2의 효율성을 극대화하는 가중치, 즉 v_{12}, v_{22} 및 u_{12}, u_{22}을 구하는 것이 우리의 관심이다. 이 경우 목적함수는 다음과 같이 나타낼 수 있다.

$$Max\ \frac{28.2u_{12} + 287u_{22}}{8.625v_{12} + 99.0v_{22}}$$

한편 가중치를 이용하여 계산된 모든 DMU의 효율성 값이 1보다 작다는 가정에 바탕을 둔 6개의 제약식은 아래와 같이 나타낼 수 있다.

$$\frac{(25.2u_{12} + 223u_{22})}{(8.939v_{12} + 64.3v_{22})} \leq 1$$

$$\frac{(28.2u_{12} + 287u_{22})}{(8.625v_{12} + 99.0v_{22})} \leq 1$$

$$\vdots$$

$$\frac{(25.5u_{12} + 222u_{22})}{(4.719v_{12} + 79.9v_{22})} \leq 1$$

두 번째로 부과할 수 있는 제약은 어떤 투입요소나 산출요소도 각각 총괄투입 및 총괄산출을 계산하는 데 최소한의 의미를 가진다는 것이다. 이에 따르면 v_{ik} 및 u_{rk} 값이 최소한 0보다 큰 값이라고 가정할 수 있다.

$$v_{ik} \geq \epsilon,\ u_{rk} \geq \epsilon$$ [4]

---

4 ϵ은 비아르키메데스 상수라고 하며, 아주 작은 양의 실수를 나타낸다. 따라서 임의의 최솟값(예를 들면 0.00001)을 주어서 가중치의 범위를 $v_{21}, v_{22} \geq 0.00001$으로 나타내는 방법을 사용할 수 있다. 이를 비아르키미데스 CCR 비율모형(non-Archimedean CCR ratio model)이라고 한다(김성호 외, 2007:23).

실제 DEA 모형들에서는 굳이 ϵ 값을 사용하지 않고 0보다 크거나 같은 값으로 제약조건을 부과하는 경우가 많다.

$$v_{ik} \geq 0, \ u_{rk} \geq 0$$

각 DMU의 효율성이 1보다 작거나 같다는 가정과 투입 및 산출요소의 가중치가 최소한 0보다 크다는 가정을 종합하여 CCR 비율모형의 일반화된 목적함수와 제약식을 정리하면 다음과 같다.

CCR 비율모형

$$Max \ \ E_k = \frac{\sum_{r=1}^{s} u_{rk} y_{rk}}{\sum_{i=1}^{m} v_{ik} x_{ik}}$$

$$s.t. \quad \frac{\sum_{r=1}^{s} u_{rk} y_{rj}}{\sum_{i=1}^{m} v_{ik} x_{ij}} \leq 1 \quad (\text{단}, \ j=1,2,...,n)$$

$$v_{ik} \geq \epsilon \quad (\text{단}, \ i=1,2,...,m)$$

$$u_{rk} \geq \epsilon \quad (\text{단}, \ r=1,2,...,s)$$

이 CCR 비율모형을 통해 각각의 DMU에 대해 효율성을 극대화하는 투입 및 산출요소의 가중치 벡터(u^*, v^*)[5]를 구할 수 있다. 하지만 이러한 해(solution)가 하나만 존재하는 것은 아니다. 임의의 $a > 0$에 대해 (au^*, av^*) 역시 효율성 E를 극대화하는 해가 될 수 있기 때문이다. 이러한 문제를 해결하기 위하여 도입된 것이 CCR 승수모형이다.[6]

다. CCR 승수모형

CCR 비율모형과 같이 목적함수가 총괄투입과 총괄산출의 비율형태인 경우에는 일반적인 선형계획법의 알고리즘을 이용하여 해를 구하는 것이 어렵다. CCR 비율모형에 일정한 제약을 부과하여 효율성 계수의 목적함수를 선형함수 형태로 변형시킨 것이

---

5 v^*, u^* 에서 사용된 * 기호는 선형계획법을 풀어서 얻어진 결괏값 혹은 추정값을 의미하는 기호이다.

6 Cooper, W. W. et al.(2004), *Handbook on data envelopment analysis*, Kluwer Academic, p. 9.

CCR 승수모형이다(김성호 외, 2007:28).

CCR 승수모형은 CCR 비율모형에 총괄투입이 1이라는 제약을 가하거나 총괄산출이 1이라는 제약을 가한다. 전자의 제약을 이용한 모형을 투입방향 CCR 승수모형(input-oriented CCR multiplier model)이라고 하고, 후자의 제약을 이용한 모형을 산출방향 CCR 승수모형(output-oriented CCR multiplier model)이라고 한다.

1) 투입방향 CCR 승수모형

투입방향 CCR 승수모형은 비율모형에 $\sum_{i=1}^{m} x_{ik}v_{ik} = 1$ 이라는 제약조건이 추가된다. 이 제약조건이 추가되면 CCR 비율모형의 목적함수 분모가 1이 되어서 아래와 같이 선형의 목적함수를 갖게 된다.

투입방향 CCR 승수모형

$$Max \ \ E_k = \sum_{r=1}^{s} y_{rk}u_{rk}$$

$$s.t. \ \ \sum_{i=1}^{m} x_{ik}v_{ik} = 1$$

$$\sum_{r=1}^{s} y_{rj}u_{rk} - \sum_{i=1}^{m} x_{ij}v_{ik} \leq 0 \quad (\text{단}, \ \ j = 1,2,\cdots,n)$$

$$v_{ik} \geq \epsilon \ \ (\text{단}, \ \ i = 1,2,\cdots,m)$$

$$u_{rk} \geq \epsilon \ \ (\text{단}, \ \ r = 1,2,\cdots,s)$$

위 투입방향 CCR 승수모형의 제약조건을 해석해보면, 첫 번째 제약조건은 k 번째 DMU의 총괄투입이 1이라는 것이다. 두 번째 제약조건은 k 번째 DMU의 효율성 점수를 극대화하는 투입 및 산출 가중치 (u^*, v^*)이 얻어졌을 때 이 가중치를 사용하여 다른 DMU의 총괄산출과 총괄투입을 구했을 때 후자가 전자보다 항상 크거나 같다는 것이다. 즉 $\sum_{r=1}^{s} y_{rj}u_{rk} \leq \sum_{i=1}^{m} x_{ij}v_{ik}$이므로 j 번째 DMU의 효율성 점수는 항상 1보다 작거나 같다는 가정을 의미한다. 그리고 세 번째와 네 번째 제약조건은 각각의 투입요소와 산출요소가 효율성 계산에 최소한 조금이라도 기여한다는 가정이다.

위 선형계획법 문제를 푸는 것은 각종 프로그램을 이용하면 어렵지 않다. 하지만 중요한 것은 선형계획법을 통해 얻은 계수 값들의 의미를 정확히 해석하는 것이다. 계수 값을 제대로 해석하지 않은 채 DMU의 효율성 값만 제시한다면 DEA 방법론을 제대로 활용하고 있다고 보기 어렵다. 이하에서는 선형계획법 문제를 풀었을 때 얻어진 효율성 점수와 계수의 해석 방법을 살펴보도록 한다.[7]

첫째, 효율성 점수는 0과 1 사이의 값을 가지며 1의 값을 가질 때 DMU는 효율성을 달성하였다고 이야기한다. CCR 투입방향 효율성 점수 E_k가 1인 경우 DMU는 효율경계 위에 있게 되는데, 이것은 산출이 주어졌다고 할 때 생산가능집합에 있는 어떤 상태보다 가장 적은 투입으로 주어진 산출을 달성한다는 의미로 해석할 수 있다.

둘째, DEA 모형에서는 준거 DMU의 의미도 중요하다. 비효율적인 DMU는 효율경계 위에 준거점이 되는 DMU를 갖게 되는데 이들 준거 DMU의 모임을 준거집합(reference set) 혹은 비교집합(benchmarking set)이라고 부른다. 효율성 점수가 1보다 작은 경우는 생산가능집합 중에 동일한 산출을 달성하면서도 더 적은 투입으로 생산을 하는 DMU가 존재한다는 것을 의미한다. DMU k에 대하여 승수모형을 풀었을 때 가중치 벡터가 v^*, u^* 이고 효율성 점수가 1보다 작은 것으로 나타났다면, n개의 DMU 중에서 동일한 가중치 v^*, u^* 하의 효율성 점수가 1인 DMU가 존재한다는 의미로 해석할 수 있다. 이를 식으로 나타내면, n개의 DMU에 속한 임의의 DMU를 b라고 할 때, 다음과 같다.

$$b \in \{1, \cdots, n\}$$

k의 효율성 점수를 가장 크게 하는 가중치 v_{ik}^*, u_{rk}^*가 주어졌을 때, 아래 조건을 만족하는 DMU b들의 집합 Ref는 아래와 같이 정의된다.

$$Ref = \{b| \sum_{r=1}^{s} y_{rb} u_{rk}^* = \sum_{i=1}^{m} x_{ib} v_{ik}^*\}$$

이 집합에 속하는 DMU들을 우리는 준거 DMU라고 부른다. 이 준거 DMU는 비효율적인 DMU의 상대적 효율성 계산을 위해 참고하는 효율경계 위에 있는 DMU들이다.

셋째, 비율모형과 승수모형은 동일한 v^*, u^* 값을 갖는다는 점도 이해할 필요가 있다. 즉 비율모형을 이용하여 얻어진 v^*, u^* 와 승수모형을 이용하여 얻어진 v^*, u^* 값이 동일하다.[8] 따라서 승수모형의 효율성 점수나 비율모형의 효율성 점수는 동일하다.

---

7 예제를 통한 자세한 설명은 Cooper, W. W. et al.(2006), *Data Envelopment Analysis*, Springer, 2장을 참고.

8 이에 대한 증명은 Cooper, W. W. et al.(2006:24)을 참고.

넷째, 투입방향 CCR 승수모형에서 효율성 점수는 투입요소나 산출요소의 값을 일정하게 증가시키더라도 변화하지 않는다. 단위 불변성(unit invariance)이라고 불리는 이 성질은 임금을 백만 원 단위로 측정한 경우든 십만 원 단위로 측정한 경우든 효율성 값은 변하지 않는다는 것을 의미한다.

다섯째, CCR 모형에서 v^*, u^* 은 주어진 DMU의 효율성 점수를 가장 크게 만드는 투입과 산출요소에 대한 가중치로 해석할 수 있다. v_{ik}^*는 준거 DMU k의 효율성 값을 가장 크게 하는 투입요소 i에 대한 가중치이다. 즉 v_{ik}^*의 크기는 해당 투입요소 i가 효율성을 평가하는 데 있어서 얼마나 중요한지를 나타내는 크기라고 할 수 있다. 만일 투입요소 1과 투입요소 2의 가중치 값이 v_{1k}^*, v_{2k}^*로 계산되었다고 가정해보자. 이때 v_{1k}^*/v_{2k}^*은 투입요소 2에 대비해서 투입요소 1이 v_{1k}^*/v_{2k}^*배만큼 효율성을 극대화하는 데 더 중요하다고 해석할 수 있다. 만일 이 값이 2라고 한다면 투입요소 1을 줄이는 것이 투입요소 2를 줄이는 것보다 효율성 값에 2배 정도 더 크게 영향을 준다고 해석할 수 있다. 산출요소의 가중치도 이와 유사한 해석이 가능하다.

여섯째, $v_{ik}*, u_{jk}*$의 값은 투입요소 간 혹은 산출요소 간 상대적 중요성을 판단하는 데 사용될 수 있기 때문에 민감도 분석을 수행할 경우, 어느 투입요소의 변화가 효율성 값의 변화에 더 크게 영향을 미치는지 판단하는 데 유용하게 사용할 수 있다. 즉 계수 값이 큰 투입이나 산출변수일수록 민감도 분석을 수행할 때 효율성 점수를 많이 변화시키므로 민감도 분석 시 더 주의를 기울여야 한다는 뜻이 된다.

일곱째, 비아르키미데스 상수 ϵ을 도입하지 않고 비음조건으로 CCR 모형을 계산하면 투입 혹은 산출요소의 가중치가 0이 나오는 경우가 생길 수 있다. 이 경우는 해당 투입 혹은 산출요소의 여유분이 양의 값을 갖게 된다는 의미이다. 예를 들면 효율성을 달성한 후에도 여전히 어떤 투입요소가 사용되지 않은 채 남아있다면, 이 투입요소를 추가로 사용하는 데 지불해야 하는 가치는 0이라는 것이다. 따라서 비록 효율성 점수가 1이라고 해도 가중치가 0인 투입요소가 있는 Koopmans 효율성 기준에 따르면 비효율적인 상태라고 할 수 있다. Farrell 효율성은 여유분 값을 고려하지 않지만 Koopmans 효율성은 여유분이 있는 경우 효율적인 DMU로 간주하지 않고 있기 때문에 이를 구분할 필요가 있다.

2) 산출방향 CCR 승수모형

산출방향 CCR 승수모형은 효율성의 역수를 비효율성으로 정의한 후 k 번째 DMU

의 총괄산출이 1이라는 제약을 부과한다. 즉 $E_k = \sum_{r=1}^{s} y_{rk}u_{rk} / \sum_{i=1}^{m} x_{ik}v_{ik}$의 역수를 $I_k = \sum_{i=1}^{m} x_{ik}v_{ik} / \sum_{r=1}^{s} y_{rk}u_{rk}$ 비효율성이라 정의한다면 총괄산출이 1이라는 제약조건하에 비효율성을 최소화하는 산출방향 CCR 승수모형은 다음과 같이 나타낼 수 있다.

산출방향 CCR 승수모형

$$
\begin{aligned}
&Min\ \ I_k = \sum_{i=1}^{m} x_{ik}v_{ik} \\
&s.t.\ \ \sum_{r=1}^{s} y_{rk}u_{rk} = 1 \\
&\sum_{i=1}^{m} x_{ij}v_{ik} - \sum_{r=1}^{s} y_{rj}u_{rk} \geq 0 \quad (\text{단, } j = 1,2,\cdots,n) \\
&v_{ik} \geq \epsilon \quad (\text{단, } i = 1,2,\cdots,m) \\
&u_{rk} \geq \epsilon \quad (\text{단, } r = 1,2,\cdots,s)
\end{aligned}
$$

산출방향 CCR 승수모형의 경우 비효율성 $I_k = 1$이면 효율적이고 $I_k > 1$이면 비효율적인 DMU라고 판단한다. 하지만 효율성이 0과 1 사이의 값을 갖는다고 정의하는 경우가 많아서 I의 역수를 취한 값을 효율성 점수로 사용하여 투입방향 CCR 모형처럼 1인 경우에는 효율적, 1보다 작은 경우에는 비효율적인 것으로 해석하는 것이 일반적이다. 이 책에서 사용한 SAS 프로그램에서는 I의 역수를 취한 값을 효율성 점수로 계산하였으며, 참고로 R의 Benchmarking 패키지에서는 I 값을 그대로 사용한다. 관심 있는 독자들은 투입방향 및 산출방향의 효율성 값이 동일한지 여부도 살펴보면 동일한 결과가 나옴을 알 수 있을 것이다.

산출방향 CCR 승수모형은 투입이 고정되었을 때 산출을 극대화하는 목적함수를 이용한다는 점을 제외하고는 투입방향 CCR 승수모형과 유사한 논리구조를 가지고 있으므로 자세한 설명은 생략하고자 한다.

라. 프로그램을 이용한 CCR 승수모형의 분석

CCR 승수모형을 구현한 DEA 프로그램은 이 장의 마지막에 제시된 SAS 프로그램 코드 SAS 3.1의 CCR_MACRO.SAS 프로그램을 이용한다.[9] 이 CCR 분석 매크로 프로

9 부록에 프로그램 기본 문법을 설명한 내용을 첨부하였으니 이를 참고하면 된다.

그램을 컴퓨터에 저장한 후 경로를 지정하여 매크로 프로그램을 불러 읽으면 SAS에서 이를 자유롭게 쓸 수 있다. 예를 들면 다음과 같이 CCR_MACRO.SAS 프로그램을 불러 읽을 수 있다.

```
%INCLUDE "F:₩My Books₩의사결정론₩DEA₩CCR_MACRO.sas";
```

%INCLUDE는 지정된 경로에 저장된 SAS 프로그램을 불러들이는 역할을 한다. R이나 다른 컴퓨터 언어에서 이미 만들어 놓은 패키지 혹은 서브루틴 등을 불러 읽는 것과 유사하다. F:₩My Books₩의사결정론₩DEA₩CCR_MACRO.sas는 CCR_MACRO.SAS 프로그램이 저장되어 있는 주소를 의미한다. SAS 프로그램에 익숙하지 않은 독자는 위와 같이 매크로 프로그램을 불러 읽은 후 SAS 3.2에 있는 코드를 아래와 같이 실행시키면 CCR 승수모형 분석 결과를 얻을 수 있다. 분석에 사용한 자료(SCHOOL)는 앞에서 우리가 이용했던 학교 성적이다.

```
%CCR(TYPE=1, DSN=SCHOOL, INPUTLIST=%STR('INPUT1', 'INPUT2'),
     OUTPUTLIST=%STR('OUTPUT1', 'OUTPUT2'), E=0);
```

위 매크로는 다섯 가지의 인수를 입력하도록 되어 있다. 첫 번째 인수는 TYPE으로 CCR 모형의 종류를 나타낸다. 1은 투입방향 CCR 승수모형, 2는 산출방향 CCR 승수모형, 3은 투입방향 CCR 포락모형, 4는 산출방향 CCR 포락모형 분석을 가능하게 해준다.

두 번째 인수는 DSN으로 SAS 데이터셋의 이름이다. 예컨대 SCHOOL이라는 SAS 데이터셋을 사용하여 분석하는 경우 이를 지정한다.

세 번째 인수는 INPUTLIST로 자료에 있는 투입변수의 이름을 지정한다. 변수이름을 지정할 때 %STR이라는 함수 내에 변수의 이름을 작은 따옴표로 지정하면 된다. 위의 경우는 사용된 자료의 투입변수가 INPUT1, INPUT2인 경우의 예시이다.

네 번째 인수는 OUTPUTLIST로 산출변수의 이름을 지정한다.

그리고 마지막 다섯 번째 인수는 E로 비아르키미데스 상숫값을 지정한다. 여기서는 0의 값을 부여해서 비아르키미데스 상숫값을 지정하지 않았지만 지정을 하고자 할 때는 E=10^-10과 같이 아주 작은 양수 값을 지정해주면 된다.

처음에는 SAS의 매크로를 이용한 분석이 어려워 보이지만 익숙해지면 매크로의 인수만을 지정해주면 되기 때문에 매우 편리하다는 사실을 알 수 있을 것이다. 또한 매크로에서 제시해주는 출력물 이외에도 매크로를 통해 생성되는 여러 자료들을 이용하여 추가적 통계분석을 수행할 수 있는 장점이 있다.

다른 양적분석의 경우도 마찬가지지만, DEA 분석을 수행하기 전에 먼저 자료의 기본적 특성을 이해하는 것이 필요하다. 이를 위해 기술통계분석을 수행할 필요가 있다. 기술통계분석을 수행할 때 가장 주의할 것은 투입과 산출변수의 단위이다. 정확한 자료의 해석을 위해서는 변수의 단위가 무엇인지를 먼저 파악해야 한다. 예시의 경우 INPUT1은 교육비(백만 원 단위)로 측정되었고, INPUT2는 정교사 비율(% 단위)로 측정되었다. 그리고 OUTPUT1과 OUTPUT2는 각각 국어점수와 과학점수로 측정단위는 각각 30점 만점, 그리고 350점 만점으로 측정되었다.

기술통계분석에서 최솟값과 최댓값은 극단적인 자룟값이 있는지를 판단하는 데 사용할 수 있다. SAS를 이용하는 경우에는 극단값을 찾아내는 다양한 프러시저가 제공되므로 이를 사용하여 추가적인 분석을 할 수 있다.[10] 변동계수는 평균대비 표준편차의 백분율로 정의되는데, 이 값이 100%보다 큰 경우에는 자료의 분산이 매우 크다는 것을 의미한다. 이렇게 자료의 분산이 큰 경우에는 분석 결과의 민감도가 커질 수 있기 때문에 변동계수 값을 잘 살필 필요가 있다.

표 3.4 ▸ 투입과 산출변수의 기술통계 분석 SAS 3.2

변수	N	평균	표준편차	최솟값	최댓값	변동계수
INPUT1	6	8.33	2.42	4.72	10.81	29.09
INPUT2	6	89.17	14.18	64.30	99.60	15.91
OUTPUT1	6	26.98	1.62	25.20	29.40	6.00
OUTPUT2	6	272.50	40.10	222.00	317.00	14.72

DEA에서는 투입이 증가할수록 산출도 증가한다는 가정을 도입하고 있다.[11] 따라서 투입과 산출이 양의 상관관계를 갖는지 확인하고, 투입이 증가할 때 어느 유형의 산출이 더 가파르게 증가하는지 살펴볼 필요가 있다. [그림 3.1]에서 볼 수 있듯이 예시의 투입

10 DEA에서 다변량 거리함수를 이용하여 극단값을 찾아 이를 제거한 후 분석하는 방법에 대해서는 민감도 분석 부분인 제8장에서 자세하게 설명한다.

11 이를 동일 변화성 가정이라고 부른다. 자세한 내용은 제9장 참고.

변수들과 산출변수 간에는 서로 양의 상관관계를 갖고 있어서 DEA 가정을 충족하고 있음을 알 수 있다. 또한 INPUT1보다는 INPUT2의 산출에 대한 기울기가 더 가파른 것으로 보아 INPUT2가 효율성 점수에 더 중요한 영향을 주는 변수임을 알 수 있다.[12] 또한 [그림 3.1]에서는 관찰점의 95% 수준에서의 신뢰 구간 영역이 표시되어 있다. 이 영역을 벗어난 점들이 있으면 극단값으로 판단할 수 있다. 만일 극단값으로 판단된다면 해당 자룟값을 다시 한 번 확인한 후에 극단값을 갖게 된 원인에 따라 자료를 분석에 포함시킬지 아닐지에 대한 여부를 결정해야 한다.[13]

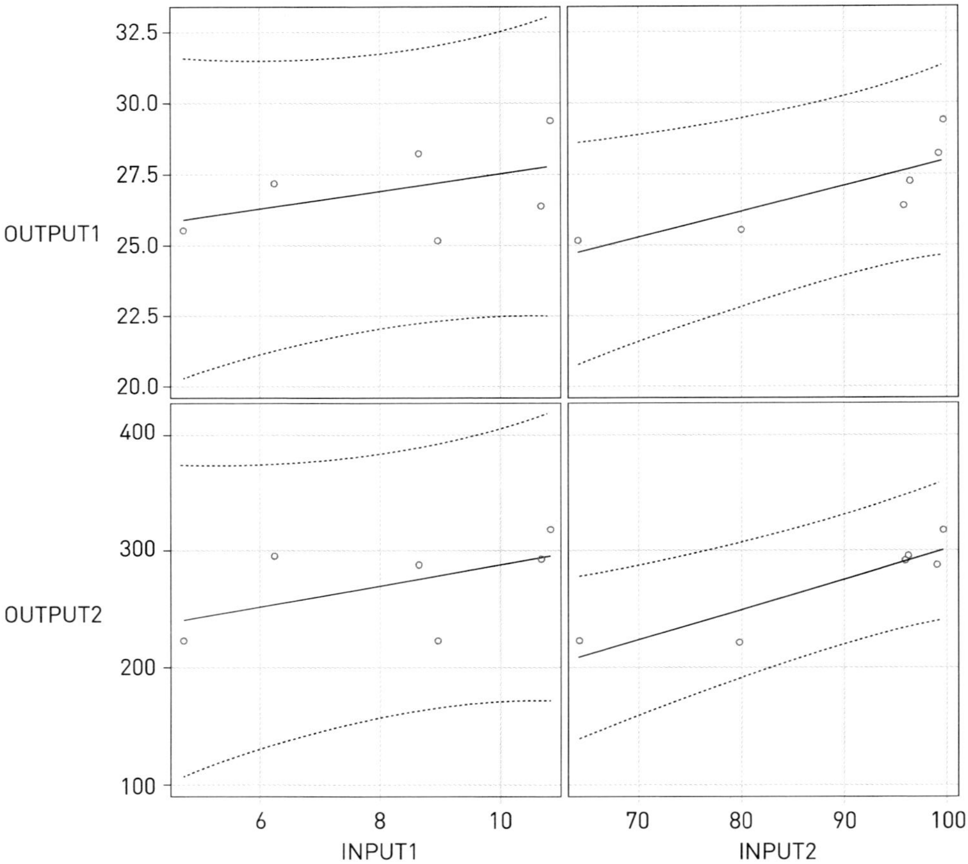

그림 3.1 ▸ 투입과 산출 간의 산점도 SAS 3.2

12 두 투입변수의 측정단위는 다르지만 산점도를 그릴 때 이 측정단위의 차이를 조정하여 동일한 크기의 산점도를 그렸기 때문에 기울기를 이용하여 투입변수 간 상대적 중요성을 판단해도 무방하다. 물론 정확한 판단을 위해서는 상관계수 등을 이용하여 판단할 수 있다.

13 극단값 검출 방법과 민감도 분석에 대해서는 제8장 참고.

기술통계 분석을 마치고 난 후에는 본격적으로 CCR 승수모형 분석을 할 수 있다. CCR 매크로를 실행한 결과는 [표 3.5]와 같다. 분석 결과의 해석은 크게 다음과 같은 절차를 통해 이루어질 수 있다.

첫째, 효율성 값은 efficiency_number라는 열에 나타나 있으며 열의 값이 1이면 효율성을 달성한 DMU이고 1보다 작은 값이면 비효율적인 상태에 있는 DMU이다. 이 경우 Farrell의 기술적 효율성을 달성한 DMU는 SCHOOL1, SCHOOL5, SCHOOL6이며 그 외의 학교는 투입을 줄이거나 산출을 늘릴 수 있는 여지가 있는 비효율적인 학교라고 해석할 수 있다. 그러나 효율성 점수가 1로 계산되었다는 것은 약효율성을 만족한다는 의미이지 항상 강효율성까지 만족한다고 보기는 어렵다. Koopmans의 강효율성을 만족하는지 여부를 확인하기 위해서는 뒤에서 다루게 될 포락모형의 여유분 값이 존재하는지 여부를 가지고 판단해야 한다.[14]

표 3.5 ▸ CCR 매크로를 이용한 투입방향 CCR 모형 분석 결과 SAS 3.2

DMU_NAME	EFFICIENCY_NUMBER	vINPUT1	vINPUT2	uOUTPUT1	uOUTPUT2
SCHOOL5	1	0.018358	0.009204	1E-10	0.00339
SCHOOL1	1	1E-10	0.015552	1E-10	0.004484
SCHOOL6	1	0.211909	1E-10	0.039216	1E-10
SCHOOL3	0.963534	0.016461	0.008253	1E-10	0.00304
SCHOOL4	0.914305	0.017015	0.008531	1E-10	0.003142
SCHOOL2	0.909613	0.017164	0.008606	1E-10	0.003169

이 결과를 히스토그램을 이용하여 표현하면 각 학교들의 효율성 점수 분포를 간결하게 확인할 수 있다. 히스토그램을 보면 가장 효율성이 낮은 DMU는 SCHOOL2로 나타난다.

14 여유분 값을 이용하지 않더라도 효율성이 1이지만 투입이나 산출변수 계수가 0인 경우에도 약효율성이 존재할 가능성을 생각해볼 수 있다. 하지만 효율성 점수가 1인 경우에 선형계획법의 해가 유일하지 않아 경우에 따라서는 계수가 0이 아님에도 불구하고 0으로 나타나는 경우들이 존재한다. 따라서 효율성 점수가 1인 DMU의 계수의 경우 유일한 해가 존재하지 않아 이를 해석하는 것은 한계가 있다. 효율성 점수가 1인 경우 유일한 해를 갖는 이유에 대해서는 Cooper, W. W. et al.(2006:30~32) 참고.

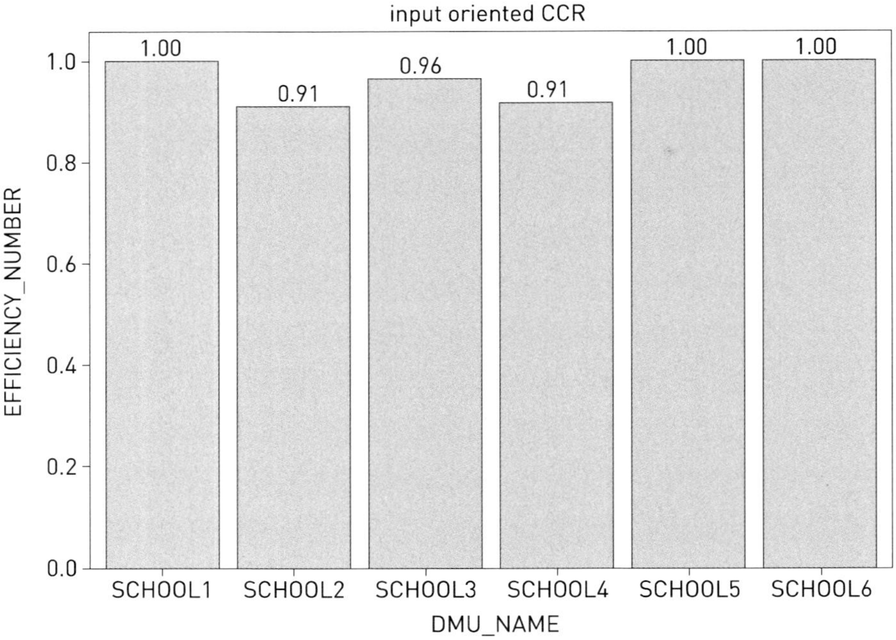

그림 3.2 ▸ DMU의 효율성 분포 SAS 3.2

둘째, 투입 및 산출변수에 대한 계수 값 vINPUT1, vINPUT2, uOUTPUT1, uOUTPUT2를 적절히 해석할 필요가 있다.[15] 가장 간단한 해석은 앞에서 공부한 CCR 선형계획법 수식이 제시하는 것처럼 목적함수를 극대화하거나 최소화할 때 각 투입 혹은 산출요소의 기여도 혹은 가중치로 이해하는 것이다. 예를 들면 SCHOOL5는 INPUT1의 가중치가 0.018358이고 INPUT2의 가중치가 0.009204, 그리고 OUTPUT1의 가중치가 10^{-10}, OUTPUT2의 가중치가 0.00339일 때 주어진 산출수준에서 효율성 점수가 극대화된다고 해석을 할 수 있는 것이다. 하지만 실제 연구에서는 투입과 산출을 얼마나 변화시켜야 효율성이 증가 혹은 감소하는지에 관심을 기울이는 경우가 많다. 이 경우 투입 및 산출변수의 계수 값은 충분한 정보를 제공해주지 못한다. 투입의 변화에 따라 효율성 점수가 어떻게 변화하는지를 살펴보기 위해서는 투입과 산출을 일정한 비율로 줄일 때 효율성의 변화를 시뮬레이션 해보는 것이 더욱 정확한 방법이라고 할 수 있다.

---

15 이 값은 CCR 모형에 대한 선형계획법에서 v_{ik}^*, u_{rk}^*에 해당하는 값들이다. 투입과 산출 값의 변화에 따른 효율성 변화에 대한 시뮬레이션은 이 장 마지막의 SAS 3.2 를 사용하기 바란다.

예를 들어 살펴보자. SCHOOL3은 현재 효율성 점수가 0.963534로 비효율적인 상태에 있다. 일정한 비율(Weight)로 투입 혹은 산출을 줄이거나 늘릴 때 효율성이 어떻게 변화하는지를 보여주는 것이 아래 [그림 3.3]이다. Variable은 변화시키는 변수를 의미하는 데 [그림 3.3]에서는 다른 변수는 현재 상태를 유지한 채 OUTPUT1을 Weight만큼의 비율로 변화시켰다. 아래 그림에서처럼 Weight 값이 1보다 크면 현재수준보다 OUTPUT1이 더 커지기 때문에 효율성은 증가할 가능성이 있다. 하지만 바로 증가를 하는 것이 아니라 OUTPUT1이 어느 정도 커진 이후에 효율성이 급격히 증가함을 알 수 있다. 또한, OUTPUT1이 현재 상태보다 줄어들더라도 효율성 점수에는 변화가 없는데 이것은 현재 상태에서 OUTPUT1의 가중치가 0이기 때문이다.

한편 SCHOOL3의 OUTPUT2의 가중치는 0이 아닌 값이다. 이것은 현재 상태에서 산출에 변화가 있으면 효율성에 변화가 존재하리라는 것을 의미한다. [그림 3.4]를 살펴보면 산출이 현재 수준보다 커지면 효율성 점수가 바로 증가하고 산출이 줄어들면 급격하게 효율성 점수가 떨어짐을 알 수 있다.

가중치가 0인 산출변수의 산출이 감소해도 효율성 변동이 거의 없고 산출이 증가할 때도 일정 수준이 증가해야 효율성 점수가 증가하는 현상은 비효율적인 DMU인 SCHOOL2 및 SCHOOL4에서도 동일하게 나타난다. 반면 비효율적인 DMU에서 가중

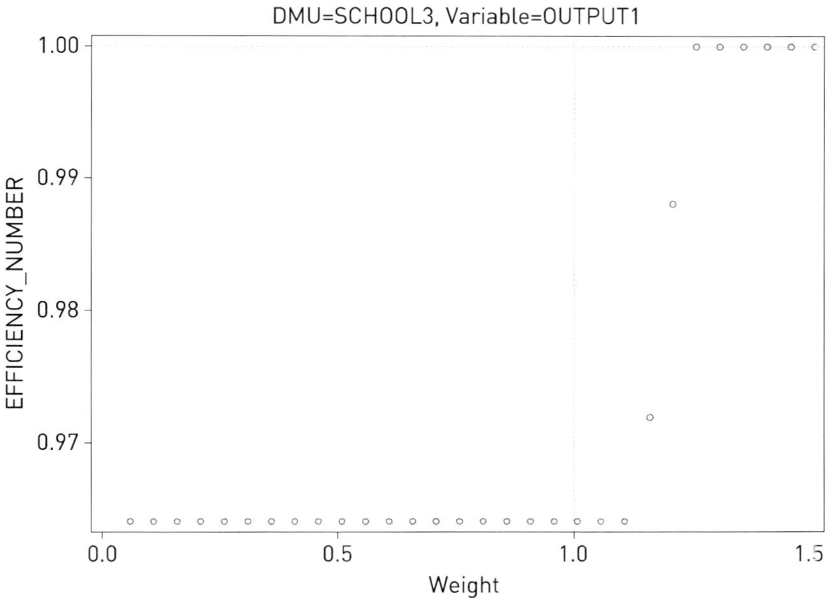

그림 3.3 ▸ 비효율적인 DMU의 산출변수의 가중치가 0인 경우(산출 변화) SAS 3.3

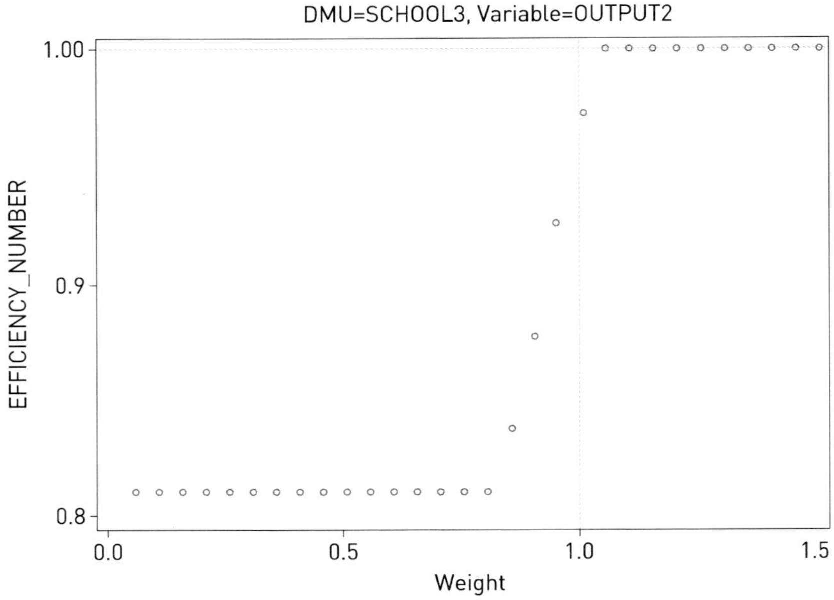

그림 3.4 ▸ 비효율적인 DMU의 산출변수의 가중치가 0이 아닌 경우(산출 변화) SAS 3.3

치가 0이 아닌 산출변수는 [그림 3.4]의 SCHOOL3의 경우처럼 OUTPUT2의 증감에 따라 효율성이 바로 변화하는 모습을 보여주고 있다. 이것은 실제 경영에서 중요한 시사점을 줄 수 있다. 어떤 산출변수가 즉각적으로 효율성 변화에 영향을 주지 않는다면 해당 변수는 장기적 관점에서 관리해도 되고, 효율성을 바로 증대시키고자 한다면 가중치가 0이 아닌 산출변수의 산출을 증대시키는 전략이 필요하다고 할 것이다.

한편 효율적인 DMU에서는 가중치가 0인 투입의 변화에 따라 어떤 변화를 나타내는지도 살펴볼 필요가 있다. [그림 3.5]를 보면 투입의 변화에도 불구하고 효율성 점수는 변화하지 않음을 알 수 있다. INPUT2의 가중치가 0인 SCHOOL6도 동일한 현상을 보인다.

그러나 [그림 3.6]에서처럼 효율적인 DMU 중 투입변수의 가중치가 0이 아니거나 산출변수의 가중치가 0이 아닌 경우에는(SCHOOL5) 비효율적인 DMU와 달리 투입이나 산출수준 변화에도 불구하고 효율성 점수가 항상 현재 상태보다 빠르게 달라지는 것은 아님을 알 수 있다.

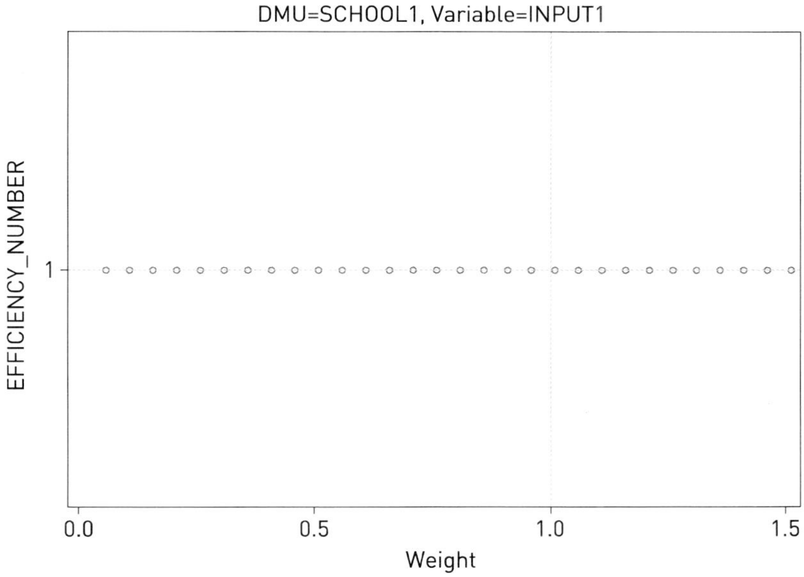

그림 3.5 ▸ DMU가 효율적이지만 투입변수의 가중치가 0인 경우(투입 변화) SAS 3.3

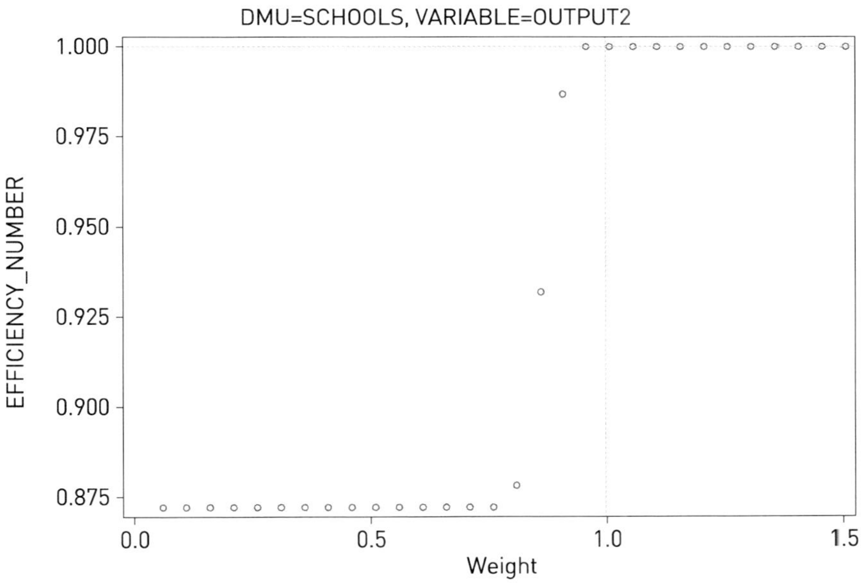

그림 3.6 ▸ DMU가 효율적이고 산출변수의 가중치가 0이 아닌 경우 SAS 3.3

이처럼 비효율적인 DMU의 경우에는 산출 및 투입변수의 가중치 값을 이용하여 일정한 변화의 패턴을 확인할 수 있지만 효율적 DMU의 경우에는 비록 가중치가 0이 아니더라도 투입이나 산출 규모의 변화에 따라 효율성 점수가 다양하게 달라짐을 알 수 있다. 이것은 효율적인 DMU의 경우 투입을 늘리거나 산출을 줄여도 새롭게 만들어지는 효율변경 위에 위치할 가능성이 존재하기 때문이다. 따라서 효율적인 DMU의 경우 투입을 늘리거나 산출을 줄이면 직관적으로 효율성이 1보다 작아질 것으로 예상할 수 있지만 항상 그렇지는 않음에 주의할 필요가 있다.

마지막으로 비효율적인 DMU 중 투입요소들의 가중치가 모두 0이 아닌 경우에 어느 투입요소를 더욱 신경 써야 할지가 문제될 수 있다. 예를 들어 SCHOOL3의 경우를 보면 INPUT1의 계수 값이 0.016461이고 INPUT2의 계수 값이 0.008253이다. 그렇다면 어느 투입요소를 동일한 비율로 늘렸을 때 효율성 감소가 더욱 크게 나타날 것인가? 이를 위해 SCHOOL3의 INPUT1을 일정한 비율로 줄이거나 늘렸을 때 그리고 INPUT2를 일정한 비율로 줄이거나 늘렸을 때 효율성 점수의 변화를 살펴보았다. [그림 3.7]에서 확인할 수 있듯이 계수 값이 작은 INPUT2의 투입이 늘어날 때 효율성 감소가 가파르게 일어나고 투입을 줄일 때 역시 효율성 증가가 더 가파르게 일어나고 있음을 알 수 있다. 다시 말해, 덜 중요한 투입요소를 더 많이 투입할 때, 효율성이 빠르게 감소한다고 볼 수 있다. 이러한 현상은 SCHOOL2 및 SCHOOL4에서도 동일하게 나타나고 있다.

단, 주의해야 될 것은 투입 및 산출요소의 단위가 달라지면 계수가 달라지기 때문에 계수 값의 크기 자체를 비교하는 것이 의미가 없다. 따라서 단순히 계수 크기를 가지고

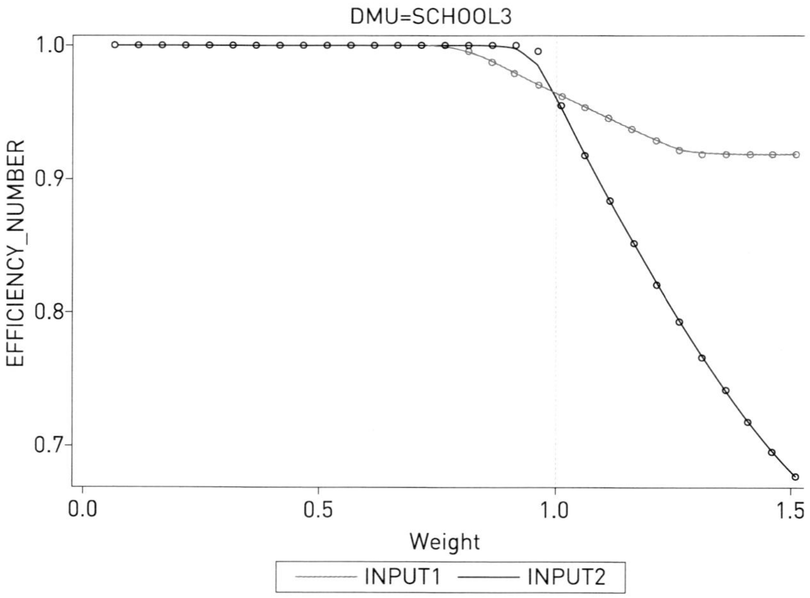

그림 3.7 ▸ SCHOOL3의 투입들을 동일한 비율로 변화시켰을 때 효율성 변화 SAS 3.3

변화를 예측해서는 안 된다.

이러한 DEA 분석 결과는 투입 및 산출변수의 관리를 통한 효율성 증대 전략에 중요한 시사점을 준다. 조직에서 산출 중심의 관리를 하고자 한다면 비효율적인 DMU는 산출변수의 가중치 값이 0이 아닌 산출변수에 초점을 두어 관리 전략을 짤 필요가 있다. 또한 투입 과다에 따른 낭비적 현상이 발생하고 있는 비효율적인 DMU는 가중치 값이 작은 투입변수를 중심으로 직접적으로 관리할 필요가 있다. 물론 각 문제 상황에 따라 이러한 관계가 달라질 수 있으므로 시뮬레이션을 통해 효율성 변화의 패턴을 확인해 구체적인 관리전략을 수립해야 할 것이다.

효율적인 DMU의 경우에는 시뮬레이션의 중요성이 더욱 크다. 일반적으로 효율적인 DMU는 투입이나 산출의 변화에 안정적인 경우가 많지만 급격한 변화를 보이는 DMU들도 존재한다. 따라서 투입이나 산출 변화에 따른 패턴들을 시뮬레이션을 통해 확인해 보는 작업을 거침으로써 DEA의 활용 가능성을 높일 필요가 있다. 또한 단순히 투입이나 산출변수의 계수의 크기만을 가지고 효율성 개선을 위한 판단을 함부로 해서는 안 될 것이다.

산출방향 CCR 승수모형 역시 아래와 같이 %CCR 매크로를 이용하여 간단하게 분석해 볼 수 있다. TYPE=2는 산출방향 CCR 모형을 나타내는 인수이다.

```
%CCR(TYPE=2, DSN=SCHOOL, INPUTLIST=%STR('INPUT1', 'INPUT2'),
     OUTPUTLIST=%STR('OUTPUT1', 'OUTPUT2'), E=10^-10);
```

[표 3.6]에서 확인할 수 있듯이 투입방향 CCR 승수모형과 산출방향 CCR 승수모형 모두 각 학교의 효율성 점수에서는 차이가 나지 않는다. 하지만 투입변수와 산출변수의 가중치에서는 차이가 나는 것을 확인할 수 있다. 이는 투입요소를 제약조건으로 할지 산출요소를 제약조건으로 할지에 따라 서로 다른 선형계획법 문제를 풀기 때문이다.

산출방향 CCR 모형도 투입방향 CCR 승수모형처럼 투입이나 산출을 변화시켜 효율성 변화를 살펴볼 수 있다.[16] 비효율적인 DMU의 경우 어느 산출을 늘려야 효율성 개선이 클 것인지를 살펴보기 위해서는 시뮬레이션을 활용하여 관리 전략을 수립해 볼 수 있을 것이다.

16 관심 있는 독자는 산출방향 CCR 모형의 민감도 분석 결과가 CCR 승수모형 민감도 분석 결과와 동일한지 살펴보도록 한다.

표 3.6 ▸ 산출방향 CCR 모형 분석 결과 SAS 3.3

DMU_NAME	EFFICIENCY_NUMBER	vINPUT1	vINPUT2	uOUTPUT1	uOUTPUT2
SCHOOL1	1.0000	0.0243	0.0122	0.0000	0.0045
SCHOOL2	0.9096	0.0189	0.0095	0.0000	0.0035
SCHOOL3	0.9635	0.0171	0.0086	0.0000	0.0032
SCHOOL4	0.9143	0.0186	0.0093	0.0000	0.0034
SCHOOL5	1.0000	0.0184	0.0092	0.0000	0.0034
SCHOOL6	1.0000	0.2119	0.0000	0.0392	0.0000

한편 DEA 모형에서는 효율적인 DMU와 그렇지 않은 DMU들 간의 차이에 관심을 기울이는 경우가 많다. [그림 3.8]은 효율적인 DMU와 비효율적인 DMU의 차이를 간결하게 보여준다. 전체적으로 투입도 많으면서 산출도 많은 학교들이 비효율적임을 알 수 있다.[17]

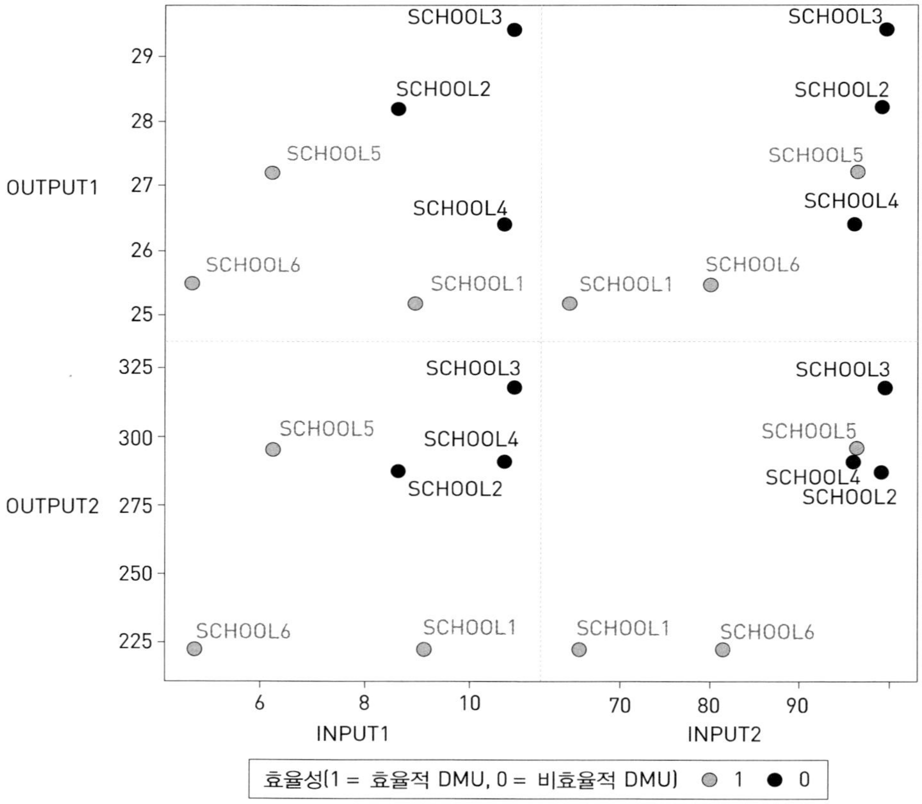

그림 3.8 ▸ 효율적인 DMU와 비효율적인 DMU의 투입 및 산출 산점도 SAS 3.3

17 독자들은 제시된 SAS 코드를 약간 수정하여 효율성 점수의 범위에 따라 다양한 그룹을 나눈 뒤에 투입과 산출에 따른 효율성 분포를 비교해볼 수 있다.

CCR 승수모형은 직관적으로 이해하기 쉽고 효율성 점수 계산도 어렵지 않기 때문에 널리 사용된다. 그러나 CCR 승수모형은 다음과 같은 몇 가지 단점이 있다.

첫째, CCR 승수모형은 앞에서 공부한 효율성 이론과 직접 연결되지는 않는다는 점이다. 승수모형에서는 생산가능집합이나 효율경계에 대한 정의를 사용하지 않고 효율성 정의와 효율성이 1보다 작거나 같다는 가정에 의존한다. 따라서 효율성 이론에 바탕을 둔 해석이 쉽지 않다는 한계가 있다.

둘째, 준거 DMU 혹은 벤치마킹 DMU에 대한 정보를 알기 어렵다. 비효율적인 DMU의 경우에는 어느 효율적인 DMU를 벤치마킹 대상으로 삼아야 하는지가 중요한 문제가 되는데 승수모형에서는 이 정보를 직접 제공하지는 않는 한계가 있다.

셋째, 여유분에 대한 정보를 얻을 수 없다. 효율성 점수 값이 1이더라도 투입이나 산출요소에 여유분이 있게 되면 추가로 투입을 줄여서 동일한 산출을 달성할 수도 있고 또는 동일한 투입을 이용하여 산출을 추가로 늘릴 수도 있다면 더 이상 효율적이라고 보기 어렵다. 승수모형은 이러한 여유분에 대한 정보를 제공하지 않아 Farrell 효율성과 Koopmans 효율성을 구분하기 어렵고 추가적인 개선 가능성에 대한 정보도 정확히 제공하지 못한다.

이러한 한계로 DEA에서는 승수모형보다는 포락모형(envelopment model)을 선호하게 된다. 포락모형은 효율경계에 의해 싸인 생산가능집합을 이용한 분석이다. 이 모형은 수학적으로는 승수모형의 쌍대모형(duality model)에 불과하지만 효율성 평가에 필요한 다양한 정보를 제공해 준다는 점에서 널리 사용되고 있다.

3.2 CCR 포락모형

CCR 승수모형을 이용하면 DMU 간의 효율성 우선순위를 판단할 수 있다. 또한 투입요소와 산출요소가 최적효율성을 달성하고자 할 때 투입요소나 산출요소의 가중치가 얼마가 되어야 하는지를 간단히 파악할 수 있다. CCR 포락모형(CCR envelopment model)은 승수모형과 동일한 결과를 제시하지만 결과의 해석 측면에서 보다 더 풍부한 정보를 제공한다. 특히 강효율성과 약효율성에 대한 판단이나 준거 DMU 분석 등에 널리 활용된다. 실제로 DEA에서는 승수모형보다 포락모형이 더 일반적이다. DEA가 자료포락모형이라고 불리는 이유도 포락모형의 관점에서 효율성을 계산하기 때문이다.

포락(envelopment)이란 단어는 우리에게 익숙하지 않은 용어이다. 포락은 '감싸다' 라는 의미인데 제2장에서 배운 것처럼 생산가능집합을 효율경계가 감싸고 있는 상황을 묘사한 용어라고 이해할 수 있다.

접근 방법은 다르지만 포락모형은 앞에서 배운 승수모형과 서로 밀접한 관계가 있다. 선형계획법 이론에서는 승수모형과 포락모형이 거울에 비친 모습처럼 동일한 문제의 서로 다른 측면을 다루고 있어 쌍대관계(duality)에 있다고 한다. 선형계획법에 익숙하지 않은 독자들에게 이 쌍대관계를 설명하는 것은 쉽지 않다. 그러나 CCR 포락모형을 이해하는 데 있어서 쌍대관계 자체가 문제가 되는 것은 아니므로 관심 있는 독자들은 경영과학이나 선형계획법 관련 서적들을 참고하기 바란다.

가. 투입방향 CCR 포락모형

CCR 승수모형이 투입 · 산출요소의 가중치를 어떻게 결정할 것인가를 중심 문제로 여긴다면, CCR 포락모형은 효율경계 위의 상태에 도달하기 위해 추가적 개선 여지가 있는 정도인 여유분(slack)을 중심으로 분석한다.

먼저 포락모형은 생산가능집합을 정의하기 위해서 투입변수의 값은 다른 관찰된 DMU들의 투입변수 값을 선형결합으로 나타낸 값보다 항상 크거나 같고, 산출변수의 값은 다른 DMU의 산출변수의 선형결합 값보다 항상 작거나 같다는 자유가처분성 가정을 부과한다. X가 n개 DMU의 투입벡터이고 Y가 산출벡터이며 x,y는 특정 DMU의 투입 및 산출 값이라 하면 생산가능집합은 다음과 같이 나타낼 수 있다. 여기서 λ는 각 DMU별로 부여된 가중치의 의미를 갖고 있다.

$$P=\{(x,y)|x \geq X\lambda,\ y \leq Y\lambda,\ \lambda \geq 0\}$$

투입방향 CCR 포락모형을 선형계획법의 관점에서 나타내보면 투입요소의 선형결합($\sum_{j=1}^{n} x_{ji}\lambda_j$)을 이용한 효율경계[18]와 산출요소의 선형결합($\sum_{j=1}^{n} y_{jr}\lambda_j$)을 이용한 효율경계를 만든 후, DMU의 산출은 이 효율경계의 산출보다 작거나 같다는 제약을 부과한다. 그리고 투입 역시 효율경계 위의 투입보다 크거나 같다는 제약을 부과한다. 이때 투입방

18 λ의 하첨자가 DMU를 나타내는 j라는 점에 주목할 필요가 있다. 한편 투입 및 산출요소의 선형결합을 이용하여 효율경계를 나타낸다는 점에서 승수모형에 비해 포락모형이 생산가능집합과 효율경계의 의미를 더 잘 표현한다고 볼 수 있다.

향 모형의 경우에는 효율경계와의 거리를 가장 작게 하는 값을 효율성 점수로 계산하는 논리를 가지고 선형계획법 모형을 구축하게 된다. 이를 나타낸 것이 아래와 같은 투입방향 CCR 포락모형이다.

이 투입방향 포락모형을 직관적으로 설명하면 "최소한 현재의 산출수준보다 크거나 같은 산출수준을 달성하면서 m개의 투입 요소를 모두 일정 비율만큼 줄여 투입수준을 가장 작게 만드는 비율 θ를 찾는 모형"이라고 할 수 있다.

투입방향 CCR 포락모형: 1단계 효율성 계산

$$\begin{aligned} & Min\ \theta \\ s.t.\ & x_{ki}\theta \geq \sum_{j=1}^{n} x_{ji}\lambda_j \quad (\text{단, } i=1,2,...,m) \\ & \sum_{j=1}^{n} y_{jr}\lambda_j \geq y_{kr} \quad (\text{단, } r=1,2,...,s) \\ & \lambda_j \geq 0 \quad (\text{단, } j=1,2,...,n) \end{aligned}$$

투입방향 CCR 포락모형의 목적함수 부분의 θ는 효율성 점수이다. 현재 투입자원의 벡터를 x라고 할 때 동일 산출수준을 달성하면서도 θx만큼만 투입해도 된다면 절약할 수 있는 투입요소의 양 $x-\theta x$를 효율성을 측정하는 지표로 사용할 수 있다. 즉 DMU의 목적함수는 θ를 최소화하는 문제이다. CCR 포락모형에서는 목적함수를 최소화하는 값 θ^*가 1이라면 해당 DMU는 더 이상 줄일 투입요소가 없기 때문에 효율성을 달성했다고 해석할 수 있으며 $\theta^* < 1$이면 투입을 줄일 수 있는 여지가 있기 때문에 비효율적이라고 할 수 있다.

승수모형과 달리 포락모형은 단순히 효율성 점수만을 계산하는 것이 아니라, 투입요소와 산출요소의 여유분에 대한 정보도 알려준다. 위의 선형계획법 모형을 이용하여 효율성 점수를 계산할 수 있지만, 어느 투입 혹은 산출변수에서 여유분이 발생하고 그 크기는 얼마인지 알기 힘들다. 여유분 계산을 위해서는 아래와 같이 앞의 단계에서 계산된 효율성을 선형계획법 모형식에 반영하여 투입 및 산출의 여유분을 계산하는 단계가 필요하다. 따라서 앞의 1단계 선형제약식을 푼 후 다음의 2단계 선형제약식을 풀 필요가 있다.

2단계 선형제약식의 목적은 효율성 수준을 유지하면서($\theta = \theta^*$) 투입 및 산출의 여유분의 합을 최대화하는 것이다. 여기서 각 i 번째 투입 및 r 번째 산출요소의 여유분

s_i^- 및 s_r^+는 현재의 투입 · 산출수준과 효율경계 위의 투입과 산출의 차이를 이용하여 다음과 같은 조건을 만족해야 된다.

$$s_i^- = x_{ki}\theta^* - \sum_{j=1}^{n} x_{ji}\lambda_j$$

$$s_r^+ = \sum_{j=1}^{n} y_{jr}\lambda_j - y_{kr}$$

만일 s_i^- 및 s_r^+의 값이 양의 값을 가지면 승수모형을 이용해 계산했던 투입요소 및 산출요소의 계수 값 $v_{i,} u_r$ 값이 0이 된다.[19]

1단계 목적함수 $\theta^* = 1$이고, 동시에 2단계의 목적함수 $w = \sum_{i=1}^{m} s_i^- + \sum_{r=1}^{s} s_r^+$가 0이라면 효율적이면서 여유분이 없는 강효율성을 만족하는 DMU라고 판단할 수 있다.

투입방향 CCR 포락모형: 2단계 여유분 계산

$$Max\ w = \sum_{i=1}^{m} s_i^- + \sum_{r=1}^{s} s_r^+$$

$$s.t.\ \ x_{ki}\theta^* - \sum_{j=1}^{n} x_{ji}\lambda_j = s_i^- \quad (\text{단},\ i=1,2,...,m)$$

$$\sum_{j=1}^{n} y_{jr}\lambda_j - y_{kr} = s_r^+ \quad (\text{단},\ r=1,2,...,s)$$

$$\lambda_j \geq 0 \quad (\text{단},\ j=1,2,...,n)$$

$$s_i^- \geq 0 \quad (\text{단},\ i=1,2,...,m)$$

$$s_r^+ \geq 0 \quad (\text{단},\ r=1,2,...,s)$$

이렇게 두 단계를 거치면 투입방향 CCR 포락모형의 결과를 얻을 수 있는데 두 번의 선형모형을 풀어야만 하는 것이 문제다. 이러한 번거로움을 피하기 위해 두 단계를 통합하여 하나의 선형계획법으로 나타내기도 한다. 이 통합모형을 이용하면 θ^*을 비롯하여 λ, s^-, s^+ 등을 어렵지 않게 구할 수 있다. 일반적으로 통합모형을 이용하여 효율성을 구하는 것이 간편하기 때문에 CCR 모형을 프로그램으로 구현할 때는 통합모형이 널리 사용되고 있다.

---

19 포락모형의 쌍대관계에 대한 설명은 이정동 · 오동현(2012:65~66)을 참고.

투입방향 CCR 포락모형: 통합모형

$$Min \quad \theta - \epsilon \sum_{i=1}^{m} s_i^- - \epsilon \sum_{r=1}^{s} s_r^+$$

$$s.t. \quad x_{ki}\theta - \sum_{j=1}^{n} x_{ji}\lambda_j = s_i^- \quad (\text{단, } i=1,2,...,m)$$

$$\sum_{j=1}^{n} y_{jr}\lambda_j - y_{kr} = s_r^+ \quad (\text{단, } r=1,2,...,s)$$

$$\lambda_j \ge 0 \quad (\text{단, } j=1,2,...,n)$$

$$s_i^- \ge 0 \quad (\text{단, } i=1,2,...,m)$$

$$s_r^+ \ge 0 \quad (\text{단, } r=1,2,...,s)$$

일반적으로 Farrell 효율성에 관심을 기울이기 때문에 효율성 점수 계산에 초점을 맞추는 경우가 많지만, 통합모형을 이용하면 여유분의 유무와 함께 비효율적인 DMU의 경우에는 비교 대상이 되는 효율적인 준거집단을 찾아 낼 수 있는 장점이 있다. 따라서 이 책에서 사용하는 프로그램 코드는 통합모형을 기준으로 작성하였다.

통합모형 선형계획법의 목적함수와 제약조건을 하나씩 살펴보도록 하자. 제약조건 부분은 효율성 이론을 잘 반영하고 있다. 투입방향 모형에서는 일단 산출이 주어진 상태로 가정을 하기 때문에 1단계에서는 투입을 줄여서 효율경계 위의 점으로 이동하게 된다. 추가적으로 산출이나 투입을 줄일 수 있는 여유분이 있으면 2단계에서는 이 여유분을 최대화하는 효율경계 위의 점으로 이동하여 강효율적인 상태를 찾게 된다. 강효율적인 DMU의 경우에는 현재의 산출수준이 최종적인 효율경계 위의 점이 되기 때문에 $\sum_{j=1}^{n} y_{jr}\lambda_j - y_{kr} = 0$이 된다. 하지만 약효율적인 DMU는 여유분인 s_r^{+*} 만큼 추가적으로 산출을 늘릴 수 있다. 따라서 분석 결과 s_r^{+*}와 λ_j^*를 얻었다면 $y_{kr} + s_r^{+*}$은 강효율적 상태의 효율경계 위의 점 $\sum_{j=1}^{n} y_{jr}\lambda_j^*$을 의미한다. 따라서 s_r^{+*}은 강효율성의 관점에서 개선이 가능한 산출수준을 의미한다고 할 수 있다.

또한 $x_{ki}\theta - \sum_{j=1}^{n} x_{ji}\lambda_j = s_i^-$ 역시 2단계로 해석할 수 있다. 1단계는 DMU가 약효율성을 달성하기 위한 투입수준이다. 즉 θ가 1보다 작은 경우는 $x_{ki}\theta$ 만큼의 투입을 해야 약효율성을 달성할 수 있다는 것이다. 혹은 $(1-\theta)$ 비율만큼 투입을 줄일 여지가 있다는 것이다. 하지만 강효율적인 상태에 도달하기 위해 추가적으로 투입요소를 줄일 여지가 있다. 그 크기가 s_i^-이다. 따라서 만일 $\theta = 1$이지만 s_i^-가 양의 값을 갖는다면 해당

DMU는 약효율적인 DMU라고 해석할 수 있다. 이러한 제약을 나타낸 것이 아래의 식이다.[20] 결국 비효율적인 DMU는 $(1-\theta)x_{ki}+s_i^-$ 만큼의 투입을 줄여야 강효율적인 상태를 달성한다고 해석할 수 있다.

$$x_{ki}\theta - \sum_{j=1}^{n} x_{ji}\lambda_j = s_i^-$$

한편 θ에 하첨자 i가 없음에 주목할 필요가 있다. 이것은 모든 $i=1,2,\ldots,m$개의 투입요소에 대해 $1-\theta$만큼의 동일비율로 투입요소를 줄여 효율경계 위의 점으로 이동한다는 것을 의미한다.

여유분의 의미를 구체적으로 이해하기 위해 다음의 사례를 살펴보도록 하자. 다음은 2개의 투입요소와 1개의 산출요소로 구성된 자료이다.

표 3.7 ▸ 2투입요소 1산출요소의 사례

DMU_NAME	x_1	x_2	y
1	4	3	1
2	7	3	1
3	8	1	1
4	4	2	1
5	2	4	1
6	10	1	1

위 자료를 이용하여 효율성 점수는 어렵지 않게 구할 수 있다. [그림 3.9]는 동일하게 1개의 산출요소(y)를 달성할 때 필요한 2개의 투입(x_1, x_2)의 조합을 나타낸 등량곡선인데 이 등량곡선이 효율경계에 해당한다. 이로써 어렵지 않게 DMU 3, 4, 5, 6이 모두 효율경계 위의 점임을 알 수 있으며, 이들의 효율성 점수는 1이다.

20 이 제약은 m개의 투입요소에 대해 공통적으로 부여되고 있기 때문에 m개의 제약조건이 부여된다.

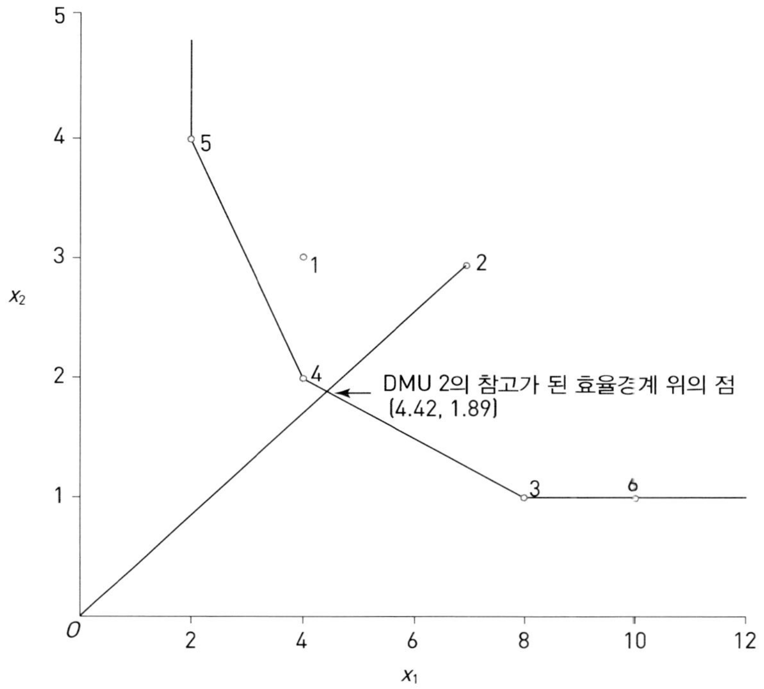

그림 3.9 ▸ 동일 산출 하에서 등량곡선의 예시

표 3.8 ▸ 투입방향 CCR 포락모형 분석 결과 SAS 3.2

DMU_NAME	EFFICIENCY_NUMBER	INSLACKx_1	INSLACKx_2	OUTSLACKy
1	0.85714	0	0	0
2	0.63158	0	0	0
3	1.00000	0	0	0
4	1.00000	0	0	0
5	1.00000	0	0	0
6	1.00000	2	0	0

먼저 비효율적인 DMU에서 효율성 점수 의미를 살펴보자. 투입방향 CCR 포락모형의 투입부분 제약조건을 해석해보면 다음과 같다.

위 예제의 경우에 투입에 대한 제약조건 $x_{ki}\theta - \sum_{j=1}^{n} x_{ji}\lambda_j - s_i^- = 0$에 해당하는 부분은 다음과 같이 나타낼 수 있다.

$x_{k1}\theta - x_{11}\lambda_1 - x_{21}\lambda_2 - \cdots - x_{61}\lambda_6 - s_1^- = 0$: 첫 번째 투입요소에 대한 제약

$x_{k2}\theta - x_{12}\lambda_1 - x_{22}\lambda_2 - \cdots - x_{62}\lambda_6 - s_2^- = 0$: 두 번째 투입요소에 대한 제약

여기서 x_{k1}은 k 번째 DMU의 첫 번째 투입요소의 크기이며 λ_3은 세 번째 DMU의 가중치를 의미한다. 그리고 s_1^-는 첫 번째 투입요소의 여유분을 의미한다.

$k=2$, 즉 두 번째 DMU를 이용하여 이 관계를 살펴보도록 하자. 먼저 k의 효율성을 평가할 기준이 될 효율경계 위의 준거점을 계산할 필요가 있다. 이를 위해서는 λ_j를 구해야 한다. 선형계획법 문제를 풀어 이를 계산하면 [표 3.9]와 같은 결과를 얻을 수 있다. 이 표는 행 방향으로 해석한다. 두 번째 DMU를 해석해보면 λ_3 및 λ_4의 계수 값이 각각 0.10526 및 0.89474로 나타나고 있다. 나머지 값들은 점으로 표시되어 있는데 이것은 0임을 의미한다.

표 3.9 ▸ 계산된 λ 값

lambda_sol						
DMU	1	2	3(λ_3)	4(λ_4)	5	6
1	·	·	·	0.71429	0.28571	·
2	·	·	0.10526	0.89474	·	·
3	·	·	1.00000	·	·	·
4	·	·	·	1.00000	·	·
5	·	·	·	·	1.00000	·
6	·	·	1.00000	·	·	·

DEA에서 λ는 개별 DMU의 효율성 계산에 있어서 다른 DMU의 중요성이라는 의미로 해석할 수 있다.[21] 만일 k 번째 DMU의 효율성을 계산하려고 할 때 λ_j 값이 0이라고 한다면 j 번째 DMU는 k 번째 DMU의 효율성 계산에 영향을 주지 못한다고 해석할 수 있는 것이다. 따라서 λ를 통해 효율성 계산에 사용된 DMU가 무엇인지 알 수 있다. DMU 2의 효율성은 효율경계 위에 있는 세 번째와 네 번째 DMU의 투입을 가중하여 계산되었음을 알 수 있다.

둘째, λ 값이 0이 아닌 경우에 λ의 크기는 어느 DMU가 더 많이 준거가 되었는지에 대한 정보를 제공한다. 예를 들면 [표 3.9]에서 DMU 2의 $\lambda_3=0.10526$과 $\lambda_4=0.89474$는 DMU 2의 효율성 계산을 위해 준거가 된 효율경계 위의 점을 계산하는 데 이용된

21 λ의 의미 해석은 약간의 주의가 필요하다. 원래 선형계획법에서 λ는 잠재가격(shadow price)으로 해석되는데 이때 해당 자원의 잠재가격은 자원을 한 단위 추가로 늘릴 때 증가하는 이익의 양으로 해석할 수 있다. 하지만 DEA에서는 제약조건이 자원이 아닌 각 DMU별 제약조건이기 때문에 이러한 의미로 해석하기는 어렵다.

DMU 3와 DMU 4의 가중치이다.

셋째, λ 값을 이용하여 개별 DMU가 달성할 수 있는 가장 바람직한 수준, 즉 효율경계 위의 투입수준의 값을 구할 수 있다. 두 번째 DMU의 효율성을 평가하기 위한 효율경계 위의 점 $\sum_{j=1}^{n} x_{ji}\lambda_j$는 다음과 같이 계산된다.

먼저 첫 번째 투입요소의 효율경계 위의 값을 구하면 다음과 같다.

$$x_{11}\times 0 + x_{21}\times 0 + x_{31}\times 0.10526 + x_{41}\times 0.89474 + x_{51}\times 0 + x_{61}\times 0$$

그리고 두 번째 투입요소의 효율경계 위의 값은 다음과 같다.

$$x_{12}\times 0 + x_{22}\times 0 + x_{32}\times 0.10526 + x_{42}\times 0.89474 + x_{52}\times 0 + x_{62}\times 0$$

여기서 x_{31}은 세 번째 DMU의 첫 번째 투입요소의 값이므로 이 값은 8이다. 마찬가지로 x_{41}은 4임을 알 수 있다. 이 값을 위 식에 대입하여 계산하면 효율경계 의의 첫 번째 및 두 번째 투입요소의 값은 각각 4.42와 1.89가 됨을 알 수 있다. 따라서 두 번째 DMU와 동일한 산출을 생산할 때 생산가능집합에서 가장 효율적인 상태는 첫 번째 투입요소가 4.42만큼 사용되고 두 번째 투입요소가 1.89만큼 사용되는 상태라고 할 수 있다. 두 번째 DMU는 각각 7과 3만큼 투입하고 있으므로 효율적인 상태보다 더 많은 투입을 사용하고 있음을 알 수 있다. $\sum_{j=1}^{n} x_{ji}\lambda_j$의 의미는 k 번째 DMU의 상대적 효율성 비교를 위해 사용된 효율경계 위의 최적 투입수준이다. 이 최적수준은 결국 효율경계 위에 있는 DMU들의 가중치를 부여하여 얻은 것임을 확인할 수 있다.

그렇다면 $x_{ki}\theta^*$는 k 번째 DMU가 효율경계 위의 점으로 이동하기 위해 최소화해야 하는 투입의 수준을 의미한다. 두 번째 DMU의 효율성 점수는 $\theta^*=0.63158$이다. 즉 $x_{ki}\theta^*$의 값을 구해보면 x_1 투입에 대해서는 $x_{21}\theta^*=4.42$, x_2 투입에 대해서는 $x_{22}\theta^*=1.89$가 되고 값은 앞에서 구한 효율경계 위의 점과 일치함을 알 수 있다. 또한 두 점은 DMU 3와 DMU 4가 연결되는 효율경계 위의 점에 위치하고 있음을 알 수 있다. 따라서 효율성 점수 값은 효율경계 위로 움직이기 위한 투입의 비율을 나타낸다고 할 수 있다. 즉 $(1-\theta)$ 비율만큼 투입을 줄이면 효율경계 위의 투입수준을 달성할 수 있다.

두 번째 DMU의 경우에는 $x_{ki}\theta = \sum_{j=1}^{n} x_{ji}\lambda_j$의 관계가 성립하였다. 그러나 항상 이 관계가 성립하는 것은 아니다. 약효율성 상태인 경우에는 여유분 s_i^-이 존재하는 경우가 있다. 예를 들어 DMU 6는 효율경계 위의 점에 있으므로 효율성 점수는 1이다. 따라서 더 이상 투입을 줄이지 않아도 효율경계 위의 점에 있다. 그러나 [표 3.8]을 살펴보면 여섯 번째 DMU의 준거 DMU는 자기 자신이 아니라 세 번째 DMU임을 알 수 있다. 따라서 생산가능집합에 동일한 산출수준에서 첫 번째 투입요소의 최적 투입수준은 현재 투입수준인 10이 아니라 아래와 같이 8임을 알 수 있다.

$$x_{11}\times 0+x_{21}\times 0+x_{31}\times 1+x_{41}\times 0+x_{51}\times 0+x_{61}\times 0=8$$

이때 $x_{61}\theta-\sum_{j=1}^{n}x_{j1}\lambda_j$의 차이가 여유분이 되며 그 크기는 2이다. s_i^- 의 값은 바로 이 크기를 측정한 것이며 투입방향 CCR 포락모형을 풀면 여유분 값도 아래와 같이 어렵지 않게 계산된다.

표 3.10 ▸ 효율성 점수와 여유분 계산 값 SAS 3.2

DMUID	DMU_NAME	EFFICIENCY_NUMBER	INSLACKx_1	INSLACKx_2	OUTSLACKy
3	3	1	0	0	0
4	4	1	0	0	0
5	5	1	0	0	0
6	6	1	2	0	0
1	1	0.857143	0	0	0
2	2	0.631579	0	0	0

이처럼 CCR 포락모형은 효율성 점수의 크기, 비효율적인 DMU의 준거가 되는 DMU와 이들의 선형결합으로 얻어진 최적의 투입과 산출의 수준, 그리고 여유분 분석을 통해 약효율성과 강효율성을 구분할 수 있는 장점이 있다.

나. 산출방향 CCR 포락모형

투입방향 CCR 포락모형은 산출이 고정되어 있을 때 효율성을 달성하기 위해 어느 투입요소를 얼마나 줄여야 하는가를 주요 관심사로 삼았다. 이와 달리 산출방향 CCR 포락모형은 주어진 투입수준에서 효율성을 달성하기 위해 산출을 얼마나 늘릴 수 있는지가 핵심적인 관심이다. 산출방향 CCR 승수모형의 쌍대관계가 산출방향 CCR 포락모형으로 아래와 같이 목적함수와 제약조건을 나타낼 수 있다.

산출방향 CCR 포락모형

$$Max\ \phi + \epsilon \sum_{i=1}^{m} s_i^- + \epsilon \sum_{r=1}^{s} s_r^+$$

$$s.t.\ \sum_{j=1}^{n} x_{ji}\lambda_j + s_i^- = x_{ki}\ (\text{단},\ i=1,2,...,m)$$

$$y_{kr}\phi - \sum_{j=1}^{n} y_{jr}\lambda_j + s_r^+ = 0\ (\text{단},\ r=1,2,...,s)$$

$$\lambda_j \geq 0 \quad (\text{단},\ j=1,2,...,n)$$

$$s_i^- \geq 0 \quad (\text{단},\ i=1,2,...,m)$$

$$s_i^- \geq 0 \quad (\text{단},\ i=1,2,...,m)$$

위 산출방향 CCR 포락모형의 목적함수에 있는 ϕ는 1보다 크다. 효율경계에 가까울수록 1에 가까운 값이 도출되고 효율경계에 멀어질수록 1보다 큰 값으로 나타난다. 즉 ϕ 값을 '비효율성'의 크기로 해석할 수 있다. 하지만 해석의 편의상 점수를 매기는 방식이 널리 활용되는데, 이 경우에는 ϕ의 역수인 ϕ^{-1}을 효율성 점수로 사용할 수 있다. 규모에 대한 수확불변을 가정하는 CCR 모형에서는 투입 효율성과 산출 효율성이 같아 $\theta = \frac{1}{\phi}$의 관계가 성립한다.

제약조건에서 $y_{kr}\phi$은 해당 DMU가 최대한 달성한 수 있는 산출수준이며, $\sum_{j=1}^{n} y_{jr}\lambda_j$은 효율경계 위에서 산출할 수 있는 가장 효율적인 수준의 산출수준이다. 따라서 $s_r^+ = \sum_{j=1}^{n} y_{jr}\lambda_j - y_{kr}\phi$은 산출 여유분 값으로 볼 수 있고, 이 값이 0보다 크면 비효율적인 상태라고 할 수 있다. 예를 들어 ϕ 값이 1.7로 계산되면, 투입을 더 늘리지 않고도 현재 수준의 산출보다 70%를 더 생산할 수 있는 여지가 있다는 의미이다. 만일 s_2^+가 3으로 계산이 되었다면, 해당 DMU가 산출할 수 있는 가장 효율적인 수준을 고려하더라도 효율경계상의 DMU보다 두 번째 산출요소가 여전히 3만큼 부족한 상태라고 해석할 수 있다. 산출방향 CCR 포락모형의 계수 해석은 투입방향의 논리를 그대로 응용하면 되기 때문에 자세한 내용은 투입방향 CCR 포락모형을 참고하면 된다.

다. 투입방향과 산출방향 모형의 관계

CCR 모형에서는 투입방향 CCR 모형의 결과와 산출방향 CCR 모형의 결과가 동일하다. 하지만 가변규모에 대한 수익을 가정하는 BCC 모형에서는 투입방향 BCC 모형의 결과와 산출방향 BCC 모형의 결과가 다르다. 따라서 투입방향과 산출방향의 차이를 정확히 이해할 필요가 있다.

[그림 3.10]처럼 1투입 1산출의 경우 DMU D의 투입방향 효율성은 $\overline{O_1O_2}/\overline{O_2D}$이다. 이는 효율경계 안에 있는 D가 동일한 O_1의 산출수준을 달성하면서도 효율경계 내에 있는 점으로 움직이기 위해서는 $\overline{O_1D}$만큼의 투입을 줄여야 한다는 의미이다. 한편 산출방향의 효율성은 D가 동일한 투입수준하에서 추가적으로 산출을 D 수준에서 K_1 수준만큼 늘려 효율경계 위의 점으로 변화하는 정도를 나타낸다. [그림 3.10]은 산출방향 효율성은 투입방향 효율성과 달리 $\overline{K_2K_1}/\overline{K_2D}$임을 보여준다. 만일 산출방향 효율성이 1일 때 가장 크고 0일 때 가장 작은 값으로 변환시키고자 하면 $\overline{K_2D}/\overline{K_2K_1}$으로 역수를 취하면 된다.

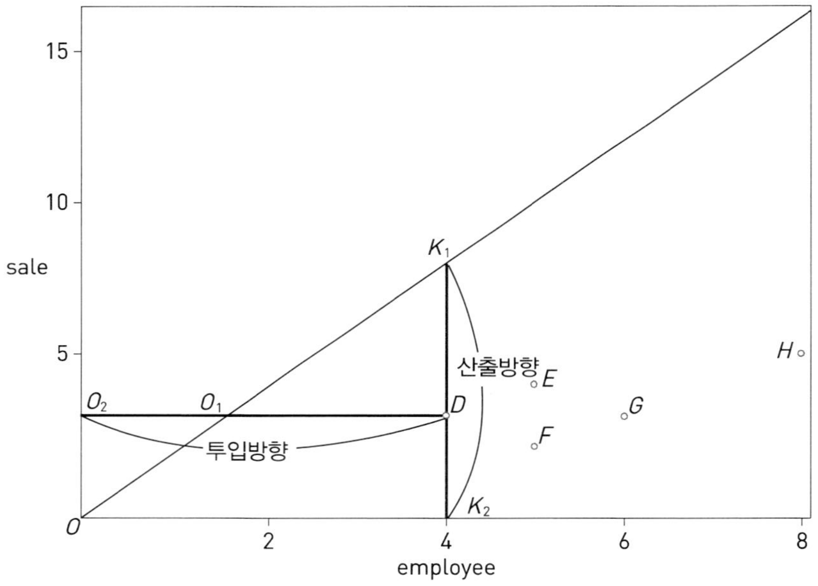

그림 3.10 ▸ 투입방향과 산출방향 모형에서 효율성의 의미

효율경계가 이처럼 직선으로 나타나는 규모수확불변을 가정한 CCR 모형에서는 투입방향 효율성이나 산출방향 효율성의 역수 값이 항상 같다. [그림 3.10]에서 삼각형의 닮음을 이용하면 $\overline{O_1O_2}$: $\overline{O_2D}$ = $\overline{K_2D}$: $\overline{K_2K_1}$ 임을 어렵지 않게 확인할 수 있고, 이 때문에 투입방향 효율성과 산출방향 효율성의 역수 값이 같은 이유를 알 수 있을 것이다. 앞의 예제는 규모에 대한 수확불변을 가정한 경우이다. 하지만 규모에 대한 수확가변을

가정한 경우 투입방향인 경우와 산출방향인 경우의 효율성 크기가 달라질 수 있다. 또한 규모에 대한 수확불변을 가정한 경우라 하더라도 비록 효율성 점수는 투입방향이나 산출방향 모형이 동일한 효율성 점수가 계산되지만, 효율성 판단의 기준이 되는 효율경계 위의 점의 위치가 다르고, 여유분의 값 역시 다르기 때문에 두 모형을 동일시해서는 안 된다.

현실적인 문제는 투입방향과 산출방향 중 어느 것을 선택할 것인가이다. 투입방향은 투입요소를 조절할 수 있다고 가정한다. 따라서 목표 산출량이 주어진 경우에는 투입을 조절하여 효율성을 달성하는 투입방향 모형이 적절할 것이다. 이와 달리 산출방향 모형은 투입의 크기가 주어져 있는 상황에서 산출을 조정하여 효율성을 달성하는 경우에 적절하다. 따라서 어느 요소를 변화시킬지에 따라 모형을 선택할 수 있다. 이 외에도 변환불변성과 같은 계산상의 특징에 따라 선택하기도 하는데 이에 대해서는 제9장에서 자세히 다루도록 한다.

라. 프로그램을 이용한 CCR 포락모형의 분석

앞의 두 개의 투입요소와 두 개의 산출요소가 있는 학교 자료를 이용하여 CCR 포락모형을 SAS 프로그램을 이용하여 분석해 보자. 포락모형은 승수모형의 쌍대관계에 해당하기 때문에 선형계획법으로는 어렵지 않게 계산된다. 예를 들어 SAS의 PROC OPTMODEL에서는 원본모형과 쌍대모형의 값을 간단한 명령어를 이용해 계산할 수 있다. 기술통계분석과 투입 및 산출요소 간의 관계 분석은 이미 CCR 승수모형에서 다루었으므로 바로 투입방향과 산출방향 CCR 포락모형을 실행하도록 하자.

1) 투입방향 CCR 포락모형 결과의 해석

투입방향 CCR 포락모형은 CCR 매크로 프로그램의 TYPE= 부분을 다음과 같이 3으로 지정해주면 된다.

```
%CCR(TYPE=3, DSN=SCHOOL, INPUTLIST=%STR('INPUT1', 'INPUT2'),
    OUTPUTLIST=%STR('OUTPUT1', 'OUTPUT2'), E=10^-10);
```

명령어를 실행시키면 효율성 점수와 투입 및 산출요소의 여유분 값이 출력된다. 효율성 점수와 투입 및 산출요소의 여유분 값의 해석은 다음과 같이 할 수 있다.

첫째, 효율성 점수(efficiency_number) 값이 1인 DMU는 약효율성 기준에 따르면 효율적이라고 해석할 수 있으며 1보다 작은 값을 갖는 DMU는 비효율적이라고 할 수 있다.

둘째, 효율성 점수가 1인 경우 여유변수(slack variable) 값이 0이 아닌 경우가 있다. 이 경우는 추가로 투입을 줄이거나 산출을 늘릴 수 있는 여지가 있다는 것을 의미하므로 강효율성 기준에서 효율적인 DMU라고 볼 수 없다. 따라서 효율성 값을 해석할 때는 여유분의 크기를 확인하는 절차를 거쳐야 한다. [표 3.11]에서 효율성 값이 1인 DMU들의 투입 및 산출요소의 여유분은 0이므로 약효율성 상태의 DMU는 존재하지 않는다. 즉 모두 강효율성을 만족한다고 할 수 있다.

셋째, 여유분 값은 비효율적인 DMU가 추가적으로 줄일 수 있는 투입의 양과 추가적으로 증가시킬 수 있는 산출의 크기를 보여준다. 효율성 값이 1이 아닌 비효율적인 DMU를 살펴보면 공통적으로 여유변수(slack variable) 값이 0이 아닌 것들이 존재함을 알 수 있다. 예를 들면 SCHOOL3은 OUTPUT1의 여유변수 값이 3.9083으로 나타나고 있다. 이것은 가장 효율적인 수준보다 3.9083만큼 덜 생산이 되고 있다는 의미이다. 효율적 상태를 달성하기 위해 줄여야 되는 투입의 크기는 $(1-\theta)x_{ki}+s_i^-$ 식을 이용하여 계산할 수 있다. SCHOOL3의 경우는 두 INPUT1과 INPUT2의 여유분 값이 0이므로 (1－0.9635) 비율만큼만 줄이면 효율적인 상태의 투입 크기를 얻을 수 있게 된다.

표 3.11 ▸ 효율성 점수와 투입 및 산출요소의 여유분 값 SAS 3.3

DMU _NAME	EFFICIENCY _NUMBER	INSLACK INPUT1	INSLACK INPUT2	OUTSLACK OUTPUT1	OUTSLACK OUTPUT2
SCHOOL1	1.0000	0.0000	0.0000	0.0000	0.0000
SCHOOL5	1.0000	0.0000	0.0000	0.0000	0.0000
SCHOOL6	1.0000	0.0000	0.0000	0.0000	0.0000
SCHOOL3	0.9635	0.0000	0.0000	3.9083	0.0000
SCHOOL4	0.9143	0.0000	0.0000	4.3546	0.0000
SCHOOL2	0.9096	0.0000	0.0000	0.2121	0.0000

넷째, 포락모형의 큰 장점 중 하나는 비효율적 DMU가 효율경계로 움직이기 위해 어떤 DMU를 얼마나 참고해야 되는지 판단할 수 있도록 준거집단 비교분석(benchmarking analysis)이 가능하다는 것이다. CCR 포락모형 매크로를 시행하면 [표 3.12]와 같이 준거집단 비교분석 결과를 출력해준다. 여기서 준거집단이 되는 DMU와 그 계수 λ 값을 나타낸 것으로 준거집단이 되지 않은 DMU들의 λ 값은 모두 0의 값을 갖는 것으로

이해하면 된다. 일반적으로 준거가 되는 DMU의 수는 투입 및 산출요소의 개수에 영향을 받는다. CCR 모형에서는 최대 $m+s-1$이며 BCC 모형 등에서는 $m+s$개다. 그러나 실제 사례들은 일반적으로 이 최댓값보다 작은 준거집단을 갖는 경우가 많다(Bogetoft & Otto, 2011:94).

표 3.12 ▸ λ^* 값 추정 결과 SAS 3.3

lambda_sol						
	1	2	3	4	5	6
1	1.00000	.	.	.	.	.
2	0.42033	.	.	.	0.65514	.
3	0.87953	.	.	.	0.40971	.
4	0.84581	.	.	.	0.34707	.
5	.	.	.	.	1.00000	.
6	.	.	.	.	.	1.00000

[표 3.12]에서는 첫 번째와 다섯 번째 DMU가 준거 DMU로 사용되고 있음을 알 수 있다. 예를 들어 DMU 3의 효율성을 평가하기 위해 사용된 비교 DMU가 DMU 1과 DMU 5라는 것을 의미한다. 어떤 DMU가 준거집단으로 포함된 경우가 많았다는 것은 다른 DMU의 효율성 평가에 많이 사용되었다는 것을 의미한다. 예제의 경우 DMU 1과 DMU 5가 비효율적인 DMU들의 준거집단으로 사용되었음을 알 수 있다. 따라서 조직의 성과평가 등을 수행할 때에는 이러한 준거집단이 갖고 있는 투입 및 산출요소들의 특징을 주의 깊게 살펴보아야 한다.

다섯째, 어느 DMU가 상대적으로 중요한 준거 DMU인지를 판단할 수 있다. DMU 3의 준거 DMU는 첫 번째와 다섯 번째 DMU이며, λ_1 및 λ_5 값이 각각 0.88 및 0.41으로 제시되었다. 이때 λ 값이 클수록 상대적으로 중요하게 참조한 준거 DMU라고 해석할 수 있다. 따라서 DMU 3는 DMU 1과 DMU 5를 참조하지만 DMU 1을 상대적으로 더 중요하게 참조한다고 할 수 있다.

여섯째, 다른 준거 DMU의 투입요소들과의 비교를 통하여 비효율적인 DMU가 효율성을 달성하려면 줄여야 하는 비율이 얼마인지 알아낼 수 있다. DMU 3에 대해 이 값을 구하려면 0.87953×(DMU 1의 투입량)+0.40971×(DMU 5의 투입량) 상태에서 효율성 점수가 1이 되도록 하는 값들을 찾으면 된다. 또는 효율성 점수가 θ^*이라 할 때, 먼저 현재 투입수준을 x_{ki}에서 $x_{ki}\theta^*$로 줄이고 난 후 여유분만큼 투입을 더 줄이면 준거

DMU들에 의해 이루어진 효율경계 수준의 점에 도달할 수 있다. 즉, DMU 3의 경우 다음과 같은 수준이 효율적인 투입 상태이다.

$$0.964\times(\text{DMU 3의 투입량}) - \text{여유분}$$
$$= 0.87953\times(\text{DMU 1의 투입량})+0.40971\times(\text{DMU 5의 투입량})$$

일곱째, 준거 DMU의 λ_1 및 λ_5 값을 이용하여 효율적인 상태의 산출도 계산할 수 있다. DMU 3의 첫 번째와 두 번째 산출요소(OUTPUT1, OUTPUT2) 산출량은 다음과 같이 계산할 수 있다. 즉 효율경계에 도달하기 위해서는 DMU 3은 3.9083만큼 OUTPUT1의 생산을 더 늘려야 효율경계 위에 도달할 수 있음을 의미한다. 이와 달리 OUTPUT2는 이미 효율경계 위 수준에 도달해 있음을 의미한다.

DMU 3의 OUTPUT1

$$=0.87953\times(\text{DMU 1의 OUTPUT1})+0.40971\times(\text{DMU 5의 OUTPUT1})-\text{여유분}$$
$$29.4\approx 0.87953\times 25.2+0.40971\times 27.2 - 3.9083$$

DMU 3의 OUTPUT2

$$=0.87953\times(\text{DMU 1의 OUTPUT2})+0.40971\times(\text{DMU 5의 OUTPUT2})-\text{여유분}$$
$$317=0.87953\times 223+0.40971\times 295$$

2) 산출방향 CCR 포락모형 결과의 해석

산출방향의 효율성을 계산할 때 효율성 값이 1보다 작거나 같다는 조건을 부여하지 않을 수도 있으나, 투입방향의 효율성 값과 비교를 위해 이 책에서는 역수 값을 취하도록 프로그램을 작성하였다. 산출방향 CCR 포락모형은 CCR 매크로 프로그램에서 TYPE=4를 다음과 같이 지정하면 결과를 얻을 수 있다.

```
%CCR(TYPE=4, DSN=SCHOOL, INPUTLIST=%STR('INPUT1', 'INPUT2'),
     OUTPUTLIST=%STR('OUTPUT1', 'OUTPUT2'), E=10^-10);
```

먼저 효율성 점수와 투입 및 산출요소 여유분 값을 해석해보자. 첫째, 투입방향 CCR 포락모형이나 산출방향 모형에서 효율성 값에 차이가 없음을 알 수 있다. EFFICIENCY_NUMBER 열에 있는 값들은 앞의 투입방향 모형의 결과와 동일하다.

둘째, 투입방향 CCR 모형과 마찬가지로 효율성 값이 1의 값을 갖더라도 여유변수(slack variable) 값이 0이 아닌 경우가 있는데, 이 경우는 추가로 산출을 늘릴 수 있는 여지가 있다는 것을 의미하므로 약효율적이지만 강효율적인 DMU라고 볼 수 없다. [표 3.13]에서는 SCHOOL1, SCHOOL5, SCHOOL6의 효율성 점수가 1로 나타나고 있으며 이 DMU들의 여유분 값들도 모두 0이다. 따라서 이 DMU들은 모두 강효율적인 DMU라고 할 수 있다.

셋째, 여유분 값은 비효율적인 DMU가 추가적으로 줄일 수 있는 투입의 양과 추가적으로 증가시킬 수 있는 산출의 크기를 나타내준다. 이 여유분 값의 결과는 투입방향 CCR 모형과 상이함을 알 수 있다. 예를 들면 투입방향 CCR 모형에서는 SCHOOL3은 OUTPUT1의 여유변수 값이 3.9083이었으나 산출방향에서는 4.0562로 나타나고 있다. 따라서 SCHOOL3은 OUTPUT1과 OUTPUT2를 1.038(=1/0.964)배만큼 동일한 비율로 늘린 후 3.9083만큼 OUTPUT1을 추가로 더 생산해야 효율경계 위의 생산에 도달할 수 있다.

표 3.13 ▸ 효율성 점수와 투입 및 산출요소의 여유분 값

DMU_NAME	EFFICIENCY _NUMBER	INSLACK INPUT1	INSLACK INPUT2	OUTSLACK OUTPUT1	OUTSLACK OUTPUT2
SCHOOL1	1	0	0	0	0
SCHOOL5	1	0	0	0	0
SCHOOL6	1	0	0	0	0
SCHOOL3	0.9635	0	0	4.0562	0
SCHOOL4	0.9143	0	0	4.7627	0
SCHOOL2	0.9096	0	0	0.2332	0

넷째, 비효율적인 DMU가 참조해야 될 준거 DMU가 무엇인지에 대한 해석은 CCR 투입방향 모형과 동일하다. 다만 λ 값의 크기는 투입방향 CCR 포락모형과 다르다는 점은 유의해야 한다.

다섯째, 여기서 사용된 예제에서는 투입요소의 여유분이 없지만 만일 투입요소에도 여유분이 있는 경우에는 산출방향 모형의 경우 효율경계 위의 최적 투입수준 $\sum_{j=1}^{n} x_{ji}\lambda_j$와 현재의 투입수준 x_{ki}의 차이가 투입요소의 여유분 s_i^-이 된다.

표 3.14 ▸ 준거 DMU(benchmark DMU)와 그 계수 값

INEFFICIENT_DMUID	DMU_NAME	EFFICIENCY_NUMBER(θ)	L1	L5
2	SCHOOL2	0.90961	0.46210	0.72024
3	SCHOOL3	0.96353	0.91281	0.42522
4	SCHOOL4	0.91431	0.92508	0.37960

마지막으로, 투입이 일정한데 산출을 늘리려는 경우에는 준거 DMU 중에서 상대적으로 어느 DMU를 더 많이 참조해야 하는지에 대한 정보도 얻을 수 있다. DMU 1과 DMU 5가 모두 DMU 3의 준거 DMU이지만, 상대적으로 λ 값이 더 크게 나타난 DMU 1이 DMU 5보다 산출을 늘릴 때 더 중요한 준거점이라고 할 수 있다.

이 장에서는 다양한 CCR 모형을 살펴보았다. 비율모형은 투입 대비 산출로 정의되는 효율성의 정의를 직접적으로 반영하고 있다. 비율모형은 다수의 투입과 산출이 있는 경우에 투입요소의 선형결합으로 이루어진 총괄투입과 산출요소의 선형결합으로 이루어진 총괄산출을 가정한 후 총괄투입 대비 총괄산출의 비율을 극대화할 수 있도록 선형결합식의 가중치들을 구한 후 효율성을 계산한다. 비율모형은 비선형의 목적함수식을 갖고 있기 때문에 총괄투입이 1이라는 제약을 가하거나 혹은 총괄산출이 1이라는 제약을 가하여 효율성을 계산하는 승수모형을 사용할 수 있다. 승수모형을 통해 각 DMU의 효율성 점수뿐만 아니라 투입과 산출요소의 상대적 가중치를 구할 수 있다. 포락모형은 승수모형의 쌍대관계로 강효율성을 계산하고, 효율성을 달성하기 위해 참고해야 되는 준거 DMU에 대한 정보 등 다양한 정보를 제공해준다. 포락모형이 갖고 있는 여러 장점으로 인해 DEA에서는 포락모형이 널리 사용되고 있다.

한편 CCR 모형에서 살펴보았듯이 DEA 모형에서는 투입방향과 산출방향 모형이 구분된다. 전자는 주어진 산출수준하에서 투입을 변경시켜 효율성을 달성한다고 가정하고 있고, 후자는 주어진 투입수준하에서 산출을 변경시켜 효율성을 달성한다고 가정하고 있다. 따라서 연구자는 모형을 선택할 때 어느 가정이 더 적합한지 충분히 고민해야 한다. CCR 모형의 경우 투입방향이나 산출방향 모형을 통해 얻어진 효율성 점수 값은 동일하다. 하지만 효율성 점수를 계산하기 위해 사용된 준거 DMU가 다를 뿐 아니라 여유분 값 역시 다르기 때문에 두 모형이 동일하다고 판단해서는 안 된다.

CCR 모형은 다른 DEA 모형보다 보수적으로, 즉 효율성 점수 값을 낮게 평가하는 모형이기 때문에 DMU 간의 효율성 점수 차이를 크게 나타내고 싶을 때 선호할 수 있는 모형이다. 또한 생산함수가 규모에 대한 수확불변(CRS)이라는 가정을 만족할 때

적절한 방법이다. 하지만 생산함수가 규모에 대한 수확가변인 경우에는 효율경계가 다르게 정의될 수 있기 때문에 새로운 접근이 필요하다. 따라서 제4장에서는 규모에 대한 수확가변을 가정하는 BCC 모형을 살펴보고자 한다.

이 장의 SAS code 정리

SAS 3.1 CCR 분석 매크로 프로그램

```
/*CCR MACRO PROGRAM    VERSION 1.0
  AUTHOR: KILKON KO, SEOUL NATIONAL UNIVERSITY.
  DATE: MAY 26, 2015
  CITATION: KILKON KO(2016), "THEORY OF EFFIENCY ANALYSIS: DEA AND
       SFA APPROACH"
  CONTACT: KILKON@SNU.AC.KR

  DESCRIPTION OF PROGRAM:

  MACRO FUNCTION: %CCR(TYPE=, DSN=, INPUTLIST=, OUTPUTLIST=, E=);

  TYPE=1, INPUT-ORIENTED CCR MULTIPLIER MODEL
  TYPE=2, OUTPUT-ORIENTED CCR MULTIPLIER MODEL
  TYPE=3, INPUT-ORIENTED CCR ENVELOPMENT MODEL
  TYPE=4, OUTPUT-ORIENTED CCR ENVELOPMENT MODEL
  DSN=    , DATASET NAME
  INPUTLIST= , INPUT VARIABLE NAMES
  OUTPUTLIST= , OUTPUT VARIABLE NAMES
  E= ,    NON-ARCHIMEDEAN CONSTANT
*/
%MACRO CCR(TYPE=, DSN=, INPUTLIST=, OUTPUTLIST=, E=);
 /*CCR 투입방향 승수모형*/
   %IF &TYPE=1 %THEN
      %DO;

         PROC OPTMODEL;
            SET <STR> M={&INPUTLIST};
            SET <STR> S={&OUTPUTLIST};
            SET <NUM> N;
            STR DMU_NAME {N};
            NUM X {N,M};
            NUM Y {N,S};
            READ DATA &DSN INTO N=[_N_] DMU_NAME
                 {I IN M} <X[_N_,I]=COL(I)>
                 {R IN S} <Y[_N_,R]=COL(R)>;
            NUM K;
            NUM EFFICIENCY_NUMBER{N};
            NUM INPUTCOEFFICIENT{N,M};
```

```
    NUM OUTPUTCOEFFICIENT{N,S};
    VAR V{N, M}>=&E;
    VAR U{N, S}>=&E;
    MAX OBJECTIVE=(SUM{R IN S}(Y[K, R]*U[K, R]));
    CON SCALING : (SUM{I IN M}(X[K, I]*V[K, I]))=1;
    CON CAPTOONE {J IN N }: (SUM{R IN S}(Y[J, R]*U[K, R]))
            -(SUM{I IN M}(X[J, I]*V[K, I]))<=0;

    DO K = N;
        SOLVE;
        FOR {I IN M}
            INPUTCOEFFICIENT[K,I]=V[K,I];
        FOR {R IN S}
            OUTPUTCOEFFICIENT[K,R]=U[K,R];
        EFFICIENCY_NUMBER[K] =OBJECTIVE.SOL;
        PRINT U V;
    END;

    SET EFFICIENT_DMU = {J IN N: EFFICIENCY_NUMBER[J] >= 1};
    SET INEFFICIENT_DMU = N DIFF EFFICIENT_DMU;
    CREATE DATA EFFICIENCY_DATA FROM [DMUID] DMU_NAME
        EFFICIENCY_NUMBER;
    CREATE DATA RESULT FROM [DMUID] DMU_NAME

        EFFICIENCY_NUMBER
        {I IN M}<COL ("V"||I)=INPUTCOEFFICIENT[DMUID,I]>
        {R IN S}<COL ("U"||R)=OUTPUTCOEFFICIENT[DMUID,R]>;
QUIT;

PROC SORT DATA=RESULT;
    BY DESCENDING EFFICIENCY_NUMBER;
RUN;

PROC PRINT DATA=RESULT NOOBS;
    FORMAT _NUMERIC_  BEST8.4;
    TITLE "INPUT ORIENTED CCR";
RUN;

PROC SGPLOT DATA=RESULT;
    FORMAT EFFICIENCY_NUMBER COMMA8.2;
    VBAR DMU_NAME/RESPONSE=EFFICIENCY_NUMBER
        DATALABEL=EFFICIENCY_NUMBER;
```

```
            RUN;
            TITLE;
            %GOTO EXIT;
        %END;

/*CCR 산출방향 승수모형*/
    %IF &TYPE=2 %THEN
        %DO;

            PROC OPTMODEL;
                SET <STR> M={&INPUTLIST};
                SET <STR> S={&OUTPUTLIST};
                SET <NUM> N;
                STR DMU_NAME {N};
                NUM X {N,M};
                NUM Y {N,S};
                READ DATA &DSN INTO N=[_N_] DMU_NAME
                     {I IN M} <X[_N_,I]=COL(I)>
                     {R IN S} <Y[_N_,R]=COL(R)>;
                NUM K;
                NUM EFFICIENCY_NUMBER{N};
                NUM INPUTCOEFFICIENT{N,M};
                NUM OUTPUTCOEFFICIENT{N,S};
                VAR V{N, M}>=&E;
                VAR U{N, S}>=&E;
                MIN OBJECTIVE=(SUM{I IN M}(X[K, I]*V[K, I]));
                CON SCALING : (SUM{R IN S}(Y[K, R]*U[K, R]))=1;
                CON CAPTOONE {J IN N}: (SUM{I IN M}(X[J, I]*V[K, I]))
                     -(SUM{R IN S}(Y[J, R]*U[K, R])))>=0;

                DO K = N;
                     SOLVE;
                     FOR {I IN M}
                          INPUTCOEFFICIENT[K,I]=V[K,I];
                     FOR {R IN S}
                          OUTPUTCOEFFICIENT[K,R]=U[K,R];
                     EFFICIENCY_NUMBER[K] =1/OBJECTIVE.SOL;
                     PRINT U V;
                END;

                SET EFFICIENT_DMU = {J IN N: EFFICIENCY_NUMBER[J] >= 1};
                SET INEFFICIENT_DMU = N DIFF EFFICIENT_DMU;
```

```
      CREATE DATA EFFICIENCY_DATA FROM [DMUID] DMU_NAME
         EFFICIENCY_NUMBER;
      CREATE DATA RESULT FROM [DMUID] DMU_NAME
         EFFICIENCY_NUMBER
         {I IN M}<COL ("V"||I)=INPUTCOEFFICIENT[DMUID,I]>
         {R IN S}<COL ("U"||R)=OUTPUTCOEFFICIENT[DMUID,R]>;
   QUIT;

   PROC PRINT DATA=RESULT NOOBS;
      FORMAT _NUMERIC_  8.4;
      TITLE "OUTPUT ORIENTED CCR";
   RUN;

   PROC SGPLOT DATA=RESULT;
      FORMAT EFFICIENCY_NUMBER COMMA8.2;
      VBAR DMU_NAME/RESPONSE=EFFICIENCY_NUMBER
         DATALABEL=EFFICIENCY_NUMBER;
   RUN;

   TITLE;
   %GOTO EXIT;
  %END;

/*CCR 투입방향 포락모형*/
 %IF &TYPE=3 %THEN
  %DO;

   PROC OPTMODEL;
      SET <STR> M={&INPUTLIST};
      SET <STR> S={&OUTPUTLIST};
      SET <NUM> N;
      STR DMU_NAME {N};
      NUM X {N,M};
      NUM Y {N,S};
      READ DATA &DSN INTO N=[_N_] DMU_NAME
         {I IN M} <X[_N_,I]=COL(I)>
         {R IN S} <Y[_N_,R]=COL(R)>;
      NUM K;
      NUM EFFICIENCY_NUMBER{N};
      NUM INPUTSLACK{N,M};
      NUM OUTPUTSLACK{N,S};
      NUM LAMBDA_SOL {N,N};
```

```
VAR SN {N,M}>=0;
VAR SP {N,S}>=0;
VAR LAMBDA {N}>=0;
VAR H>=0;
MIN OBJECTIVE=H-&E*SUM{I IN M}SN[K,I]-&E*SUM{R IN S}SP[K,R];

/*투입, 산출, 효율성 모수 등을 모두 선언*/
CON INPUT_CON {I IN M}:
    X[K,I]*H - SUM {J IN N} X[J,I]*LAMBDA[J]-SN[K,I]=0;
CON OUTPUT_CON {R IN S}:
    SUM {J IN N} Y[J,R]*LAMBDA[J]-SP[K,R]=Y[K,R];

/*CON CONVEXITY:
SUM{J IN DMU} LAMBDA[J]=1;/*VRS CONSTRAINT/BCC*/
DO K = N;
    SOLVE;
    FOR {I IN M}
        INPUTSLACK[K,I]=SN[K,I];
    FOR {R IN S}
        OUTPUTSLACK[K,R]=SP[K,R];
    EFFICIENCY_NUMBER[K] =H.SOL; /*INPUT ORIENTATION
        MODEL에서는 H.SOL의 역수를 취할 필요가 없음 */
    FOR {J IN N}
        LAMBDA_SOL[K,J]=
        (IF LAMBDA[J].SOL>1E-10 THEN LAMBDA[J].SOL ELSE .);
END;

SET EFFICIENT_DMU={J IN N: EFFICIENCY_NUMBER[J]>=1};
SET INEFFICIENT_DMU=N DIFF EFFICIENT_DMU;
PRINT LAMBDA_SOL;
PRINT DMU_NAME EFFICIENCY_NUMBER;
CREATE DATA EFFICIENCY_DATA FROM [DMUID] DMU_NAME
    EFFICIENCY_NUMBER;
CREATE DATA RESULT FROM [DMUID] DMU_NAME
    EFFICIENCY_NUMBER
    {I IN M}<COL ("INSLACK"||I)=INPUTSLACK[DMUID,I]>
    {R IN S}<COL ("OUTSLACK"||R)=OUTPUTSLACK[DMUID,R]>;
CREATE DATA LAMBDA_DATA_DENSE FROM
    [INEFFICIENT_DMUID]=INEFFICIENT_DMU
    DMU_NAME
    EFFICIENCY_NUMBER
    {EFFICIENT_DMUID IN
```

```
            EFFICIENT_DMU}<COL('L'||EFFICIENT_DMUID)
            =LAMBDA_SOL[INEFFICIENT_DMUID,EFFICIENT_DMU D]>;
        CREATE DATA LAMBDA_DATA_SPARSE FROM
            [INEFFICIENT_DMUID EFFICIENT_DMUID]=
            {G1 IN INEFFICIENT_DMU, G2 IN EFFICIENT_DMU:
            LAMBDA_SOL[G1,G2] NE .};
    QUIT;

    PROC SORT DATA=RESULT;
        BY DESCENDING EFFICIENCY_NUMBER;
    RUN;

    PROC PRINT DATA=RESULT NOOBS;
        FORMAT _NUMERIC_  BEST8.4;
        TITLE "INPUT ORIENTED CCR";
    RUN;

    PROC PRINT DATA=LAMBDA_DATA_DENSE NOOBS;
        TITLE "BENCHMARK DMU";
    RUN;

    PROC SGPLOT DATA=RESULT;
        TITLE "EFFICIENCY DISTRIBUTION OF DMU";
        FORMAT EFFICIENCY_NUMBER COMMA8.2;
        VBAR DMU_NAME/RESPONSE=EFFICIENCY_NUMBER
            DATALABEL=EFFICIENCY_NUMBER;
    RUN;

    TITLE;
    %GOTO EXIT;
  %END;

/*CCR 산출방향 포락모형*/
 %IF &TYPE=4 %THEN
  %DO;
    PROC OPTMODEL;
        SET <STR> M={&INPUTLIST};
        SET <STR> S={&OUTPUTLIST};
        SET <NUM> N;
        STR DMU_NAME {N};
        NUM X {N,M};
        NUM Y {N,S};
```

```
READ DATA &DSN INTO N=[_N_] DMU_NAME
    {I IN M} <X[_N_,I]=COL(I)>
    {R IN S} <Y[_N_,R]=COL(R)>;
NUM K;
NUM EFFICIENCY_NUMBER{N};
NUM INPUTSLACK{N,M};
NUM OUTPUTSLACK{N,S};
NUM LAMBDA_SOL {N,N};
VAR SN {N,M}>=0;
VAR SP {N,S}>=0;
VAR LAMBDA {N}>=0;
VAR H>=0;
MAX OBJECTIVE=H+&E*SUM{I IN M}SN[K,I]+&E*SUM{R IN S}SP[K,R];
CON INPUT_CON {I IN M}:
    X[K,I]-SUM {J IN N} X[J,I]*LAMBDA[J]-SN[K,I]=0;
CON OUTPUT_CON {R IN S}:
    SUM {J IN N} Y[J,R]*LAMBDA[J]-Y[K,R]*H-SP[K,R]=0;

/*CON CONVEXITY:
SUM{J IN N} LAMBDA[J]=1;/*VRS CONSTRAINT/BCC*/
DO K = N;
    SOLVE;
    FOR {I IN M}
        INPUTSLACK[K,I]=SN[K,I];
    FOR {R IN S}
        OUTPUTSLACK[K,R]=SP[K,R];
    EFFICIENCY_NUMBER[K] =1/H.SOL; /*INPUT ORIENTATION
        MODEL에서는 H.SOL의 역수를 취할 필요가 없음 */
    FOR {J IN N}
        LAMBDA_SOL[K,J]=(

        IF LAMBDA[J].SOL>1E-6 THEN LAMBDA[J].SOL ELSE .);
END;

SET EFFICIENT_DMU={J IN N: EFFICIENCY_NUMBER[J]>=1};
SET INEFFICIENT_DMU=N DIFF EFFICIENT_DMU;
PRINT DMU_NAME EFFICIENCY_NUMBER;
CREATE DATA EFFICIENCY_DATA FROM [DMUID] DMU_NAME
    EFFICIENCY_NUMBER;
CREATE DATA RESULT FROM [DMUID] DMU_NAME
    EFFICIENCY_NUMBER
    {I IN M}<COL ("INSLACK"||I)=INPUTSLACK[DMUID,I]>
```

```
            {R IN S}<COL ("OUTSLACK"||R)=OUTPUTSLACK[DMUID,R]>;
        CREATE DATA LAMBDA_DATA_DENSE FROM
            [INEFFICIENT_DMUID]=INEFFICIENT_DMU
            DMU_NAME
            EFFICIENCY_NUMBER
            {EFFICIENT_DMUID IN EFFICIENT_DMU}
            <COL('L'||EFFICIENT_DMUID)
            =LAMBDA_SOL[INEFFICIENT_DMUID,EFFICIENT_DMUID]>;
        CREATE DATA LAMBDA_DATA_SPARSE FROM
            [INEFFICIENT_DMUID EFFICIENT_DMUID]=
            {G1 IN INEFFICIENT_DMU, G2 IN EFFICIENT_DMU:
            LAMBDA_SOL[G1,G2] NE .};
    QUIT;

    PROC SORT DATA=RESULT;
        BY DESCENDING EFFICIENCY_NUMBER;
    RUN;

    PROC PRINT DATA=RESULT NOOBS;
        FORMAT _NUMERIC_  BEST8.4;
        TITLE "OUTPUT ORIENTED CCR ENVELOPMENT";
    RUN;

    PROC PRINT DATA=LAMBDA_DATA_DENSE NOOBS;
        TITLE "BENCHMARK DMU";
    RUN;

    PROC SGPLOT DATA=RESULT;
        TITLE "EFFICIENCY DISTRIBUTION OF DMU";
        FORMAT EFFICIENCY_NUMBER COMMA8.2;
        VBAR DMU_NAME/RESPONSE=EFFICIENCY_NUMBER
        DATALABEL=EFFICIENCY_NUMBER;
    RUN;

    TITLE;
    %GOTO EXIT;
  %END;

%EXIT:
%MEND CCR;
```

SAS 3.2 CCR 분석 코드

```
ODS HTML;

DATA SCHOOL;
   INPUT DMU_NAME$       INPUT1 INPUT2 OUTPUT1 OUTPUT2;
   CARDS;
SCHOOL1 8.939    64.3   25.2    223
SCHOOL2 8.625    99     28.2    287
SCHOOL3 10.813   99.6   29.4    317
SCHOOL4 10.638   96     26.4    291
SCHOOL5 6.24     96.2   27.2    295
SCHOOL6 4.719    79.9   25.5    222
;
RUN;

%INCLUDE "D:₩MY BOOKS₩의사결정론₩DEA₩CCR_MACRO.SAS";
%LET INPUTNAME=INPUT1 INPUT2;
%LET OUTPUTNAME=OUTPUT1 OUTPUT2;

/*기술통계 분석*/
PROC MEANS DATA=SCHOOL MAXDEC=2 N MEAN STD MIN MAX CV;
   FORMAT _NUMERIC_ 8.2;
   VAR &INPUTNAME &OUTPUTNAME;
RUN;

PROC SGSCATTER DATA=SCHOOL;
   COMPARE X=(&INPUTNAME) Y=(&OUTPUTNAME)/REG=(CLI)
   SPACING=3 GRID;
RUN;

/*CCR DEA 분석 */
%CCR(TYPE=1, DSN=SCHOOL, INPUTLIST=%STR('INPUT1', 'INPUT2'),
OUTPUTLIST=%STR('OUTPUT1','OUTPUT2'), E=10^-10);
%CCR(TYPE=2, DSN=SCHOOL, INPUTLIST=%STR('INPUT1', 'INPUT2'),
OUTPUTLIST=%STR('OUTPUT1','OUTPUT2'), E=10^-10);

PROC SORT DATA=RESULT;
   BY DMU_NAME;
RUN;

PROC SORT DATA=SCHOOL;
```

```
    BY DMU_NAME;
RUN;

DATA ALL;
    MERGE SCHOOL RESULT;
    BY DMU_NAME;

    IF ROUND(EFFICIENCY_NUMBER,0.0001)=1 THEN GROUP=1; /*소수점 자리수 때문에
완벽하게 1이 안 되는 경우가 있음) */
    ELSE GROUP=0;
RUN;

PROC SGSCATTER DATA=ALL;
    LABEL GROUP="효율성(1=효율적 DMU, 0=비효율적 DMU)";
    COMPARE X=(&INPUTNAME) Y=(&OUTPUTNAME)/GROUP=GROUP
    DATALABEL=DMU_NAME
    MARKERATTRS=(SYMBOL=CIRCLEFILLED SIZE=20);
RUN;

/*CCR 포락모형 분석 */
%INCLUDE "F:₩MY BOOKS₩의사결정론₩DEA₩CCR_MACRO.SAS";
%LET INPUTNAME=INPUT1 INPUT2;
%LET OUTPUTNAME=OUTPUT1 OUTPUT2;

%CCR(TYPE=3, DSN=SCHOOL, INPUTLIST=%STR('INPUT1', 'INPUT2'),
OUTPUTLIST=%STR('OUTPUT1','OUTPUT2'), E=10^-10);
```

SAS 3.3 투입 및 산출변수의 변화에 따른 효율성 변화의 시뮬레이션

```
%MACRO SIM(VAR, DMU);

    DATA ALL;
    RUN;

    %LET WEIGHT=0.01;

    %DO TIME=1 %TO 30;
        %LET WEIGHT=%SYSEVALF(0.05+&WEIGHT);

        DATA TEMP&TIME;
            SET SCHOOL;
```

```
        TEMP=&VAR*&WEIGHT;

        IF DMU_NAME="&DMU" THEN
           &VAR=TEMP;
        DROP TEMP;
     RUN;

     %CCR(TYPE=1, DSN=TEMP&TIME, INPUTLIST=%STR('INPUT1',
                 'INPUT2'),OUTPUTLIST=%STR('OUTPUT1','OUTPUT2'),
                 E=10^-10);

     PROC SORT DATA=RESULT;
        BY DMU_NAME;
     RUN;

     DATA RESULT&TIME;
        SET RESULT;
        REP=&TIME;
        WEIGHT=&WEIGHT;
     RUN;

     DATA ALL;
        SET RESULT&TIME ALL;
        EFFICIENCY_NUMBER=ROUND(EFFICIENCY_NUMBER,0.001);
     RUN;

  %END;

  PROC SGPLOT DATA=ALL(WHERE=(DMU_NAME="&DMU"));
     TITLE "DMU=&DMU , VARIABLE=&VAR";
     SCATTER X=WEIGHT Y=EFFICIENCY_NUMBER;
     REFLINE 1 /AXIS=X;
     REFLINE 1 /AXIS=Y;
  RUN;

  TITLE;
%MEND;

/*비효율적 DMU이고 산출계수가 0일 때*/
%SIM(OUTPUT1, SCHOOL3);
%SIM(OUTPUT1, SCHOOL4);
%SIM(OUTPUT1, SCHOOL2);
```

```
/*비효율적 DMU이고 산출계수가 0이 아닐 때*/
%SIM(OUTPUT2, SCHOOL3);
%SIM(OUTPUT2, SCHOOL4);
%SIM(OUTPUT2, SCHOOL2);

/*효율적 DMU이고 산출계수가 0일 때*/
%SIM(OUTPUT1, SCHOOL1);

/*효율적이고 산출계계수가 0이 아닐 때 */
%SIM(OUTPUT2, SCHOOL1);
%SIM(OUTPUT1, SCHOOL6);
%SIM(OUTPUT2, SCHOOL6);
%SIM(OUTPUT1, SCHOOL5);
%SIM(INPUT2, SCHOOL5);

/*효율적 DMU이고 투입계수가 0일 때*/
%SIM(INPUT2, SCHOOL6);
%SIM(INPUT1, SCHOOL1);

/*효율적이고 투입계수가 0이 아닐 때 */
%SIM(INPUT2, SCHOOL1);
%SIM(INPUT1, SCHOOL6);
%SIM(INPUT1, SCHOOL5);
%SIM(INPUT2, SCHOOL5);
ODS HTML;

/*비효율적 DMU이고 투입계수가 0이 아닐 때 어느 투입요소가 더욱 중요한지 */
%LET DMU=SCHOOL3;

%SIM(INPUT1, &DMU);

DATA INPUT1;
    SET ALL(WHERE=(DMU_NAME="&DMU"));
    GROUP="INPUT1";
RUN;

%SIM(INPUT2, &DMU);

DATA INPUT2;
    SET ALL(WHERE=(DMU_NAME="&DMU"));
    GROUP="INPUT2";
RUN;
```

```
DATA COMP;
   SET INPUT1 INPUT2;
RUN;

PROC SGPLOT DATA=COMP;
   TITLE "DMU=&DMU";
   SCATTER X=WEIGHT Y=EFFICIENCY_NUMBER/GROUP=GROUP;
   REFLINE 1/AXIS=X;
   REFLINE 1/AXIS=Y;
RUN;
```

제4장

BCC 모형

제 4 장

Theory of Efficiency Analysis

BCC 모형

4.1 BCC 모형의 개요

생산가능집합을 결정하는 효율경계를 어떻게 정의할 것인가는 DEA의 핵심적인 쟁점 중 하나이다. 제2장에서 논의한 것처럼 효율경계를 정의할 때 사용되는 중요한 가정 중의 하나는 규모에 대한 수확 가정이다. 제3장에서 다루었던 CCR 모형은 단위당 투입이 증가할 때 증가하는 산출의 양이 일정하다는 규모에 대한 수확불변(Constant Return to Scale, CRS)을 가정하고 있다. 즉 효율경계를 구성할 때 한계 수익이 일정하다고 가정하기 때문에 [그림 4.1]의 점선과 같이 1투입 1산출의 경우 효율경계가 직선의 형태를 띠게 된다.

이러한 규모에 대한 수확불변은 노동 투입을 10명에서 11명으로 추가했을 때 산출량이 증가하는 양이나 1,000명에서 1,001명으로 추가했을 때 증가하는 산출량이 동일하다고 가정하는 것이다. 이때 추가로 증가하는 산출량을 한계생산(marginal production)이라고 부른다. 그러나 현실에서는 투입량이 증가함에 따라 한계생산이 일정하지 않은 경우가 많다. 예를 들어 성장단계에 있는 산업의 경우에는 한 단위의 투입요소를 추가할 때 증가하는 생산의 규모가 더욱 커지게 된다. 이러한 경우를 규모에 대한 수확체증이 발생한다고 한다. 반면 어느 정도 생산 수준을 넘어서게 되면 추가적인 투입에 따라 추가로 증가하는 생산량의 규모가 감소하는 경향을 보인다. 이처럼 생산함수에 있어서 규모에 대한 수확체증(Increasing Return to Scale, IRS)이나 규모에 대한 수확체감(Decreasing Return to Scale, DRS)이 발생하는 경우를 규모에 대한 수확가변이라고 한다. 이 가정을 도입했을 때 효율경계는 [그림 4.1]의 실선과 같은 형태로 정의될 수 있다.

규모에 대한 수확가변을 가정한 모형을 VRS(Variant Return to Scale) 모형이라고 부르기도 하며 처음 이 모형을 제시한 사람들의 이름을 따서 BCC(Banker-Charnes-Cooper) 모형이라고 부르기도 한다.[1] 생산가능집합에 대한 가정이 달라지기 때문에 BCC 모형하에서의 효율성과 CCR 모형하에서의 효율성은 다르게 정의된다. [그림 4.1]에서 BCC의 효율경계는 ARBSC를 연결하는 선이다. 이때 BCC 모형에서는 DMU D의 투입방향 효율성은 $\frac{PR}{PD}$로 정의되는 데 비해 CCR에서는 $\frac{PQ}{PD}$로 정의된다. 이것은 효율경계가 다르게 정의되기 때문이다.

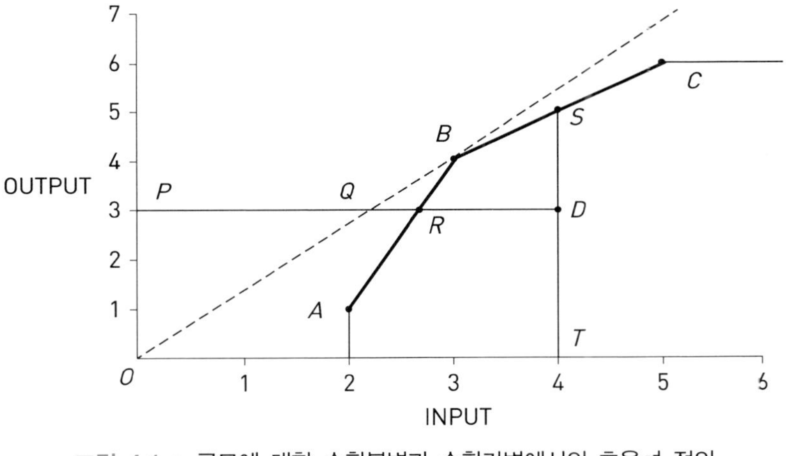

그림 4.1 ▸ 규모에 대한 수확불변과 수확가변에서의 효율성 정의

효율경계의 차이를 살펴보면 CCR의 효율경계가 BCC의 효율경계보다 위쪽에 위치하고 있음을 알 수 있다. 따라서 비효율적인 DMU들이 효율경계까지 도달해야 하는 거리가 멀기 때문에 CCR 효율성 점수는 BCC의 효율성 점수보다 항상 작거나 같다. [그림 4.1]에서도 BCC 모형에서 A, B, S, C는 모두 효율경계 위에 있는 점으로 효율성

1 규모에 대한 수확가변을 가정하는 모형은 BCC 모형 외에도 뒤에서 배우게 되는 초효율성 모형, 비방사형 모형 등 다양하기 때문에 VRS 모형이라고 부르는 것이 적절하다. 하지만 방사형 모형에서는 BCC 모형이라는 용어를 일반적으로 사용하기에 여기서도 BCC 모형이라는 용어를 사용하였다.

점수가 1이지만 CCR 모형에서는 오직 B만이 효율적인 DMU로 간주된다.

규모에 대한 수확 가정의 차이로 CCR 모형과 BCC 모형의 효율성 점수 차이는 규모 효율성(Scale Efficiency, SE) 개념을 이용하여 나타낼 수 있다. 규모 효율성은 가변규모 수확 가정에 따라 증가하는 효율성의 크기이며 [그림 4.1]에서는 $\frac{PQ}{PR}$로 정의된다. 또한 다음과 같은 관계를 갖는다. 이 식은 CCR 효율성 점수가 BCC 효율성과 규모 효율성의 곱으로 나타낼 수 있음을 의미하기도 한다.

$$\mathrm{SE}_k = \frac{PQ}{PR} = \frac{PQ/PD}{PR/PD} = \frac{\mathrm{CCR}(\theta_k^*)}{\mathrm{BCC}(\theta_k^*)}$$

이처럼 BCC 모형을 이용하면 규모의 수확가변을 가정한 효율성을 계산할 수 있다. 또한 DMU가 직면하고 있는 다양한 규모수확 상태에 대한 정보도 얻을 수 있으므로 BCC 모형은 DEA의 기본 모형 중 하나로 널리 사용돼 왔다.

4.2 BCC 모형의 이론

가. 투입방향 BCC 모형

투입방향 BCC 승수모형은 투입방향 CCR 승수모형에 자유변수(free variable) u_k를 다음과 같이 부가하여 간단히 계산할 수 있다.[2]

투입방향 BCC 승수모형

$$Max\ \ Z_k = \sum_{r=1}^{s} y_{rk}u_{rk} - u_k$$

$$s.t.\ \ \sum_{i=1}^{m} x_{ik}v_{ik} = 1$$

$$\sum_{r=1}^{s} y_{rj}u_{rk} - \sum_{i=1}^{m} x_{ij}v_{ik} - u_k \le 0 \ \ (\text{단},\ j=1,2,...,n)$$

$$v_{ik} \ge \epsilon \ \ (\text{단},\ i=1,2,...,m)$$

2 다양한 BCC 모형에 대한 논의는 Banker, R. D. et al.(2004), "Returns to scale in different DEA models", *European Journal of Operational Research,* 154(2), pp. 345~362 참고.

$$u_{rk} \geq \epsilon \quad (\text{단, } r = 1,2,...,s)$$

(단, n은 DMU의 개수, m은 투입요소의 개수, s는 산출요소의 개수)

추정된 자유변수 u_k^* 값의 의미를 정확히 이해하면 BCC 모형의 결과를 해석하는 데 도움이 될 수 있다. BCC 승수모형을 자세히 살펴보면 효율변경은 $\sum_{r=1}^{s} y_{rj}u_{rk} - \sum_{i=1}^{m} x_{ij}v_{ik} - u_k = 0$의 함수로 결정됨을 알 수 있다. 만일 1투입 1산출의 경우라면 k 번째 DMU의 효율경계는 다음과 같이 정의된다.

$$y_{11}u_{1k} - x_{11}v_{1k} - u_k = 0$$
$$y_{12}u_{1k} - x_{12}v_{1k} - u_k = 0$$
$$\vdots$$
$$y_{1n}u_{1k} - x_{1n}v_{1k} - u_k = 0$$

따라서 자유변수 u_k의 값은 x와 y의 1차 선형식에서 y 절편 값을 결정해주는 값임을 알 수 있다. BCC 승수모형의 의미를 이해하기 위해 [그림 4.2]와 같은 1투입 1산출 자료가 있다고 가정해보자. [그림 4.2] 자료를 BCC 모형으로 효율성을 계산한 결과는 [표 4.1]에 제시되었는데 이 결과를 이용하면 DMU *A*의 BCC 모형 제약식은 다음과 같다.

$$0.25y_{11} - 0.5x_{11} + 0.75 \leq 0$$
$$0.25y_{12} - 0.5x_{12} + 0.75 \leq 0$$
$$\vdots$$
$$0.25y_{1n} - 0.5x_{1n} + 0.75 \leq 0$$

이 식을 간단히 하면 효율적인 DMU에서 $y = 2x - 3$이 됨을 알 수 있다. 즉 *A*와 *C*를 잇는 연결선이 y 축과 만나는 점은 -3으로 이 부호와 크기는 u_k^*인 값(-0.75)에 의해 결정됨을 알 수 있다. 즉 u_k^*는 효율적인 DMU를 연결한 직선의 y 절편 값에 대한 정보를 준다고 할 수 있다. [표 4.1]에서 scale 열은 u_k^* 값을 나타내고 있다.

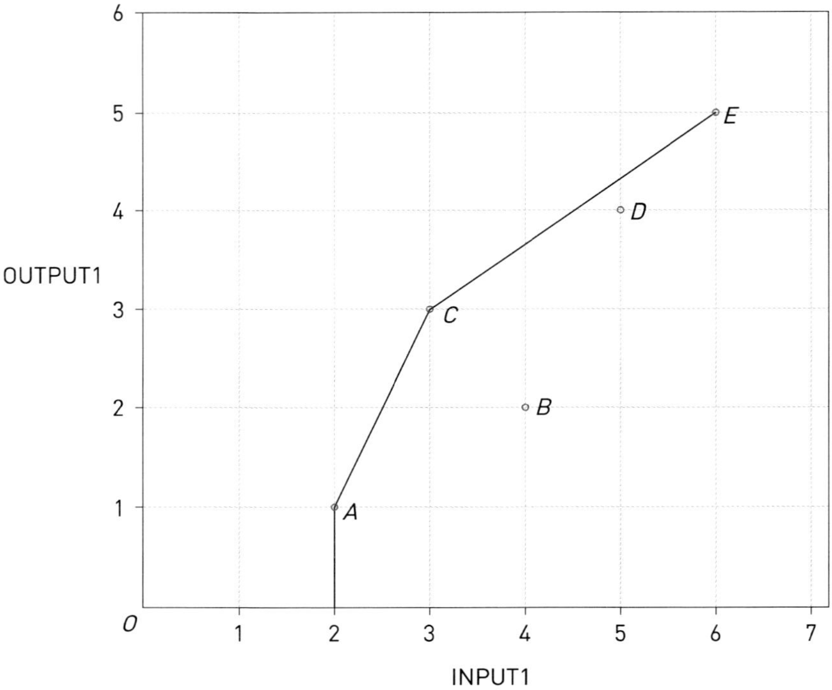

그림 4.2 ▸ 1투입 1산출의 규모에 대한 수확가변 효율변경

표 4.1 ▸ 투입방향 BCC 승수모형 결과 SAS 4.1

DMU_NAME	EFFICIENCY _NUMBER	SCALE (자유변수)	VINPUT1 (기여계수)	UOUTPUT1 (기여계수)
A	1	−0.75	0.5	0.25
C	1	−0.5	0.333333	0.166667
E	1	0.25	0.166667	0.25
D	0.9	0.3	0.2	0.3
B	0.625	−0.375	0.25	0.125

AC 직선의 y 절편을 구하는 것과 유사하게 *CE* 효율변경 직선의 절편을 동일하게 구하면 그 값이 1임을 알 수 있다. 이러한 결과를 일반화하면, 만일 어떤 DMU k가 BCC 효율경계 위에 있을 때 $u_k^* < 0$인 경우는 효율변경 *AC* 구간과 같이 규모에 대한 수확체증의 영역을 의미하고 $u_k^* > 0$이면 규모에 대한 수확체감 영역 위의 효율변경에 있다고 할 수 있다.[3]

3 위 [그림 4.2]의 *C*와 같이 BCC 효율적일 뿐 아니라 CCR 효율적인 경우에는 원래 u_k^* 값이 0이

일반적으로 규모에 대한 수확의 상태는 다음과 같은 두 단계를 거쳐 판단할 수 있다. 첫째, CCR 효율적이며 또한 BCC 효율적인 DMU는 규모에 대한 수확불변(CRS)으로 판단한다. 둘째, 첫 번째 경우가 아닌 효율적인 DMU에 대해 $u_k^* < 0$은 규모에 대한 수확체증(IRS)의 상태를 의미하고 $u_k^* > 0$이면 규모에 대한 수확체감(DRS) 상태라고 판단한다.

한편 u_k^*를 이용하지 않고 CCR 포락모형의 λ 값을 이용하여 규모에 대한 수확을 판단하기도 한다. CCR 포락모형에서 $\sum \lambda_j^* > 1$은 DRS, $\sum \lambda_j^* < 1$이면 IRS 상태를 의미한다. 물론 이 경우에도 먼저 CCR 효율적이고 BCC 효율적인 DMU는 CRS로 판단하면 된다.[4]

위에서는 효율경계 위에 있는 DMU를 바탕으로 규모에 대한 수확 문제를 다루었다. 효율경계 위에 있지 않은 DMU는 해당 DMU가 효율경계 위로 투입 혹은 산출방향으로 평행하게 투사(projected)되었을 때의 점을 기준으로 규모에 대한 수확 여부를 판단할 수 있다. 이 투사된 점 $\widehat{x_k}, \widehat{y_k}$에 대한 규모 수확 유형은 다음과 같이 정리한다.

1) 해당 비효율적 DMU k의 준거집합의 원소가 되는 효율적 DMU가 모두 IRS이거나 혹은 IRS와 CRS의 혼합인 경우 $\widehat{x_k}, \widehat{y_k}$은 IRS이다.
2) 해당 비효율적 DMU k의 준거집합의 원소가 되는 효율적 DMU가 모두 DRS이거나 혹은 DRS와 CRS의 혼합인 경우 $\widehat{x_k}, \widehat{y_k}$은 DRS이다.

DMU가 어느 규모에 대한 수확 상태에 있는지를 분석할 때 유의해야 하는 점은 규모에 대한 수확 상태가 투입방향이냐 혹은 산출방향이냐에 따라 달라질 수 있다는 점이다. [그림 4.3]은 투입방향이냐 혹은 산출방향이냐에 따른 여섯 가지 규모의 수확 상태를 보여주고 있다. *I, II, III*은 모형의 방향과 관계없이 동일한 규모에 대한 수확

되어야 한다. 하지만 [그림 4.2]에서처럼 CRS가 DMU인 점이 효율경계 위에 하나만 있게 되면 이 한 점을 통과하는 점이 여러 개 결정될 수 있기 때문에 u_k^* 값을 이용하여 판단하지 않고 CCR 효율적인 점은 규모에 대한 수확이 CRS라는 정리를 이용하여 판단하면 된다. 관심 있는 독자는 주어진 프로그램 예제의 자료에 (4,4)를 포함하여 BCC 분석을 수행해보도록 한다.

4 규모에 대한 수확 문제는 많은 논문과 책에서 다루어져 왔다. Banker, R. D. et al.(2004:350)은 다양한 DEA 모형에서 규모에 대한 수확 문제를 다루어왔고, Zhu, J.(2014:280~283)는 직관적인 설명에 바탕을 두어 규모에 대한 수확 유형을 확인하는 절차를 잘 제시하고 있다. 이외에 Cooper, W. W. et al.(2011) 등도 참고할 수 있다.

상태를 갖는 영역이다. 예를 들면 I은 투입이 α만큼 증가할 때 산출은 $\beta(>\alpha)$만큼 증가하는 규모에 대한 수확체증의 영역이다. 만일 DMU가 이 영역에 있다면 투입방향 BCC 모형으로 효율성을 계산하거나 산출방향 BCC 모형으로 효율성을 계산하더라도 동일한 규모에 대한 수확체증(IRS) 상태에 있다고 할 수 있다. 하지만 VI 영역에 있는 DMU는 투입방향으로는 규모에 대한 수확체증 상태지만 산출방향으로는 규모에 대한 수확체감 상태로 해석할 수 있다. 다른 각 영역에 대한 규모의 수확 상태에 대해서는 독자들이 직접 판단해 보기 바란다.[5]

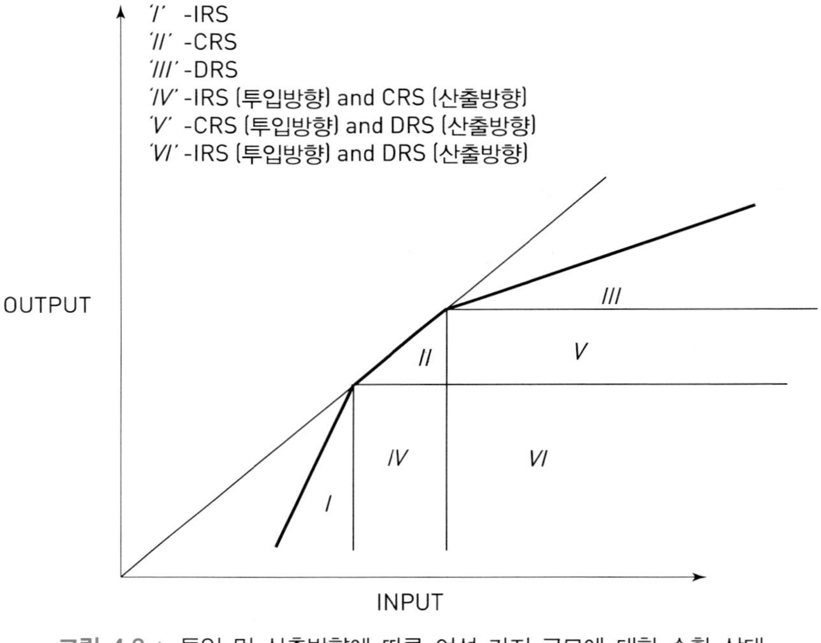

그림 4.3 ▸ 투입 및 산출방향에 따른 여섯 가지 규모에 대한 수확 상태

출처: Zhu(2014:279)

CCR 모형과 동일하게 투입방향 BCC 승수모형의 쌍대관계, 즉 투입방향 BCC 포락모형은 다음과 같이 나타낼 수 있다.

---

5 주의 깊은 독자들은 [그림 4.3]을 통해 확인할 수 있겠지만 비효율적인 DMU의 준거집합은 IRS와 DRS인 준거 DMU를 동시에 포함할 수는 없음을 알 수 있을 것이다. 이에 대한 증명은 Cooper W. W. et al.(2006:147~148)을 참고하기 바란다.

투입방향 BCC 포락모형

$$Min\ \theta_k - \epsilon\left(\sum_{i=1}^{m} s_i^- + \sum_{r=1}^{s} s_r^+\right)$$

$$s.t.\ \theta_k x_{ik} - \sum_{j=1}^{n} x_{ji}\lambda_j - s_i^- = 0 \qquad (\text{단},\ i = 1,2,...,m)$$

$$y_{rk} - \sum_{j=1}^{n} y_{jr}\lambda_j + s_r^+ = 0 \qquad (\text{단},\ r = 1,2,...,s)$$

$$\sum_{j=1}^{n}\lambda_j = 1$$

$$\lambda_j \geq 0,\ s_i^- \geq 0,\ s_r^+ \geq 0$$

위의 투입방향 BCC 포락모형에서는 투입방향 CCR 포락모형과 비교해서 $\sum_{j=1}^{n}\lambda_j = 1$이라는 제약조건이 추가되었음을 알 수 있다. 이 제약조건은 볼록성 가정을 나타내는 제약조건으로 규모에 대한 수확가변 조건을 부과한 것이다.

위 제약조건을 $0 \leq \sum_{j=1}^{n}\lambda_j \leq 1$이라는 제약조건으로 바꾸게 되면 규모에 대한 수확체감(Decreasing Return to Scale, DRS) 효율경계를 가정한 것이다.[6] 이와 달리 $\sum_{j=1}^{n}\lambda_j \geq 1$의 제약조건을 부과하면 규모에 대한 수확체증(Increasing Return to Scale, IRS) 가정을 도입한 것이다.[7] DRS 모형이나 IRS 모형의 결과는 규모에 대한 수확을 판단하는 데 유용하게 사용할 수도 있다. $\mathrm{CCR}(\theta^*) = \mathrm{BCC}(\theta^*)$이면 규도에 대한 수확불변, $\mathrm{CCR}(\theta^*) \neq \mathrm{BCC}(\theta^*)$이고 $\mathrm{CCR}(\theta^*) = \mathrm{DRS}(\theta^*)$이면 해당 DMU는 규모에 대한 수확체감, $\mathrm{CCR}(\theta^*) \neq \mathrm{BCC}(\theta^*)$이고 $\mathrm{CCR}(\theta^*) = \mathrm{IRS}(\theta^*)$이면 DMU는 규모에 대한 수확체증 상태에 있다고 할 수 있다.[8] 이처럼 규모에 대한 수확 유형을 판단할 대 CCR 포락모형의 $\sum\lambda_j^*$의 합이 1보다 큰지의 여부를 이용한 접근 방법과 BCC 승수모형에서 자유변수로 나타난 절편 값, 즉 u_k가 0보다 큰지 여부를 이용하여 분석하는 접근이 함께 널리 사용된다. 독자들은 규모의 수확을 판단하는 위 세 가지 방법이 동일한 결과를

6 이정동·오동현(2012), 『효율성분석이론』, 지필미디어, pp. 103~104 참고.

7 부등식에 1과 같다는 조건이 포함되어 있기 때문에 규모에 대한 수확불변 상태도 포함하고 있음에 주의할 필요가 있다.

8 규모에 대한 수확 상태를 파악하는 방법의 자세한 내용은 이정동·오동현(2012), 『효율성분석이론』, 지필미디어, p. 105 및 Cooper, W. W. et al.(2011), *Handbook on Data Envelopment Analysis*, Springer의 제2장을 참고.

얻는다는 점을 실제 사례를 이용하여 증명해보기 바란다.

나. 산출방향 BCC 모형

산출방향 BCC 모형도 투입방향 BCC 모형과 유사하게 산출방향 CCR 모형에 제약조건을 부과하여 어렵지 않게 구현할 수 있다. 산출방향 BCC 승수모형은 산출방향 CCR 승수모형의 목적함수에서 자유변수를 빼주는 항을 추가하면 된다. 또한, 산출방향 BCC 포락모형은 λ 값들의 합이 1이라는 제약조건을 산출방향 CCR 포락모형에 추가하면 구축할 수 있다. 산출방향 BCC 승수모형과 포락모형의 목적함수와 제약식은 다음과 같다.

산출방향 BCC 승수모형

$$Max\ \ Z_k = \sum_{i=1}^{m} x_{ik} v_{ik} - v_k$$

$$s.t.\ \ \sum_{r=1}^{s} y_{rk} u_{rk} = 1$$

$$\sum_{i=1}^{m} x_{ij} v_{ik} - \sum_{r=1}^{s} y_{rj} u_{rk} - v_k \le 0 \quad (\text{단}\ \ j = 1,2,...,n)$$

$$v_{ik} \ge \epsilon \quad (\text{단},\ \ i = 1,2,...,m)$$

$$u_{rk} \ge \epsilon \quad (\text{단},\ \ r = 1,2,...,s)$$

산출방향 BCC 포락모형

$$Max\ \ \phi_k + \epsilon \sum_{i=1}^{m} s_i^- + \epsilon \sum_{r=1}^{s} s_r^+$$

$$s.t.\ \ x_{ik} - \sum_{j=1}^{n} x_{ji} \lambda_j - s_i^- = 0 \quad (\text{단},\ \ i = 1,2,...,m)$$

$$y_{kr} \phi_k - \sum_{j=1}^{n} y_{jr} \lambda_j + s_r^+ = 0 \quad (\text{단},\ \ r = 1,2,...,s)$$

$$\sum_{j=1}^{n} \lambda_j = 1$$

$$\lambda_j \ge 0 \quad (\text{단},\ \ j = 1,2,...,n)$$

$$s_i^- \ge 0 \quad (\text{단},\ \ i = 1,2,...,m)$$

$$s_r^+ \ge 0 \quad (\text{단},\ \ r = 1,2,...,s)$$

산출방향 BCC 승수모형에서 주의해야 할 것은 규모에 대한 수확 상태를 판단할 때 v_k^*의 부호를 이용하게 되는데 투입방향과 반대로 $v_k^* < 0$이면 DRS, $v_k^* > 0$이면 IRS 상태에 있다는 점이다.[9]

BCC 모형은 CCR 모형과 달리 투입방향과 산출방향 효율성 점수의 크기가 다르다. 따라서 연구자의 입장에서는 투입방향 BCC 모형을 사용할지 혹은 산출방향 BCC 모형을 사용할지 혼란스러울 수 있다. 제3장에서 지적하였지만 투입방향과 산출방향 모형 중 어느 것을 선택할 것인지는 연구자의 DEA 분석 목적에 달려 있다. 투입방향 모형은 주어진 산출수준을 유지하면서 투입을 최소한으로 줄이는 것을 목적으로 하는 경우이고 산출방향 모형은 투입은 유지하면서 산출은 최대한 늘리는 것을 목적으로 하는 경우에 해당한다. 따라서 DMU 간의 효율성 비교 목적이 투입수준의 결정 문제와 관련이 있다면 투입방향 모형을, 산출수준의 결정 문제와 관련이 있다면 산출방향 모형을 사용할 수 있을 것이다.

다. 규모 효율성

규모 효율성(Scale Efficiency, SE)은 BCC 모형을 통해 얻을 수 있는 유용한 지표이다. 동일한 DMU 규모에 대한 수확불변을 가정하는 CCR 모형의 효율성에 비해 규모에 대한 수확가변을 가정하는 BCC 모형으로 계산된 효율성이 일반적으로 더 크거나 같다. 규모 효율성은 BCC 모형과 CCR 모형의 효율성 값의 차이로 다음과 같이 정의할 수 있다.

$$\mathrm{SE}_k = \frac{\mathrm{CCR}(\theta_k^*)}{\mathrm{BCC}(\theta_k^*)}$$

일부에서는 CCR 효율성을 기술적 효율성(technical efficiency)이라고 부르고 BCC 효율성을 순수 기술적 효율성(pure technical efficiency)이라고 부른다. 이 경우 앞서 설명한 것과 같이 기술적 효율성은 순수 기술적 효율성과 규모 효율성의 곱으로 표현됨을 알 수 있다.

SE는 0보다 크고 1보다 작은 값을 갖고 1에 가까울수록 규모로 인한 효율성 손실이 없다는 것을 의미하며 규모에 대한 수확불변인 경우에 SE는 1이 된다. SE가 1인 상태는

9 독자들은 왜 투입방향 BCC 모형의 u_k^*의 경우와 부호가 반대로 되는지 고민해보도록 하라. 참고로 Zhu, J.(2014:265)처럼 목적함수에 $-v_k^*$ 대신 $+v_k^*$을 사용하기도 한다.

DMU가 가장 최적 규모(optimal scale) 수준에 있다는 것을 의미한다. 그러나 SE가 1보다 작은 경우에는 규모에 대한 수확불변 상태인지 수확체감의 상태인지 구분하기 어렵다. DMU가 규모에 대한 수확체증 상태에 있는지 혹은 체감 상태에 있는지를 확인하기 위해서는 앞서 논의했던 추가적인 분석절차를 거쳐야 한다.

BCC 모형의 단점 중 하나는 실제 규모에 대한 수확체증이나 체감에 무관하게 CCR 모형보다 더 많은 DMU들이 효율경계 위에 위치하게 되어 효율성을 과대평가하게 된다는 점이다. 특히 투입이나 산출이 매우 작거나 매우 큰 DMU는 항상 효율적으로 평가될 가능성이 크다는 문제가 발생할 수 있다.[10] 즉 투입요소 중 어느 하나라도 다른 투입요소에 비해 최소 투입량을 갖거나 혹은 산출요소 중 어느 하나라도 최대 산출량을 갖는 DMU는 BCC 효율적인 DMU이기 때문에[11] CCR 모형에 비해 효율경계 위의 DMU의 수가 증가할 수밖에 없다.

4.3 프로그램을 이용한 BCC 모형 분석

SAS를 이용한 BCC 프로그램은 BCC_MACRO 프로그램을 이용할 수 있다. 이 프로그램은 CCR_MACRO 프로그램과 유사한 구조로 되어 있기 때문에 동일한 방식으로 인수를 적용하면 된다. BCC 모형을 통해 얻은 효율성 점수나, 계수들의 해석은 CCR 모형에서의 해석과 유사하다. 따라서 여기서 이에 대한 설명은 생략하고자 한다.

먼저 투입방향 BCC 승수모형 분석(TYPE=1)을 SCHOOL 데이터셋을 이용하여 분석하기 위해서는 다음과 같은 명령을 수행하면 된다.

```
%BCC(TYPE=1, DSN=SCHOOL, INPUTLIST=%STR('INPUT1', 'INPUT2'), OUTPUTLIST=
        %STR('OUTPUT1', 'OUTPUT2'), E=0);
```

[표 4.2]는 위 명령을 수행한 결과이다. VINPUT 접두사가 붙은 열은 투입변수의

10 Dyson, R. G. et al.(2001), "Pitfalls and protocols in DEA", *European Journal of Operational Research*, 132(2), p. 248.

11 최소 혹은 최대 투입을 갖는 경우 왜 BCC 효율경계 위의 DMU인지는 1투입 1산출의 그림을 보면서 직관적으로 이해할 수 있을 것이다. 이에 대한 증명은 Cooper, W. W. et al.(2006:93) 참고.

계수 v에 해당하고 VOUTPUT 접두사가 붙은 열은 산출변수의 계수 u에 해당한다. 그리고 scale 변수는 u_k^*에 해당한다.

표 4.2 ▸ 투입방향 BCC 승수모형 분석 수행결과 SAS 4.2

DMU _NAME	EFFICIENCY _NUMBER	SCALE	VINPUT1	VINPUT2	UOUTPUT1	UOUTPUT2
SCHOOL1	1	−1	0	0.015552	0	0
SCHOOL3	1	0.126073	0.01047	0.008904	0	0.003552
SCHOOL6	1	−1	0.211909	0	0	0
SCHOOL5	1	0.136761	0.011357	0.009658	0	0.003853
SCHOOL2	0.978833	1.824529	0.043107	0.006345	0.09941	0
SCHOOL4	0.939475	0.130495	0.010837	0.009216	0	0.003677

CCR 모형과 달리 BCC 모형에서 추가로 검토해야 하는 것은 규모의 효율성과 규모에 대한 수확 상태이다. 먼저 규모 효율성을 계산해보도록 하자. 규모 효율성은 BCC 효율성 점수 대비 CCR 효율성 점수의 비율이다. CCR이나 BCC 매크로를 수행하면 각각의 분석 결과가 result라는 데이터셋에 저장되므로 이를 이용해 두 값을 비교해 볼 수 있다.[12] [표 4.3]을 살펴보면 투입방향의 경우 CCR 효율성 점수(CCR_EFF)가 BCC 효율성 점수(BCC_EFF)보다 항상 작거나 같음을 알 수 있다. 또한 SCHOOL1, SCHOOL3, SCHOOL5, SCHOOL6는 기술적 효율성을 달성하고 있으며, 이 중 SCHOOL1, SCHOOL5, SCHOOL6는 CCR 모형의 효율성을 BCC 모형의 효율성으로 나눈 규모 효율성을 달성하고 있는 상태임을 알 수 있다. SCHOOL2는 규모 효율성이

표 4.3 ▸ CCR, BCC 및 규모 효율성(투입방향 효율성) SAS 4.3

DMU_NAME	CCR_EFF	BCC_EFF	SCALE_EFF
SCHOOL1	1.00000	1.00000	1.00000
SCHOOL2	0.90961	0.97883	0.92928
SCHOOL3	0.96353	1.00000	0.96353
SCHOOL4	0.91431	0.93947	0.97321
SCHOOL5	1.00000	1.00000	1.00000
SCHOOL6	1.00000	1.00000	1.00000

12 SAS 4.3 참고.

0.92928(=0.909613÷0.978833)[13]로 추가적인 투입을 증가시키거나 혹은 감소시킴으로써 효율성을 늘릴 여지가 있음을 의미한다. 그렇다면 규모 효율성을 달성하지 못한 DMU들은 어떤 규모에 대한 수확 상태에 있는지를 살펴보자.

[표 4.4]를 보면 규모에 대한 수확 상태의 판별은 RTS 열에 나타나있다. 우선 규모 효율성이 1인 DMU를 CRS로 분류한다. 이후 u_k^* 값을 이용하여 음의 값을 갖는 경우에는 IRS, 양의 값을 갖는 경우에는 DRS의 상태라고 판단한다. 그 분석 결과는 [표 4.4]로 DMU들은 대부분 CRS 상태이거나 DRS 상태 중의 하나인 것으로 나타나고 있다.[14]

표 4.4 ▸ 규모에 대한 수확 상태(투입방향) SAS 4.4

DMU_NAME	CCR_EFF	BCC_EFF	SCALE(u_k^*)	RTS
SCHOOL1	1.00000	1.00000	−1.00000	CRS
SCHOOL2	0.90961	0.97883	1.82453	DRS
SCHOOL3	0.96353	1.00000	0.12607	DRS
SCHOOL4	0.91431	0.93947	0.13050	DRS
SCHOOL5	1.00000	1.00000	0.13676	CRS
SCHOOL6	1.00000	1.00000	−1.00000	CRS

한편 규모에 대한 수확 상태별로 DMU들의 투입과 산출요소 간의 관계를 살펴볼 수 있다. [그림 4.4]에서 나타나듯이 투입이 작은 DMU들은 대부분 규모의 효율성이 1이고 규모에 대한 수확불변 상태에 있지만, 투입 규모가 큰 조직들은 투입을 줄일수록 산출이 천천히 늘어나는 규모에 대한 수확체감(DRS) 상태에 있음을 알 수 있다. 따라서 규모 효율성을 달성하기 위해서는 DRS 상태에 있는 조직들의 투입 규모를 줄일 필요가 있다.

13 제3장의 [표 3.4]의 결과에서 SCHOOL2의 CCR 효율성 점수를 이 장의 BCC 효율성 점수로 나눈 값이 SCHOOL2의 규모 효율성이다.

14 관심 있는 독자들은 CCR 포락모형의 λ의 합을 이용한 기준에 따라 규모에 대한 수확 상태를 판단한 결과도 동일한지 살펴보도록 한다. SAS 프로그램에서 이 변숫값들은 all 데이터셋에서 제공되고 있다.

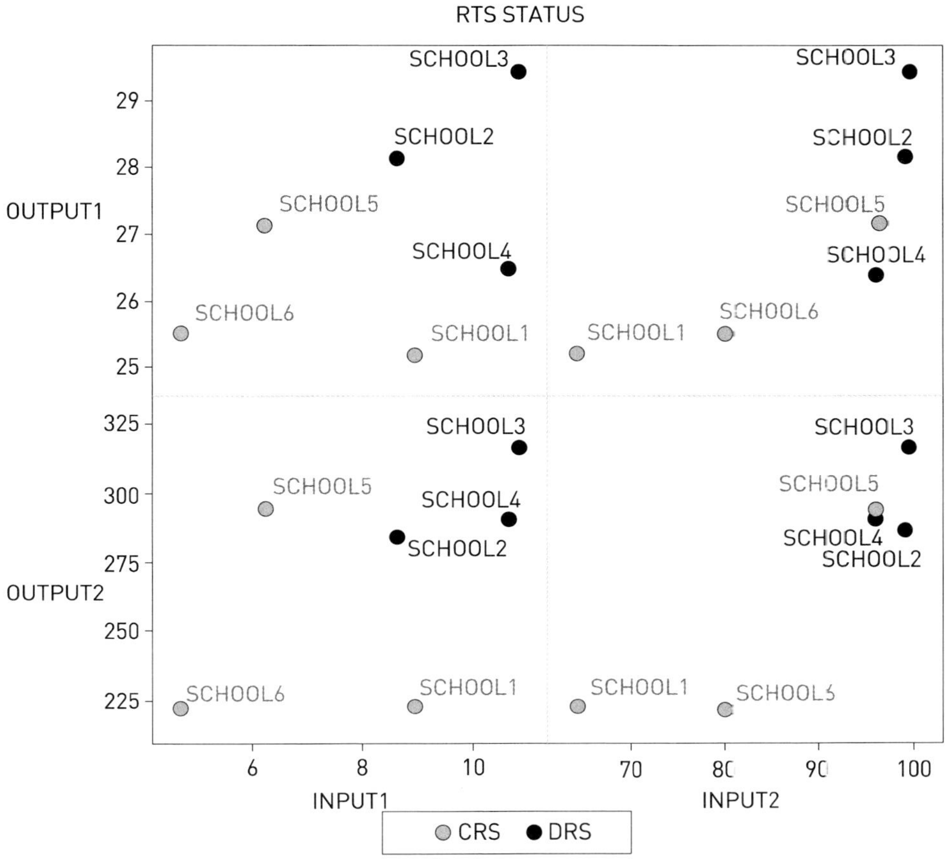

그림 4.4 ▸ 규모에 대한 수확 상태에 따른 투입과 산출요소의 관계 SAS 4.4

또한 BCC 모형의 분석에서는 투입방향과 산출방향 모형의 효율성 점수 값이 다르기 때문에 이를 검토해야 할 뿐 아니라 방향에 따라 규모 효율성 값 역시 달라지고, 규모에 대한 수확 상태 또한 달라진다. [표 4.5]는 산출방향 CCR, BCC 효율성과 규모 효율성의 크기를 나타낸다. 이 표를 살펴보면 BCC 및 규모 효율성 값이 투입방향과 다른 경우가 존재함을 어렵지 않게 확인할 수 있다.

앞서 [그림 4.3]에서 논의하였듯 규모에 대한 수확 상태는 투입방향 및 산출방향의 상태를 종합적으로 고려하면 6가지 상태로 구분할 수 있음을 알 수 있었다. [표 4.6]은 투입방향의 효율성 점수(BCCIN_EFF)와 산출방향의 효율성 점수(BCCOUT_EFF) 그리고 규모에 대한 수확 상태를 분석한 결과이다. 효율성을 달성한 DMU의 경우에는 투입방향과 산출방향의 차이가 없다. 그러나 비효율적인 DMU의 경우는 전체적으로 산출방향의 효율성 점수가 투입방향의 효율성 점수보다 큼을 알 수 있다. 예를 들어 SCHOOL2의

표 4.5 ▸ CCR, BCC 및 규모 효율성(산출방향 효율성) SAS 4.5

DMU_NAME	CCROUT_EFF	BCCOUT_EFF	SCALEOUT_EFF
SCHOOL1	1.00000	1.00000	1.00000
SCHOOL2	0.90961	0.99480	0.91437
SCHOOL3	0.96353	1.00000	0.96353
SCHOOL4	0.91431	0.94661	0.96588
SCHOOL5	1.00000	1.00000	1.00000
SCHOOL6	1.00000	1.00000	1.00000

투입방향 모형의 효율성 점수는 0.97883인 데 비해 산출방향 모형의 효율성 점수는 0.99480이다. 산출방향 모형의 효율성 점수가 늘어난다는 것은 규모에 대한 수확의 6가지 상태 중에서 *III* 상태에 있을 가능성이 큼을 의미한다([그림 4.3] 참조). 실제로 비효율적인 DMU의 투입방향 모형의 규모에 대한 수확 상태(RTSIN)와 산출방향 모형의 규모에 대한 수확 상태(RTSOUT)를 비교해보면 비효율적인 DMU들은 투입방향이나 산출방향에 관계없이 모두 DRS 상태임을 알 수 있다. 이 결과를 종합하면 비효율적인 DMU들은 가능하면 규모를 축소시켜 효율성을 달성하는 것이 바람직하다고 할 수 있다.

표 4.6 ▸ 투입방향 및 산출방향 BCC 모형의 효율성과 규모에 대한 수확 상태 SAS 4.6

DMU_NAME	BCCIN_EFF	BCCOUT_EFF	RTSIN	RTSOUT
SCHOOL1	1.00000	1.00000	CRS	CRS
SCHOOL2	0.97883	0.99480	DRS	DRS
SCHOOL3	1.00000	1.00000	DRS	DRS
SCHOOL4	0.93947	0.94661	DRS	DRS
SCHOOL5	1.00000	1.00000	CRS	CRS
SCHOOL6	1.00000	1.00000	CRS	CRS

이 장에서는 규모에 대한 수확가변 가정에 기반한 BCC 모형을 살펴보았다. BCC 모형은 CCR 모형에 수확가변 가정을 도입했다는 점을 제외하고는 효율성 분석을 수행하고 결과를 해석하는 절차가 매우 유사하다. 이미 제3장에서 보았기 때문에 설명을 생략하였지만 BCC 모형을 활용할 때는 투입 및 산출변수에 대한 기초 통계분석, 투입 및 산출방향에 따라 분석 결과가 어떻게 달라지는지에 대한 분석, 시뮬레이션을 통해 투입이나 산출이 일정 비율만큼 증가하거나 감소할 때 어떻게 효율성 점수가 변하는지에 대한 민감도 분석 등을 수행하면 실제 조직이나 정책의 효율성 평가를 할 때 필요한

정보를 얻을 수 있을 것이다. 또한 CCR 모형에서 제공하지 못했던 규모에 수확 상태와 규모 효율성 같은 정보도 활용할 수 있는 장점이 있다. 다음 장에서 다루게 될 여유분 기반 모형과 같은 비방사형 모형(non-radial model)과 함께 CCR 모형이나 BCC 모형은 대표적인 방사형 DEA 모형이므로 그 논리구조를 정확히 이해할 필요가 있다.

이 장의 SAS code 정리

SAS 4.1 투입방향 BCC 승수모형 결과

```
LIBNAME C "D:₩";
ODS HTML;

%INCLUDE "D:₩MY BOOKS₩의사결정론₩DEA₩BCC_MACRO.SAS";
%INCLUDE "D:₩MY BOOKS₩의사결정론₩DEA₩CCR_MACRO.SAS";

DATA SCALE;
    INPUT DMU_NAME$ INPUT1 OUTPUT1;
    CARDS;
A 2 1
B 4 2
C 3 3
D 5 4
E 6 5
;
RUN;

%BCC(TYPE=1, DSN=SCALE, INPUTLIST=%STR('INPUT1'), OUTPUTLIST=
%STR('OUTPUT1'), E=0);
```

SAS 4.2 투입방향 BCC 승수모형 분석 수행 결과

```
DATA SCHOOL;
   SET C.SCHOOL;
RUN;

%BCC(TYPE=1, DSN=SCHOOL, INPUTLIST=%STR('INPUT1', 'INPUT2'),
OUTPUTLIST=%STR('OUTPUT1', 'OUTPUT2'), E=0);
```

SAS 4.3 규모의 효율성

```
%CCR(TYPE=3, DSN=SCHOOL, INPUTLIST=%STR('INPUT1', 'INPUT2'),
OUTPUTLIST=%STR('OUTPUT1', 'OUTPUT2'), E=0);

DATA CCRRESULT;
```

```
    SET RESULT;
    CCRIN_EFF=EFFICIENCY_NUMBER;
    DROP EFFICIENCY_NUMBER;
RUN;
PROC SORT DATA=CCRRESULT;
   BY DMU_NAME;
RUN;

PROC SORT DATA=LAMBDA_DATA_DENSE;
   BY DMU_NAME;
RUN; /*CCR 매크로 시행 시 생성되는 LAMBDA 값들 */

DATA CCRIN;
    MERGE CCRRESULT LAMBDA_DATA_DENSE;
    BY DMU_NAME;
RUN;

%BCC(TYPE=1, DSN=SCHOOL, INPUTLIST=%STR('INPUT1', 'INPUT2'),
OUTPUTLIST=%STR('OUTPUT1', 'OUTPUT2'), E=0);

DATA BCCIN;
    SET RESULT;
    BCCIN_EFF=EFFICIENCY_NUMBER;
    DROP EFFICIENCY_NUMBER;
RUN;

PROC SORT DATA=BCCIN;
   BY DMU_NAME;
RUN;

DATA ALLIN;
    MERGE CCRIN BCCIN;
    BY DMU_NAME;
    SCALEIN_EFF=CCRIN_EFF/BCCIN_EFF;
    SUM=ROUND(CCRIN_EFF+BCCIN_EFF, 0.0001);

    IF SUM=2 THEN
    RTSIN="CRS";
    ELSE
    DO;
    IF SCALE<0 THEN
```

```
    RTSIN="IRS";

    IF SCALE>0 THEN
    RTSIN="DRS";
    END;
RUN;

PROC PRINT DATA=ALLIN NOOBS;
    TITLE SCALE EFFICIENCY;
    VAR DMU_NAME CCRIN_EFF BCCIN_EFF SCALEIN_EFF;
RUN;
```

SAS 4.4 투입방향 규모에 대한 수확 상태

```
PROC PRINT DATA=ALLIN NOOBS;
   TITLE "RTS STATUS";
   VAR DMU_NAME CCRIN_EFF BCCIN_EFF SCALE RTSIN;
RUN;

DATA PLOT;
    MERGE SCHOOL ALLIN;
    BY DMU_NAME;
    KEEP DMU_NAME INPUT1-INPUT2 OUTPUT1-OUTPUT2 BCCIN_EFF RTSIN;
RUN;

PROC SGSCATTER DATA=PLOT;
    COMPARE X=(INPUT1-INPUT2) Y=(OUTPUT1-OUTPUT2)/GROUP=RTSIN
        DATALABEL=DMU_NAME
        MARKERATTRS=(SYMBOL=CIRCLEFILLED SIZE=20);
RUN;
```

SAS 4.5 산출방향 BCC 모형

```
%CCR(TYPE=4, DSN=SCHOOL, INPUTLIST=%STR('INPUT1', 'INPUT2'),
OUTPUTLIST=%STR('OUTPUT1', 'OUTPUT2'), E=0);

DATA CCRRESULT;
    SET RESULT;
    CCROUT_EFF=EFFICIENCY_NUMBER;
```

```
    DROP EFFICIENCY_NUMBER;
RUN;

PROC SORT DATA=CCRRESULT;
    BY DMU_NAME;
RUN;

PROC SORT DATA=LAMBDA_DATA_DENSE;
    BY DMU_NAME;
RUN;
/*CCR 매크로 시행 시 생성되는 LAMBDA 값들 */

DATA CCROUT;
    MERGE CCRRESULT LAMBDA_DATA_DENSE;
    BY DMU_NAME;
RUN;

PROC PRINT;
RUN;

%BCC(TYPE=2, DSN=SCHOOL, INPUTLIST=%STR('INPUT1', 'INPUT2'),
OUTPUTLIST=%STR('OUTPUT1', 'OUTPUT2'), E=0);

DATA BCCOUT;
    SET RESULT;
    BCCOUT_EFF=EFFICIENCY_NUMBER;
    DROP EFFICIENCY_NUMBER;
RUN;

PROC SORT DATA=BCCOUT;
   BY DMU_NAME;
RUN;

DATA ALLOUT;
    MERGE CCROUT BCCOUT;
    BY DMU_NAME;
    SCALEOUT=SCALE;
    SCALEOUT_EFF=CCROUT_EFF/BCCOUT_EFF;
    SUM=ROUND(CCROUT_EFF+BCCOUT_EFF, 0.0001);

    IF SUM=2 THEN
```

```
    RTSOUT="CRS";
    ELSE
    DO;
    IF SCALEOUT>0 THEN RTSOUT="IRS";

    IF SCALEOUT<0 THEN
    RTSOUT="DRS";
    END;
RUN;

PROC PRINT DATA=ALLOUT NOOBS;
    TITLE "산출방향 SCALE EFFICIENCY";
    VAR DMU_NAME CCROUT_EFF BCCOUT_EFF SCALEOUT_EFF;
RUN;
```

SAS 4.6 투입방향 결과와 산출방향 결과의 통합

```
DATA ALL;
    MERGE ALLIN ALLOUT;
    BY DMU_NAME;
RUN;

PROC PRINT DATA=ALL NOOBS;
    TITLE "투입/산출방향 모형의 효율성 및 규모에 대한 수확 상태 차이";
    VAR DMU_NAME BCCIN_EFF BCCOUT_EFF RTSIN RTSOUT;
RUN;
```

제5장

여유분 기반 DEA 모형

제 5 장

Theory of Efficiency Analysis

여유분 기반 DEA 모형

CCR 모형과 BCC 모형은 생산기술의 규모에 대한 수확 상태 가정을 달리하지만 효율성을 정의할 때는 동일하게 방사적 효율성(radial efficiency)[1]을 가정한다. 이 접근 방식은 투입 또는 산출 중 한쪽은 고정한 상태에서, 일정한 비율로 투입 혹은 산출변수를 변화시킨다는 가정에 기반을 두고 있다. 하지만 현실적으로는 이와 같은 가정이 항상 타당한 것은 아니라는 한계가 있다.

첫째, 방사적 효율성 가정 모형은 변화의 방향을 고정시키는 것을 가정한다. 즉, 투입을 고정시키고 산출을 극대화하거나(투입방향), 산출을 고정시키고 투입을 극소화하는(산출방향) 가정을 전제로 한다. 그러나 현실적으로는 산출과 투입을 동시에 변화시켜 효율성을 달성할 수 있는 경우도 있기 때문에 이 전제가 절대적인 것은 아니다.

둘째, 일반적으로 방사적 효율성 가정하에서는 두 개의 투입요소의 집합 (x_1, x_2)가 있을 때 이 투입의 변화는 $(\alpha x_1, \alpha x_2)$와 같이 모든 투입요소가 동일한 비율로 변화한다

1 '방사적(radial)'이라는 용어의 의미는 수학적인 개념이라 이해하기 어렵다. 저자는 방사적 효율성이라는 것이 투입벡터를 일정한 비율로 줄이거나 산출벡터를 일정한 비율로 늘려서 효율경계 위에 도달한 상태를 의미하기 때문에 '방사'라는 번역보다는 '비례'라는 번역이 적절하다고 생각된다. 예를 들면 김성호·남두우(2008)에서는 '비례축소(radial contraction)', '비례확장(radial expansion)'으로 번역하고 있다. 따라서 radial model은 '비례모형', non-radial model은 '일반모형'으로 번역하는 것을 지지한다. 하지만 기존의 다른 문헌들에서 radial을 직역하여 '방사'라는 용어로 사용하고 있기에 일단 그 사용례를 따르고자 한다.

고 가정한다. 이 가정은 투입이나 산출의 측정 단위 변화에 관계없이 동일한 효율성 점수를 얻는 단위불변성의 장점이 있다. 하지만 모든 투입 또는 산출요소들을 동일한 비율로 줄인다는 가정이 항상 타당한 것은 아니다. 일정비율이 아닌 일정량을 변화시켜 효율성을 달성할 수도 있기 때문이다.

비방사형 모형(non-radial model)은 CCR 모형이 개발되었던 1978년 Fare & Lovell이 Journal of Economic Theory에서 발표한 "Measuring the technical efficiency of production"이라는 논문을 시작으로 발전했다. 비방사형 모형은 Koopmans의 효율성 개념을 적극적으로 반영하는 노력의 일환이라고 할 수 있다. CCR 모형이나 BCC 모형에서는 여유분이 존재하더라도 효율경계 위에 있는 DMU는 효율성 점수가 1로 나타나는 문제가 있으나, 비방사형 모형에서는 이러한 여유분까지도 최소화한 상태를 효율적인 상태로 이해한다. 이렇게 추가적인 투입의 감소나 산출의 증가 가능성 유무가 판단에 중요하기 때문에 여유분 기반(slack oriented) DEA 모형이라고 부르기도 한다.[2]

비방사형 모형은 여러 가지들이 제시되었지만 가장 널리 사용되는 것은 합계모형(additive model)과 여유분 기준 모형(slack-based model, SBM)이기에 이를 중심으로 논의하고자 한다.

5.1 합계모형

가. 합계모형의 기본 이론

CCR 모형이나 BCC 모형에서는 투입방향이나 산출방향 중 하나를 고정한 상황에서 효율성을 구한다. 즉 투입방향 모형인 경우 동일한 산출수준을 유지한 채 모든 투입을 동일한 '비율'로 줄여가면서 효율경계 위의 점으로 도달하는 접근 방식을 통해 효율성을 계산한다.[3] 그러나 투입과 산출 중 어느 한쪽을 반드시 고정하지 않고 투입은 줄이는 동시에 산출을 늘려 효율성을 달성할 수도 있다. 이처럼 고정된 투입방향과 산출방향 접근을 결합한 것이 합계모형(additive model)이다. 이 모형은 모든 투입요소나 산출요

2 일부에서는 여유분이라는 용어 대신에 잔여라는 용어를 사용하기도 한다.

3 투입요소나 산출요소를 고정시킨 채 효율경계 위의 점으로 이동하기 때문에 방향이 정하져 있다는 점에서 이정동·오동현(2012:117)은 방향모형(oriented model)이라고 부르기도 한다.

소들을 동일한 비율로 줄이거나 늘리는 것이 아니라 각각의 투입요소나 산출요소를 줄이거나 늘리는 방식으로 효율성을 달성한다고 가정하기에 Koopmans 효율성의 의미를 잘 반영할 뿐 아니라 유연한 효율성 측정을 할 수 있는 장점이 있다.

합계모형은 투입 및 산출방향 모형을 결합하여 효율을 개선하기 위해 어느 투입을 줄이고 어느 산출을 늘려야 할지에 대한 정보를 제공한다는 점에서 유용하다. 특수한 합계모형의 경우에는 CCR이나 BCC 모형처럼 투입 및 산출방향의 합계모형으로 구분하기도 한다. 예를 들어 산출방향 합계모형의 선형계획법 식은 아래와 같이 나타낼 수 있다.

산출방향 ADD 포락모형

$$Max \ \sum_{r=1}^{s} s_r^+$$

$$\begin{aligned} s.t. \ & \sum_{j=1}^{n} x_{ij}\lambda_j \leq x_{ik} && (\text{단, } i=1,...,m) \\ & \sum_{j=1}^{n} y_{rj}\lambda_j + s_r^+ = y_{rk} && (\text{단, } r=1,...,s) \\ & \lambda_j \geq 0 && (\text{단, } j=1,...,n) \end{aligned}$$

$$s_i^- \geq 0, \ s_r^+ \geq 0$$

하지만 투입과 산출 여유분을 통합하여 동시에 분석하는 것이 합계모형의 장점이기 때문에 이하에서는 방향에 무관한 일반적인 합계모형을 중심으로 설명하고자 한다.[4]

k 번째 DMU에 대한 포락모형에 기반을 둔 합계모형(ADD)의 목적함수와 제약조건을 나타내보면 다음과 같다.[5] 합계모형의 목적함수를 살펴보면 투입요소와 관련되어 줄일 수 있는 여유분과, 산출요소에서 늘릴 수 있는 여유분의 합을 극대화하는 문제임을

4 산출방향 합계모형은 모두 산출들의 여유분 합을 극대화하는 목적함수에 대한 것이고, 투입방향 합계모형은 모두 투입들의 여유분 합을 극대화하는 목적함수에 대한 것이다. 산출방향 및 투입방향 합계모형에 대해서는 Ray, S. C.(2004), *Data Envelopment Analysis*, Cambridge University Press, pp. 119~123 또는 Zhu, J.(2014:122) 참고. 각각은 투입 및 산출방향 합계모형에 대한 선형제약식의 형태를 약간씩 다르게 제시하고 있음을 주목하여 읽으면 도움이 될 수 있음.

5 Matin, R. K. et al.(2007), "Inefficiency Evaluation with an Additive DEA Model Under Imprecise Data: An Application on IAUK Departments", *Journal of the Operations Research Society of Japan,* 50(3), p. 164; Cooper, W. W. et al.(2006), *Data Envelopment Analysis*, Springer, p. 94 참고.

알 수 있다.[6] 따라서 이 여유분의 합이 클수록 비효율적인 DMU이다.

합계 포락모형

$$Max\ \theta_{ADD} = \sum_{i=1}^{m} s_i^- + \sum_{r=1}^{s} s_r^+$$

$$s.t.\ \sum_{j=1}^{n} x_{ij}\lambda_j + s_i^- = x_{ik} \quad \text{(단, } i=1,...,m\text{, 투입요소 하첨자)}$$

$$\sum_{j=1}^{n} y_{rj}\lambda_j - s_r^+ = y_{rk} \quad \text{(단, } r=1,...,s\text{, 산출요소 하첨자)}$$

$$\sum_{j=1}^{n} \lambda_j = 1 \quad \text{(단, } j=1,...,n\text{, DMU 하첨자)}$$

$$s_i^- \geq 0,\ s_r^+ \geq 0,\ \lambda_j \geq 0$$

합계 포락모형의 효율성 척도 θ_{ADD}는 $\sum_{i=1}^{m} s_i^- + \sum_{r=1}^{s} s_r^+$, 즉 투입과 산출 여유분의 합에 의해 결정되기 때문에 투입과 산출의 단위에 의존하게 된다. 투입요소 중에서 작은 측정단위를 갖는 투입요소와 큰 측정단위를 갖는 투입요소가 있을 때 후자가 효율성을 결정하는 데 더 큰 영향을 미칠 수 있다. 또한 투입변수의 여유값 s^-가 3이고 산출변수의 여유값 s^+가 4인 경우와 투입변수의 여유값이 4이고 산출변수의 여유값이 3일 때 목적함수의 값은 동일하지만 효율성도 동일하다고 판단하기는 어려울 수도 있다.[7] 이처럼 물리적 측정단위에 의해 효율성 척도의 값이 결정된다는 것은 합계모형의 매우 큰 한계라고 할 수 있다.

합계모형에서 효율성 척도 θ_{ADD}는 0의 값을 가질 때 효율성을 달성한 상태이며 0보다 큰 값이면 비효율적인 상태라고 해석할 수 있다. 효율성을 달성한 DMU는 s_i^-나 s_r^+ 값이 모두 0이 되어 θ_{ADD} 값 역시 0이 된다. 또한 θ_{ADD} 값이 0보다 크면 투입이나 산출에 여유분이 존재한다는 것을 의미하므로 비효율적인 DMU라고 정의할 수 있다.

제약조건으로 제시된 $\sum_{j=1}^{n} x_{ij}\lambda_j + s_i^- = x_{ik}$이나 $\sum_{j=1}^{n} y_{rj}\lambda_j - s_r^+ = y_{rk}$은 효율경계 위

6 주목해야 할 것은 목적함수에서 각 투입요소나 산출요소의 여유분이 가중치 없이 동일하게 목적함수에 기여하는 것으로 되어 있다는 점이다. 즉 줄어든 투입요소 한 단위나 늘어난 산출요소 한 단위가 목적함수에는 동일하게 기여하게 된다. 이것은 합계모형의 큰 한계라고 볼 수 있다.

7 이정동·오동현(2012:120) 참고.

의 최적수준과 현재 투입 혹은 산출수준의 차이가 여유분 변숫값이라는 것이다.

마지막으로 $\sum_{j=1}^{n}\lambda_j = 1$은 규모에 대한 수확가변(IRS)을 가정한 것인데, 이 조건을 부과하지 않으면 수확불변(CRS) 모형에 기반한 합계모형이 된다.

참고로 위 합계모형의 쌍대관계로 계산된 목적함수와 제약조건은 합계 승수모형으로 아래와 같이 나타낼 수 있다.

합계 승수모형

$$Min \sum_{i=1}^{m} x_{ik}v_i - \sum_{r=1}^{s} y_{rk}u_i + u_o$$

$$s.t.\ \sum_{i=1}^{m} x_{ij}v_i - \sum_{r=1}^{s} y_{rj}u_r + u_0 \geq 0 \quad (\text{단, } j=1,...,m)$$

$$v_i \geq 1$$

$$u_r \geq 1$$

합계모형의 효율성 계산 방식을 그림으로 나타내보면 [그림 5.1]과 같다. 그림에서처럼 DMU *D*는 비효율적인 DMU이다. 효율경계 위의 점에서 *D*점까지의 투입 및 산출 차이는 여유분의 크기로 계산되고 이 여유분 s^-, s^+의 크기의 합으로 측정된 거리[8]를 가장 크게 하는 점은 *B*로 나타나고 있다. *B*는 *D*의 준거 DMU라고 할 수 있다.

합계모형에 따라 얻어지는 투입변수의 여유값과 산출변수의 여유값은 해당 DMU가 효율성을 달성하기 위해 줄여야 할 투입변수와 늘려야 하는 산출변수의 양을 각각 나타낸다. 따라서 무엇을 개선해야 할지에 대한 정보를 준다는 점에서 유용하다. 또한 BCC 효율적인 DMU는 ADD 효율적인 DMU이기도 하다.[9] 이런 특징을 고려하면 효율적인 DMU의 수는 CCR ≤ ADD ≤ BCC의 관계를 갖고 있음을 쉽게 알 수 있다.

합계모형에서 중요한 성질 중 하나는 변환불변성(translation invariant)이다. 변환불변성은 투입이나 산출요소에 특정값을 더하더라도 최적해 값이 변하지 않는 성질을

8 이 합으로 측정된 거리를 city-block distance라고 부르기도 한다.

9 Cooper, W. W. et al.(2007:95), 여기서 주의해야 할 것은 이때의 효율적인 DMU라는 것은 투입방향과 산출방향 BCC 모형에서 모두 효율적으로 판정된 DMU에 대해 효율적이라는 것이다. Farrell 효율성은 만족하나 Koopmans 효율성은 만족하지 않는 점은 비록 투입 혹은 산출방향 BCC 모형에서는 효율적으로 판명되지만 ADD 모형에서는 비효율적으로 판명되기 때문이다. 이에 대해서는 프로그램을 이용한 분석 부분의 예제를 참고.

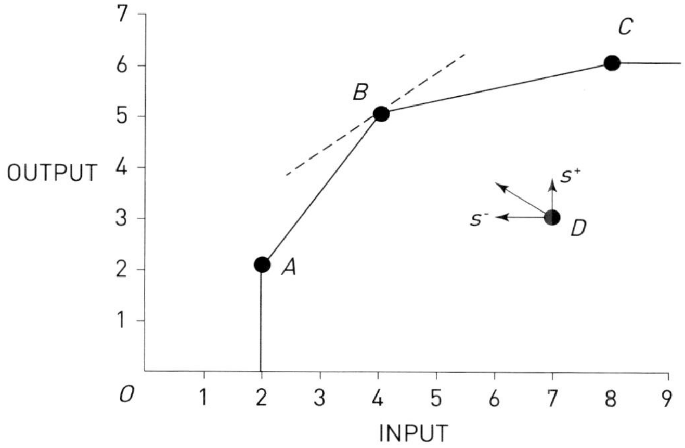

그림 5.1 ▸ 합계모형에서 효율성 접근 방법

말한다. [그림 5.2]에서처럼 DMU D는 투입방향 BCC 효율성을 측정했을 때 산출부분의 원점을 O에서 O'으로 이동시켜도 BCC 효율성의 크기는 변화하지 않는데, 이때 원점의 이동은 산출요소에 일정한 값을 더한다는 의미와 같다. 즉 산출요소에 일정한 값을 더하여도 투입방향 BCC 효율성은 변하지 않으므로 변환불변성을 가진다고 볼 수 있다. 하지만 이 경우 산출방향 BCC 효율성은 변환불변성을 갖지 않는다. 같은 원리로 투입요소에 일정한 값을 더하는 경우에는 산출방향 BCC 효율성은 변환불변성을 갖지만 투입방향 BCC 효율성은 변환불변성을 갖지 않는다.

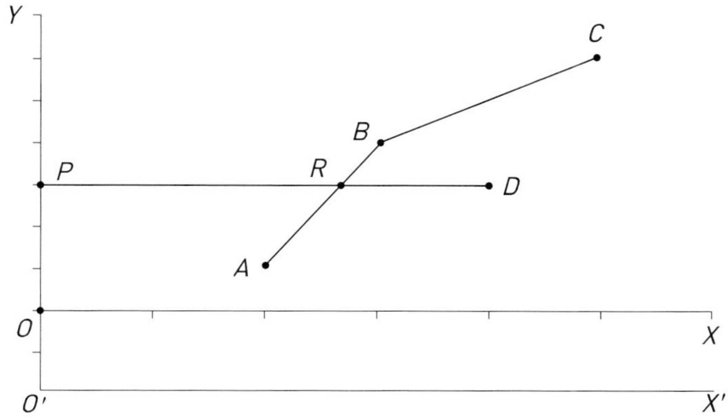

그림 5.2 ▸ BCC 모형의 원점 변환

합계모형에서는 투입요소와 산출요소가 일정한 값을 더하거나 빼더라도 변환불변성을 가진다는 것을 [그림 5.3]을 통해 어렵지 않게 확인할 수 있다. 원점을 이동하더라도

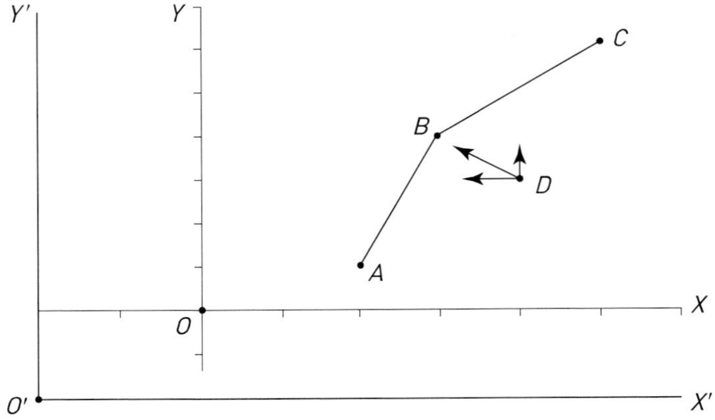

그림 5.3 ▸ 합계모형의 원점이동과 변환불변성

D에서 B로 이동하는 벡터의 크기는 변화하지 않기 때문이다.

이처럼 합계모형은 자료에 특정한 값을 더하는 경우 투입 및 산출변수의 여유분 값이 달라지지 않지만 특정한 값을 곱하는 경우에는 여유분 값이 달라져 단위불변성은 만족하지 않는다.[10] 투입 및 산출요소의 측정단위가 달라지면 원래 자료에 일정한 값을 곱하는 효과를 갖게 된다. 예를 들어 10 kg을 g 단위로 변환하기 위해서는 1,000을 곱해야 한다. 이 경우 합계모형의 효율성 점수 값도 달라지는 문제가 발생하는 것이다.

합계모형의 가장 큰 한계는 투입 및 산출요소의 여유분에 대한 상대적 가중치가 모두 동일하다고 가정한다는 점이다. 이 문제를 해결하기 위해 목적함수에 가중치를 부과한 $Max\ \theta_{ADD} = \sum_{i=1}^{m} w_i s_i^- + \sum_{r=1}^{s} w_r s_r^+$로 바꾸는 모형이 제시되기도 한다.[11] 가중치를 이용한 방법은 기본적인 합계모형을 통해 도출된 판단 결과에 영향을 미치지 않으면서 모형을 보완할 수 있다는 장점을 지닌다. 즉 가중치를 사용하지 않은 합계모형에서 효율적이라고 판단된 DMU는 가중치를 사용한 후에도 여전히 효율적인 DMU로 판단되고, 이는 비효율적인 DMU의 경우에도 마찬가지로 나타난다(Zhu, 2014:94). 하지만 가중치 값 결정의 자의성 문제를 적절히 해결하지 못하면 이 모형의 유용성은 상당히 제한적일 수밖에 없다.

---

10 Zhu, J.(2014:94); 이정동 · 오동현(2012:123) 참고.

11 Ali, A. I., Lerme, C. S., & Seiford, L. M.(1995), "Components of efficiency evaluation in data envelopment analysis", *European Journal of Operational Research*, 80, pp. 462~473.

나. 프로그램을 이용한 합계모형 분석

합계모형 프로그램은 SAS의 ADDSBM 매크로 프로그램을 이용하여 분석할 수 있다. 이 매크로 프로그램의 첫 번째 인수에 TYPE=1을 지정하면 규모에 대한 수확불변 합계모형을, TYPE=2를 지정하면 규모에 대한 수확가변 합계모형 분석 결과를 제시해 준다. [그림 5.4]는 1투입 1산출의 자료로 규모에 대한 수확가변 모형을 가정한 효율경계와 생산가능집합이다. 이 자료를 이용하여 ADDSBM 매크로 프로그램을 실행하면 규모에 대한 수확가변 ADD 모형의 분석 결과를 얻을 수 있다.[12]

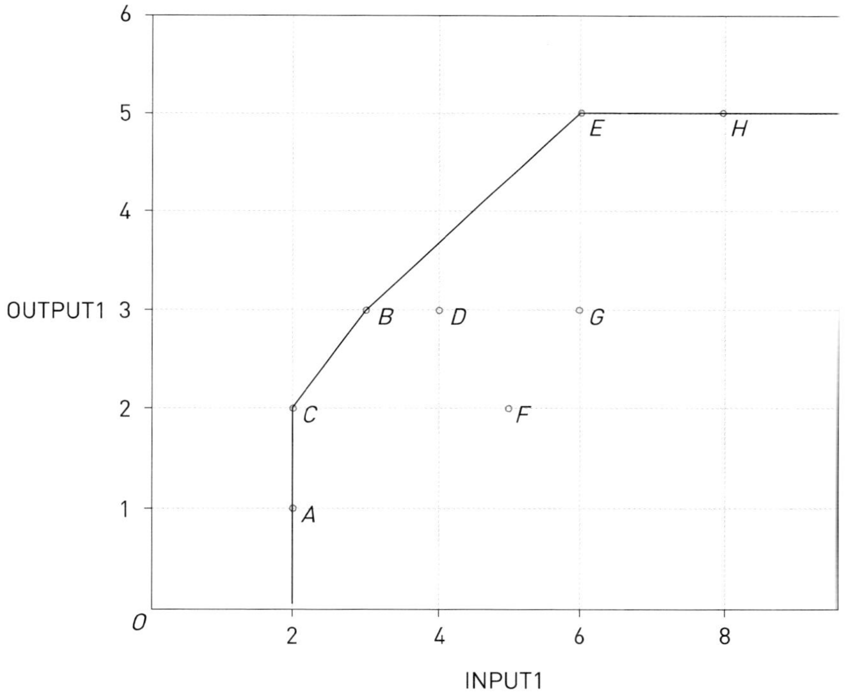

그림 5.4 ▸ 1투입 1산출 예시

```
%ADDSBM(TYPE=2, DSN=ADD, INPUTLIST=%STR('INFUT1'),
OUTPUTLIST=%STR('OUTPUT1'), NUMINPUT=1, NUMOUTPUT=1, E=10^-10);
```

12 이 절의 분석을 위해 사용한 프로그램은 SAS 5.1 을 참고.

ADD 모형 분석 결과를 살펴보면 *B*, *C*, *E*의 효율성 점수 값이 0으로 나타나고 있다. ADD 모형에서 이 값은 투입 및 산출 여유분 값들의 합을 나타내므로 효율성을 달성한 DMU는 0이 된다. 따라서 *B*, *C*, *E*는 모두 효율적인 점이라고 할 수 있다. 흥미로운 것은 *A*와 *H*이다. 만일 투입방향 BCC 모형으로 효율성 점수를 측정하게 된다면 *A*의 효율성 점수 값은 1, *H*의 효율성 점수는 0.75로 계산된다. 그런데 산출방향 BCC 모형으로 측정하면 *A*의 효율성 점수는 0.5, *H*의 효율성 점수는 1로 측정된다. 다른 효율경계 위의 점들과 달리, *A*와 *H*는 효율경계 위에 존재하더라도 추가적으로 투입을 줄이거나 산출을 늘릴 수 있음을 의미한다. 예를 들어 *A*의 경우에는 동일한 2만큼의 투입수준에서 여전히 산출을 1단위 더 늘릴 수 있고, *H*는 동일한 5만큼의 산출수준을 지금보다 2 투입만큼 줄인 6 투입수준에서도 달성할 수 있다. ADD 모형은 이와 같이 여유분이 있는 효율경계 위의 DMU들을 찾아내주고 이들을 비효율적인 DMU로 판단한다. 이러한 이유 때문에 합계모형은 Koopmans 효율성을 잘 반영한다고 할 수 있다.

[표 5.1]은 효율경계 위로 움직이기 위해서 투입과 산출요소를 얼마나 줄여야 하는지에 대한 정보를 제공해준다. 예를 들어 DMU *G*는 INPUT1을 3만큼 줄여야 되고 *A*는 OUTPUT1을 1만큼 늘려야 한다.

표 5.1 ▸ 규모에 대한 수확가변 합계모형 분석 결과

DMUID	DMU_NAME	EFFICIENCY_NUMBER	INSLACKINPUT1	OUTSLACKOUTPUT1
2	*B*	0	0	0
3	*C*	0	0	0
5	*E*	0	0	0
1	*A*	1	0	1
4	*D*	1	1	0
8	*H*	2	2	0
6	*F*	3	3	0
7	*G*	3	3	0

한편 앞의 CCR 및 BCC 모형에서 사용되었던 SCHOOL 자료를 이용하여 ADD 모형을 분석한 결과는 다음과 같다. 규모에 대한 수확불변(CRS) 가정에 바탕을 둔 ADD는 아래 코드를 이용하여 수행할 수 있고 분석 결과는 [표 5.2]와 같다.

```
%ADDSBM(TYPE=1, DSN=SCHOOL, INPUTLIST=%STR('INPUT1', 'INPUT2'),
OUTPUTLIST=%STR('OUTPUT1', 'OUTPUT2'), NUMINPUT=2, NUMOUTPUT=2, E=10^-10);
```

분석 결과를 살펴보면 CCR 모형에서 효율적이었던 SCHOOL1, 5, 6의 여유분 합이 0이 되어 효율적인 것으로 나타나고 있다. 비효율적인 DMU를 살펴보면 투입요소의 여유분은 없고 산출요소에서 여유분이 나타나고 있다. 또한, OUTPUT2의 여유분 값이 OUTPUT1에 비해 값이 크다. 이러한 현상은 OUTPUT2의 단위가 크기 때문임을 알 수 있다.

표 5.2 ▸ 규모에 대한 수확불변 ADD 분석 결과

DMU_NAME	EFFICIENCY _NUMBER	INSLACK INPUT1	INSLACK INPUT2	OUTSLACK OUTPUT1	OUTSLACK OUTPUT2
SCHOOL1	0	0	0	0	0
SCHOOL5	0	0	0	0	0
SCHOOL6	0	0	0	0	0
SCHOOL3	17.1659	0	0	5.16885	11.9970
SCHOOL2	31.5541	0	0	3.03541	28.5187
SCHOOL4	34.5115	0	0	7.23711	27.2744

합계모형은 측정단위가 큰 투입이나 산출요소에 더 영향을 받게 된다. 이 문제를 완화하기 위해 변수를 다음과 같이 평균을 이용하여 표준화해보도록 하자.

$$x' = \frac{x_i}{\bar{x}} \quad (\text{단, } \bar{x}\text{는 변수의 평균})$$

학교 자료를 평균변환하여 합계모형을 분석한 결과를 살펴보면 [표 5.3]에서처럼 INPUT1과 OUTPUT1에서 여유분이 발생하고 있음을 알 수 있다. 평균변환을 하기 이전에는 측정단위가 가장 큰 OUTPUT1과 OUTPUT2에서 여유분이 나타났지만 평균변환을 하여 측정단위 문제를 완화한 이후에는 INPUT1과 OUTPUT1이 효율성 달성에 중요한 변수임을 확인할 수 있다.

표 5.3 ▸ 평균변환을 한 자료를 이용한 규모에 대한 수확불변 ADD 모형

DMU_NAME	EFFICIENCY _NUMBER	INSLACK INPUT1	INSLACK INPUT2	OUTSLACK OUTPUT1	OUTSLACK OUTPUT2
SCHOOL1	0	0	0	0	0
SCHOOL5	0	0	0	0	0
SCHOOL6	0	0	0	0	0
SCHOOL3	0.33667	0.26598	0	0.070694	0
SCHOOL2	0.37463	0.30466	0	0.069964	0
SCHOOL4	0.58120	0.53778	0	0.043414	0

규모에 대한 수확가변을 가정한 ADD 모형의 분석 결과를 살펴보면 BCC 모형과 동일하게 SCHOOL2와 SCHOOL4가 모두 비효율적인 점으로 나타나고 있으며 투입과 산출에서 모두 여유분이 발생하고 있음을 알 수 있다.

표 5.4 ▸ 평균변환을 한 자료를 이용한 규모에 대한 수확가변 ADD 모형

DMUID	DMU _NAME	EFFICIENCY _NUMBER	INSLACK INPUT1	INSLACK INPUT2	OUTSLACK OUTPUT1	OUTSLACK OUTPUT2
1	SCHOOL1	0	0	0	0	0
3	SCHOOL3	0	0	0	0	0
5	SCHOOL5	0	0	0	0	0
6	SCHOOL6	0	0	0	0	0
2	SCHOOL2	0.11691	0.03678	0.014070	0	0.066055
4	SCHOOL4	0.57201	0.53804	0.007774	0.026196	0

5.2 여유분 기준 모형

가. 여유분 기준 모형의 기본 이론

여유분 기준 모형(Slack-Based Model, SBM)은 합계모형의 목적함수가 비효율성의 크기를 비교하는 데 유용하지 않다는 문제점을 극복하기 위해 2001년에 Kaoru Tone이 제시한 모형이다.[13]

13 Tone, K.(2001), "A slacks-based measure of efficiency in data envelopment analysis", *European Journal of Operational Research,* 130(3), pp. 498~509.

SBM의 효율성 향상은 비율 형태로 나타낸다. 투입효율 향상비율은 투입된 양 대비 여유분만큼 줄어든 투입량으로 아래와 같이 정의된다. 완전히 효율적인 경우 투입 여유분 s_i^- 값이 0이므로 투입효율 향상비율 값은 1이 된다. 만일 완전히 효율적이지 않으면 $s_i^- > 0$이므로 투입효율 향상비율 값은 1보다 작게 된다. 이 투입효율 향상비율은 현재 투입수준 대비 효율적인 투입수준의 비율로 해석할 수 있다.

$$\text{투입효율 향상비율} = \frac{x_i^k - s_i^-}{x_i^k}$$

유사하게 산출효율 향상비율도 원래 산출된 양 대비 여유분만큼 늘어난 산출의 비율로 다음과 같이 정의할 수 있다. 완전히 효율적인 상태에서 산출효율 향상비율은 1이며 비효율적인 상태에서 산출효율 향상비율은 1보다 크다고 할 수 있다.

$$\text{산출효율 향상비율} = \frac{y_r^k + s_r^+}{y_r^k}$$

다수의 투입과 산출이 있는 경우에는 투입과 산출효율 향상비율의 평균값을 계산하여 나타낼 수 있다. k 번째 DMU의 평균 투입효율 향상비율과 평균 산출효율 향상비율로 각각 나타내보면 다음과 같이 쓸 수 있다.

$$\text{평균 투입효율 향상비율: } \frac{1}{m}\left[\sum_{i=1}^{m}\frac{x_{ik}-s_i^-}{x_{ik}}\right] = 1 - \frac{1}{m}\sum_{i}^{m}\frac{s_i^-}{x_{ik}}$$

$$\text{평균 산출효율 향상비율: } \frac{1}{s}\left[\sum_{r=1}^{s}\frac{y_{rk}+s_r^+}{y_{rk}}\right] = 1 + \frac{1}{s}\sum_{r}^{s}\frac{s_r^+}{y_{rk}}$$

평균 투입효율 향상비율은 여러 투입요소의 혼합된 비효율(input mixed inefficiency)로 효율적인 DMU는 s_i^- 값이 0이므로 1이 되며 비효율적인 DMU는 이 값이 1보다 작게 된다. 반면에 평균 산출효율 향상비율은 항상 1보다 크며 효율적인 DMU는 이 값이 1이며 비효율적인 점은 이 값이 1보다 크게 된다.

SBM의 효율성 척도는 다음과 같은 세 가지의 성질(property)을 가진다고 알려져 있다.[14]

---

14 SBM은 변환불변성을 만족하지 않다. 변환불변성(translation invariance)은 좌표계를 수평 변환(parallel translation)하더라도 효율성 척도는 변화하지 않는다는 성질로 효율성 척도를 설계하는 데 중요한 성질이다.

첫째, 단위불변성(unit invariance)으로 효율성 척도 값은 자료의 단위에 따라 변화하지 않는다. 즉, 효율성 향상을 비율로 나타냈으므로 투입과 산출요소의 단위변화에 영향을 받지 않는다.

둘째, 단조성(monotonicity)으로 투입요소 및 산출요소의 각 여유분이 존재하면 효율성은 단조 감소한다.

셋째, 준거집합 의존성(reference dependence)으로 효율성 척도 값은 준거집합의 DMU에만 의존한다.

Tone(2001)은 비효율성의 관점에서 평균 투입효율 향상비율 및 평균 산출효율 향상비율의 곱의 값으로 목적함수 ρ를 아래와 같이 정의하고 이를 SBM 효율성 지수로 제시하였다. 아래 식에서 평균 산출효율 향상비율에 역수를 취한 것은 비효율적일수록 이 값이 1보다 커지기 때문이다.

$$\rho = \left(\frac{1}{m}\sum_{i}^{m}\frac{x_{ik}-s_i^-}{x_{ik}}\right)\left(\frac{1}{s}\sum_{r}^{s}\frac{y_{rk}+s_r^+}{y_{rk}}\right)^{-1}$$

따라서 SBM에서 목적함수와 제약조건은 다음과 같이 나타낼 수 있다.

SBM 선형계획법 모형

$$Min\ \rho = \left(\frac{1}{m}\sum_{i=1}^{m}\frac{x_{ik}-s_i^-}{x_{ik}}\right)\left(\frac{1}{s}\sum_{r=1}^{s}\frac{y_{rk}+s_r^+}{y_{rk}}\right)^{-1}$$

$$s.t.\quad \sum_{j=1}^{n}x_{ij}\lambda_j + s_i^- = x_{ik} \qquad (\text{단, } i=1,...,m)$$

$$\sum_{j=1}^{n}y_{rj}\lambda_j - s_r^+ = y_{rk} \qquad (\text{단, } r=1,...,s)$$

$$\sum_{j=1}^{n}\lambda_j = 1 \qquad (\text{단, } j=1,...,m)$$

$$s_i^- \ge 0,\ s_r^+ \ge 0,\ \lambda_j \ge 0$$

위 목적함수는 비율의 형태를 갖는 비선형의 목적함수이다. 따라서 이 목적함수를 선형계획법을 이용해 풀려면 변형이 필요하다. 카니스-쿠퍼(Charnes/Cooper) 변환[15]은

15 Charnes, A. & Cooper, W. W. (1962), "Programming with linear fractional functionals", *Naval Research Logistics Quarterly,* 9(3~4), pp. 181~186.

비율척도에서 분모와 분자에 일정한 값 t를 곱하더라도 그 비율 값이 변화하지 않는다는 성질을 이용한다. 즉 $x/y = tx/ty$라는 성질을 이용하여 ρ의 분모 값을 1로 만드는 임의의 t 값을 분모/분자 항에 곱하는 것이다. 이러한 변환을 수행한 것을 SBM_t 선형계획법 모형이라고 하며 목적함수와 제약조건은 다음과 같이 나타낼 수 있다.

SBM_t 선형계획법 모형

$$Min\ \tau = t - \frac{1}{m}\sum_{i=1}^{m} ts_i^- / x_{ik}$$

$$s.t.\quad t + \frac{1}{s}\sum_{r=1}^{s} ts_r^+ / y_{rk} = 1$$

$$\sum_{j=1}^{n} x_{ij} t\lambda_j + ts_i^- = tx_{ik} \qquad (\text{단, } i = 1,...,m)$$

$$\sum_{j=1}^{n} y_{rj} t\lambda_j - ts_r^+ = ty_{rk} \qquad (\text{단, } r = 1,...,s)$$

$$\sum_{j=1}^{n} \lambda_j = 1 \qquad (\text{단, } j = 1,...,m)$$

$$ts_i^- \geq 0,\ ts_r^+ \geq 0,\ t\lambda_j \geq 0,\ t \geq 0$$

만일 규모에 대한 수확불변을 가정하는 경우에는 $\sum_{j=1}^{n} \lambda_j = 1$이라는 제약조건을 제거하면 된다. SBM 효율성을 달성한 DMU는 s_i^-나 s_r^+ 값이 모드 0인 값이 되며 이 여유분 값이 0보다 큰 값으로 존재하면 비효율적인 DMU라고 정의할 수 있다. 파라서 만일 k 번째 DMU가 효율경계 위의 최적점($\widehat{x_{ik}}$, $\widehat{y_{rk}}$)으로 이동하려면 i 투입요소 및 r 산출요소를 다음과 같이 바꾸면 된다.

$$x_{ik} - s_i^{-*} \Rightarrow \widehat{x_{ik}}$$

$$y_{rk} + s_j^{-*} \Rightarrow \widehat{y_{rk}}$$

비효율적인 DMU j의 투입 및 산출요소들이 변화되어 해당 DMU가 효율경계 위로 이동하면, 이때 투입 및 산출요소 i, r의 최적투입 및 산출수준 $\widehat{x_{ij}}$ 및 $\widehat{y_{rj}}$은 다음과 같이 계산된다.

$$\widehat{x_{ij}} = \sum_{j \in R_0} x_{ij}\lambda_j^*$$

$$\widehat{y_{rj}} = \sum_{j \in R_0} y_{rj}\lambda_j^*$$

$$(\text{단, } R_o = \{j|\lambda_j^* > 0\},\ j \in 1,2,...,n)$$

SBM 효율성 지수 ρ는 0과 1 사이의 값을 가지며, 1에 가까울수록 효율적이라고 판단할 수 있다. SBM 효율성 지수는 CCR 효율성 지수보다 값의 범위가 크지 않으면서도 SBM 효율성 점수는 CCR 효율성 점수보다 항상 작거나 같음이 증명되었다.[16] 그러나 SBM 효율성 지수는 단점 역시 갖고 있다. 투입기준 CCR 승수모형에서는 효율성 점수가 θ이면 모든 투입요소를 $(1-\theta)$%만큼 줄여서 효율경계에 도달하도록 만든다는 것을 의미하는데, SBM의 효율성 지수 ρ는 이러한 해석을 할 수 없는 단점이 있다.[17] 얼마만큼의 투입을 줄이거나 산출을 줄여야 되는지는 투입과 산출의 여유분 값을 가지고 판단해야 된다.

한편 포락모형에 기반을 둔 SBM 모형에 대한 쌍대모형을 풀면 목적함수는 총산출에서 총비용을 뺀 이익(profit)의 크기로 해석할 수 있다. 쌍대모형의 목적함수와 제약조건은 아래와 같다.[18]

SBM 승수모형

$$Max\ \ p_k = \sum_{r=1}^{s} y_{rk}u_{rk} - \sum_{i=1}^{m} x_{ik}v_{ik}$$

$$s.t.\ \ \sum_{r=1}^{s} y_{rj}u_{rj} - \sum_{i=1}^{m} x_{ij}v_{ij} \le 0 \quad (\text{단, } j = 1,2,...,n)$$

$$v_{ik} \ge \frac{1}{m}\left[1/\sum_{i=1}^{m} x_{ik}v_{ik}\right]$$

$$u_{rk} \ge \frac{1 + \sum_{r=1}^{s} y_{rk}u_{rk} - \sum_{i=1}^{m} x_{ik}v_{ik}}{s}\left[1/\sum_{r=1}^{s} y_{rk}u_{rk}\right]$$

$$v_{ki} \ge \epsilon\ (\text{단, } i = 1,2,...,m)$$

$$u_{kr} \ge \epsilon\ (\text{단, } r = 1,2,...,s)$$

16 Tone, K.(2001), op. cit., p. 503.

17 Cooper, W. W. et al.(2006:111), 이정동 · 오동현(2012:125) 참고.

18 Tone, K.(2001), op. cit., p. 503.

SBM은 방사형 모형처럼 투입과 산출방향으로 구분할 수도 있다. 이 방법은 아래 제시된 기본 식에서 분자 혹은 분모 부분을 1로 고정하여 목적함수와 제약식을 만들면 된다. 하지만 SBM 모형이 널리 사용되는 이유는 바로 투입과 산출을 동시에 고려한다는 장점 때문이므로 투입방향 SBM과 산출방향 SBM에 대한 논의는 생략하고자 한다.[19]

이상에서 비방사형 모형들을 살펴보았다. 방사형 모형과 비방사형 모형이 완전히 다른 것은 아니다. 두 모형은 동일한 효율경계를 갖는다는 점에서는 유사하지만 비효율적인 DMU가 참조하는 준거 DMU가 다르다(Zhu, 2014:122). 따라서 방사형 모형에서 계산된 여유분 값과 비방사형 모형에서 계산된 여유분 값이 같지는 않다는 점에 유의할 필요가 있다.

나. 프로그램을 이용한 SBM 분석

SBM은 SAS ADDSBM 매크로를 이용하여 분석할 수 있다. 규모에 대한 수확불변 모형은 TYPE=3, 규모에 대한 수확가변 모형은 TYPE=4로 지정해주면 된다. SBM을 이용한 분석에서 연구자가 관심을 기울일 수 있는 것은 효율성 점수 계산 그 자체도 있지만, 투입과 산출에 발생하고 있는 여유분의 크기, 준거집단 분석, 방사모형과 비교한 효율성 변화 분석 등의 유용한 정보를 얻을 수 있다는 점이다. 이를 바탕으로 기술적 효율성 값을 다양하게 해석해 볼 수 있다.

먼저 앞 장에서 이용했던 SCHOOL 자료를 이용하여 규모에 대한 수확불변 SBM 분석 결과를 살펴보도록 하자. 이를 위한 실행 코드는 아래와 같으며 § SAS 5.2 파일에서 자세한 프로그램을 확인할 수 있다.

```
%ADDSBM(TYPE=3, DSN=SCHOOL, INPUTLIST=%STR('INPUT1', 'INPUT2'),
OUTPUTLIST=%STR('OUTPUT1', 'OUTPUT2'), NUMINPUT=2, NUMOUTPUT=2, E=10^-10);
```

[표 5.5]의 분석 결과를 보면 CRS SBM 분석 결과가 제시되고 있다. 결과를 살펴보면 효율성 점수가 1인 DMU는 SCHOOL1, SCHOOL5, SCHOOL6으로 나타나고 있고 이들의 투입 및 산출 여유분이 0에 가까운 값을 가짐을 알 수 있다. 각 투입변수 및 산출변수의 단위를 고려하면 이 여유분의 크기가 미미하므로 이들 DMU들은 Koopmans 효

19 투입 및 산출방향 SBM에 대해서는 Cooper, W. W. et al.(2007:105) 참고. 산출방향 SBM 모형을 응용한 사례는 유금록(2011) 혹은 유금록(2014) 참고.

율성을 달성하고 있다고 해석할 수 있다.

비효율적인 DMU는 SCHOOL2, SCHOOL3, SCHOOL4이다. 이들의 여유분은 대부분 INPUT1 및 OUTPUT1에서 발생하고 있음을 알 수 있다. 단순한 ADD 모형을 이용했을 때 여유분의 발생이 산출에서만 발생했고, 단위를 평균변환한 ADD 모형에서는 INPUT1 및 OUTPUT1에서 발생했던 것을 5장 2절에서 확인할 수 있었다. SBM은 단위불변성을 갖고 있기 때문에 여유분에 대한 판단을 단순한 ADD 모형보다는 정확하게 할 수 있다. 또한 평균변환 ADD 모형이 단순한 ADD 모형보다 바람직함을 알 수 있다.

SBM 모형의 여유분은 방사형 모형과 약간 차이가 있다. 투입방향 CCR 포락모형에서의 여유분은 Farrell 효율성을 달성한 상황에서 추가적으로 줄일 수 있는 투입요소의 양을 의미했다. 따라서 효율성 점수가 θ^*라고 한다면 $\theta^* x_{ik} - s_i^-$ 값이 효율성 계산의 준거가 된 효율경계 위의 최적 투입수준이었다.[20] 하지만 SBM 모형에서는 직접 투입과 산출을 함께 줄여 직접 효율경계 위의 최적점에 도달한다. 따라서 $x_{ik} - s_i^{-*} \Rightarrow \widehat{x_{ik}}$와 $y_{rk} + s_j^{-*} \Rightarrow \widehat{y_{rk}}$가 성립한다. 따라서 SBM에서 여유분은 현재 상태보다 줄여야 하는 투입과 산출의 수준으로 직접 해석할 수 있는 장점이 있다. 예를 들면 SCHOOL2가 효율성을 달성하기 위해서는 2.53749만큼 INPUT1을 줄여야 한다고 해석할 수 있다. 또한, 최적 상태를 달성하기 위해 OUTPUT1은 현재보다 1.88794만큼 산출을 늘려야 됨을 의미한다.

표 5.5 ▸ CRS SBM 분석 결과 SAS 5.2

DMU_NAME	EFFICIENCY _NUMBER	INSLACK INPUT1	INSLACK INPUT2	OUTSLACK OUTPUT1	OUTSLACK OUTPUT2
SCHOOL1	1	0	6.26E−06	0.00001	1.24E−05
SCHOOL2	0.82528	2.53746	1.46E−05	1.88794	1.5E−05
SCHOOL3	0.86936	2.2152	1.4E−05	1.90766	1.47E−05
SCHOOL4	0.77234	4.47909	1.46E−05	1.17146	0.000819
SCHOOL5	1	0	4.4E−08	0	1.09E−07
SCHOOL6	1	0	1E−08	0	1.4E−08

SBM을 통해 준거 DMU와 λ 값에 대한 정보도 [표 5.6]과 같이 얻을 수 있다. 이를 이용하면 각 DMU의 효율성 계산을 위해 사용된 효율경계 위의 최적 상태의 투입과 산출수준을 계산할 수 있다.

---

20 이를 효율성 목표 값(efficiency target value)이라고 부르기도 한다.

예를 들어 SCHOOL2의 최적 상태의 투입은 $\sum_{j=1}^{n} x_{ji}\lambda_j$으로 계산되기 때문에 INPUT1의 효율경계 위의 값을 구하면 [표 5.6]의 두 번째 열의 행 벡터 $\lambda(1\times 6)$와 원래 투입 행렬의 INPUT1 열 벡터(6×1)를 곱하면 최적 상태의 INPUT1의 수준을 구할 수 있다. 그 값을 구해보면 6.088이 됨을 알 수 있다. 그리고 이 최적 상태와 현재 INPUT1의 투입수준 8.625의 차이가 [표 5.5]에서 제시된 여유분의 크기 2.53749가 됨을 알 수 있다. 따라서 각 DMU가 최적의 목표상태의 투입과 산출수준을 구하고자 한다면 아래 준거 DMU의 가중치를 나타내는 λ 행렬과 투입과 산출 행렬을 곱하면 어렵지 않게 얻을 수 있다.

한편 표본 수 N이 동일하다는 가정하에서 CCR, BCC 모형의 준거 DMU 수보다 SBM 모형의 준거 DMU 수가 더 많게 나타난다. 이것은 SBM에서 다른 효율적인 DMU의 변화에 따른 분석 결과의 민감도가 클 수 있음을 의미한다.

표 5.6 ▸ 준거 DMU와 λ 값 계산결과 SAS 5.2

DMU_NAME	BENCH1	BENCH2	BENCH3	BENCH4	BENCH5	BENCH6
SCHOOL1	1	·	·	·	0	0
SCHOOL2	0.00001	5.49E-06	4.92E-06	3.7E-06	0.43053	0.72066
SCHOOL3	0.44822	5.44E-06	6.77E-06	4.33E-06	0.73573	0.00001
SCHOOL4	0.00001	6.24E-06	5.91E-06	4.36E-06	0.8757	0.14712
SCHOOL5	0	·	·	·	1	·
SCHOOL6	0	·	3.36E-10	·	·	1

SBM과 다른 DEA 모형과의 결과 차이를 살펴보면 이론적으로 SBM에 의해 계산된 효율성 점수는 방사형 모형의 결과에 비해 낮게 측정되는 것으로 알려져 있다. [표 5.7]은 CCR, BCC, CRS 가정하의 SBM, VRS 가정하의 SBM 모형의 효율성 점수를 제시하고 있다. 규모에 대한 수확가변 모형은 규모에 대한 수확불변 모형보다 효율성 점수가 크고, 방사형 모형은 비방사형 모형보다 효율성 점수가 크다. 따라서 효율성을 보수적으로 측정하여 효율성 점수가 지나치게 높지 않은 결과를 얻기 위해서는 CRS SBM 모형이 선호될 수 있다.

표 5.7 ▸ 방사형 및 비방사형 모형의 효율성 점수 비교

DMU_NAME	CCR	INBCC	OUTBCC	CRSSBM	VRSSBM
SCHOOL1	1.00000	1.00000	1.00000	1.00000	1.00000
SCHOOL2	0.90961	0.97883	0.99480	0.82528	0.94623
SCHOOL3	0.96353	1.00000	1.00000	0.86936	1.00000
SCHOOL4	0.91431	0.93947	0.94661	0.77234	0.77538
SCHOOL5	1.00000	1.00000	1.00000	1.00000	1.00000
SCHOOL6	1.00000	1.00000	1.00000	1.00000	1.00000

이 책에서는 SBM 모형을 투입방향 및 산출방향으로 구분하지 않은 SBM_t를 제시하였다. 하지만 투입 및 산출방향을 구분한다면 동일방향 CCR, BCC, SBM 효율성 점수를 여러 가지로 분해해볼 수 있다. CCR 효율성 점수 대비 SBM 효율성 점수의 비율은 혼합 효율성이라고 하고, BCC 효율성 점수 대비 CCR 효율성 점수는 규모 효율성이라고 이야기한다. 따라서 SBM 효율성 점수는 혼합 효율성(ME), 순수 효율성(PE), 그리고 규모 효율성(SE)의 곱이라고 할 수 있다.[21]

$$\mathrm{SE} = \frac{\mathrm{CCR}_{eff}}{\mathrm{BCC}_{eff}}$$

$$\mathrm{ME} = \frac{\mathrm{SBM}_{eff}}{\mathrm{CCR}_{eff}}$$

$$\therefore \mathrm{SBM} = \mathrm{ME} \times \mathrm{SE} \times \mathrm{PE}$$

이 장에서는 여유분 기반 비방사형 DEA 모형을 다루었다. 투입방향이나 산출방향 CCR 혹은 BCC 모형과 달리, 합계모형이나 SBM 모형은 투입이나 산출을 동시에 변화시켜 효율경계 위의 최적 상태를 달성하는 상황을 가정하여 효율성 점수를 계산한다. 계산된 여유분 값을 이용하면 최적 상태의 투입과 산출의 크기도 쉽게 계산할 수 있기 때문에 현재 상태에서 효율성을 높이기 위해 감소시켜야 하는 투입요소의 크기와 증가시켜야 하는 산출요소의 크기를 구할 수 있다. 이러한 정보를 이용하여 관리자는 효율성 증대를 위한 전략들을 수립할 수 있다.

하지만 지금까지 다룬 DEA 모형들은 효율경계를 계산할 때 볼록성 가정을 전제로 하고 있기 때문에 이 가정을 만족시키지 못할 때는 적용하기 어렵다. 무엇보다도 다수의

21 이 부분은 독자들의 몫으로 남겨두고자 한다.

DMU들이 효율성 점수가 1의 값을 갖는 경우 이 효율적인 DMU 간의 상대적 효율성 비교는 불가능한 단점이 있다. 제6장에서는 이러한 특수문제들을 살펴보도록 한다.

이 장의 SAS code 정리

SAS 5.1

```
/*데이터 입력*/

%INCLUDE "D:₩MY BOOKS₩의사결정론₩DEA₩ADDSBM_MACRO.SAS";

DATA ADD;
    INPUT DMU_NAME$ INPUT1 OUTPUT1;
    CARDS;
A 2 1
B 3 3
C 2 2
D 4 3
E 6 5
F 5 2
G 6 3
H 8 5
;
RUN;

/*규모에 대한 수확가변 합계모형 분석 결과*/
%ADDSBM(TYPE=2, DSN=ADD, INPUTLIST=%STR('INPUT1'),
    OUTPUTLIST=%STR('OUTPUT1'), NUMINPUT=1, NUMOUTPUT=1, E=10^-10);

DATA SCHOOL;
    INPUT DMU_NAME$       INPUT1 INPUT2 OUTPUT1 OUTPUT2;
    CARDS;
SCHOOL1 8.939  64.3      25.2     223
SCHOOL2 8.625  99        28.2     287
SCHOOL3 10.813 99.6      29.4     317
SCHOOL4 10.638 96        26.4     291
SCHOOL5 6.24   96.2      27.2     295
SCHOOL6 4.719  79.9      25.5     222
;
RUN;

/*규모에 대한 수확불변 ADD 분석 결과 CRS ADD 모형*/
%ADDSBM(TYPE=1, DSN=SCHOOL, INPUTLIST=%STR('INPUT1', 'INPUT2'),
    OUTPUTLIST=%STR('OUTPUT1', 'OUTPUT2'), NUMINPUT=2,
    NUMOUTPUT=2, E=10^-10);
```

```
/*자료를 평균 표준화하는 방법 */
PROC STDIZE DATA=SCHOOL METHOD=SUM MULT=6 OUT=SSCHOOL;
   VAR INPUT1 INPUT2 OUTPUT1 OUTPUT2;
RUN;

/*평균변환을 한 자료를 이용한 규모에 대한 수확불변 ADD 모형*/
%ADDSBM(TYPE=1, DSN=SSCHOOL, INPUTLIST=%STR('INPUT1', 'INPUT2'),
   OUTPUTLIST=%STR('OUTPUT1', 'OUTPUT2'), NUMINPUT=2,
   NUMOUTPUT=2, E=10^-10);

/*평균변환을 한 자료를 이용한 규모에 대한 수확가변 ADD 모형 */
%ADDSBM(TYPE=2, DSN=SSCHOOL, INPUTLIST=%STR('INPUT1', 'INPUT2'),
   OUTPUTLIST=%STR('OUTPUT1', 'OUTPUT2'), NUMINPUT=2,
   NUMOUTPUT=2, E=10^-10);
```

SAS 5.2

```
/*데이터 입력*/
ODS HTML;

%INCLUDE "D:₩MY BOOKS₩의사결정론₩DEA₩ADDSBM_MACRO.SAS";
%INCLUDE "D:₩MY BOOKS₩의사결정론₩DEA₩CCR_MACRO.SAS";
%INCLUDE "D:₩MY BOOKS₩의사결정론₩DEA₩BCC_MACRO.SAS";
DATA SCHOOL;
   INPUT DMU_NAME$       INPUT1 INPUT2 OUTPUT1 OUTPUT2;
   CARDS;
SCHOOL1    8.939   64.3    25.2     223
SCHOOL2    8.625   99      28.2     287
SCHOOL3    10.813  99.6    29.4     317
SCHOOL4    10.638  96      26.4     291
SCHOOL5    6.24    96.2    27.2     295
SCHOOL6    4.719   79.9    25.5     222
;
RUN;

/*CRS SBM*/
%ADDSBM(TYPE=3, DSN=SCHOOL, INPUTLIST=%STR('INPUT1', 'INPUT2'),
   OUTPUTLIST=%STR('OUTPUT1', 'OUTPUT2'), NUMINPUT=2,
   NUMOUTPUT=2, E=10^-10);

/*방사형 및 비방사형 모형의 효율성 점수 비교 CCR, BCC, CRS SBM, VRS SBM 비교*/
%ADDSBM(TYPE=3, DSN=SCHOOL, INPUTLIST=%STR('INPUT1', 'INPUT2'),
```

```
    OUTPUTLIST=%STR('OUTPUT1', 'OUTPUT2'), NUMINPUT=2,
    NUMOUTPUT=2, E=10^-10);

DATA CRSSBM;
    SET RESULT;
    CRSSBM=EFFICIENCY_NUMBER;
RUN;

%ADDSBM(TYPE=4, DSN=SCHOOL, INPUTLIST=%STR('INPUT1', 'INPUT2'),
    OUTPUTLIST=%STR('OUTPUT1', 'OUTPUT2'), NUMINPUT=2,
    NUMOUTPUT=2, E=10^-10);

DATA VRSSBM;
    SET RESULT;
    VRSSBM=EFFICIENCY_NUMBER;
RUN;

%CCR(TYPE=1, DSN=SCHOOL, INPUTLIST=%STR('INPUT1', 'INPUT2'),
    OUTPUTLIST=%STR('OUTPUT1', 'OUTPUT2'), E=10^-10);

DATA CCR;
    SET RESULT;
    CCR=EFFICIENCY_NUMBER;
RUN;

%BCC(TYPE=3, DSN=SCHOOL, INPUTLIST=%STR('INPUT1', 'INPUT2'),
    OUTPUTLIST=%STR('OUTPUT1', 'OUTPUT2'), E=10^-10);

DATA INBCC;
    SET RESULT;
    INBCC=EFFICIENCY_NUMBER;
RUN;

%BCC(TYPE=4, DSN=SCHOOL, INPUTLIST=%STR('INPUT1', 'INPUT2'),
    OUTPUTLIST=%STR('OUTPUT1', 'OUTPUT2'), E=10^-10);

DATA OUTBCC;
    SET RESULT;
    OUTBCC=EFFICIENCY_NUMBER;
RUN;

PROC SORT DATA=CRSSBM;
    BY DMU_NAME;
```

```
RUN;

PROC SORT DATA=VRSSBM;
   BY DMU_NAME;
RUN;

PROC SORT DATA=CCR;
   BY DMU_NAME;
RUN;

PROC SORT DATA=INBCC;
   BY DMU_NAME;
RUN;

PROC SORT DATA=OUTBCC;
   BY DMU_NAME;
RUN;

DATA ALL;
   MERGE CCR INBCC OUTBCC CRSSBM VRSSBM;
   BY DMU_NAME;
   VRSMIX_EFF=VRSSBM/CCR;
   INSCALE_EFF=CCR/INBCC;
   OUTSCALE_EFF=CCR/OUTBCC;
RUN;

PROC PRINT DATA=ALL NOOBS;
   VAR DMU_NAME CCR INBCC OUTBCC CRSSBM VRSSBM;
RUN;
```

제6장

DEA의 특수문제들

Theory of Efficiency Analysis

6.1 FDH 모형

6.2 초효율성 모형

6.3 비재량적 투입 혹은 산출이 있는 모형

제6장

DEA의 특수문제들

제5장까지 다루어온 DEA 기본 모형은 연구에서 널리 사용되는 방법들이다. 하지만 상황에 따라 새로운 문제들과 다양한 DEA 모형이 제기되어 왔다. 이 장에서는 효율경계에 대한 볼록성 가정을 완화한 FDH 모형, 효율성 점수가 1을 넘지 못하는 제약을 완화한 초효율성 모형, 그리고 비재량적 투입 · 산출요소가 있을 때의 DEA 모형 문제를 다루고자 한다.

6.1 FDH 모형

DEA는 생산가능집합과 효율경계를 어떻게 정의하는지에 따라 그 결과가 달라지게 된다. CCR, BCC, 합계모형, SBM 모형 등은 자유가처분성과 볼록성 가정을 이용하여 효율경계를 만든다. 하지만 볼록성 가정은 투입이나 산출요소가 유연하게 사용될 수 있을 때에만 성립할 수 있다. 볼록성 가정하에서는 투입과 산출의 조합이 각각 (2,4), (4,6)인 2개의 DMU가 있을 때 $\lambda = 0.4$라고 가정하면 (3.2, 5.2)라는 투입과 산출조합도 생산가능하다. 하지만 만일 투입이 두 단위씩 바뀐다거나 산출이 불연속적으로 이루어진다면 볼록성 가정이 만족되지 못하므로 (3.2, 5.2)가 생산가능하지 않을 수 있다.

$$(x_1, y_1)\lambda + (x_2, y_2)(1-\lambda) = (2,4) \times 0.4 + (4,6) \times 0.6 = (3.2, 5.2)$$

자유처분(Free Disposal Hull, FDH) 모형[1]은 생산가능집합을 정의할 때 볼록성 가정을 사용하지 않고 오직 자유가처분 가정만을 사용하는 접근이다. 자유가처분성 가정에 따르면 관찰된 투입과 산출 x_j, y_j에 대해 생산가능집합은 관찰된 투입요소보다 많은 투입, 산출요소보다 적은 산출인 영역은 생산가능하다고 가정한다. FDH 모형의 생산가능집합을 식으로 나타내면 다음과 같다.

FDH 모형의 생산가능집합

$$F(x,y) = \{(x,y) | x \geq x_j, y \leq y_j\} \quad (\text{단, } j = 1,2,...,n)$$

혹은

$$F(x,y) = \left[(x,y) \,|\, x \geq \sum_{j=1}^{n} \lambda_j x_j,\ y \leq \sum_{j=1}^{n} \lambda_j y_j,\ \sum_{j=1}^{n} \lambda_j = 1,\ \lambda \in \{0,1\};\ j = 1,2,...,n \right]$$

위 식에 따라 FDH 생산가능집합들의 효율경계를 나타내보면 [그림 6.1]처럼 계단형의 형태를 갖게 된다. 예를 들어 DMU A에 의해 정의되는 생산가능집합은 X_A보다 투입이 많고 Y_A보단 산출이 작은 모든 영역이다. DMU B에 의해 정의된 생산가능집합의 영역은 이미 A에 의해 정의된 영역에 포함됨을 알 수 있다. 이처럼 계단형태로 효율경계가 정의되는 것은 자유가처분성만을 가정하기 때문에 발생하는 자연스러운 일이다.

FDH의 효율경계와 다른 DEA 모형의 효율경계를 함께 비교해코면 [그림 6.2]와 같다. CCR 모형은 가처분성 및 볼록성, 그리고 불변규모수익(CRS)을 가정하여 생산가능집합을 정의한다. 따라서 [그림 6.2]처럼 직선인 효율경계를 가정한다. BCC에서는 가처분성과 볼록성을 가정하되 가변규모수익(VRS)을 가정한다. 따라서 효율경계는 [그림 6.2]의 XADF처럼 다각형의 형태를 띠게 된다. 또한 규모에 대한 수확이 반영되어 효율경계의 XA 구간에서는 투입이 증가함에 따라 평균 산출이 증가하므로 규모에 대한 수확체증이 일어나는 구간이고, DF 구간은 규모에 대한 수확체감이 일어나는 구간이며, AD 구간은 규모에 대한 수확불변 구간임을 알 수 있다. FDH의 효율경계는 CCR

1 김성호 외(2007)에서는 FDH를 자유처분포체로 번역을 하고 있다. Hull이라는 단어가 감싸는 껍데기 혹은 그릇이라는 의미를 갖고 있기 때문에 포체라고 번역할 수 있을 것이다. 그러나 자유가처분성 가정만을 이용하여 FDH가 생산가능집합을 구성한다는 점을 고려하면 자유가처분모형이라고 번역하는 것도 무방하다고 판단된다. FDH는 Deprins, Simar, & Tulkens(1984)와 Tulkens (1993) 등에 의해 제시되고 발전되었다.

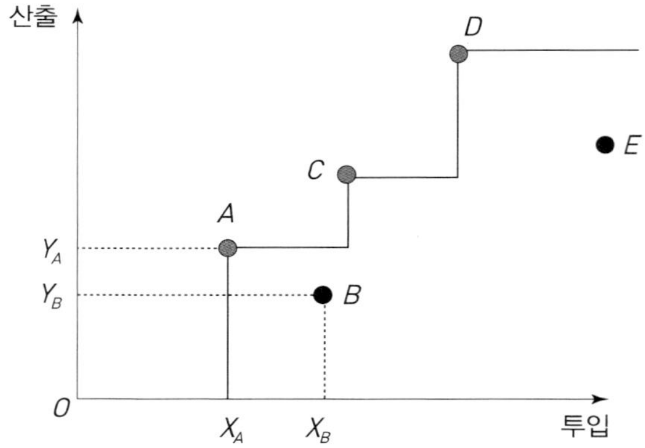

그림 6.1 ▸ FDH 생산가능집합

모형이나 BCC 모형보다 생산가능집합이 작다. 또한 효율경계가 다른 모형보다 비효율적인 DMU B에 더 가까이 있음을 알 수 있다. 동일한 자료를 이용하여 투입모형을 기준으로 효율성 계수를 구해 본다면 $\mathrm{FDH}(\theta^*) \geq \mathrm{BCC}(\theta^*) \geq \mathrm{CCR}(\theta^*)$의 관계가 성립함을 알 수 있다. 따라서 CCR 효율적인 DMU는 FDH 효율적이라고 할 수 있으나, FDH 효율적인 DMU는 CCR 효율적이라고 할 수 없다.

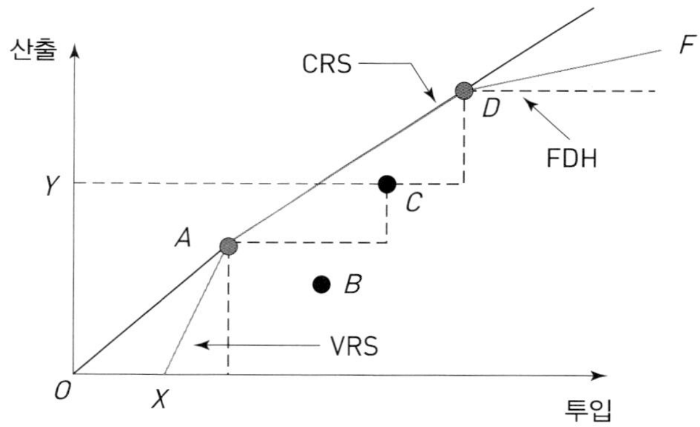

그림 6.2 ▸ CRS, VRS, FDH 효율경계의 정의

이렇게 정의된 생산가능집합하에서 투입방향 및 산출방향의 DEA 포락모형은 다음과 같은 선형계획법의 문제로 나타낼 수 있다. FDH 모형을 살펴보면 BCC 모형과 유사하지만 $\lambda_j \in \{0,1\}$이라는 조건을 부여하고 있음을 알 수 있다.

투입방향 FDH 모형

$$
\begin{aligned}
&Min\ \theta_k \\
s.t.\ \theta_k x_{ik} &\geq \sum_{j=1}^{n} x_{ij}\lambda_j \quad (\text{단},\ i=1,...,m) \\
y_{rk} &\leq \sum_{j=1}^{n} y_{rj}\lambda_j \quad (\text{단},\ r=1,...,s) \\
&\sum_{j=1}^{n} \lambda_j = 1 \\
&\lambda_j \in \{0,1\}
\end{aligned}
$$

한편 산출방향 FDH 모형은 아래와 같다.

산출방향 FDH 모형

$$
\begin{aligned}
&Max\ \phi_k \\
s.t.\ x_{ik} &\geq \sum_{j=1}^{n} x_{ij}\lambda_j \quad (\text{단},\ i=1,...,m) \\
\phi_k y_{rk} &\leq \sum_{j=1}^{n} y_{rj}\lambda_j \quad (\text{단},\ r=1,...,s) \\
&\sum_{j=1}^{n} \lambda_j = 1 \\
&\lambda_j \in \{0,1\}
\end{aligned}
$$

SAS 프로그램에서 FDH 모형을 구현하는 것은 어렵지 않다. CCR이나 BCC 투입이나 산출방향 모형의 매크로 프로그램에서 λ 변수를 선언하는 부분에 아래와 같이 BINARY라는 함수를 지정해주면 된다. 이 함수는 λ가 0 혹은 1의 값을 갖도록 지정해주는 역할을 한다.

```
VAR lambda {n} BINARY;
```

FDH 모형에서 사고를 확장하여 두 DMU의 생산가능집합의 합 역시 성산가능하다고 가정할 수 있다. 즉 (x_1, y_1)과 (x_2, y_2)가 생산가능하다면 이 두 DMU의 생산가능집합의 합인 (x_1+x_2, y_1+y_2)도 생산가능하다고 가정하는 것이다. 이 가정은 어떤 물건을 생산하는 공장 A와 공장 B가 결합해 생산하는 경우가 가능하다는 생각으로 이해할 수도 있다. 이 모형을 자유복제(Free Replication Hull, FRH) 모형이라고 부른다. 이 모형

은 기본적으로 λ값이 정수라고 가정하여 계산한다.[2]

투입방향 FDH 효율성 계수 θ를 도출하면 0과 1 사이의 값을 갖게 되며 1이면서 효율경계 위에 있는 DMU는 효율적이라고 해석할 수 있다. FDH 역시 비율기준 모형이기 때문에 비효율적인 DMU는 모든 투입요소들을 1−θ만큼 축소하여도 효율성을 달성한다고 볼 수 있다.

FDH 모형은 볼록성 가정을 완화해 DEA를 적용한다는 점에서 더 보편적으로 사용할 수 있다. 하지만 효율성 점수가 1인 점들이 과도하게 많아질 가능성이 있고 DMU의 숫자가 적은 경우에는 효율변경이 정확하게 추정되지 않는 문제점이 발생할 수 있다.

FDH나 FRH 모형은 현실적인 효율경계를 다양하게 구성하여 새로운 DEA 모형들을 만들어 내는 노력들이다. DEA 모형이 다양한 조직이나 정책의 효율성 평가에 사용되고 있기 때문에 각 상황에 맞도록 효율경계 설정에 대한 가정들을 개선해 나가는 노력들을 해 나감으로써 효율성 분석의 유용성을 높여가도록 해야 할 것이다.

6.2 초효율성 모형

가. 초효율성 모형의 기본 아이디어

효율성 점수가 0과 1 사이의 범위에만 존재한다는 가정은 유용하기도 하지만 상당한 제약이기도 하다. 투입방향 CCR 비율모형의 경우에 부가하는 $\sum_{r=1}^{s} y_{rj}u_{rk} / \sum_{i=1}^{m} x_{ij}v_{ik} \le 1$ 이라는 조건은 효율성 점수가 1보다 작거나 같다는 가정을 도입한 것과 같다. 이때 여러 집단의 효율성 점수를 비교할 경우 0과 1 사이의 값을 갖도록 하면 비교가능성을 높일 수 있다는 장점이 생긴다. 하지만 효율성 점수가 1인 DMU가 여러 개 존재하면 이 DMU들 사이의 상대적인 평가를 할 수 없는 문제가 발생한다. 비록 효율성 점수가 1이지만 이들 간에도 차이가 존재할 수 있기 때문이다. 이렇게 효율적인 DMU들 간의 효율성을 다시 비교해 볼 필요가 있을 때 사용하는 것이 초효율성 DEA 모형(Super Efficiency DEA model)이다.

---

2 관심 있는 독자는 Ray, S. C.(2004:144)를 참고하기 바란다. Ray는 PROC LP 프러시저를 사용하였기 때문에 OPTMODEL을 사용한 저자의 접근과는 차이가 나지만 분석 결과에서는 차이가 없으며 OPTMODEL이 훨씬 사용이 편리하다.

초효율성 모형은 다른 DEA 모형들과 마찬가지로 가정에 따라 다양한 모형들이 여러 연구자에 의해 제안되어 왔다(Zhu, 2014:150). 각각의 모형들은 고유한 특징을 가지고 있지만 CCR, BCC, SBM과 같이 널리 사용하는 기본 DEA 모형에 초효율성 개념을 도입하여 사용하고 있다. 경우에 따라서는 초효율성을 계산할 때 실행가능해(feasible solution)를 구하지 못하는 문제가 발생하는데, 이 문제를 해결하기 위한 다양한 모형들도 제시되고 있다(Cook et al., 2009; Chen & Liang, 2011; Lee et al., 2011; Lee & Zhu, 2012).

여기서는 DEA 표준 모형의 논의 전개에 따라 CCR 및 BCC 모형에 대한 초효율성 문제를 중심으로 다루고자 한다. CCR 모형에 기반한 초효율성 모형(SCCR)은 Andersen & Petersen(1993)에 의해 제안되었다고 해서 AP 모형이라고도 불린다. SCCR은 규모에 대한 수확불변을 가정하고 있는 데 비해 BCC 모형의 초효율성 모형(SBCC)은 규모에 대한 수확가변을 가정하고 있다. 또한 이들 SCCR 및 SBCC 모형은 투입 및 산출방향을 구분하여 초효율성을 계산할 수 있다.

초효율성을 계산하는 기본 논리는 다음과 같다. [그림 6.3]과 같이 5가의 DMU가 존재할 때 DMU 5를 제외한 나머지 DMU 1, DMU 2, DMU 3, DMU 4는 효율경계 위에 있기 때문에 효율성 값이 모두 1로 계산되어 효율성 점수의 최댓값이 1이 된다. 초효율성 분석에서는 각 DMU의 효율성을 계산할 때 자신의 투입 및 산출을 참조(refer)하지 않으면 새로운 효율경계가 만들어진다는 사실을 이용한다. 예를 들면 DMU 2의

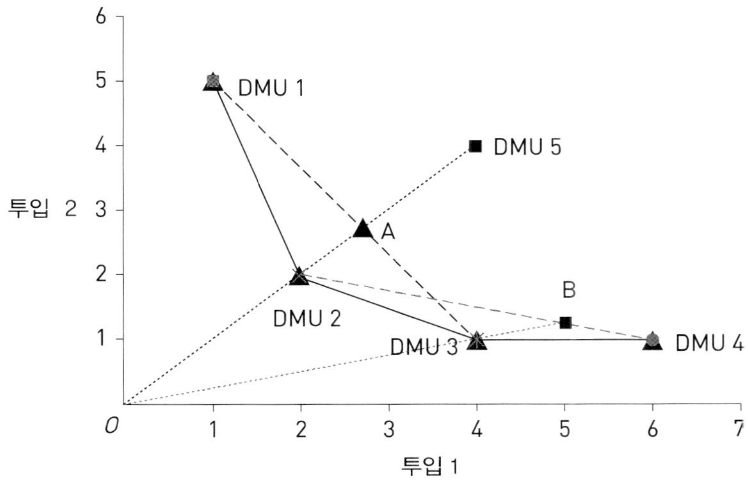

그림 6.3 ▸ 초효율성 계산의 기본 논리

출처: Zhu, J.(2014:176)

효율성 계산 시 DMU 2를 참조하지 않으면 DMU 1과 DMU 3이 연결된 새로운 효율경계가 만들어지게 된다. DMU의 효율성은 이 효율경계를 기준으로 효율성을 평가하게 된다. DMU 2는 효율경계 바깥쪽에 있는데 효율경계 위의 점들보다 더 적은 투입을 하면서도 동일한 생산을 하는 상태가 되어 효율성 값이 1보다 큰 값을 갖게 된다. 이처럼 초효율성 모형은 기본적으로 제약조건에서 자신의 투입 및 산출 정보는 참조하지 않는 제약조건을 부과하여 계산된 효율성이며, 이 점에서 앞서 공부한 일반적 CCR 및 BCC 효율성 모형과 차이가 난다.

제약조건으로 자기 자신을 포함하지 않는다는 것을 반영하면 투입방향 초효율성 CCR 모형의 선형계획법 식은 다음과 같이 제시될 수 있다.

투입방향 초효율성 CCR 모형

$$Min\ \theta - \epsilon \sum_{i=1}^{m} s_i^- - \epsilon \sum_{r=1}^{s} s_r^+$$

$$\begin{aligned} s.t.\ & x_{ki}\theta - \sum_{j=1, j \neq k}^{n} x_{ji}\lambda_j - s_i^- = 0 \quad (\text{단},\ i = 1,2,...,m) \\ & \sum_{j=1, j \neq k}^{n} y_{jr}\lambda_j - s_r^+ = y_{kr} \quad (\text{단},\ r = 1,2,...,s) \\ & \lambda_j \geq 0 \quad (\text{단},\ j = 1,2,...,n) \\ & s_i^- \geq 0 \quad (\text{단},\ i = 1,2,...,n) \\ & s_r^+ \geq 0 \quad (\text{단},\ r = 1,2,...,s) \end{aligned}$$

이러한 초효율성 CCR 논리를 확장하면 투입 및 산출방향 초효율성 CCR 모형도 표현할 수 있고, 규모에 대한 수확가변(VRS)을 가정하여 원래 VRS의 제약식 $\sum_{j=1}^{n} \lambda_j = 1$을 $\sum_{j=1, j \neq k}^{n} \lambda_j = 1$로 수정해주면 투입 및 산출방향 초효율성 BCC 모형도 나타낼 수 있다. 이를 이용하면 투입방향/산출방향, 규모에 대한 수확불변/수확가변 등의 가정에 따라 초효율성의 선형계획법 제약식은 어렵지 않게 만들 수 있다.[3]

나. 실행불가능해의 문제

초효율성 계산을 할 때에는 모든 제약조건을 만족하는 해를 구할 수 없는 상황이

3 관심 있는 독자는 Zhu, J.(2014), *Quantitative Models for Performance Evaluation and Benchmarking: Data Envelopment Analysis with Spreadsheets*, Springer, p. 176. 참고.

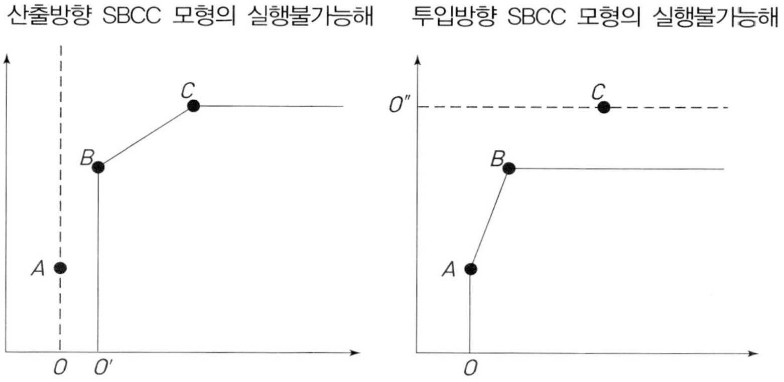

그림 6.4 ▸ 실행불가능해의 유형

발생한다. 이것을 실행불가능해(infeasible solution)의 문제라고 부른다. 실행불가능해를 갖는 DMU에 대한 조건들도 다양하게 연구되었다. BCC 효율성 값이 1이고 가장 큰 산출수준을 갖는 DMU는 투입방향 SBCC 모형에서 실행불가능해를 갖는다. 또한 BCC 효율성 값이 1이고 가장 작은 투입수준을 갖는 DMU는 산출방향 SBCC 모형에서 실행불가능해를 갖는다.[4] 하지만 이런 특수한 상황뿐 아니라 다른 경우에서도 실행불가능해가 발생하기 때문에 실행불가능해 문제는 초효율성 분석에서 중요한 쟁점이 되어 왔다.

실행불가능해에 대한 많은 연구들은 어느 경우에 실행불가능해가 나타나는지 여부보다는 실행불가능해를 갖는 DMU의 효율성 값을 어떻게 계산해야 하는지에 더 많은 관심을 기울여 왔다. SBCC 모형에서 실행불가능해 문제를 해결하기 위한 여러 모형들이 제시되었다. 실행불가능해를 갖는 DMU의 투입이나 산출 값을 최소한 변화시켜 여전히 효율경계 위의 상태는 유지하면서도 실행가능해를 갖도록 하는 방법[5]과 투입 및 산출변수의 여유변수 값을 조정하여 다른 DMU들로 만들어진 효율경계 위의 점으로 해당 DMU를 이동시키는 방법이 대표적인 예이다.[6] 여기서는 Lee et al.(2011)에서 제시된 2단계 접근 방법(LCZ 방법)을 이용하여 실행불가능해 문제를 해결하는 방법을 살펴보고자 한다.

---

4 Cook, W. D. et al.(2009), "A Modified Super-Efficiency DEA Model for Infeasibility", *The Journal of the Operational Research Society*, 60(2), p. 277.

5 Cook, W. D. et al.(2009), "A Modified Super-Efficiency DEA Model for Infeasibility", *The Journal of the Operational Research Society*, 60(2), pp. 276~281.

6 Lee, H.-S., Chu, C.-W., & Zhu, J.(2011), "Super-efficiency DEA in the presence of infeasibility", *European Journal of Operational Research*, 212, pp. 141~147.

첫 번째는 효율적인 DMU k에 대해 아래 선형계획법을 이용하여 산출 여유분을 계산하는 것이다.

실행불가능해 문제에 대한 LCZ 초효율성 모형: 1단계

$$Min \sum_{r=1}^{s} s_r$$

$$s.t. \quad \sum_{j=1, j \neq k}^{n} \lambda_j y_{rj} + s_r y_{rk} \geq y_{rk} \quad (\text{단, } r=1,2,...,s)$$

$$\sum_{j=1 j \neq k}^{n} \lambda_j = 1$$

$$\lambda_j \geq 0, \; s_r \geq 0 \quad (\text{단, } r=1,2,...,s)$$

위 선형계획법의 해를 $(s_1^*,...,s_s^*)$라고 할 때 $s_k^*=0$인 경우에는 투입방향 SBCC 모형은 실행가능해를 갖는다.[7] 또한 $s_k^* > 0$이면 DMU k는 실행불가능해를 갖는다.

이렇게 1단계에서 실행가능 여부를 판단할 수 있는 $(s_1^*,...,s_s^*)$ 값을 구한 뒤 2단계에서는 다음 선형계획법을 실행한다.

실행불가능해 문제에 대한 LCZ 초효율성 모형: 2단계

$$Min \; \hat{\theta}$$

$$s.t. \quad \sum_{j=1, j \neq k}^{n} \lambda_j x_{ij} \leq \hat{\theta} x_{ik} \quad (\text{단, } i=1,2,...,m)$$

$$\sum_{j=1, j \neq k}^{n} \lambda_j y_{rj} + s_r^* y_{rk} \geq y_{rk} \quad (\text{단, } i=1,2,...,s)$$

$$\sum_{j=1, j \neq k}^{n} \lambda_j = 1, \; \lambda_j \geq 0$$

실행가능해를 갖는 경우에는 $s_k^* = 0$이므로 투입방향 SBCC 모형과 동일한 효율성의 $\hat{\theta}$ 값을 갖는다. 실행불가능해를 갖는 경우에는 위 2단계 모형을 통해 얻은 $\hat{\theta}$ 값이 초효율성 점수가 된다. LCZ 모형은 투입과 산출을 동시에 줄여서 효율경계 위의 점으로 이동하기 때문에 실행불가능해의 초효율성 $\hat{\theta}$ 값이 항상 1보다 큰 것은 아니라는 점에

---

7 여기서 산출 여유분 s_k^*는 다른 DMU들로 구성된 새로운 효율경계에 대비하여 측정된 산출여유분이다.

유의할 필요가 있다.

LCZ 모형은 1단계에서는 실행불가능 여부에 대한 정보 및 여유분 값에 대한 정보를 얻고 2단계에서는 이를 바탕으로 실행불가능해를 갖는 DMU의 초효율성 값을 계산한다. Chen & Liang(2011)은 Cook et al.(2009)의 모형을 이용하여 LCZ 2단계 모형을 단일 모형으로 통합한 초효율성 모형을 다음과 같이 제시하였다.

Chen & Liang(2011)의 통합 초효율성 모형

$$Min\ \tau + M\sum_{r=1}^{s}\beta_r$$

$$s.t.\ \sum_{j=1, j\neq k}^{n}\lambda_j x_{ij} \le (1+\tau)x_{ik}\ (\text{단},\ i=1,2,...,m)$$

$$\sum_{j=1, j\neq k}^{n}\lambda_j y_{jr} \ge (1-\beta_r)y_{rk}\ (\text{단},\ r=1,2,...,s)$$

$$\sum_{j=1 j\neq k}^{n}\lambda_j = 1,\ \lambda_j \ge 0,\ \beta_r \ge 0,\ M\text{은 사용자 정의 임의의 큰 수(예: } 10^5)$$

이 모형을 사용한다면 $\beta_k^* > 0$인 경우에는 실행불가능해를 갖는다. 실행불가능해에 대한 초효율성 값은 다음과 같이 계산된다. 이 식에서 $|R|$은 실행불가능해를 갖는 DMU의 개수를 의미한다. 실제 계산에서는 $\sum_{r\in R}\frac{1}{1-\beta_r}$ 대신에 $\sum_{r=1}^{s}\frac{1}{1-\beta_r}$로 계산하여도 동일한 결과를 얻을 수 있다.[8]

$$\hat{\theta}^{sup} = 1 + \tau + \frac{1}{|R|}\sum_{r\in R}\frac{1}{1-\beta_r}$$

또한 효율성이 1보다 크거나 혹은 실행불가능해인 경우에는 극단적으로 효율적인 DMU(extreme efficient DMU)일 가능성이 있으므로 추가적인 분석을 해야 한다. 여기서 극단값은 가장 큰 투입이나 산출요소를 가진 DMU를 말한다. [그림 6.3]에서 DMU 4는 DMU 3과 동일한 산출수준을 가지면서도 투입은 더 많이 하고 있다. 그러나 이 DMU는 여전히 효율경계 위에 있어 효율적인 점으로 판단되고 있다. 이러한 경우가 극단적으로 효율적인 DMU의 예라고 할 수 있다.[9]

---

8 원래 Cook et al.(2009)의 접근을 그대로 적용하면 $1/|R|$ 대신에 $1/s$를 사용할 수 있지만 Chen & Liang(2011:360)은 $1/|R|$을 사용하는 것을 제시하였다.

9 실행불가능해 문제를 해결하기 위한 산출방향의 SBCC 모형도 투입방향 SBCC 문제와 우사하게

다. SAS 프로그램을 이용한 초효율성 분석

초효율성의 분석을 위해 Zhu(2014:82)에 있는 아래 자료를 이용하여 초효율성을 분석해보도록 하자. 이 자료는 기업의 재무자료로 자산(asset), 자본(equity), 인건비(employees)와 같은 3개의 투입요소와 수입(revenue)과 수익(profit) 등의 2개의 산출요소로 구성되어 있다.

초효율성 분석을 위한 SAS 매크로는 %SUPERMACRO이다. 이 매크로는 AP 초효율성뿐만 아니라 LCZ 초효율성 분석을 수행할 수 있도록 설계되어 있다. 이 매크로를 이용하여 BCC 투입방향 AP 초효율성 모형으로 분석한 코드가 부록의 SAS 코드 6.1에서 제시되어 있다. 이 코드를 이용한 분석 결과가 [표 6.1]에 제시되어 있다.

표 6.1 ▸ 초효율성 분석을 위한 예제 자료

DMU_NAME	INPUT1(자산)	INPUT2(자본)	INPUT3(임금)	OUTPUT1(수입)	OUTPUT2(수익)
Mitsubis	**91920.6**	**10950.0**	**36000**	**184365.2**	**346.2**
Mitsui	68770.9	5553.9	80000	181518.7	314.8
Itochu	65708.9	4271.1	7182	169164.6	121.2
GM	**217123.4**	**23345.5**	**709000**	**168828.6**	**6880.7**
Sumitomo	50268.9	6681.0	6193	167530.7	210.5
Marubeni	71439.3	5239.1	6702	161057.4	156.6
Ford	243283.0	24547.0	346990	137137.0	4139.0
Toyota	106004.2	49691.6	146855	111052.0	2662.4
Exxon	91296.0	40436.0	82000	110009.0	6470.0
Shell	**118011.6**	**58986.4**	**104000**	**109833.7**	**6904.6**
WalMart	37871.0	14762.0	675000	93627.0	2740.0
Hitachi	91620.9	29907.2	331852	84167.1	1468.8
NipponLi	364762.5	2241.9	89690	83206.7	2426.6
NipponTe	127077.3	42240.1	231400	81937.2	2209.1
ATT	88884.0	17274.0	299300	79609.0	139.0

[표 6.2]에 제시된 AP 초효율성 분석 결과에 따르면 가장 효율성이 높은 회사는 효율성 점수가 4.80692(NipponLi)인 것으로 나타난다. 또한 DMU 1, DMU 4, DMU 10의

접근하면 된다. 이에 대해서는 Zhu, J.(2014), *Quantitative Models for Performance Evaluation and Benchmarking: Data Envelopment Analysis with Spreadsheets*, Springer, pp. 196~197 참고. 한편 투입이나 산출 값이 0인 경우에도 실행불가능해 문제가 발생할 수 있는데 이에 대해서는 Lee, H.-S., & Zhu, J.(2012), "Super-efficiency infeasibility and zero data in DEA", *European Journal of Operational Research*, 216, pp. 429~433 참고.

AP 초효율성 값은 계산되지 않고 있음을 알 수 있다. 그렇다면 이들은 모두 실행불가능해를 갖는 DMU들이라고 할 수 있다. 이 DMU의 투입 및 산출요소들을 살펴보면 그 이유를 어느 정도 알 수 있는데, 예를 들면 GM의 경우는 임금이 다른 기업에 비해 가장 높고 Mitsubis는 수입이 가장 많으며 Shell은 자산이 가장 많다. 흥미로운 것은 NipponLi이다. 이 회사는 다른 회사보다 자산이 가장 많으면서도 자본금은 매우 적다. 이것은 부채가 많을 가능성을 의미하는데 수익을 보면 2,426으로 실제 자산 규모에 비해서 다른 회사들에 비해 월등히 크다고 보기 어렵다. 그럼에도 불구하고 초효율성 분석결과에서는 초효율성이 4.8로 가장 높게 나타나고 있다. 이처럼 분석 결과들을 깊게 해석하지 않고 단순하게 투입방향 초효율성 크기만을 해석하게 되면 잘못된 효율성 분석 결과를 얻게 되기 때문에 자료에 대한 깊이 있는 이해가 매우 중요하다.[10] 또한 실행불가능해의 경우에는 투입이나 산출이 극단적인 점들로 구성되어 있어서 이들의 특징도 추가적으로 분석해야 한다.

표 6.2 ▸ 초효율성 투입방향 BCC 분석 결과 SAS 6.1

DMUID	DMU _NAME	EFFICIENCY_ NUMBER	INSLACK INPUT1	INSLACK INPUT2	INSLACK INPUT3	OUTSLACK OUTPUT1	OUTSLACK OUTPUT2
13	NipponLi	4.80692	1636033	0	184588	85843.3	0
11	WalMart	1.76516	0	5735.63	1154653	50658.9	0
2	Mitsui	1.75189	33225.4	0	108433	0	0
3	Itochu	1.60652	52056.7	0	0	0	102.048
9	Exxon	1.34437	0	0	0	3274.22	0
5	Sumitomo	1.32096	0	3999.69	0	336.558	0
6	Marubeni	1.00935	12913.8	0	0	7417.7	2.23434
7	Ford	0.73756	0	0	0	459.333	0
8	Toyota	0.60325	0	10532.2	0	29763.4	0
12	Hitachi	0.5576	0	4634.92	0	58813.1	0
15	ATT	0.53354	0	680.776	0	70960.2	652.041
14	NipponTe	0.47061	0	3103.89	0	60995.8	0
1	Mitsubis	.	0	0	0	0	0
4	GM	.	0	0	0	0	0
10	Shell	.	0	0	0	0	0

한편 투입과 산출의 산점도를 비효율적인 그룹(group=1), 효율적인 그룹(group=2), 효율적이면서도 초효율성 계산에서 실행불가능해를 갖는 그룹(group=3)으로 나누어 살

10 독자들이 산출방향 초효율성 크기를 계산해보면 NipponLi가 비효율적인 점임을 알 수 있다.

펴보았다. 실행불가능해를 갖는 DMU를 살펴보면 GM과 Mitsubis는 모두 OUTPUT1이 매우 큼을 알 수 있다. 또한 Shell과 GM은 OUTPUT2(수익)가 매우 크다는 것을 알 수 있다. 다만 Mitsubis는 자산, 자본 임금이 모두 작고 수익도 작게 나타나고 있지만, OUTPUT1(수입)은 크다고 나타난다.

규모에 대한 수확 상태는 비효율적인 DMU들이 어느 상태에 있는지를 살펴보는 데 매우 유용하다. 예를 들면 ATT, Hitachi, Ford, Toyota, NipponTE 등은 투입방향 BCC에서는 IRS 상태이지만 산출방향 BCC에서는 DRS 상태이다. 제4장 [그림 4.5]에서 제시한 규모의 수확 6가지 상태 중 6번째 상태에 이들 DMU가 포함되어 있다. 이 영역은 투입이 아주 작지도 않고 산출이 아주 많지도 않은 투입과 산출 조합을 가진 DMU를 포함하고 있는 영역이다.

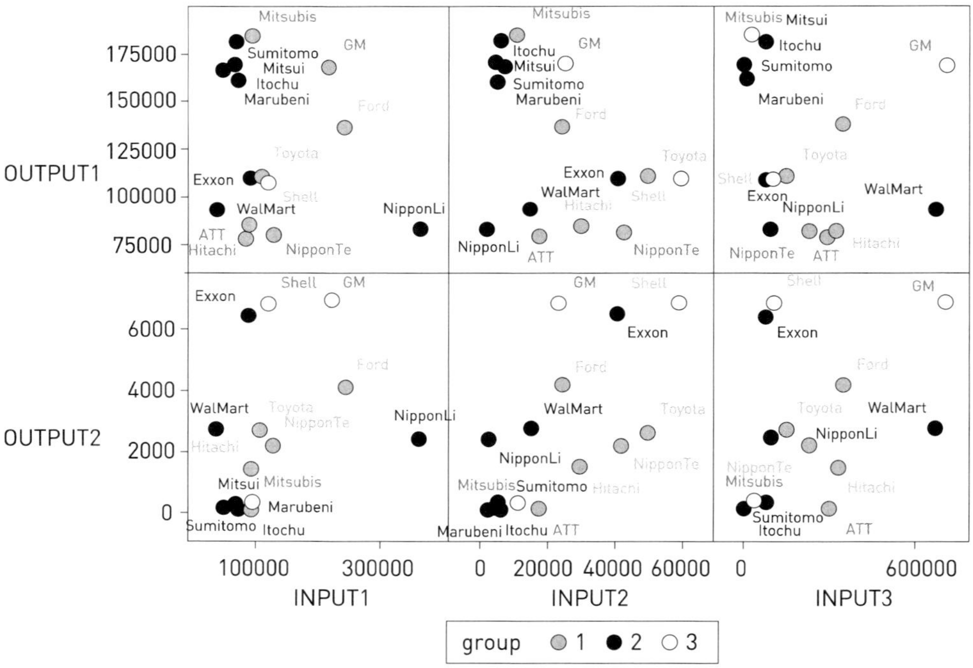

그림 6.5 ▸ 효율성 정도에 따른 투입과 산출 산점도

AP 초효율성 모형에서는 실행불가능해의 문제가 존재하여 일부 DMU의 초효율성 점수가 계산되지 않고 있음을 알 수 있었다. 이 문제를 해결하기 위해 LCZ 모형을 SAS 코드 6.3을 이용하면 초효율성을 계산할 수 있다. [표 6.4]를 살펴보면 AP 초효율성에서 실행불가능해 문제를 갖고 있었는지 여부를 INFEASIBLEDMU 열을 이용해 살펴볼 수 있다. 만일 1의 값을 가지면 해당 DMU는 실행불가능해의 문제가 있다고 할 수 있다.

GM의 경우를 살펴보면 실행불가능해의 문제가 있으며 LCZ 초효율성을 계산해보면 그 값이 2.51917임을 알 수 있다.

표 6.3 ▸ CCR, BCC, SBCC 효율성 점수 및 규모에 대한 수확 상태 SAS 6.2

DMU_NAME	CCR	BCCIN	BCCOUT	SBCCIN	RTSIN	RTSOUT
ATT	0.27038	0.53354	0.43268	0.53354	IRS	DRS
Exxon	1.00000	1.00000	1.00000	1.34437	CRS	CRS
Ford	0.73717	0.73756	0.86325	0.73756	IRS	DRS
GM	1.00000	1.00000	1.00000	·	CRS	CRS
Hitachi	0.38606	0.55760	0.52661	0.55760	IRS	DRS
Mitsubis	0.66283	1.00000	1.00000	·	CRS	CRS
Mitsui	1.00000	1.00000	1.00000	1.75189	CRS	CRS
NipponLi	1.00000	1.00000	1.00000	4.80692	CRS	CRS
NipponTe	0.34858	0.47061	0.52829	0.47061	IRS	DRS
Shell	0.84142	1.00000	1.00000	·	CRS	CRS
Sumitomo	1.00000	1.00000	1.00000	1.32096	CRS	CRS
Toyota	0.52456	0.60325	0.72908	0.60325	IRS	DRS
WalMart	1.00000	1.00000	1.00000	1.76516	CRS	CRS
Itochu	1.00000	1.00000	1.00000	1.60652	CRS	CRS
Marubeni	0.97197	1.00000	1.00000	1.00935	CRS	CRS

표 6.4 ▸ LCZ 모형을 이용한 초효율성의 계산 SAS 6.3

DMU_NAME	INFEASIBLEDMU	EFFICIENCY_NUMBER	THETA
ATT	0	0.53354	0.53354
Exxon	0	1.34437	1.34437
Ford	0	0.73756	0.73756
GM	1	2.51917	4.05251
Hitachi	0	0.55760	0.55760
Mitsubis	1	2.30578	3.32180
Mitsui	0	1.75189	1.75189
NipponLi	0	4.80692	4.80692
NipponTe	0	0.47061	0.47061
Shell	1	6.81731	7.82078
Sumitomo	0	1.32096	1.32096
Toyota	0	0.60325	0.60325
WalMart	0	1.76516	1.76516
Itochu	0	1.60652	1.60652
Marubeni	0	1.00935	1.00935

6.3 비재량적 투입 혹은 산출이 있는 모형

지금까지 다루어온 DEA에서는 투입과 산출 규모를 늘리거나 줄일 수 있다고 가정하고 있었다. 하지만 일부 투입요소들을 재량적으로(discretionarily) 변화시킬 수 없다면, DEA 분석에서는 이 비재량적 투입요소들을 어떻게 다루어야 할지가 곧 문제가 된다. 예를 들면 지자체의 행정서비스 효율성을 평가하는 데 인구증가율이나, 경제수준, 인구분포 같은 것들은 행정이 손쉽게 재량적으로 변화시킬 수 있는 것이 아니다. 이 경우에는 볼록성이나 가처분성 가정에 기반한 DEA 모형을 적용하기가 쉽지 않다. 따라서 이러한 변수는 비재량적인 변수로 간주하는 경우가 많다(Worthington & Dolley, 2002).

또 하나의 예는 학교에 대한 평가에 있어서 산출은 학생들의 성적과 만족도라고 하고 재량적 투입요소는 선생님의 수, 보조직원, 그리고 지출 등이 선택될 수 있다. 하지만 학교가 있는 곳의 경제적 수준은 각 학교가 재량적으로 변화시킬 수 있는 요소는 아니다. 이런 경우 경제적 수준은 비재량적 투입요소라고 할 수 있다(Blackburn et al., 2014). 이처럼 직접 변화시킬 수 있는 투입은 아니지만 산출에 영향을 주는 비재량적 투입 혹은 환경변수(environmental variable)를 효율성 계산에 반영해야 하는 상황이 다수 존재한다.

비재량변수를 고려한 DEA 분석에 대해서는 많은 연구들이 제시되어 왔다(Blackburn et al., 2014; Ruggiero, 1998; Ray, 1991). 가장 기초적인 접근방법은 Banker & Morey가 제시한 추정 방법이다. 이 기법은 일반적인 DEA 제약조건에 R개의 비재량투입변수 z에 대한 선형제약식을 아래와 같이 추가한 모형을 사용하여 효율성을 계산한다.

비재량적 투입요소가 있는 경우의 단순 분석모형

$$Min\ \theta_k$$

$$s.t.\quad x_{ki}\theta_k \geq \sum_{j=1}^{n} x_{ji}\lambda_j \qquad (\text{단},\ i=1,2,...,m)$$

$$\sum_{j=1}^{n} y_{jr}\lambda_j \geq y_{kr} \qquad (\text{단},\ r=1,2,...,s)$$

$$\sum_{j=1}^{n} \lambda_j z_{lj} \leq z_{lk} \qquad (\text{단},\ l=1,2,...,R)$$

$$\sum_{j=1}^{n}\lambda_j = 1$$
$$\lambda_j \geq 0 \quad (\text{단}, \ j=1,2,...,n)$$

하지만 유연하게 볼록성 가정을 도입하려는 시도가 재량적 투입변수의 경우에는 타당할 수 있지만 비재량투입변수에 대해서는 타당하지 않다는 비판과 효율성 점수를 왜곡한다는 비판을 받았다(Ruggiero, 1998).

또 다른 접근 방법은 Ray(1991)에 의해 제시된 2단계 접근 방법이다. 먼저 재량적으로 변화시킬 수 있는 투입요소의 벡터를 X, 비재량적인 투입요소의 벡터를 Z, 산출요소의 벡터를 Y라고 가정하면, 2단계 추정 방법은 다음 과정을 거친다.

1단계 : X, Y를 이용하여 DEA 효율성을 계산한다. 여기서는 투입방향에 비재량적인 투입요소 벡터가 있으므로 투입방향 DEA 모형을 이용하여 효율성을 계산할 수 있다. 이때 효율성 계산에 Z는 고려하지 않아도 된다.

2단계 : 1단계를 통해 얻어진 효율성 점수 θ_j를 Z에 대하여 아래와 같은 회귀고형을 세우고 추정한다.

$$\theta_j = \beta_o + \beta_1 z_{1j} + ... + \beta_R z_{Rj} + \epsilon_j$$

추정된 회귀모형을 바탕으로 아래와 같은 잔차가 RAY의 효율성 점수가 된다.

$$\text{RAY} = e = \theta_j - \left\{\widehat{\beta_o} + \widehat{\beta_1} z_{1j} + ... + \widehat{\beta_R} z_{Rj}\right\}$$

이 RAY의 효율성 점수 잔차(residual, e) 값은 평균이 0이기 때문에 이를 조정하기 위해 일정한 값을 더해서 효율성 점수를 계산하기도 한다. 위 2단계 추정법은 비재량변수를 DEA 모형에 직접 포함할 때 발생하는 문제를 해결할 수 있는 장점이 있다. 또한 비재량변수 간의 다중공선성 문제가 발생하더라도 잔차에는 영향을 주지 않기 때문에 효율성 점수도 영향을 받지 않는다. 하지만 2단계 추정에서 θ_j와 비재량변수 간의 관계가 선형함수의 형태를 띠는지 아니면 지수함수와 같은 다른 형태를 갖는지가 분명하지 않아서 모형 특정화(model specification)가 어려운 문제[11]가 발생한다(Ruggiero, 1998).

---

11 일부 연구자는 효율성 점수가 0과 1 사이의 값으로 한정되어 있기 때문에 OLS 모형은 부적절하며 토빗 모형을 써야 한다고 주장할 수 있으나 반드시 그런 것만은 아니다. OLS, 부트스트랩핑 접근 등 다양한 회귀방법이 제시되어 왔다.

Blackburn et al.(2014:94~99)과 Ruggiero(1998)는 위 2단계 추정 방법을 발전시켜 3단계 추정 방법을 제시하였다. 앞서 Ray의 2단계 추정을 통해 얻은 $\hat{\theta}$ 값은 효율성을 설명하는 비재량변수의 선형결합 결과이기 때문에 비재량변수 간의 상대적 중요성이 이미 반영되었다. 3단계 추정 방법에서는 이 비재량변수의 선형결합 $\hat{z_j} = \hat{\theta_j}$라고 가정하여 비재량변수를 선형결합한 결과를 하나의 변수로 측정한 후 이 $\hat{z}$를 DEA 모형에 다음과 같이 포함시켜서 최종적인 효율성 점수를 구한다. 각 단계를 설명하면 아래와 같다.

1단계 : X, Y를 이용하여 DEA 효율성을 계산한다. 여기서는 투입방향에 비재량적인 투입요소 벡터가 있으므로 투입방향 DEA 모형을 이용하여 효율성을 계산할 수 있다. 이때 효율성 계산에 Z는 고려하지 않아도 된다.

2단계 : 1단계를 통해 얻어진 효율성 점수 θ_j를 Z에 대하여 아래와 같은 회귀모형을 세우고 추정한다.

$$\theta_j = \beta_o + \beta_1 Z_{1j} + \ldots + \beta_R Z_{Rj} + \epsilon_j$$

위 회귀방정식 추정을 통해 얻어진 $\hat{\theta}$를 $\hat{z}_j$라고 가정한다.

3단계 : $\hat{z}_j$에 대한 제약조건을 아래와 같은 DEA 모형을 이용하여 최종 효율성 값을 계산한다.12

$$Min\ \theta_k$$

$$s.t.\quad x_{ki}\theta_k \geq \sum_{j=1}^{n} x_{ji}\lambda_j \quad (단,\ i = 1,2,\ldots,m)$$

$$\sum_{j=1}^{n} y_{jr}\lambda_j \geq y_{kr} \quad (단,\ r = 1,2,\ldots,s)$$

---

12 SAS 프로그램에서는 제약조건으로 $\hat{z}$ 값이 z 변수에 저장이 되었다면 다음과 같은 변수 z의 설정과 제약조건을 부과하면 된다. 3단계 추정방식에 대한 SAS 프로그램은 Blackburn et al.(2014:97~99)을 참고.

```
SET Z_num=1..1;
NUM z {n, z_num};
read data &dsn into n=[_N_] dmu_name
      {t in z_num} <z[_N_,t]=col(t)>;
CON zinput {L in z, j in DMU}:
IF z[j,t] >z[k,t] then lambda[j]=0;
```

$$\sum_{j=1}^{n} \lambda_j = 1$$

$$\text{if } \hat{z}_j > \hat{z}_k, \text{ then } \lambda_j = 0$$

$$\text{otherwise } \lambda_j \geq 0 \quad (\text{단}, \ j = 1, 2, \ldots, n)$$

이 3단계 추정 방법은 적용이 어렵지 않은 데다 비재량적 요소가 포함된 다른 DEA 모형들과도 연결성이 높아 널리 사용되고 있다. 비재량적 요소의 문제는 행정학 및 각종 사회과학 분야의 활용적 측면에서 매우 중요하다. DEA는 단순히 효율성 측정만을 목적으로 하지 않기 때문이다. 따라서 무엇이 재량적인 요소이고 무엇이 비재량적인 요소인지에 대한 구분은 중요한 문제이며, DEA 분석에서도 이를 잘 반영해야 한다.

이 장의 SAS code 정리

SAS 6.1 AP 초효율성 투입방향 BCC 분석 결과

```
ODS HTML;
%INCLUDE "D:₩MY BOOKS₩의사결정론₩DEA₩CCR_MACRO.SAS";
%INCLUDE "D:₩MY BOOKS₩의사결정론₩DEA₩BCC_MACRO.SAS";
%INCLUDE "D:₩MY BOOKS₩의사결정론₩DEA₩ADDSBM_MACRO.SAS";
%INCLUDE "D:₩MY BOOKS₩의사결정론₩DEA₩SUPEREFF_MACRO.SAS";
LIBNAME C "D:₩";

DATA SUP;
    SET C.JAPCOMP;
RUN;

/*사용된 자료 ZHU(2014:82)*/
PROC PRINT DATA=SUP;
RUN;

%SUPEREFF(TYPE=2, DSN=SUP, INPUTLIST=%STR('INPUT1',
'INPUT2', 'INPUT3'), OUTPUTLIST=%STR('OUTPUT1', 'OUTPUT2'),
NUMINPUT=3, NUMOUTPUT=2, E=0);
```

SAS 6.2 효율성 정도에 따른 투입과 산출의 산점도

```
DATA SUPER;
    SET RESULT;
    SBCCIN=EFFICIENCY_NUMBER;
    KEEP DMU_NAME SBCCIN;
RUN;

%CCR(TYPE=4, DSN=SUP, INPUTLIST=%STR('INPUT1', 'INPUT2',
'INPUT3'), OUTPUTLIST=%STR('OUTPUT1', 'OUTPUT2'), E=0);

DATA CCR;
    SET RESULT;
    CCR=EFFICIENCY_NUMBER;
    KEEP DMU_NAME CCR;
RUN;
```

```
PROC SORT DATA=CCR;
    BY DMU_NAME;
RUN;
PROC PRINT DATA=CCR;
RUN;

%BCC(TYPE=1,DSN=SUP,INPUTLIST=%STR('INPUT1', 'INPUT2',
'INPUT3'), OUTPUTLIST=%STR('OUTPUT1', 'OUTPUT2'), E=0);

DATA BCCIN;
    SET RESULT;
    BCCIN=EFFICIENCY_NUMBER;
    SCALEIN=SCALE;
    KEEP DMU_NAME BCCIN SCALEIN;
RUN;

%BCC(TYPE=2,DSN=SUP,INPUTLIST=%STR('INPUT1', 'INPUT2',
'INPUT3'), OUTPUTLIST=%STR('OUTPUT1', 'OUTPUT2'), E=0);

DATA BCCOUT;
    SET RESULT;
    BCCOUT=EFFICIENCY_NUMBER;
    SCALEOUT=SCALE;
    KEEP DMU_NAME BCCOUT SCALEOUT;
RUN;

PROC SORT DATA=SUPER;
    BY DMU_NAME;
RUN;

PROC SORT DATA=BCCIN;
    BY DMU_NAME;
RUN;

PROC SORT DATA=BCCOUT;
    BY DMU_NAME;
RUN;

DATA EFF;
    MERGE CCR BCCIN BCCOUT SUPER;
```

```
    BY DMU_NAME;
    SUM=ROUND(CCR+BCCIN, 0.0001);
    SUM2=ROUND(CCR+BCCOUT, 0.0001);

    IF SUM=2 THEN
        RTSIN="CRS";
    ELSE
        DO;
            IF SCALEIN<0 THEN
                RTSIN="IRS";

            IF SCALEIN>0 THEN
                RTSIN="DRS";
        END;

    IF SUM2=2 THEN
        RTSOUT="CRS";
    ELSE
        DO;
            IF SCALEOUT>0 THEN
                RTSOUT="IRS";

            IF SCALEOUT<0 THEN
                RTSOUT="DRS";
        END;

    IF SBCCIN=. THEN
        GROUP=3;
    ELSE IF SBCCIN>1 THEN
        GROUP=2;
    ELSE GROUP=1;
RUN;

/*규모에 대한 수확 상태 */
PROC PRINT DATA=EFF NOOBS;
    VAR DMU_NAME CCR BCCIN BCCOUT SBCCIN RTSIN RTSOUT;
RUN;

PROC SORT DATA=SUP;
    BY DMU_NAME;
RUN;
```

```
DATA PLOT;
   MERGE EFF(KEEP=DMU_NAME GROUP) SUP;
   BY DMU_NAME;
RUN;
PROC SGSCATTER DATA=PLOT;
   COMPARE X=(INPUT1 INPUT2 INPUT3) Y=(OUTPUT1
   OUTPUT2)/GROUP=GROUP DATALABEL=DMU_NAME
   MARKERATTRS=(SIZE=10);
RUN;
```

SAS 6.3 LCZ INPUT-ORIENTED VRS SUPER EFFICIENCY

```
%SUPEREFF(TYPE=4, DSN=SUP, INPUTLIST=%STR('INPUT1',
 'INPUT2', 'INPUT3'), OUTPUTLIST=
%STR('OUTPUT1', 'OUTPUT2'), NUMINPUT=3, NUMOUTPUT=2, E=0);

%SUPEREFF(TYPE=5, DSN=SUP, INPUTLIST=%STR('INPUT1',
 'INPUT2', 'INPUT3'), OUTPUTLIST=
%STR('OUTPUT1', 'OUTPUT2'), NUMINPUT=3, NUMOUTPUT=2, E=0);

/*LCZ US CITIES DATA */
DATA CITY;
   SET C.LCZ;
RUN;

%SUPEREFF(TYPE=5, DSN=CITY, INPUTLIST=%STR('INPUT1',
 'INPUT2', 'INPUT3'), OUTPUTLIST=%STR('OUTPUT1', 'OUTPUT2',
'OUTPUT3'), NUMINPUT=3, NUMOUTPUT=3, E=0);
```

제7장
패널자료 분석

Theory of Efficiency Analysis

제 7 장

Theory of Efficiency Analysis

패널자료 분석

앞장까지 다루어온 DEA 분석에서는 투입과 산출이 특정 시점에 한정된 횡단면(cross-sectional) 자료를 사용해왔다. 횡단면 자료를 이용한 DEA 분석은 DMU의 효율성이 시간의 흐름에 따라 어떤 개선이 있는지 등의 문제들을 제대로 다루기 어렵다는 한계가 있다. 따라서 시점 간 효율성 변화를 다룰 수 있는 분석 방법에 대한 관심이 커지고 있다. 특히 최근에는 동일 DMU의 투입과 산출 정보를 여러 시점에서 반복적으로 측정한 패널자료[1]들이 늘어남에 따라 시점 간 효율성 분석 방법론의 중요성이 커지고 있다.

패널자료를 이용하게 되면 과거의 투입 및 산출 정보를 이용하여 생산가능집합 및 효율경계에 대한 추론을 정확히 할 수 있다. 특정 시점에 한정하여 분석하는 경우 이용가능한 투입과 산출 조합이 매우 제한적이어서 생산가능집합과 효율경계 계산에서 문제가 발생할 수 있기 때문이다. 한편 패널자료를 이용하면 시점에 따른 효율성의 변화를 기술적 효율성 자체의 변화와 생산기술의 변화에 따른 효율성 변화로 분해하여 살펴볼 수 있는 장점도 있다. 본 장에서 다루는 윈도우 분석(window analysis)은 전자의 장점을, 맘퀴스트(Malmquist) 분석은 후자의 장점을 잘 나타내는 대표적인 분석 기법이다.

1 시계열 자료 중 일부는 동일한 대상에 대해서 반복 측정하지 않고 단지 여러 시점에서 측정한 자료들이다. 패널자료는 시계열 자료 중 동일 대상에 대해 반복 측정한 자료에 한정된 경우이다.

7.1 윈도우 분석 방법

패널자료를 이용한 DEA 분석에서 각 시점의 자료를 효율경계 판단에 독립적으로 사용해야 될지 여부가 쟁점이 될 수 있다. 예를 들어 2016년과 2017년 자료를 분석할 때 효율경계 판단에 2016년 자료만을 이용하여 효율경계를 만든 후 2016년의 효율성 점수를 각 DMU별로 계산할 수 있다. 이와 유사하게 2017년 자료는 2017년 자료만을 이용하여 효율경계를 만든 후 효율성 점수를 계산할 수 있다. 이 경우 각 시점 간 효율경계가 독립적이라고 가정하는 것이다. 이와 달리 2016년과 2017년 자료를 동시에 이용하여 효율경계를 만들고 이렇게 만든 하나의 효율경계를 기준으로 2016년 및 2017년 자료의 효율성 점수를 계산할 수 있다. 윈도우 분석은 다(多)시점의 자료를 이용하여 어떻게 효율경계를 만들지에 대한 문제와 깊이 관련되어 있다.

윈도우 분석은 다양하게 시도되어왔다(Cooper et al., 2006:324; Cooper et al., 2004: 24~25). 이동평균(moving average) 관점에서 효율성을 측정하는 접근 방식은 대표적인 방법 중의 하나다.[2] 이동평균 방법은 여러 시점에서 측정된 패널자료가 일정한 주기 안에서는 유사한 패턴을 가지고 움직인다는 가정을 하고, 주기 안에서는 체계적인 변동이나 오차가 없다고 가정한다. 뒤에서 살펴볼 맘퀴스트 분석은 시점 간의 변동에서 기술 변화가 발생해서 효율성이 변동할 수 있다고 가정한다. 하지만 윈도우 분석에서는 이러한 기술 변화가 단기간에 일어나지 않는 것이 일반적이기 때문에 동일 기간(윈도우) 안에서는 기술이 일정하다고 가정한다. 이러한 이유 때문에 윈도우 분석에서는 기술 변화가 일정한 단위 기간(예: 3개월, 2년 등)을 선택하는 것이 중요하다. 적절한 단위 기간을 선정하면 생산기술의 변화가 없다는 가정하에 효율경계를 좀 더 많은 자료를 이용하여 정확히 측정할 수 있기 때문에 윈도우 분석의 유용성은 크다고 할 수 있다 (Asmild et al., 2004).

가. 메타 효율변경분석(Meta frontier analysis)

메타 효율변경분석은 전체 자료가 포괄하고 있는 모든 시점의 자료를 사용하여 단일한 효율경계를 구성하되 서로 다른 시점에 있는 DMU는 다른 DMU로 취급하는 것이다. 시간의 윈도우를 전체 기간으로 확장한 경우라고 이해할 수 있다.

---

2 이동평균 방식이 아니라 전 시점 자료들을 계속 누적해 나가면서 효율성을 측정하는 축차적(sequential) 방법도 윈도우 분석이라고 볼 수 있으나 일반적인 경우는 아니다.

예를 들면 2008년부터 2012년까지 5년간 30개의 DMU에 대한 공기업의 직원, 운영비용 그리고 매출액에 대한 자료가 있다고 가정해보자. 이 자료를 이용하여 분석을 하려면 150개(=5×30)의 DMU에 대해서 효율성을 계산하는 것이다. 동일한 DMU가 5년 동안 반복되지만 이들은 서로 다른 DMU로 간주하는 것이다. 이렇게 시점 간 분석을 하게 되면 5년 동안 기술의 차이가 없다고 가정하고 개별 DMU의 시점 간 효율성의 변화와 전체 효율성의 변화를 살펴볼 수 있다.

시점 간 분석을 위해서는 %WIN 매크로를 아래와 같이 시행하면 된다.[3] 이 매크로를 사용하면 개별 DMU 내의 연도별 효율성 변화, 분석 기간 동안의 DMU 간 효율성 점수 차이, 그리고 연도별 전체 효율성 차이 등을 분석할 수 있다.

```
%WIN(TYPE=1, DSN=SOE, START=2008, LAST=2012, WIDTH=3, TIMEVAR=YEAR,
     INPUTLIST=%STR('INPUT1', 'INPUT3'), OUTPUTLIST=%STR('OUTPUT1'));
```

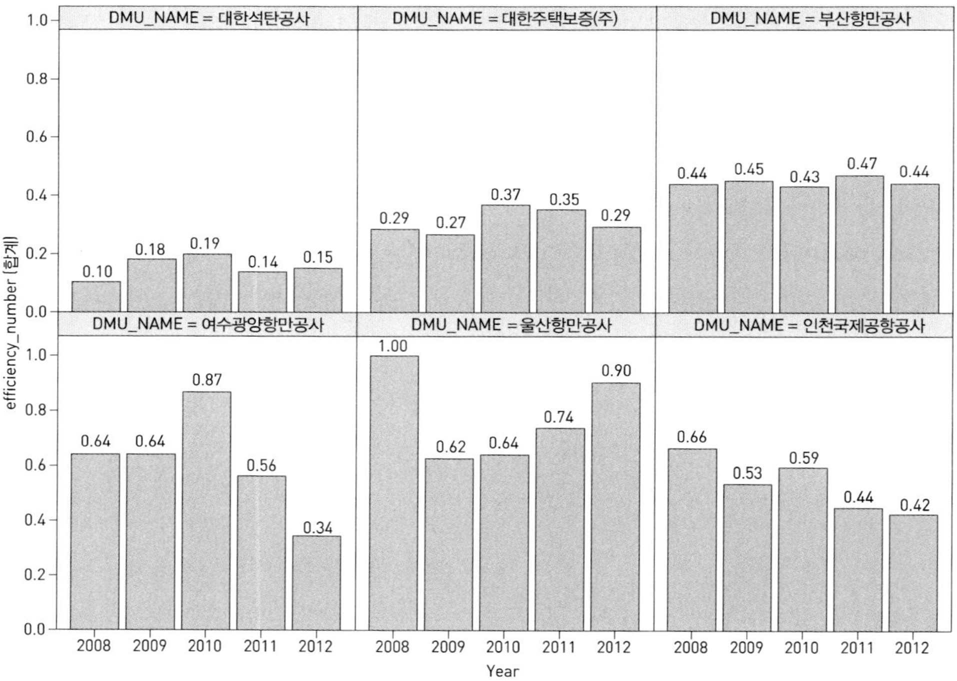

그림 7.1 ▸ DMU의 시점 간 효율성 변화 SAS 7.1

---

3 제공된 매크로는 BCC 투입방향 포락모형을 이용한 분석에 한정하였다. 물론 독자들은 효율성을 계산하는 함수만 바꿔주면 어렵지 않게 다른 모형들 분석도 수행할 수 있다. 이는 독자들 몫으로 남겨두고자 한다.

먼저 각각 DMU들이 각 연도별로 효율성이 어떻게 변했는지를 살펴볼 수 있다. [그림 7.1]은 각 DMU의 효율성이 연도별로 어떻게 변화하고 있는지를 보여준다. 인천국제공항공사의 효율성은 계속 떨어지고 있는 데 비해 부산항만공사의 효율성은 낮은 수준(40%대)으로 일정하게 유지되고 있음을 알 수 있다. 이처럼 각 DMU들이 분석 기간 동안 어떤 효율성 추세를 보이는지를 살펴봄으로써 효율성 추세를 이해할 수 있다. 다만 여기서 계산된 시점 간 효율성은 기술 변화가 없다는 가정을 하고 있음에 유의할 필요가 있다.

개별 DMU의 연도별 변화를 확인하고 나면 DMU 간 효율성 변화를 살펴볼 필요가 있다. 즉 전체 분석 기간 동안 어느 DMU가 상대적으로 더 효율적인지 살펴보기 위해서는 분석 기간 동안의 효율성 점수를 산술평균(arithmetic mean)하거나 기하평균(geometric mean)하여 계산할 필요가 있다.[4] 이때 연도별 변동을 나타내기 위해 평균을 중심으로 왼쪽과 오른쪽에 1 표준편차 떨어진 구간의 길이를 나타내주었다. 이 길이가 길수록

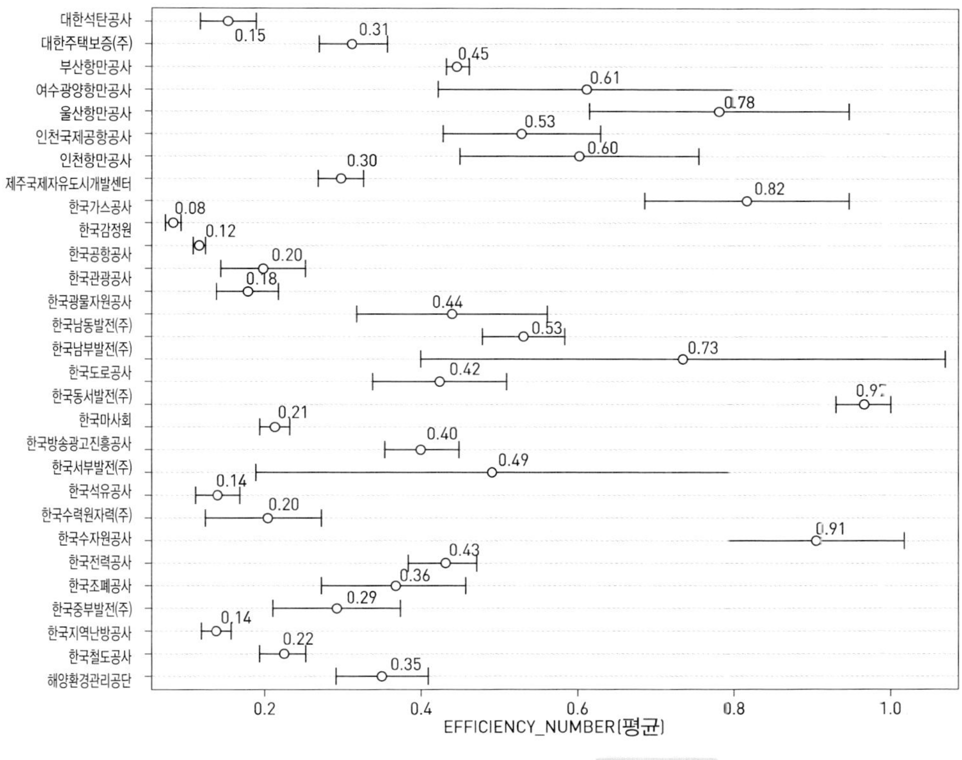

그림 7.2 ▸ DMU 간의 효율성 차이 SAS 7.1

4 효율성 점수가 비율의 형태이기 때문에 기하평균이 산술평균보다 바람직할 수 있으나 직관적 해석에 산술평균이 더 쉽다는 장점이 있다. 산술평균과 기하평균에 대해서는 고길곤(2014) 참고.

연도별 효율성 점수의 차이가 매우 큰 DMU이기 때문에 이들은 주의 깊게 살펴볼 필요가 있다.

[그림 7.2]를 살펴보면 5개년 평균 효율성 값이 가장 큰 것은 한국마사회로 나타나고 있다. 하지만 한국도로공사나 한국석유공사와 같은 공공기관은 연도별 효율성 편차가 매우 커서 그 평균을 중심으로 ±1 표준편차의 길이가 매우 큰 것으로 나타나고 있다.

마지막으로 각 연도별 전체 공공기관의 효율성의 변화를 살펴보면 [표 7.1]과 같다. 전체적으로 2009년의 효율성이 가장 낮았으며 점차 효율성이 개선되어 2012년의 효율성이 가장 높은 것으로 나타나고 있다. 이러한 분석 결과는 효율성 개선이 자원의 효율적 사용 때문에 발생한 것인지, 아니면 기술 발전 때문에 발생한 것인지에 대한 추가적 분석이 필요함을 의미한다. 따라서 뒤에서 논의하게 될 맘퀴스트 분석의 활용을 검토해 볼 수 있을 것이다.

표 7.1 ▸ 연도별 효율성의 변화 SAS 7.1

분석 변수: EFFICIENCY_NUMBER						
연도	관측치 수	N	평균	표준편차	최솟값	최댓값
2008	30	30	0.4010233	0.2559116	0.0960460	1.0000000
2009	30	30	0.3793170	0.2354232	0.0850355	1.0000000
2010	30	30	0.4000983	0.2648778	0.0833470	1.0000000
2011	30	30	0.4287961	0.2650589	0.0724664	1.0000000
2012	30	30	0.4512660	0.3013217	0.0729438	1.0000000

나. 윈도우 분석

앞에서는 시점 간 효율성 변화를 전(全) 분석 기간의 자료를 모두 이용하여 생산가능집합과 효율경계를 만들어 시점 간 효율성 변화를 분석하였다. 윈도우 분석은 전 분석 기간 자료를 한 번에 이용하지 않고 일정 크기를 갖는 윈도우(window)를 만들어 그 윈도우 기간 안에 있는 자료를 분석하게 된다.[5]

$t, t+1, t+2, ..., t+k$ 번째 시점에서 투입과 산출이 관측되어 있다고 가정해보자. 3기간 값을 이용하여 효율성을 분석할 경우 하나의 윈도우가 포괄하는 기간을 w

5 윈도우 분석을 소개하고 있는 DEA 기초 교과서 등에서는 각 윈도우 내에서의 효율성 점수를 계산하는 것에 초점을 맞출 뿐 DMU별, DMU 간, 시점 간 효율성 차이를 어떻게 분석할지에 대해서는 제대로 다루고 있지 못하다(Cooper et al., 2011:24~26).

라 하면 $w=3$이 된다. 그렇다면 효율성 분석은 $(t, t+1, t+2)$, $(t+1, t+2, t+3)$, $(t+2, t+3, t+4), \ldots, (t+k-2, t+k-1, t+k)$ 등 $k-w+2$개의 윈도우 생산가능집합을 이용하여 DEA 분석을 하게 된다. 예를 들어 $(t, t+1, t+2)$ 집합을 이용하여 분석을 하게 되면 i 번째 DMU에 대해서는 첫 번째 윈도우, 즉 $t, t+1, t+2$ 전체에 대한 효율경계가 만들어지고, 이 효율경계를 바탕으로 윈도우 내의 각 시점별 효율성 값 $\theta_{1i,t}$, $\theta_{1i,t+1}$, $\theta_{1i,t+2}$를 계산하게 된다. 이 값을 계산한 다음에는 두 번째 윈도으, 즉 $t+1, t+2, t+3$ 시점의 자료를 이용하여 다시 효율성 값을 계산한다. 이 과정을 반복하여 전체 시점의 효율성 점수를 계산하게 된다. 윈도우 크기가 3기이고 $k=6$인 경우 각 DMU별로 5개의 (=6−3+2) 윈도우 분석 결과를 얻게 된다. 윈도우 분석을 통해 얻게 되는 효율성 점수는 [표 7.2]와 같은 형태를 띠게 된다.

표 7.2 ▸ 윈도우 분석을 통해 얻게 되는 효율성 점수

DMU	t	$t+1$	$t+2$	$t+3$	$t+4$	$t+5$	$t+6$
1	$\theta_{11,t}$	$\theta_{11,t+1}$	$\theta_{11,t+2}$				
1		$\theta_{21,t+1}$	$\theta_{21,t+2}$	$\theta_{21,t+3}$			
1			$\theta_{31,t+2}$	$\theta_{31,t+3}$	$\theta_{31,t+4}$		
1				$\theta_{41,t+3}$	$\theta_{41,t+4}$	$\theta_{41,t+5}$	
1					$\theta_{51,t+4}$	$\theta_{51,t+5}$	$\theta_{51,t+6}$
2	$\theta_{12,t}$	$\theta_{12,t+1}$	$\theta_{12,t+2}$				
2	...	...	...	...	...	...	...

위와 같이 분석을 수행하면 DMU의 윈도우별 효율성 점수, DMU의 시점별 효율성 점수, 전체 시점에서의 DMU의 효율성을 구할 수 있다. 예를 들면 DMU 1의 세 번째 윈도우, 즉 $t+2$, $t+3$, $t+4$ 기간에서 효율성 점수는 $\theta_{31,t+2}$, $\theta_{31,t+3}$, $\theta_{31,t+4}$의 평균값을 구하면 된다.

반면 DMU 1의 $t+2$기의 효율성은 첫 번째, 두 번째, 그리고 세 번째 윈도우에 $t+2$의 시점에 대해 각각 계산된 효율성의 크기, 즉 $\theta_{11,t+2}$, $\theta_{21,t+2}$, $\theta_{31,t+2}$의 평균값을 이용하면 구할 수 있다.[6]

---

6 이 접근의 논리적 단점은 시점의 효율성이 각각의 효율성 점수가 서로 다른 효율경계에 의해 계산되어졌기 때문에 비교 가능하지 않은 값을 평균하는 것이 의미가 있는지에 대한 비판이 가능하다. 또한 위의 예제처럼 처음 두 시점과 마지막 두 시점의 경우는 각각 1개 및 2개의 효율성 점수를 가지고 계산하게 되는 단점도 있다.

전체 시점에서 DMU별 효율성은 각 DMU별로 모든 윈도우에서 계산된 효율성 값을 평균해서 구할 수 있다. 예를 들면 DMU 1의 효율성은 $\theta_{11,t}$부터 $\theta_{51,t+6}$까지의 효율성 값을 평균해서 얻을 수 있다. 이 접근 역시 서로 다른 효율경계를 이용한 효율성 값을 이용한다는 단점이 있지만 DMU의 전체 기간에서의 효율성을 판단해야 할 때 유용하다고 할 수 있다. 경우에 따라서는 평균값을 이용하지 않고 중윗값(median)을 이용하여 극단적인 값에 의한 영향을 통제할 수 있다.

윈도우 분석을 WIN 매크로를 이용하여 수행하면 아래와 같은 결과들을 얻을 수 있다. 윈도우의 폭을 3으로 지정했기 때문에 첫 번째 윈도우는 2008, 2009, 2010년으로 구성된 값을 이용하여 효율성 분석을 수행하고 두 번째 윈도우는 2009, 2010, 2011년으로 구성된 값으로 효율성 분석을 수행한다. [표 7.3]의 오른쪽에 있는 값은 각 윈도우 시기별 값에 대한 산술평균(ARITHMEAN)과 기하평균(GEOMEAN) 값을 제시해주고 있다. 효율성 점수가 비율의 값이므로 기하평균이 바람직할 수 있는데 출력 결과에서처럼 산술평균과 기하평균 사이에 큰 차이가 나지 않음을 알 수 있다.

표 7.3 ▸ 윈도우 분석 결과(부분) SAS 7.2

DMU_NAME	WINDOW	P2008	P2009	P2010	P2011	P2012	ARITHMEAN	GEOMEAN
대한석탄공사	1	0.10445	0.17895	0.19542	.	.	0.15961	0.15400
대한석탄공사	2	.	0.22318	0.24815	0.17544	.	0.21559	0.21339
대한석탄공사	3	.	.	0.21055	0.14885	0.16678	0.17539	0.17354
대한주택보증㈜	1	0.31507	0.29467	0.41244	.	.	0.34073	0.33706
대한주택보증㈜	2	.	0.31395	0.42764	0.40705	.	0.38288	0.37949
대한주택보증㈜	3	.	.	0.39588	0.37718	0.31479	0.36262	0.36089
부산항만공사	1	0.44488	0.45626	0.45017	.	.	0.45044	0.45041
⋮	⋮	⋮	⋮	⋮	⋮	⋮	⋮	⋮

위 분석 결과를 가지고 직접 DMU의 기간별(윈도우) 효율성 변화를 알기는 어렵다. 따라서 출력물을 살펴보면 각 DMU별로 기간별 효율성 변화가 어떻게 되고 있는지에 대한 효율성 변화를 다음 그림과 같이 살펴볼 수 있다. 예시에서 살펴보면 인천국제공항공사는 지속적으로 효율성이 떨어지고 있음을 알 수 있다.

이렇게 기간별 변화가 아니라 시점, 즉 연도별 효율성의 변화도 살펴볼 수 있다. [그림 7.4]에서 인천국제공항공사를 보면 연도별 간에는 효율성 점수가 약간의 등락이

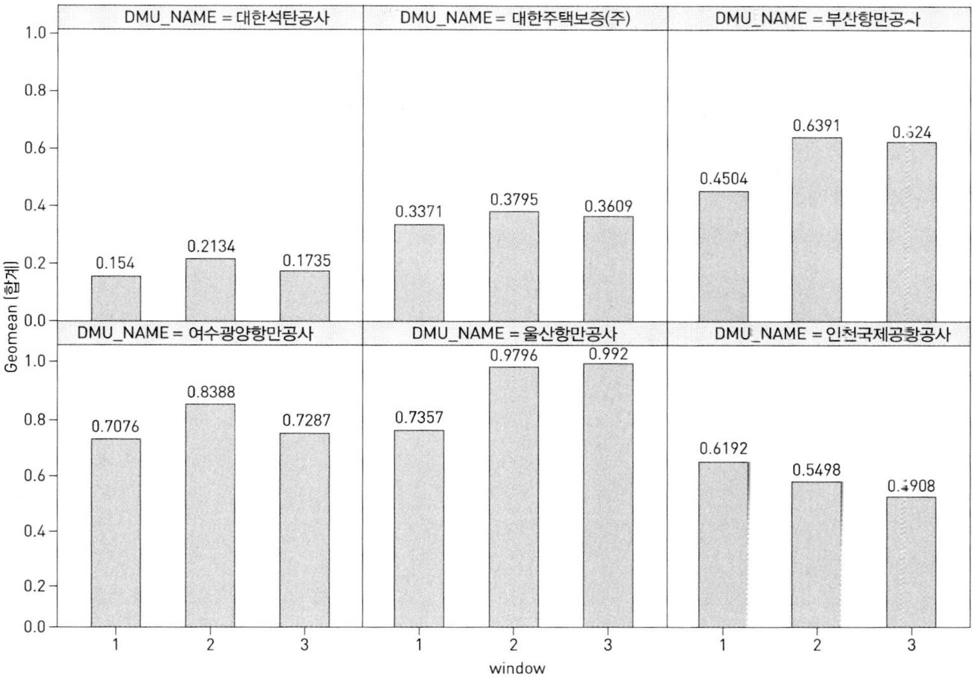

그림 7.3 ▸ DMU의 기간별 효율성 변화

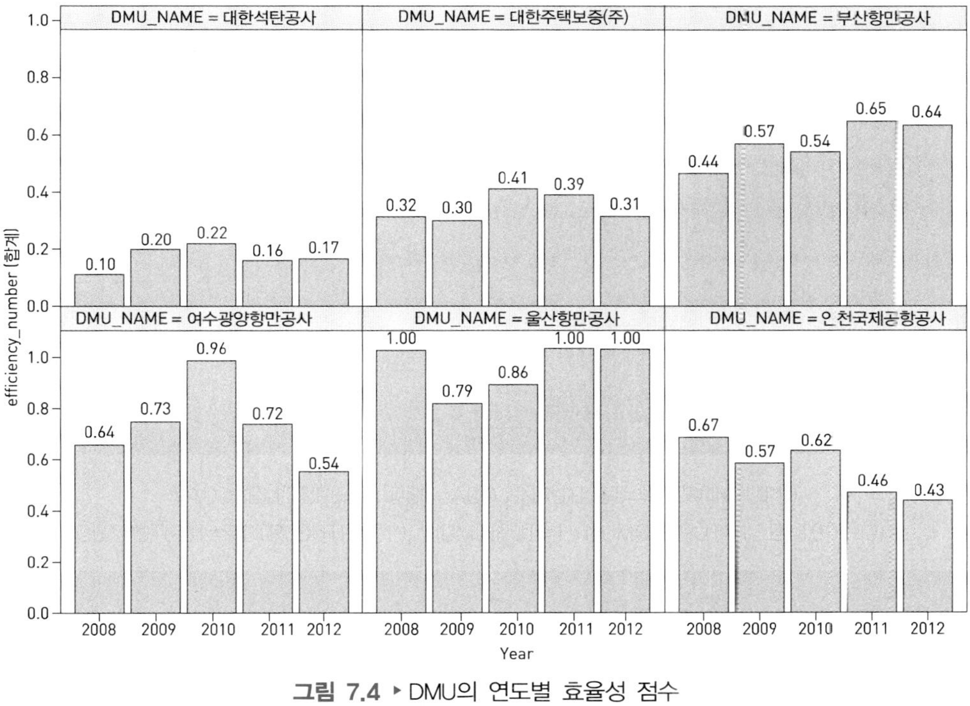

그림 7.4 ▸ DMU의 연도별 효율성 점수

있는 것을 알 수 있다. 즉 앞의 윈도우별 분석은 전체적인 효율성 점수의 변화를 보여주고 시점별 분석은 이를 자세하게 보여주고 있다.

마지막으로 전체 기간 동안에 DMU별 효율성 점수를 비교해보면 아래와 같다. 동그란 점으로 나타낸 것은 윈도우 분석을 통해 얻어진 각 DMU의 효율성 점수의 산출평균값이고 양쪽 끝의 꼬리는 평균으로부터 1 표준편차 떨어진 곳의 위치를 나타낸다. 이 양쪽 꼬리가 길수록 효율성 점수의 시점 간 차이가 크다는 것을 의미한다. 한국도로공사는 효율성 점수 차이가 시점 간에 매우 크게 나타나고 있음을 알 수 있다. 연도별 분석 결과를 보면 2008년과 2009년의 효율성 점수가 0.42 및 0.34였다가 그 이후에 효율성이 1점대로 급격히 증가했음을 알 수 있다. 따라서 연구자는 왜 효율성 점수가 급격히 변했는지에 대한 추가적 분석을 하면 흥미로운 결과를 밝혀 낼 수 있을 것이다.[7]

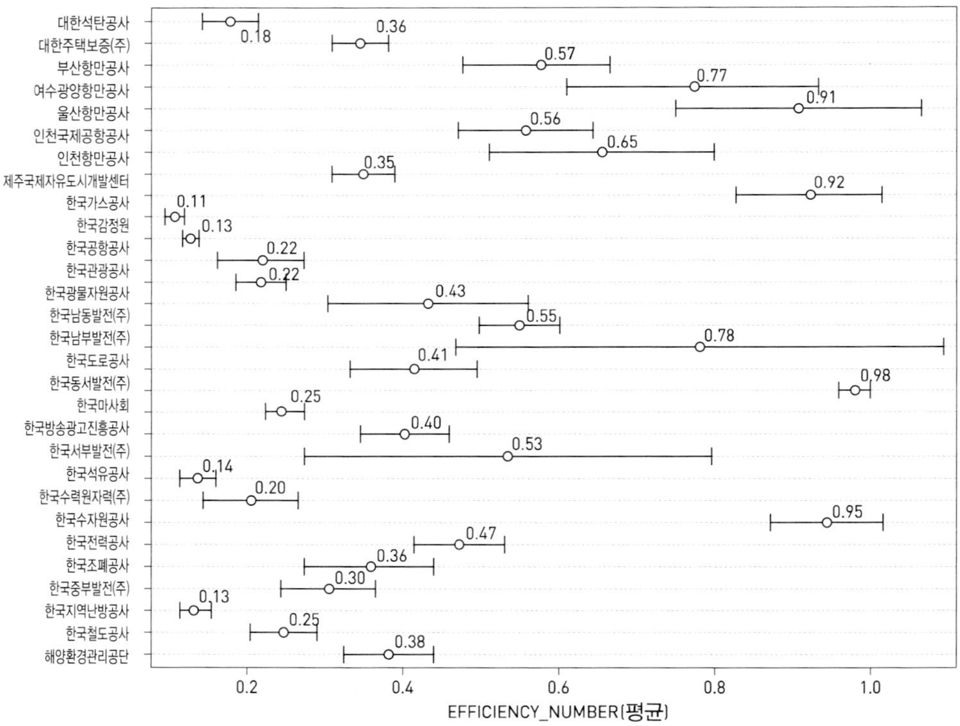

그림 7.5 ▸ DMU별 효율성 점수

7 윈도우 분석을 소개한 많은 책들은 DMU별 효율성 점수를 각각의 윈도우에서 얻어진 효율성 점수의 평균으로 계산하고 있다. 하지만 저자는 서로 다른 효율경계를 통해 얻어진 효율성 점수의 산술평균을 이용하기보다는 기술변동이 심하지 않은 기간 동안이라면 시점 간 분석에서 전체 자료를 이용하여 얻은 효율경계에 바탕을 둔 효율성 분석을 시도하는 것이 오히려 바람직하다고 판단한다.

마지막으로 분석대상이 된 공공기관 집단 전체의 연도별 효율성 점수 변화를 살펴볼 수 있다. [표 7.4]는 연도별 효율성 점수 평균의 변화를 계산한 것이다. [표 7.4]에서 확인할 수 있듯이 2009년 공공기관 전체의 효율성이 약간 감소했으나 그 이후 다시 꾸준히 증가하는 추세를 보이고 있음을 확인할 수 있다.

표 7.4 ▸ 전체 집단의 연도별 효율성 변화

분석 변수: EFFICIENCY_NUMBER						
연도	관측치 수	N	평균	표준편차	최솟값	최댓값
2008	30	30	0.4257609	0.2692056	0.0966198	1.0000000
2009	60	60	0.4224183	0.2563812	0.0865428	1.0000000
2010	90	90	0.4457524	0.2914341	0.0847007	1.0000000
2011	60	60	0.4761560	0.2863145	0.1175066	1.0000000
2012	30	30	0.4828542	0.3025801	0.1040112	1.0000000

7.2 맘퀴스트 분석

맘퀴스트 분석은 패널자료에 DEA 기법을 적용하여 기술 변화에 따른 효율성 변화를 생산성 개념을 이용하여 분석하기 위해 개발된 것이다. 지금까지는 효율성 점수라는 용어를 사용해왔지만 맘퀴스트 분석에서는 맘퀴스트 생산성 지수(Malmquist Productivity Index)라는 이름을 사용한다. 저자는 효율성과 생산성에 대한 개념이 행정학이나 경영학에서 모호하게 사용되고 있는 상황에서 굳이 생산성 지수라는 용어를 사용해야 하는지에 대해 의구심이 있으나 많은 연구에서 생산성이라는 용어를 사용하기 때문에 이하에서도 맘퀴스트 생산성 지수라는 이름을 사용하고자 한다.[8]

맘퀴스트 생산성 지수는 Cave et al.(1982)의 논문을 시점으로 패널자료 형태로 얻어지는 자료를 DEA 방법을 이용하여 분석할 때 주로 사용하고 있으며 국내에서도 적지

8 이정동 · 오동현(2012:215)은 "생산성은 산출량을 투입량으로 나눈 값으로 정의된다. 효율성과 유사한 개념이지만 효율성이 흔히 최대 효율성 대비 분석대상 관측치의 효율성, 즉 상대 효율성으로 나타나는 데 비해 생산성은 투입대비 산출의 값 자체로 정의되는 것이 일반적이다"라고 설명하고 있다. 하지만 맘퀴스트 생산성 지수 자체가 본질적으로는 상대적 효율성을 가정하는 DEA 효율성 정의에서 크게 벗어나지는 않는다.

않은 논문들이 맘퀴스트 생산성 지수를 사용하고 있다. 대부분의 주요 교과서와 많은 연구들이 이를 다루고 있으며 국내에서도 여러 편의 논문들이 맘퀴스트 분석에 기반한 연구 결과들을 제시하고 있다(김지혜 외, 2012; 이윤·안영효, 2011; 이광배·모수원, 2013).

맘퀴스트 생산성이 많은 연구자들의 관심을 끌게 된 것은 생산성의 변화를 주어진 효율경계 내의 효율성의 변화와 기술 변화에 따른 효율성 변화로 구분하고 있다는 점 때문이다. 따라잡기 효과(catch-up effect)로 불리는 효율성 변화는 효율경계의 변화와 관계없이 각 시점에서의 효율경계를 이용해 계산된 효율성 점수의 변화를 이용하여 측정한다. 반면 효율성 점수의 차이가 기술 변화나 규모의 경제 효과에 따라 발생된 차이일 수도 있기 때문에 이를 경계이동 효과(frontier shift effect) 또는 기술 변화 효과(technical change effect)라고 부른다.

맘퀴스트 생산성 지수에 대한 개념적 이해는 어렵지 않지만 모형의 가정 및 계산 과정에는 적지 않은 문제들이 있다. 가장 큰 문제는 효율성의 변화나 기술 변화가 짧은 시점에서 일어날 수 있는지의 문제이다. 엄청나게 빠른 속도로 기술이 발전하는 산업이라면 효율성 변화와 기술 변화가 매우 현저하게 나타날 수 있다. 하지만 현실에서 이러한 기술 변화가 일어나지 않는 경우가 일반적일 수 있다.[9] 이 경우 1~2년 기간 동안의 효율성 점수 변화를 기술 변화나 규모의 경제 변화로 해석하는 것이 과연 바람직할 것인가에 대한 현실적 비판이 가능하다. 기술적인 문제로는 시점 간 효율성 점수 계산에서 한 시점에서는 생산가능했던 것이 다른 시점에서는 생산불가능한 경우들이 발생하기 때문에 실행불가능해의 문제가 빈번하게 발생한다. 실행불가능해의 문제를 어떻게 해결했는지에 대한 적절한 설명 없이 맘퀴스트 분석을 수행하게 되면 해석의 타당성을 저해할 수밖에 없다. 특히 이 실행불가능해의 문제는 CCR, BCC, SBM 등 분석 모형에 따라 다양한 패턴으로 나타나기 때문에 상당한 주의가 필요하다(Cooper et al., 2007:331~337).[10] 이러한 어려움 때문에 맘퀴스트 분석 이론을 정확히 이해하는 것은 중요하다.

---

9 이것은 기술변화가 빠른 산업과 기술변화가 더딘 산업의 차이를 맘퀴스트 생산성 지수가 적절히 반영하는지에 대한 충분한 실증연구들이 필요함을 의미한다.

10 저자는 이러한 이유 때문에 DMU의 크기가 충분히 크지 않고 분석 기간이 충분히 길지 않은 경우 맘퀴스트 분석을 사용하기보다는 차라리 윈도우 분석을 사용하는 것도 고려해야 한다고 판단한다. 안타깝게도 자료의 적절성이나 방법론에 대한 이해도 없이 고급기법을 선호하는 경향으로 맘퀴스트 분석이 지나치게 남용되고 있는 문제가 여러 곳에서 존재하는 것이 사실이다.

가. 시점 간 효율성 변화 측정의 기본 이론

두 시점 간의 효율성 변화를 어떻게 측정할지를 충분히 이해하지 못한 채 맘퀴스트 분석을 수행하게 되면 분석 결과를 제대로 이해할 수 없게 된다. 따라서 시점 간 효율성 변화의 측정을 간단한 1투입 1산출 모형부터 시작하여 이해해 보도록 하자.

먼저 0기와 1기의 투입과 산출의 조합을 각각 (x_0, y_0) 및 (x_1, y_1)이라고 가정하면 0기와 1기의 효율성은 각각 다음과 같이 계산된다.

$$\theta_0 = y_0/x_0,\ \theta_1 = y_1/x_1$$

따라서 0기 대비 1기의 효율성을 π_1이라고 한다면 이는 다음과 같이 계산될 수 있다.

$$\pi_1 = \frac{\theta_1}{\theta_0} = \frac{y_1/x_1}{y_0/x_0} = \frac{y_1/y_0}{x_1/x_0}$$

결국 효율성의 시점 간 변화는 투입변수의 시점 간 비율 대비 산출변수의 시점 간 비율로 정의할 수 있음을 알 수 있다. 하지만 이런 1투입 1산출 모형은 바로 다투입 다산출 모형으로 확장하기 어려운 점이 있다.

생산성 이론을 다루는 연구(Coelli, 2005)에서는 다투입 다산출 요소를 갖는 DMU의 시점 간 효율성 변화를 측정하기 위해 다양한 생산성 지수 이론들을 제시해 왔다. 이 생산성 지수 이론은 크게 가격에 대한 지수와 양(quantity)에 대한 지수로 구분할 수 있다. 독자들의 일부는 각종 경제통계를 이용한 연구를 수행할 경우가 있으므로 이를 간략히 소개하면 다음과 같다(Coelli, 2005:87~95).[11]

먼저 기준연도와 비교연도를 각각 s, t라고 하고 $m(m = 1,2,...,M)$ 번째 재화의 가격과 수량을 각각 p_m 및 q_m이라고 나타내보자. 그렇다면 s 시점 재화의 가치가 t 시점에 변화한 정도를 V_{st}라고 한다면 이는 다음과 같이 정의될 수 있다.

$$V_{st} = \frac{\sum_{m=1}^{M} p_{mt}q_{mt}}{\sum_{m=1}^{M} p_{ms}q_{ms}}$$

여러 투입과 산출요소가 있는 경우는 분모와 분자의 각 요소가 합으로 결합되어

11 이 부분은 맘퀴스트 분석과 직접적으로는 관계가 없기 때문에 생략해도 무방하다. 다만 어떻게 변화를 정의하는지에 따라서 측정방식이 달라진다는 교훈은 기억할 필요가 있을 것이다.

있기 때문에 투입과 산출의 비율 변화를 나타내기 어렵게 된다. 이 문제를 해결하기 위해서 상대가치를 나타내는 ω 기호를 도입할 수 있다. ω_{ms}는 s 시점에서 m 번째 재화가 전체 재화의 가치에서 차지하는 상대적 비율을 나타내는 상대가치를 나타낸다. 이 상대가치를 가격비중으로 나타낼 수도 있고 수량비중으로 나타낼 수도 있으며 시점도 s 시점을 기준으로 할 수 있고 t 시점으로 할 수도 있다. 따라서 다음과 같은 다양한 생산성 지수들이 제시될 수 있다.

먼저 라스파이레스(Laspeyres) 가격 및 수량 지수는 다음과 같이 정의된다. 이 지수는 기준점이 되는 시점의 양을 상대가치(가중치)로 해서 가격의 변화를 측정하여 가격지수를 구한다. 즉 기준치와 변화시점의 가격비율을 기준시점의 상대가치로 가중평균한 값이 라스파이레스 가격 지수인 것이다. 이때 상대가치 w_{ms}는 기준시점, 즉 s 시점에서 m 상품의 상대적 중요성을 가격과 수량을 이용해 계산한 것이다.

라스파이레스 가격 지수

$$P_{st}^{L}=\frac{\sum_{m=1}^{M}p_{mt}q_{ms}}{\sum_{m=1}^{M}p_{ms}q_{ms}}=\sum_{m=1}^{M}\frac{p_{mt}}{p_{ms}}\times w_{ms}$$

$$(\text{단, } w_{ms}=p_{ms}q_{ms}/\sum_{m=1}^{M}p_{ms}q_{ms})$$

라스파이레스 가격 지수는 가격의 변화를 측정하지만 라스파이레스 수량 지수는 수량의 변화를 아래와 같이 측정한다. 이때 가격은 기준시점의 가격을 사용한다.

라스파이레스 수량 지수

$$Q_{st}^{L}=\frac{\sum_{m=1}^{M}p_{ms}q_{mt}}{\sum_{m=1}^{M}p_{ms}q_{ms}}$$

파셰(Paasche) 가격 지수는 라스파이레스 가격 지수와 달리 변화된 t 시점의 양을 사용하여 기준시점 대비 변화된 가격을 다음과 같이 정의한다.

파셰 가격 지수

$$P_{st}^{P}=\frac{\sum_{m=1}^{M}p_{mt}q_{mt}}{\sum_{m=1}^{M}p_{ms}q_{mt}}=\frac{1}{\sum_{m=1}^{M}\frac{p_{ms}}{p_{mt}}\times w_{mt}}$$

$$(\text{단, } w_t=p_{mt}q_{mt}/\sum_{m=1}^{M}p_{mt}q_{mt})$$

파셰(Paasche) 수량 지수는 라스파이레스 수량 지수와 달리 변화된 t 시점의 가격을 사용하여 기준시점 대비 변화된 시점의 수량을 다음과 같이 정의한다.

파셰 수량 지수

$$Q_{st}^{P}=\frac{\sum_{m=1}^{M}p_{mt}q_{mt}}{\sum_{m=1}^{M}p_{mt}q_{ms}}$$

피셔(Fisher) 지수는 라스파이레스 지수와 파셰 지수의 기하평균 값으로 두 지수의 차이를 줄여준다.

피셔 지수

$$P_{st}^{F}=\sqrt{P_{st}^{L}\times P_{st}^{P}}\,,\ Q_{st}^{F}=\sqrt{Q_{st}^{L}\times Q_{st}^{P}}$$

한편 통크비스트(Tornqvist) 지수는 상대가격이나 상대수량의 가중기하평균으로 다음과 같이 정의된다.

통크비스트 지수

$$P_{st}^{T}=\prod_{m=1}^{M}\left[\frac{p_{mt}}{p_{ms}}\right]^{\frac{\omega_{ms}+\omega_{mt}}{2}},\quad Q_{st}^{T}=\prod_{m=1}^{M}\left[\frac{q_{mt}}{q_{ms}}\right]^{\frac{\omega_{ms}+\omega_{mt}}{2}}$$

이러한 다양한 가격이나 수량 지수는 투입요소나 산출요소에 대해 적용을 할 수 있기 때문에 아래와 같이 다양한 총요소생산성증가율(Total Factor Production Growth, TFPG)을 구할 수 있다(Coelli, 2005; 이태희·오기석, 2011).

$$\mathrm{TFPG}_{st}^{L}=\left(\frac{\sum_{m=1}^{M}p_{ms}y_{mt}}{\sum_{m=1}^{M}p_{ms}y_{ms}}\right)\left(\frac{\sum_{n=1}^{N}p_{ns}x_{nt}}{\sum_{n=1}^{N}p_{ns}y_{ns}}\right)^{-1}=\left(\sum_{m=1}^{M}\omega_{ms}\frac{y_{mt}}{y_{ms}}\right)\left(\sum_{n=1}^{N}\gamma_{ns}\frac{x_{nt}}{x_{ns}}\right)^{-1}$$

$$\mathrm{TFPG}_{st}^{P}=\left(\frac{\sum_{m=1}^{M}p_{mt}y_{mt}}{\sum_{m=1}^{M}p_{mt}y_{ms}}\right)\left(\frac{\sum_{n=1}^{N}p_{nt}x_{nt}}{\sum_{n=1}^{N}p_{ny}x_{ns}}\right)^{-1}=\left(\sum_{m=1}^{M}\omega_{mt}\frac{y_{mt}}{y_{ms}}\right)\left(\sum_{n=1}^{N}\gamma_{nt}\frac{x_{nt}}{x_{ns}}\right)^{-1}$$

$$\mathrm{TFPG}_{st}^{F}=\left[\sqrt{\left(\sum_{m=1}^{M}\omega_{ms}\frac{y_{mt}}{y_{ms}}\right)\times\left(\sum_{m=1}^{M}\omega_{mt}\frac{y_{mt}}{y_{ms}}\right)}\right]\left[\sqrt{\left(\sum_{n=1}^{N}\gamma_{nt}\frac{x_{nt}}{x_{ns}}\right)\times\left(\sum_{n=1}^{N}\gamma_{ns}\frac{x_{nt}}{x_{ns}}\right)}\right]^{-1}$$

$$\mathrm{TFPG}_{st}^{T}=\left(\prod_{\mathrm{m}=1}^{\mathrm{M}}\left[\frac{\mathrm{y_{mt}}}{\mathrm{y_{ms}}}\right]^{\frac{\omega_{\mathrm{ms}}+\omega_{\mathrm{mt}}}{2}}\right)\left(\prod_{\mathrm{n}=1}^{\mathrm{N}}\left[\frac{\mathrm{x_{nt}}}{\mathrm{x_{ns}}}\right]^{\frac{\gamma_{\mathrm{ns}}+\gamma_{\mathrm{nt}}}{1}}\right)^{-1}$$

DEA 분석이 다루는 문제에서는 일반적으로 수량과 가격 정보가 함께 존재하는 경우는 드물다. 따라서 위에서 제시하는 다양한 접근방법을 적용하는 것은 쉽지 않다. 하지만 생산성 변화를 측정하기 위해서는 변화의 내용이 무엇인지, 가중치를 어떻게 부여할 것인지 등과 같은 문제들을 고민해야 한다는 점은 꼭 기억할 필요가 있다.

나. 맘퀴스트 생산성 지수의 분해

맘퀴스트 생산성 지수(Malmquist Productivity Index, MPI)에 대한 이론은 Cave et al.(1982)에서 시작되었다고 이야기하지만[12] 실제 DEA에서 사용하는 MPI는 Fare et al.(1994)가 제시한 효율성 변화(efficiency change)와 기술 변화(technological change)의 구분 논문에서 일반화되었다. 이 논문은 OECD 국가의 생산성 변화들을 MPI를 이용하여 따라잡기 효과와 경계이동 효과로 구분하여 분석하고 있다. 그러나 Fare et al.(1994)의 접근은 Ray(2004:284~285)가 지적하듯이 규모에 대한 수확불변이 가정에서만 타당하다는 한계를 갖고 있었다. 그 이후로 규모에 대한 수확가변 가정을 도입하여 생산성 증가를 기술적 효율성 변화, 순수 기술 변화, 그리고 규모 효율성 변화 등으로 구분하는 접근이 일반화되기 시작했다. 또한 규모에 대한 수확가변 모형을 이용한 경우 실행불가능해의 문제를 해결하기 위한 여러 가지 이론들도 제시되어 왔다. 이런 연구결과들은 Cooper et al.(2007)나 Ray(2004)에서 자세히 소개되고 있기에 이들을 참고하는 것을

---

12 Cave et al.(1982)의 논문을 읽어보면 자료포락분석이라는 용어는 사용하지 않고 있을 뿐 아니라 참고문헌 역시 DEA의 관점에 접근하지 않고 있음을 어렵지 않게 알 수 있다.

추천하고자 한다.

MPI 기본 개념은 기술적 효율성 변화, 순수 기술 변화, 규모 효율성 변화를 중심으로 설명할 수 있다. 이 책에서는 Ray(2004:290)가 제시한 [그림 7.6]을 이용하여 하나씩 살펴보도록 하자.

MPI는 규모에 대한 수확 가정과 투입 혹은 산출방향에 따라 모형이 구분될 수 있지만 Ray(2004)의 주장처럼 규모 효율성 개념까지 포괄하는 일반적인 모형을 위해서는 BCC MPI를 기본으로 하여 살펴보는 것이 편리하다. 이후에 확인하겠지만 BCC MPI 모형을 이용하면 CCR MPI 값도 자연스럽게 구할 수 있다. 한편 이하에서는 산출방향 모형을 중심으로 설명하겠지만 투입방향 모형도 유사한 논리를 가지고 분석할 수 있다.

먼저 시점은 0기와 1기 시점으로 구분될 수 있으며 1투입 1산출 상황에서 DMU A의 각 시점의 투입 및 산출 조합은 각각 A_0와 A_1으로 나타낼 수 있다. 이와 유사하게 DMU B, C, D의 투입 및 산출 조합이 0기와 1기에 걸쳐 그림에서 제시되고 있다. 0기의 CRS 효율경계에 해당하는 것이 R_0 직선이며 1기의 CRS 효율경계는 R_1 직선으로 나타난다. 이 선을 임의효율경계(pseudo production frontier)라고 부르기도 한다. 그

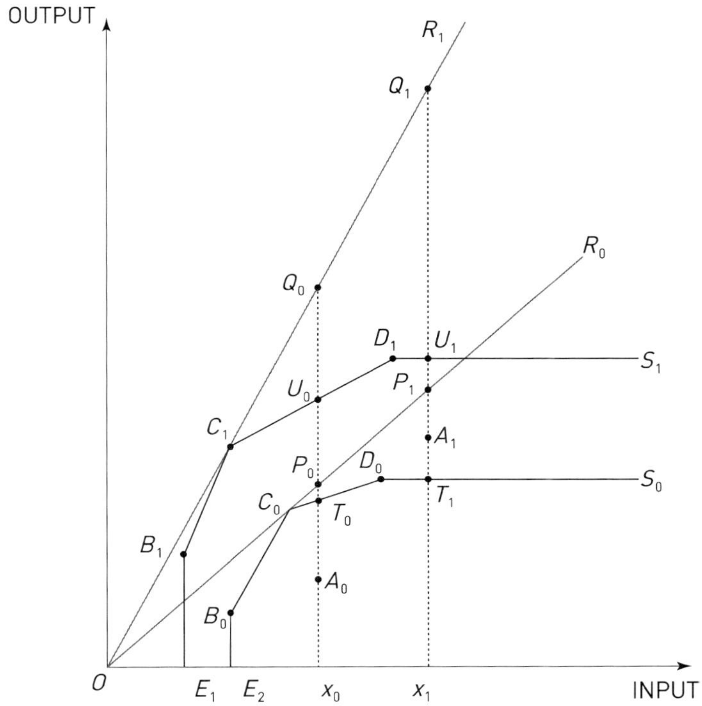

그림 7.6 ▸ 맘퀴스트 생산성 지수의 기하학적 분해(산출방향)

리고 규모에 대한 수확가변을 가정한 VRS 효율경계는 각각 S_0 및 S_1 곡선으로 나타난다. 이제 A_0에서 A_1으로 변한 경우 생산성 변화를 측정해보도록 하자.

먼저 거리 개념을 각각 CRS와 VRS의 입장에서 계산해보면 다음과 같다.[13]

$$D_c^0(x_o,y_A^0)=\frac{A_0x_0}{P_0x_0},\ D_v^0(x_o,y_A^0)=\frac{A_0x_0}{T_0x_0}$$

동일하게 1기의 효율성 거리는 0기의 효율경계를 기준으로 하면 다음과 같이 측정할 수 있다.

$$D_c^0(x_1,y_A^1)=\frac{A_1x_1}{P_1x_1},\ D_v^0(x_1,y_A^1)=\frac{A_1x_1}{T_1x_1}$$

A의 0기의 투입 대비 산출 비율 대비 1기의 투입 대비 산출 비율을 평균 생산성 수준(AP)으로 계산하면 다음과 같다.

$$\pi_A^0=\frac{AP_A^1}{AP_A^0}=\frac{\dfrac{A_1x_1}{Ox_1}}{\dfrac{A_0x_0}{Ox_0}}=\frac{\dfrac{A_1x_1}{P_1x_1}\dfrac{P_1x_1}{Ox_1}}{\dfrac{A_0x_0}{P_0x_0}\dfrac{P_0x_0}{Ox_0}}$$

이때 $\dfrac{P_1x_1}{Ox_1}$, $\dfrac{P_0x_0}{Ox_0}$은 모두 동일한 크기의 기울기를 나타내므로

$$\pi_A^0=\frac{AP_A^1}{AP_A^0}=\frac{\dfrac{A_1x_1}{P_1x_1}\dfrac{P_1x_1}{Ox_1}}{\dfrac{A_0x_0}{P_0x_0}\dfrac{P_0x_0}{Ox_0}}=\frac{\dfrac{A_1x_1}{P_1x_1}}{\dfrac{A_0x_0}{P_0x_0}}=\frac{D_c^0(x_1,y_A^1)}{D_c^0(x_0,y_A^0)}$$

위에서 계산한 방식은 0기의 효율경계를 중심으로 생산성을 계산한 것이다. 1기의 효율경계를 중심으로 생산성을 계산하면 다음과 같이 나타낼 수 있다.

$$\pi_A^1=\frac{AP_A^1}{AP_A^0}=\frac{\dfrac{A_1x_1}{Q_1x_1}}{\dfrac{A_0x_0}{Q_0x_0}}=\frac{D_c^1(x_1,y_A^1)}{D_c^1(x_0,y_A^0)}$$

---

13 D는 거리를 나타내며 하첨자 c와 v는 각각 CRS 및 VRS를 나타낸다. 상첨자는 효율경계의 시점을 나타낸다. 따라서 D_c^1은 CRS 기준의 1기 효율경계를 기준으로 한 거리임을 나타낸다.

CCR 모형에서 기술적 효율성 변화(TEC_c)는 0기의 효율경계하에서 계산된 0기의 효율성 점수 대비 1기의 효율경계하에서 계산된 1기의 효율성 점수의 비율로 정의된다. 이 값이 1보다 크면 기술적 효율성의 개선이 있었다고 할 수 있다.

$$\mathrm{TEC}_c = \frac{D_c^1(x_1, y_A^1)}{D_c^0(x_0, y_A^0)}$$

기술 변화(TC)는 각 기별 관찰점을 서로 다른 효율경계를 이용한 효율성을 계산하여 기하평균 값을 아래와 같이 구한다. 이 값이 1보다 크면 기술 발전이 있다고 해석을 할 수 있다.

$$\mathrm{TC}_c = \left[\frac{D_c^0(x_1, y_A^1)}{D_c^1(x_1, y_A^1)} \frac{D_c^0(x_0, y_A^0)}{D_c^1(x_0, y_A^0)} \right]^{1/2}$$

CCR 맘퀴스트 생산성(MI_c)은 TEC_c와 TC의 곱으로 다음과 같이 계산된다.

$$\mathrm{MI}_c = \mathrm{TEC}_c \times \mathrm{TC}_c$$

이 접근 방식은 CRS 가정하에서 산출방향 생산성 지수를 측정하는 Fare et al.(1994)의 아이디어와 유사하다. 이를 VRS 가정하에서 효율경계를 이용한 생산성 지수드 측정에 이용하여 맘퀴스트 생산성 지수를 계산할 수 있다. 앞의 생산성 지수 π_A를 VRS 효율경계를 고려해서 다음과 같이 각각 분해할 수 있다.

$$\pi_A^0 = \frac{\dfrac{A_1x_1}{T_1x_1}\dfrac{T_1x_1}{P_1x_1}}{\dfrac{A_0x_0}{T_0x_0}\dfrac{T_0x_0}{P_0x_0}} = \frac{\dfrac{A_1x_1}{U_1x_1}\dfrac{U_1x_1}{T_1x_1}\dfrac{T_1x_1}{P_1x_1}}{\dfrac{A_0x_0}{T_0x_0}\dfrac{T_0x_0}{P_0x_0}}$$

$$\pi_A^1 = \frac{\dfrac{A_1x_1}{U_1x_1}\dfrac{U_1x_1}{Q_1x_1}}{\dfrac{A_0x_0}{U_0x_0}\dfrac{U_0x_0}{Q_0x_0}} = \frac{\dfrac{A_1x_1}{U_1x_1}\dfrac{U_1x_1}{Q_1x_1}}{\dfrac{A_0x_0}{T_0x_0}\dfrac{T_0x_0}{U_0x_0}\dfrac{U_0x_0}{Q_0x_0}}$$

어느 효율경계를 기준으로 할지에 따라 생산성 지수가 차이가 나는 것은 앞에서 공부한 다양한 생산성 지수의 문제와 유사함을 알 수 있다. Ray & Deli(1997)는 π_A^0과 π_A^1의 기하평균 값을 생산성 지수로 계산하는 방법을 다음과 같이 제안하였다.

$$\pi_A = \sqrt{\pi_A^0 \times \pi_A^1} = \left[\frac{\frac{A_1x_1}{U_1x_1}}{\frac{A_0x_0}{T_0x_0}}\right]\left[\frac{U_1x_1}{T_1x_1}\frac{U_0x_0}{T_0x_0}\right]^{1/2}\left[\frac{\frac{T_1x_1}{P_1x_1}\frac{U_1x_1}{Q_1x_1}}{\frac{T_0x_0}{P_0x_0}\frac{U_0x_0}{Q_0x_0}}\right]^{1/2}$$

이렇게 분해된 값을 하나씩 살펴보자. 먼저 π_A의 등호 오른쪽 첫 번째 항은 0기의 VRS 효율경계를 이용해 계산된 0기의 투입·산출에 대한 효율성 점수 대비 1기의 VRS 효율경계를 이용해 계산된 1기 투입·산출에 대한 효율성 점수의 비율을 계산한 것이다. 이를 기술적 효율성 변화(Technical Efficiency Change, TEC)를 측정한 것으로 해석할 수 있다.

$$\mathrm{TEC}_v = \left[\frac{\frac{A_1x_1}{U_1x_1}}{\frac{A_0x_0}{T_0x_0}}\right] = \frac{D_v^1(x_1, y_A^1)}{D_v^0(x_0, y_A^0)}$$

π_A의 두 번째 항은 1기의 투입수준에서 효율경계의 이동을 나타낸 것과 0기의 투입수준에서 효율경계의 이동 크기의 기하평균이다. 이 값은 기술 변화(Technical Change, TC)와 관련된 요소라고 할 수 있다.[14] 이 값을 이용해서 기술 진보의 정도를 측정할 수 있다고 해석하기도 한다.[15] 즉 기술이 발전하여 효율경계가 멀어질수록 이 값은 1보다 큰 값을 갖게 된다.

$$\mathrm{TC}_v = \left[\frac{U_1x_1}{T_1x_1}\frac{U_0x_0}{T_0x_0}\right]^{1/2} = \left[\frac{D_v^0(x_1, y_A^1)}{D_v^1(x_1, y_A^1)}\frac{D_v^0(x_0, y_A^0)}{D_v^1(x_0, y_A^0)}\right]^{1/2}$$

π_A의 세 번째 항은 CRS와 VRS 효율경계 변화 크기로 규모 효율성 변화(Scale

14 문헌마다 조금씩 표기의 차이가 존재한다. Emrouznejad & Ho(2012)는 이를 기술 변화(technical change/progress)라고 표기했다. 유금록(2013)과 같은 국내 문헌도 이러한 표기를 따르고 있으며 Cooper, Seiford & Tone(2007)은 경계이동이라는 용어를 사용하기도 한다.

15 저자는 이러한 해석을 매우 조심스럽게 해야 된다고 주장하는 편이다. 일반적으로 기술 변화가 일어나려면 상당한 기간이 필요한데 적지 않은 맘퀴스트 분석들을 보면 t기와 $t+1$기와 같이 두 시점에서의 변화를 이용하여 기술 변화로 해석하고 있다. 이 짧은 기간 동안 일어나는 효율경계의 변화는 무작위 요인에 의해 발생했을 가능성이 크다. 이런 무작위 변동을 인위적으로 기술 변화로 해석하는 것은 바람직하지 않을 수 있다. 뿐만 아니라 DEA가 생산성의 문제보다는 벤치마킹의 관점에서 이해하는 경우 투입과 산출의 인과관계가 명확히 정의되지 않는 경우가 많다. 저자는 이 경우에도 과연 효율경계의 변화를 기술 변화로 이해해야 되는지 의문이다.

Efficiency Change, SEC)를 나타낸다. 앞에서 규모 효율성에 대한 정의가 VRS 효율성 대비 CCR 효율성이었음을 공부하였다. 이 규모 효율성 변화를 0기의 관점에서 평가한 것과 1기의 관점에서 평가한 것을 기하평균한 값으로 아래와 같이 계산할 수 있는 것이다.

$$\mathrm{SEC} = \left[\frac{\dfrac{T_1 x_1}{P_1 x_1} \dfrac{U_1 x_1}{Q_1 x_1}}{\dfrac{T_0 x_0}{P_0 x_0} \dfrac{U_0 x_0}{Q_0 x_0}} \right]^{1/2} = \left[\frac{\dfrac{D_c^0(x_1, y_A^1)}{D_v^0(x_1, y_A^1)} \dfrac{D_c^1(x_1, y_A^1)}{D_v^1(x_1, y_A^1)}}{\dfrac{D_c^0(x_0, y_A^0)}{D_v^0(x_0, y_A^0)} \dfrac{D_c^1(x_0, y_A^0)}{D_v^1(x_0, y_A^0)}} \right]^{1/2}$$

결국 효율성의 변화를 측정하는 맘퀴스트 생산성 지수를 다음과 같이 분해하고 있음을 알 수 있다.

$$\text{CRS 맘퀴스트 생산성 지수}(\mathrm{MI}_c) = \mathrm{TEC}_v \times \mathrm{TC}_v \times \mathrm{SEC}$$

한편 VRS 맘퀴스트 생산성 지수(MI_v)는 다음과 같이 구할 수 있다.

$$\text{VRS 맘퀴스트 생산성 지수}(\mathrm{MI}_v) = \mathrm{TEC}_v \times \mathrm{TC}_v$$

따라서 다음의 관계도 자동적으로 성립한다.

$$\mathrm{MI}_c = \mathrm{MI}_v \times \mathrm{SEC}$$

맘퀴스트 생산성 지수를 기하학적으로 설명하기 위해 거리 개념을 사용하였다.[16] 주의 깊은 독자는 기하학적 거리 개념을 어떻게 DEA에서 계산하는지 궁금하게 생각할 수 있는데 이것에 대해서는 Shephard 거리(Shephard distance)가 결국은 DEA 효율성 점수로 측정된다는 정리를 이용하면[17] 효율성 분석에 무리없이 적용할 수 있다.

좀 더 주의 깊은 독자는 위의 논의를 읽으면서 생산가능집합과 효율경계가 변해서 0기의 효율경계를 가지고 1기의 투입 · 산출을 측정하게 되면 해를 계산할 수 없는 문제가 발생할 수 있지 않을까 고민할 수 있을 것이다. 이러한 고민은 맘퀴스트 생산성 지수의 실행불가능해의 문제로 불리면서 여러 가지 대안 모형들을 통허 개선되어가고 있다.

16 거리 개념을 이용했기 때문에 효율성을 나타내는 기호로 D를 사용한 것이다.

17 Shephard distance의 여러 가지 특징에 대해서는 Ray(2004)의 2장 부록을 참고하기 바람. 이 개념은 stochastic frontier analysis에서 다수의 산출요소나 투입요소를 종속변수로 사용하는 모형에 응용되기도 한다.

다음 절에서는 위 개념을 바탕으로 다투입 다산출이 있는 상황에서 어떻게 맘퀴스트 생산성 지수를 계산할 수 있는지 살펴보도록 한다.

다. 맘퀴스트 생산성 지수 계산

맘퀴스트 생산성 지수의 계산은 DEA 모형과 마찬가지로 투입방향, 산출방향 방사 모형(CCR, BCC 등) 혹은 비방사 모형(SBM, 합계모형 등)과 같이 모형에 대한 다양한 가정에 따라 다양한 모형이 존재할 수 있다. 어느 방법이 적합한지에 대해서는 횡단면 DEA 분석에서의 논의와 유사하다. 현실에서 여러 모형들이 사용하고 있다는 것은 한 모형이 다른 모형에 비해 절대적으로 우월하지 않다는 것을 보여준다. 예를 들어 Farrell의 효율성 개념에 입각한 방사형 모형은 투입이나 산출의 여유분을 고려하지 못한다는 한계를 갖고 있다(Cooper et al., 2007; Cooper et al., 2004:2007; 유금록, 2013). 따라서 비방사모형이 선호될 수 있다. 하지만 SBM 모형은 변환불변성을 만족하지 않고 합계모형은 단위불변성도 만족하지 않는다. 따라서 독자들은 어느 모형이 연구문제에 적합한지를 고민하며 적절한 생산성 지수를 선택하는 것이 바람직하다. 여기서는 산출방향 BCC 모형을 이용해 살펴보고자 한다.[18]

1) 방사형 모형의 맘퀴스트 생산성 지수

맘퀴스트 생산성 지수의 계산은 매우 간단한 절차를 따른다. 산출방향 BCC 모형에 기반한 맘퀴스트 생산성 지수는 시기 내(within) 및 시기 간(intertemporal) 효율성 점수 값을 구하게 된다. 먼저 시기를 나타내는 기호를 t라고 하고 이 t는 0과 1의 값을 갖는다고 가정해보자.

$$t \in \{1,0\}$$

그리고 DMU k의 t 시점의 투입 및 산출 조합을 (x_k^t, y_k^t)라고 하고 s 시점의 효율경계를 바탕으로 한 거리함수는 D^s라고 하자. 예를 들어 0 시점의 효율경계를 이용하여 1 시점의 자료로 거리함수 값을 구한다면 $D^0(x_k^1, y_k^1)$와 같이 나타낼 수 있다. 먼저 시기 내의 산출방향 DEA 모형은 다음과 같이 나타낼 수 있다.

---

18 산출방향 모형으로 살펴보는 이유는 1투입 1산출 모형을 이용해서 설명한 생산성 지수가 산출방향 모형에 바탕을 두었기 때문이다.

시기 내 DEA 효율성

$$\begin{aligned} & Max\ \theta^t \\ s.t.\ \ & x_{ki}^t \geq \sum_{j=1}^{n} x_{ji}^t \lambda_j \ \ (\text{단},\ i=1,2,...,m) \\ & \sum_{j=1}^{n} y_{jr}^t \lambda_j \geq \theta^t y_{kr}^t \ \ (\text{단},\ r=1,2,...,s) \\ & \sum_{j=1}^{n} \lambda_j = 1 \\ & \lambda_j \geq 0 \ \ (\text{단},\ j=1,2,...,n) \end{aligned}$$

이 시기 내 효율성을 각각 0 시점과 1 시점의 자료를 이용하여 θ^0 및 θ^1의 값을 얻을 수 있다. 산출방향의 경우 이 값의 역수 값이 효율성 점수이므로 이를 이용해 거리함수 값을 구해보면 다음과 같다.

$$D^0(x_k^0, y_k^0) = 1/\theta^0, \quad D^1(x_k^1, y_k^1) = 1/\theta^1$$

한편 시기 간 DEA 효율성도 측정할 수 있다. s 시점의 효율경계를 이용하여 t 시점의 투입 및 산출 조합에 대한 거리함수 $D^s(x_k^t, y_k^t)$를 구하기 위해서 다음과 같은 산출방향 BCC 모형을 풀게 된다. 이 모형을 자세히 살펴보면 볼록성 가정하에서 효율경계를 구성하는 부분은 s 시점의 투입과 산출을 이용하고 있음을 알 수 있다. 아래 DEA 모형을 이용해서 풀면 $D^0(x_k^1, y_k^1)$ 및 $D^1(x_k^0, y_k^0)$의 값을 구할 수 있다.

시기 간 DEA 효율성

$$\begin{aligned} & Max\ \delta^t \\ s.t.\ \ & x_{ki}^t \geq \sum_{j=1}^{n} x_{ji}^s \lambda_j \ \ (\text{단},\ i=1,2,...,m) \\ & \sum_{j=1}^{n} y_{jr}^s \lambda_j \geq \delta^t y_{kr}^t \ \ (\text{단},\ r=1,2,...,s) \\ & \sum_{j=1}^{n} \lambda_j = 1 \\ & \lambda_j \geq 0 \ \ (\text{단},\ j=1,2,...,n) \end{aligned}$$

한편 규모 효율성 변화를 측정하기 위해서는 임의거리함수(pseudo distance function,

D_c) 값을 구해야 하는데 시기 간 BCC 효율성 모형에서 $\sum_{j=1}^{n}\lambda_j = 1$ 제약조건을 제외하고 모형을 풀면 CCR 효율성을 구할 수 있고 이를 통해 $D_c^0(x_k^1, y_k^1)$ 및 $D_c^1(x_k^0, y_k^0)$ 값을 구할 수 있다. 또한 시기 내 모형에서 $\sum_{j=1}^{n}\lambda_j = 1$ 제약조건을 제외하고 모형을 풀면 $D_c^0(x_k^0, y_k^0)$ 및 $D_c^1(x_k^1, y_k^1)$ 값 역시 구할 수 있다.

이렇게 모든 거리함수들을 구하면 앞에서 맘퀴스트 생산성 지수를 기술적 효율성 변화(TEC), 순수 기술 변화(TC), 규모 효율성 변화(SEC)로 계산하는 데 사용해 최종적인 값을 얻을 수 있게 된다.

이 맘퀴스트 생산성 지수 계산 절차에서 문제가 되는 것은 생산함수를 CCR이 아닌 BCC 모형으로 가정하는 경우이다. CCR 모형을 푸는 경우에는 시점 간 효율성 계산을 할 때 초효율성을 계산하듯이 효율성 값이 1보다 큰 값을 계산할 수 있기 때문에 투입방향의 경우 0 시점의 투입이 1 시점에 의해 만들어진 효율경계보다 작더라도 실행불가능해의 문제가 발생하지 않는다. 하지만 BCC 모형, 즉 규모 수확 변화(Variable Returns to Scale, VRS) 가정을 할 경우 t 시기 DMU k의 어떤 투입요소 양이 s기의 모든 다른 DMU들의 해당 투입요소 양보다 작으면 실행불가능해의 문제가 발생한다.[19] 규모 수확 체감(Decreasing Returns to Scale, DRS) 모형의 경우 산출방향에서 해가 없을 수 있으며, 규모 수확 체증(Increasing Returns to Scale, IRS) 모형은 반대로 투입방향에서 해가 없을 수 있다. 모든 상황에서 해가 존재하는 모형은 사실상 규모 수확 불변의 CCR 모형뿐이다.[20]

맘퀴스트 생산성 지수에서 효율경계를 계산할 때 자기 자신을 포함하여 분석하는 경우(inclusive)와 자기 자신을 제외하여 분석하는 경우(exclusive)가 있다. 앞에서 설명한 경우는 자기 자신을 포함한 경우에 해당하지만, 경우에 따라서는 초효율성을 계산할 때처럼 자기 자신을 제외하여 분석하는 접근도 활용해 볼 수 있다. 이 경우 맘퀴스트 모형은 효율경계를 계산할 때 자기 자신은 제외한다는 제약조건을 주고 위의 절차를 통해 분석하면 어렵지 않게 결과를 얻을 수 있다.

---

19 투입방향의 경우는 반대로, t 시기의 특정 산출이 s 시기의 어떤 기업의 해당 산출요소 양보다 더 크다면 해가 존재하지 않는다.

20 굳이 규모 효율성 변화를 고려하지 않고 생산성을 효율성 변화와 기술효율의 변화만으로 측정하는 경우라면 CCR 모형에 입각한 맘퀴스트 분석이 바람직할 수 있다.

2) 비방사형 모형의 맘퀴스트 생산성 지수

CCR이나 BCC 모형과 같은 방사형 모형은 여유분에 대한 해석이 어렵다는 단점을 가지고 있다. 이를 보완하기 위한 것이 비방사형 여유분 기준 맘퀴스트 생산성 지수(Slack-Based Measured Malmquist Production Index, SBM MPI)이다.

SBM MPI는 투입방향 및 산출방향의 모형으로 구분될 수 있고 경우에 따라서는 실행불가능해 문제를 해결하기 위한 Super SBM 등을 사용하기도 한다. 어느 접근을 사용하든지 앞에서 살펴본 방사형 모형과 동일한 논리에 따라 시점 내 및 시점 간 DEA 분석을 수행하여 기술적 효율성 변화(TEC)와 기술 변화(TC) 값을 계산 한 후 이를 이용해 MPI를 계산하면 된다.

투입방향에 SBM의 경우에는 아래와 같은 SBM-I 모형을 이용하여 시점 내 및 시점 간 모형을 계산하여 맘퀴스트 생산성 지수를 얻게 된다. 동일 시점인 경우에는 $s=t$인 상황에서 효율성을 계산하면 되고 동일시점이 아닌 경우에는 $s \neq t$인 경으의 효율성 점수를 계산하면 된다(Cooper et al., 2006:333).

투입방향 SBM 시점 내 및 시점 간 모형

$$\delta^s(x_k^t, y_k^t) = Min\ 1 - \frac{1}{m}\sum_i^m s_i^- / x_{ki}^t$$

$$\sum_{j=1}^n x_{ij}^t \lambda_j + s_i^- = x_{ki}^s \quad (\text{단, } i=1,\ 2,\ldots,\ m,\ \text{투입요소 하첨자})$$

$$\sum_{j=1}^n y_{rj}^s \lambda_j - s_r^+ = y_{kr}^t \quad (\text{단, } r=1,\ 2,\ldots,\ s,\ \text{산출요소 하첨자})$$

$$\sum_{j=1}^n \lambda_j = 1 \quad (\text{단, } j=1,\ 2,\ldots.,\ m,\ \text{DMU 하첨자})$$

$$s_i^- \geq 0,\ s_r^+ \geq 0,\ \lambda_j \geq 0$$

비방사형 SBM MPI는 시점 내 DEA 계산의 경우는 언제나 해를 가지기 때문에 문제가 되지 않는다. 하지만 시점 간 DEA 계산에서는 실행불가능해가 발생할 수 있다. 이 경우 초효율성 SBM 모형을 이용하여 값을 계산해야 된다(Cooper et al., 2006:335~336).

방사형과 비방사형의 차이를 다시 한 번 짚고 넘어가도록 한다. 두 모형의 차이는 여유분을 어떻게 처리하느냐에 따라 다르다. 비방사형 SBM은 방사형에서 직접 다루지 않는 여유분을 고려하기 때문에, 같은 시기에 대한 프로그램에서는 SBM이 더 낮은 값을 보고할 가능성이 크다. 그리고 시기 간 비교에 있어서는 분석대상 의사결정단위의 여유분 변화에 따라 따라잡기(catch-up) 값에서 방사형 모형에서의 계산 값과 차이가 날 수 있다.

마지막으로 살펴볼 것은 해가 없는 경우에 관한 것이다. 맘퀴스트 지수 분석은 규모에 대한 수익을 어떻게 정의할 것인가, 방사형인가 비방사형인가에 대해 매우 민감하게 반응하며 해가 없는 경우도 빈번하게 나타난다. 이 경우에 대한 해결책으로 제시되는 것이 비방사형 비지향 SBM MPI 모형인데 위 방법으로 계산 시 해가 없을 경우 아래 모형을 선택하여 분석하는 것이 권고된다.

비방사형 비지향 SBM MPI 모형

$$\delta^s(x_k^t, y_k^t) = Min\,(1-\frac{1}{m}\sum_{i=1}^{m}\phi_i)(1+\frac{1}{q}\sum_{i=1}^{q}\psi_i)$$

$$\sum_{j=1}^{n} x_{ij}^s\lambda_j = (1-\phi_i)x_{ki}^t \qquad (\text{단, } i=1,\ 2,...,\ m,\ \text{투입요소 하첨자})$$

$$\sum_{j=1}^{n} y_{rj}^s\lambda_j = (1+\psi_i)y_{kr}^t \qquad (\text{단, } r=1,\ 2,...,\ s,\ \text{산출요소 하첨자})$$

$$\sum_{j=1}^{n} \lambda_j = 1 \qquad (\text{단, } j=1,\ 2,...,\ m,\ \text{DMU 하첨자})$$

$$\phi_i \geq 0,\ \psi_i \geq 0,\ \lambda_j \geq 0$$

라. 프로그램을 이용한 맘퀴스트 생산성 지수 계산

맘퀴스트 생산성 지수(MPI)분석을 위해 %MI 매크로를 사용할 수 있다.[21] 이 매크로는 CCR 모형에 기반한 MPI, BCC 모형에 기반한 MPI 결과를 함께 제시해준다. [표 7.5]는 두 개의 투입과 두 개의 산출이 있는 자료이다.[22] 6개의 DMU로 구성되어 있으며 시기는 2기로 구성되어 있다.

---

21 %MI 코드는 길이가 상당히 길어서 이 책에 포함시키지 않았다.

22 SAS EMROUZ 데이터셋은 Emrouznejad, A. & W. Ho(2011), *Applied operational research with SAS*, Chapman and Hall/CRC, 제9장에서 인용하였다.

표 7.5 ▸ 맘퀴스트 분석을 위한 예제 자료

DMU_NAME	PERIOD	INPUT1	INPUT2	OUTPUT1	OUTPUT2
1	1	15	2.0	14	3.5
2	1	40	7.0	14	21.0
3	1	32	12.0	42	10.5
4	1	52	20.0	28	42.0
5	1	35	12.0	19	25.0
6	1	32	7.0	14	15.0
1	2	10	1.5	17	2.5
2	2	45	5.6	16	22.0
3	2	65	11.0	40	10.0
4	2	50	27.0	28	30.0
5	2	30	14.0	19	25.0
6	2	38	9.0	13	12.0

두 시기가 아닌 여러 시기의 자료가 있는 경우에는 SAS를 이용하여 두 시기의 데이터셋을 만들고 MI 매크로를 반복적으로 시행하도록 하면 어렵지 않게 여러 시기에 걸친 생산성 분석을 수행할 수 있다.

투입방향 방사형 모형에 대한 맘퀴스트 분석을 수행하기 위해서는 시점 내, 시점 간 분석을 CCR 모형 및 BCC 모형에 대하여 8번의 DEA를 수행하게 된다.[23] 이 결과를 이용하면 맘퀴스트 생산성 지수를 기술적 효율성 변화, 기술 변화, 규모 효율성 변화로 분해할 수 있도록 도와준다.

MI 매크로를 수행하면 REPORT라는 데이터셋에 아래와 같은 분석 결과가 저장된다. [표 7.6]의 각 변수는 앞 절에서 살펴보았던 시점 내 및 시점 간 효율성 값들을 나타낸다. 각 변수의 의미는 다음과 같다.

CCR 모형을 분석한 결과

DEA00C = $D_c^0(x_0, y_A^0)$, DEA11C = $D_c^1(x_1, y_A^1)$

DEA01C = $D_c^0(x_1, y_A^1)$, DEA10C = $D_c^1(x_0, y_A^0)$

---

23 SAS 7.3 투입방향 방사형 맘퀴스트 분석 참고. 분석을 위해서는 아래 코드를 실행시키면 됨. %MI(TYPE=1, DSN=EMROUZ, TIMEVAR=PERIOD, START=1, LAST=2, INPUTLIST=%STR('INPUT1', 'INPUT2'), OUTPUTLIST=%STR('OUTPUT1', 'OUTPUT2'));

BCC 모형을 분석한 결과

$$\text{DEA00V} = D^0(x_0, y_A^0),\ \text{DEA11V} = D^1(x_1, y_A^1)$$
$$\text{DEA01V} = D^0(x_1, y_A^1),\ \text{DEA10V} = D^1(x_0, y_A^0)$$

표 7.6 ▸ MI 매크로 출력 결과 SAS 7.3

DMUID	DEA00C	DEA11C	DEA01C	DEA10C	DEA00V	DEA11V	DEA01V	DEA10V
1	1.00	1.00	1.77	0.77	1.00	1.00	2.05	0.86
2	1.00	1.00	1.33	0.97	1.00	1.00	1.44	0.98
3	1.00	0.45	0.62	0.89	1.00	1.00	1.03	0.98
4	1.00	0.77	0.83	1.08	1.00	1.00	0.84	0.98
5	0.98	1.00	1.07	1.01	1.00	1.00	1.17	1.15
6	0.87	0.56	0.58	0.83	0.90	0.59	0.63	0.86

위 분석 결과를 이용하면 먼저 CCR 모형에 기반한 맘퀴스트 생산성과 BCC 모형에 기반한 맘퀴스트 생산성을 계산할 수 있다. 먼저 CCR 기술적 효율성 변화(Technical Efficiency Change, TEC)는 다음과 같이 계산된다.

$$\text{TEC}_c = D_c^1(x_0, y_A^0)/D_c^0(x_0, y_A^0) = \text{DEA11C}/\text{DEA00C}$$

기술 변화(Technical Change, TC)는 기술 변화에 따른 효율성 변화에 대한 기하평균이 1보다 크면 기술 진보가 있었다고 해석할 수 있다. 아래 식을 보면 TC가 크게 두 요소로 구성되어 있음을 알 수 있다. DEA01C/DEA11C 부분은 1 시점의 관찰점을 1 시점 효율경계를 기준으로 평가한 것 대비 0 시점 효율경계를 이용해 평가한 결과의 비율을 나타낸다. 기술이 발전하게 되면 동일 투입에 대해 더 많은 산출을 하게 된다. 따라서 과거 수준에서는 효율적이었던 투입과 산출 수준이 새로운 기술 수준의 관점에서는 비효율적인 것이 될 수 있다. 이러한 이유로 DEA01C/DEA11C의 값이 1보다 크다는 것은 기술 발전이 있다고 해석할 수 있는 것이다. 이와 유사하게 DEA00C/DEA10C은 0기의 관찰점이 효율성을 1기 효율경계 기준으로 측정한 결과 대비 0기 효율경계 지준으로 측정할 결과의 비율을 나타낸다. TC는 이 두 가지 효과의 기하평균을 구한 값이라고 이야기할 수 있다.

$$\text{TC}_c = \sqrt{(\text{DEA01C} \times \text{DEA00C})/(\text{DEA11C} \times \text{DEA10C})}$$

그리고 CCR 맘퀴스트 생산성은 다음과 같이 계산된다. MI_c는 1기 효율경계를 이용하여 평가한 1기 효율성 점수 대비 2기 효율성 점수의 비율과, 2기 효율경계를 이용하여 평가한 1기 효율성 점수 대비 2기 효율성 점수 비율의 기하평균이다. 이 값이 1보다 크면 총요소생산성(Total Factor Productivity, TFP)의 증가가 있었다고 해석할 수 있으며 1보다 작으면 총요소생산성의 감소가 있었다고 해석할 수 있다.

$$\mathrm{MI}_c = \mathrm{TEC}_c \times \mathrm{TC}_c$$

이와 유사하게 BCC 모형에 대해서도 기술적 효율성 변화, 기술 효율성 변화, 그리고 생산성 지수들을 구할 수 있다. 이 값들을 해석해보면 다음과 같다.

TEC 값이 1의 값을 가지면 시점 간 효율성 변화가 없다는 것으로 해석할 수 있다. DMU 1을 보면 TEC_c의 값이 1로 1기와 2기의 기술적 효율성 변화가 없음을 알 수 있다. 또한 TEC_v의 값 역시 1이므로 규모에 대한 수확가변을 가정하더라도 기술적 효율성의 변화는 역시 없다고 판단할 수 있다.

TC는 기술 변화를 나타낸다. [표 7.7]의 CCRTechChange 열을 살펴보면 DMU 1의 TC_c 값은 1.52로 나타나고 있다. 이 값이 1보다 크기 때문에 생산기술이 1기에 비해 2기에 진보가 있었다고 해석할 수 있다. BCCTechChange 열을 살펴보면 TC_v 역시 1.55로 규모에 대한 수확가변을 가정하더라도 기술 진보에 따른 효율성 증대가 있었음을 알 수 있다.

MI는 맘퀴스트 생산성 지수를 나타낸다. MI_c는 1.52로 규모에 대한 수확불변을 가정하였을 때 1기에 비해 2기에서 52% 생산성 증가가 있었다고 해석할 수 있다. 또 기술적 효율성 변화에 의한 변화가 없었기 때문에 이 효율성 증가는 모두 기술 진보에 따른 효율성 증가라고 해석을 할 수 있다. MI 값이 1보다 작으면 1 시점에 비해 2 시점의 효율성이 떨어졌다고 해석할 수 있다. 예를 들면 DMU 3은 [표 7.6]의 DEA00C를 살펴보면 1 시점에서 CCR 효율성 점수가 1이었으나 2 시점에서는 0.45점으로 떨어졌다. 이를 살펴보면 기술적 효율성 변화는 0.45로 2기의 기술적 효율성은 1기에 비해 45%나 감소하였다고 해석할 수 있다. 또한 1기에 비해 2기의 기술 변화로 인한 효율성 증가가 있었다. 이를 종합해서 보면 생산성 지수는 [표 7.7]의 CCRMalmIndex를 살펴보면 0.56으로 낮게 나타나고 있음을 알 수 있다.

BCC 모형에서 새롭게 고려할 수 있는 것이 규모 효율성 변화(SEC)이다. 규모 효율성은 규모 수확가변으로 측정한 효율성 대비 규모 수확불변으로 측정한 효율성의 비율이다. SEC는 0기 기준으로 측정한 규모 효율성의 변화와 1기 기준으로 측정한 규모 효율성 변화의 기하평균이라고 해석할 수 있다. 이 값이 1보다 크면 규모 효율성이 커졌다고 할 수 있다. [표 7.7]에서는 ScaleChange 열에 SEC 값이 나타나고 있다.

$$\mathrm{SEC} = \sqrt{\frac{(\mathrm{DEA01C/DEA01V}) \times (\mathrm{DEA11C/DEA11V})}{((\mathrm{DEA00C/DEA00V}) \times (\mathrm{DEA10C/DEA10V})}}$$

SEC를 이용하면 CCR MI와 BCC MI의 관계를 좀 더 정확하게 이해할 수 있다. CCR 생산성 지수는 BCC 생산성 지수와 규모 효율성 변화의 곱으로 나타낼 수 있기 때문이다.

표 7.7 ▸ 방사형 투입방향 맘퀴스트 분석 결과 SAS 7.3

DMUID	TEC_C	CCRTech Change	CCRMalm Index	TEC_V	BCCTech Change	BCCMalm Index	Scale Change
1	1.00	1.52	1.52	1.00	1.55	1.55	0.98
2	1.00	1.17	1.17	1.00	1.21	1.21	0.97
3	0.45	1.25	0.56	1.00	1.02	1.02	0.55
4	0.77	1.00	0.77	1.00	0.93	0.93	0.83
5	1.02	1.02	1.04	1.00	1.01	1.01	1.03
6	0.64	1.05	0.67	0.66	1.05	0.69	0.97

투입방향 방사형 모형의 맘퀴스트 분석 결과가 항상 산출방향 방사형 모형의 맘퀴스트 분석 결과와 동일한 것은 아니다. [표 7.8]을 살펴보면 산출방향의 경우 DMU 5의 BCC 맘퀴스트 지수는 1.11로 약 11% 정도의 생산성 증가가 있는 것으로 나타나고 있지만 앞에서 투입방향의 BCC 맘퀴스트 지수는 1.01로 1% 정도의 증가밖에 없는 것으로 나타나 차이를 보여주고 있다.

한편 일부 DMU의 경우에는 실행불가능해의 문제가 나타나고 있음을 알 수 있다. DMU 1의 경우에는 0기의 효율경계를 이용하여 1기의 투입산출의 효율성을 측정한 시점 간 BCC 효율성이 계산이 되지 않아 실행불가능해의 문제가 나타나 BCC 맘퀴스트 효율성 지수가 계산되지 않음을 알 수 있다.

이러한 이유 때문에 맘퀴스트 분석을 수행할 때는 투입방향으로 할지 여부와 실행불가능해의 문제를 어떻게 처리할지의 문제에 대한 연구자의 충분한 설명이 제시되어야 하며 해석에 있어서도 유의해야 될 것이다.

표 7.8 ▸ 방사형 모형 산출방향 맘퀴스트 분석 결과 SAS 7.4

DMU ID	CCREff Change	CCRTech Change	CCRMalm Index	BCCEff Change	BCCTech Change	BCCMalm Index	Scale Change	CCR Mindex2
1	1.00000	1.51568	1.51568	1.00000	.	.	.	.
2	1.00000	1.16784	1.16784	1.00000	1.18099	1.18099	0.98887	1.16784
3	0.45216	1.24544	0.56314	1.00000	0.79393	0.79393	0.70931	0.53614
4	0.76821	1.00196	0.76971	1.00000	0.75991	0.75991	1.01290	0.76971
5	1.02302	1.01988	1.04335	1.00000	1.11230	1.11230	0.93801	1.04335
6	0.64062	1.04853	0.67171	0.72584	1.00430	0.72896	0.92146	0.67171

연구목적에 따라서는 생산성 증가의 변화가 어떻게 일어나고 있는지를 초기 효율성 점수와 맘퀴스트 생산성 지수의 관계를 살펴봄으로써 쉽게 이해할 수 있다. 예를 들어 2008년과 2013년 두 시점을 선정하여 2008년의 투입방향 BCC 효율성 점수 값이 낮거나 높았던 공공기관의 생산성이 2013년에는 얼마나 변화했는지에 관심을 갖는다고 해 보자. 이를 분석해 본 결과는 [그림 7.7]과 같다. 이 그림에서 확인할 수 있듯이 2008년 시점에서 BCC 효율성이 아주 낮았던 공공기관들 중 일부는 크게 개선이 되었지만 어떤 공공기관들은 오히려 효율성이 떨어져 생산성 지수가 1보다도 낮게 나타나는 것을 볼 수 있다. 이처럼 비효율적인 DMU들이 얼마나 생산성 개선이 이루어지고 있는지를 쉽게 분석할 수 있다.

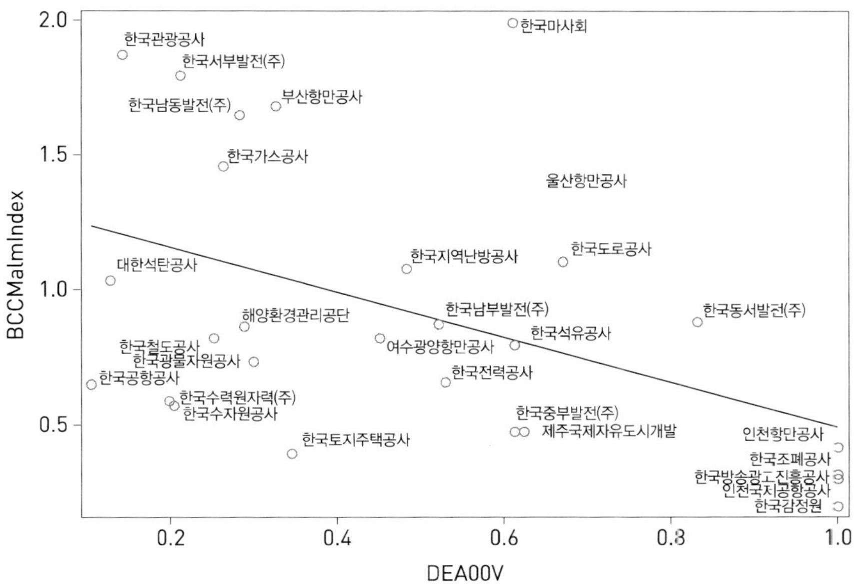

그림 7.7 ▸ 0 시점 BCC 효율성 대비 BCC 맘퀴스트 효율성 지수 SAS 7.4

또한 맘퀴스트 생산성 변화의 원인이 BCC 효율성 변화 때문인지, 기술 변화 때문인지 혹은 규모의 경제 때문인지를 살펴보기 위한 회귀분석도 수행해 볼 수 있다. 간단히 맘퀴스트 생산성 지수와 기술 변화의 관계를 살펴본 아래 결과를 보면 맘퀴스트 생산성 지수의 변화에 기술 변화가 영향을 미쳤다고 보기 어렵다는 점을 확인할 수 있다.

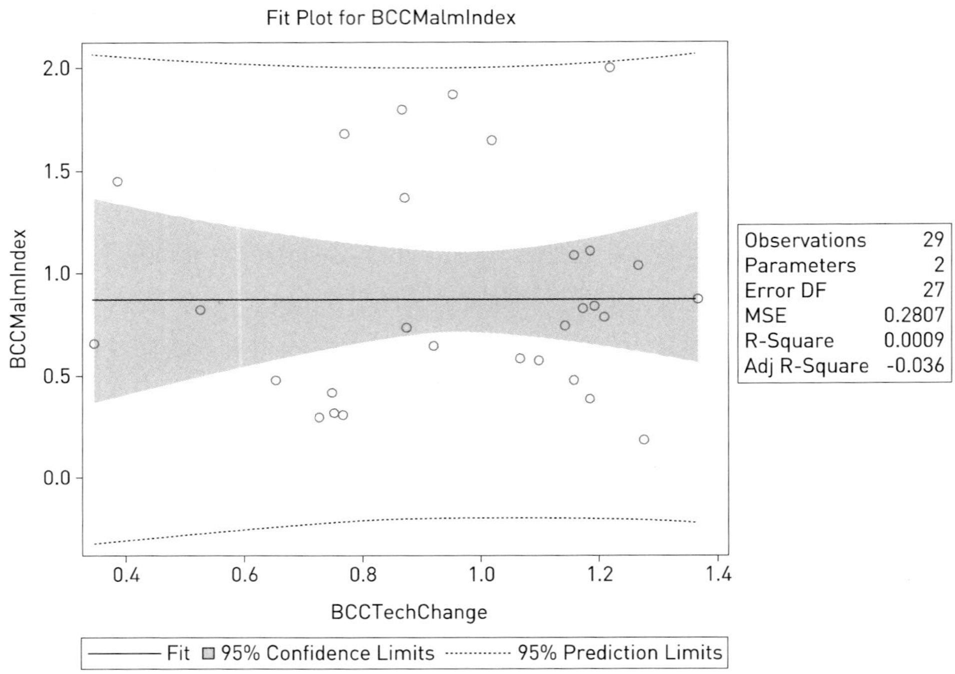

그림 7.8 ▸ **맘퀴스트 생산성 지수 변화의 원인 변수** SAS 7.5

한편 방사형 모형은 여유분을 적절히 고려하지 못하는 한계가 있으므로 비방사형 모형에 대한 맘퀴스트 분석을 수행할 수 있다. 비방사형 모형의 대표적 예인 SBM 모형은 투입방향, 산출방향, 그리고 이를 방향에 무관한 모형으로 구분할 수 있다. 또한 초효율성 SBM 모형을 이용하면 효율적인 DMU 간의 차이도 분석할 수 있는 장점이 있어서 이에 대한 맘퀴스트 모형들도 만들 수 있다. 또한 실행불가능해의 문제가 없는 초효율성 맘퀴스트 모형 역시 이 책에서 제시된 맘퀴스트 분석 기본 프로그램 코드들을 이용하면 어렵지 않게 만들어 사용할 수 있다.

이 장의 SAS code 정리

SAS CODE – 윈도우 분석

```
/*WINDOW ANALYSIS MACRO PROGRAM VERSION 1.0
  AUTHOR: KILKON KO, SEOUL NATIONAL UNIVERSITY.
  DATE: JUNE 11, 2015
  CITATION: KILKON KO(2015), "THEORY OF EFFIENCY ANALYSIS:
       DEA AND SFA APPROACH", SEOUL, KOREA, MOONWOO-SA.
  CONTACT: KILKON@SNU.AC.KR

  DESCRIPTION OF PROGRAM:

  MACRO FUNCTION: %WIN(TYPE=, DSN=, START=, LAST=, WIDTH=,
    TIMEVAR=, INPUTLIST=, OUTPUTLIST=);

  TYPE=1, INTERTEMPORAL MODEL
  TYPE=2, WINDOW MODEL
  DSN=, DATASET NAME
  START=, FIRST PERIOD
  LAST=, LAST PERIOD
  WIDTH=, WIDTH OF WINDOW
  TIMEVAR=, TIME VARAIBLE
  INPUTLIST=, INPUT VARIABLE NAMES
  OUTPUTLIST=, OUTPUT VARIABLE NAMES

NOTE: THE MODEL IS BASED ON INPUT-ORIENTED BCC MODEL. YOU
    CAN CHANGE THE MODEL BY CHANGING THE CODES */
%MACRO WIN(TYPE=, DSN=, START=, LAST=, WIDTH=, TIMEVAR=,
INPUTLIST=, OUTPUTLIST=);
%INCLUDE "D:₩MY BOOKS₩의사결정론₩DEA₩BCC_MACRO.SAS";

    DATA &DSN;
       SET &DSN;
       DMUID=_N_;
    RUN;

    %IF &TYPE=1 %THEN
       %DO;
          %BCC(TYPE=3, DSN=&DSN, INPUTLIST=%STR('INPUT1',
          'INPUT3'), OUTPUTLIST=%STR('OUTPUT1'), E=0);
```

```
PROC SORT DATA=RESULT;
   BY DMU_NAME DMUID;
RUN;

PROC SORT DATA=&DSN OUT=&DSN.2;
   BY DMU_NAME DMUID;
RUN;

DATA &DSN.3;
   SET &DSN.2;
   KEEP DMU_NAME DMUID &TIMEVAR;
RUN;

DATA INTER;
   RETAIN DMU_NAME &TIMEVAR EFFICIENCY_NUMBER;
   MERGE RESULT &DSN.3;
RUN;

ODS GRAPHICS / RESET  HEIGHT=9IN;

PROC SGPANEL DATA=INTER;
   TITLE "DMU의 연도 간 효율성 변화";
   FORMAT EFFICIENCY_NUMBER 4.2;
   PANELBY DMU_NAME;
   VBAR YEAR/RESPONSE=EFFICIENCY_NUMBER DATALABEL
      DATALABELATTRS=(COLOR=GREEN FAMILY=ARIAL SIZE=11
      STYLE=ITALIC WEIGHT=BOLD);
RUN;

PROC SGPLOT DATA=INTER NOCYCLEATTRS NOAUTOLEGEND;
   TITLE "DMU 간 효율성 차이";
   FORMAT EFFICIENCY_NUMBER 4.2;
   DOT DMU_NAME / RESPONSE=EFFICIENCY_NUMBER
      LIMITSTAT=STDDEV  LIMITS=BOTH STAT=MEAN
      LIMITATTRS=(THICKNESS=2) MARKERATTRS=(COLOR=BLACK
      SIZE=13 SYMBOL=CIRCLEFILLED);
   DOT DMU_NAME / RESPONSE=EFFICIENCY_NUMBER STAT=MEAN
      MARKERATTRS=(COLOR=WHITE SIZE=9
      SYMBOL=CIRCLEFILLED) DATALABEL=EFFICIENCY_NUMBER
      DATALABELATTRS=(COLOR=GREEN FAMILY=ARIAL SIZE=11
      STYLE=ITALIC WEIGHT=BOLD);
RUN;
```

```
        PROC MEANS DATA=INTER;
            TITLE "연도 간 효율성 변화";
            CLASS YEAR;
            VAR EFFICIENCY_NUMBER;
        RUN;

        PROC PRINT DATA=INTER;
            TITLE "분석 결과 표";
        RUN;

        TITLE;
        %GOTO EXIT;
    %END;

%IF &TYPE=2 %THEN
    %DO;

        DATA ALL;
        RUN;

        %LET REPT=%EVAL(&LAST-&START-&WIDTH+2);

        %DO W=1 %TO &REPT;

            DATA WINDOW&W;
                SET &DSN;
                WHERE &TIMEVAR BETWEEN &START+&W-1 AND
                    &START+&WIDTH+&W-2;
            RUN;

            ODS HTML CLOSE;

            /*어느 모형을 분석할지는 이 모형 선택에 따라 달라짐 */
            %BCC(TYPE=3, DSN=WINDOW&W,
                INPUTLIST=%STR(&INPUTLIST),
                OUTPUTLIST=%STR(&OUTPUTLIST), E=0);

            PROC SORT DATA=RESULT;
                BY DMU_NAME DMUID;
            RUN;

            PROC SORT DATA=WINDOW&W OUT=&DSN.2;
```

```
        BY DMU_NAME DMUID;
    RUN;

    DATA &DSN.3;
        SET &DSN.2;
        KEEP DMU_NAME DMUID &TIMEVAR;
    RUN;

    DATA INTER;
        RETAIN DMU_NAME &TIMEVAR EFFICIENCY_NUMBER;
        MERGE RESULT &DSN.3;
        WINDOW=&W;
    RUN;

    DATA ALL;
        SET ALL INTER;
    RUN;

    PROC SORT DATA=ALL OUT=ALL2;
        BY DMU_NAME WINDOW;
    RUN;

    PROC TRANSPOSE DATA=ALL2 OUT=ALL3 PREFIX=P;
        ID YEAR;
        BY DMU_NAME WINDOW;
        VAR EFFICIENCY_NUMBER;
    RUN;

    DATA ALL4;
        SET ALL3;
        ARITHMEAN=MEAN(OF P&START-P&LAST);
        GEOMEAN=GEOMEAN(OF P2008-P2012);

        IF DMU_NAME="" THEN
            DELETE;
    RUN;

%END;

ODS HTML;
```

```
/*윈도우 분석 결과 표*/
PROC PRINT DATA=ALL4 NOOBS;
   TITLE "WINDOW 분석 결과";
RUN;

/*DMU의 WINDOW별 효율성 점수*/
PROC SGPANEL DATA=ALL4;
   TITLE "DMU의 WINDOW별 효율성 점수";
   FORMAT MEAN 4.2;
   PANELBY DMU_NAME;
   VBAR WINDOW/RESPONSE=GEOMEAN DATALABEL
        DATALABELATTRS=(COLOR=GREEN FAMILY=ARIAL SIZE=11
        STYLE=ITALIC WEIGHT=BOLD);
RUN;

/*DMU의 연도별 효율성 점수*/
PROC MEANS DATA=ALL;
   CLASS DMU_NAME YEAR;
   VAR EFFICIENCY_NUMBER;
   OUTPUT OUT=DESC;
RUN;

PROC SGPANEL DATA=DESC(WHERE=(_TYPE_=3 AND
   _STAT_="MEAN"));
   TITLE "DMU의 연도별 효율성 점수";
   FORMAT EFFICIENCY_NUMBER 4.2;
   PANELBY DMU_NAME;
   VBAR YEAR/RESPONSE=EFFICIENCY_NUMBER DATALABEL
        DATALABELATTRS=(COLOR=GREEN FAMILY=ARIAL SIZE=11
        STYLE=ITALIC WEIGHT=BOLD);
RUN;

/*DMU 간 효율성 점수*/
PROC SGPLOT DATA=ALL2 NOCYCLEATTRS NOAUTOLEGEND;
   TITLE "DMU 간 효율성 차이";
   FORMAT EFFICIENCY_NUMBER 4.2;
   DOT DMU_NAME / RESPONSE=EFFICIENCY_NUMBER
        LIMITSTAT=STDDEV    LIMITS=BOTH STAT=MEAN
        LIMITATTRS=(THICKNESS=2) MARKERATTRS=(COLOR=BLACK
        SIZE=13 SYMBOL=CIRCLEFILLED);
   DOT DMU_NAME / RESPONSE=EFFICIENCY_NUMBER STAT=MEAN
        MARKERATTRS=(COLOR=WHITE SIZE=9
```

```
                SYMBOL=CIRCLEFILLED) DATALABEL=EFFICIENCY_NUMBER
                DATALABELATTRS=(COLOR=GREEN FAMILY=ARIAL SIZE=11
                STYLE=ITALIC WEIGHT=BOLD);
        RUN;

        TITLE;
        %GOTO EXIT;
    %END;

%EXIT:
%MEND WIN;
```

SAS CODE – 맘퀴스트 분석

```
ODS HTML;

%INCLUDE "D:₩MY BOOKS₩의사결정론₩DEA₩WINDOW_MACRO.SAS";
%INCLUDE "D:₩MY BOOKS₩의사결정론₩DEA₩CCR_MACRO.SAS";
%INCLUDE "D:₩MY BOOKS₩의사결정론₩DEA₩BCC_MACRO.SAS";
%INCLUDE "D:₩MY BOOKS₩의사결정론₩DEA₩MALMQUIST_MACRO.SAS";
LIBNAME C "D:₩";

DATA SOE;
   SET C.SOE;
RUN;
```

SAS 7.1 시점 간 분석

```
%WIN(TYPE=1, DSN=SOE, START=2008, LAST=2012, WIDTH=3,
TIMEVAR=YEAR, INPUTLIST=%STR('INPUT1', 'INPUT3'),
OUTPUTLIST=%STR('OUTPUT1'));
```

SAS 7.2 윈도우 분석

```
%WIN(TYPE=2, DSN=SOE, START=2008, LAST=2012, WIDTH=3,
TIMEVAR=YEAR, INPUTLIST=%STR('INPUT1', 'INPUT3'),
OUTPUTLIST=%STR('OUTPUT1'));

PROC MEANS DATA=ALL;
   CLASS YEAR;
   VAR EFFICIENCY_NUMBER;
RUN;
```

SAS 7.3 투입방향 방사형 맘퀴스트 분석

```
DATA EMROUZ;
   SET C.EMROUZ;
RUN;

%MI(TYPE=3, DSN=EMROUZ, TIMEVAR=PERIOD, START=1, LAST=2,
INPUTLIST=%STR('INPUT1', 'INPUT2'),
OUTPUTLIST=%STR('OUTPUT1', 'OUTPUT2'));
```

SAS 7.4 투입방향 비방사형 맘퀴스트 분석

```
%MI(TYPE=4, DSN=EMROUZ, TIMEVAR=PERIOD, START=1, LAST=2,
INPUTLIST=%STR('INPUT1', 'INPUT2'),
OUTPUTLIST=%STR('OUTPUT1', 'OUTPUT2'), INPUTSIZE=2,
OUTPUTSIZE=1);
```

SAS 7.5 맘퀴스트 생산성 지수 원인 요인 분석

```
%MI(TYPE=1, DSN=C.SOE, TIMEVAR=YEAR, START=2008, LAST=2013,
INPUTLIST=%STR('INPUT1', 'INPUT3'),
OUTPUTLIST=%STR('OUTPUT1'), INPUTSIZE=2, OUTPUTSIZE=1);

PROC SGPLOT DATA=REPORT;
   REG X=DEA00V Y=BCCMALMINDEX/DATALABEL=DMU_NAME;
RUN;

PROC REG DATA=REPORT;
   MODEL BCCMALMINDEX=BCCEFFCHANGE BCCTECHCHANGE
   SCALECHANGE;
RUN;
```

제8장

민감도 분석(Sensitivity Analysis)

Theory of Efficiency Analysis

제 8 장

민감도 분석(Sensitivity Analysis)

8.1 민감도의 유형과 측정방법

가. 민감도 발생의 원인

DEA 기법에 대한 중대한 비판 중의 하나는 비모수 접근방법을 취하고 있기 때문에 관찰값이 조금이라도 변하면 효율적인 DMU가 비효율적인 DMU가 되거나 비효율적인 DMU가 효율적인 DMU가 될 가능성이 크다는 것이다(Sexton, 1986). 하지만 이 주장은 실제 자료에 근거하지 않았다는 비판을 받기 시작하였으며 관찰값의 변화에도 결과가 크게 달라지지 않는다는 실증연구 결과들이 제시되어 왔다(Cooper et al., 2011:71~91). 그 이후 DEA 결과의 신뢰성(reliability) 판단을 위한 민감도 분석은 중요한 이론적 쟁점으로 논의되어 왔다(Zhu, 2014:207).

DEA에서 민감도는 여러 가지 원인에 따라 발생한다. 투입과 산출변수 선택에 따른 민감도, DEA 모형 선택에 따른 민감도(Ahn & Seiford, 1993), DMU 추가 및 제거에 따른 민감도, 관찰값의 크기 변화에 따른 민감도[1]가 그것이다.

1 관찰값 변화에 따른 민감도 문제를 다룬 연구에 대한 소개는 Cooper et al.(2006:77~78) 및 Cooper et al.(2004) 제3장의 “sensitivity analysis in DEA”를 참고.

투입과 산출변수의 선택과 관련된 민감도는 차원(dimensionality)에 관한 문제로, 변수를 추가하거나 축소했을 때 DEA 분석 결과가 달라지는지에 대해 관심을 갖는다(Hughes & Yaisawarng, 2004). 이 변수선택의 문제는 DEA뿐만 아니라 모든 계량분석 모형이 갖고 있는 근본적인 문제이다. 모형의 간결성을 추구하는 사회과학의 특성상 적절한 수의 변수들을 모형에 포함시키기 위해서는 어떤 변수를 선택해야 할지 판단해야 한다. DEA에서 변수선택 방법에 대한 최선의 모형은 존재하지 않는다. DEA 응용연구에서는 변수선택 모형에 대한 깊이 있는 연구가 앞으로 더 진행되어야 할 것이다. 변수선택에 따른 분석 결과의 민감도를 분석할 때 주의할 점은 단순히 다른 변수를 선택하면 결과가 달라질 것이라는 막연한 주장보다는 왜 해당 변수를 포함해서 분석해야 하는지에 대한 충분한 논리적 근거를 제시해야 된다는 점이다.

DEA 모형의 선택에 따른 민감도 문제도 중요한 주제이다. 이 문제 역시 자료 분석 자체의 문제라기보다는 모형 선택에 대한 연구자의 판단 문제에 가깝다. 즉 어느 모형을 선택할 것인가에 대한 문제는 분석을 마치고 사후적으로 선택하기보다는 사전적으로 선택할 문제이다. 생산기술에 대한 가정에 대해 경쟁가설이 존재하거나 반론이 제기되는 경우 모형에 따른 분석 결과 차이를 살펴볼 필요가 있다. 방사형 모형과 비방사형 모형의 선택 혹은 투입방향과 산출방향의 선택 등은 단순히 각 결과들을 나열하듯이 제시하기보다는 각 모형의 특징을 충분히 설명한 후에 그 분석 결과를 해석해야 된다. 또한 해석에 있어서 각 모형의 어떤 특징에 의해 결과의 차이가 발생했는지에 대한 설명을 제시하는 것이 중요하다.

관찰값에 대한 민감도는 다양하게 살펴볼 수 있다. 효율성 달성 여부의 변화에 초점을 맞추는 경우 투입이나 산출의 변화에 따라 비효율적인 점이 효율적인 점으로 혹은 효율적인 점이 비효율적인 점으로 변화하지 않는지를 안정성 거리(radii of stability)로 측정하려는 연구(Charnes et al., 1996), 개별 투입 혹은 산출요소의 자료가 변할 때와(Seiford & Zhu, 1998) 이것들이 모두 동시에 변화할 때 민감도를 분석하는 방법(Rousseau & Semple, 1995; Thompson et al., 1996; Cooper et al., 2001)들도 시도되었다. 제3장에서 이미 다루었듯이 특정 투입 혹은 산출변수가 일정 비율로 변하더라도 효율성 값이 거의 변하지 않는 경우도 있고 민감하게 반응하는 경우도 있다. 비효율적인 DMU의 경우에는 어느 변숫값이 효율성 변화에 따라 민감하게 반응할 수 있는지를 어느 정도 예상할 수 있기 때문에 시뮬레이션을 통한 민감도 분석이 유용하게 사용될 수 있다. 실제로 많은 민감도 분석은 산출이 줄거나 투입이 늘어날 때 효율적인 DMU가 되는지 여부에 관심을 기울이고 있다(Zhu, 2014:208).

마지막으로 DMU에 따른 민감도는 특정 DMU를 제외하거나 추가했을 때 분석 결과가 어떻게 달라지는지를 살펴보는 것이다. Sexton(1986)은 원래 자료에서 DMU를 하나씩 지웠을 때 효율성 점수가 어떻게 변화했는지 살펴보면서 민감도를 분석하였다.[2] 이후 Wilson(1995)을 비롯하여 여러 연구에서 DEA의 DMU를 제거했을 때 발생하는 문제에 초점을 맞추었다.

나. 민감도의 판단 방법

민감도 분석을 수행할 때 직면하는 중요한 문제 중의 하나는 민감도의 유무와 크기를 판단하는 방법이다. 직관적으로는 효율성 점수의 크기가 달라지면 민감도 크기가 달라질 것으로 생각할 수 있다. 하지만 효율성 점수의 크기는 효율경계에 의해 결정되는 상대적 점수이다. 따라서 동일한 효율경계를 사용하지 않는 경우에는 점수 값의 차이를 절대적으로 해석하는 것에 한계가 있다. 이런 이유 때문에 어떤 기준을 가지고 민감도 유무와 크기를 판단할지를 충분히 설명하지 않고 단순히 민감도 분석 결과만을 제시하는 것은 바람직하지 않다.

민감도는 전체와 개별 DMU 수준, 그리고 준거 DMU의 관점에서 판단할 수 있다. 첫째, 분석 대상 전체의 민감도를 측정하는 방법은 크게 상관계수를 구하는 방법과 확률분포가 일치하는지를 검정하는 방법으로 구분된다. 상관계수를 구하는 방법은 A 모형의 효율성 점수와 B 모형의 효율성 점수의 상관관계가 있는지를 살펴보는 것으로 직접 점수의 크기를 이용하여 피어슨 상관계수(Pearson correlation coefficient)를 계산하거나 DMU 간 순위(rank)를 이용하는 스피어만 순위상관계수(Spearman rank correlation coefficient)를 이용해 계산할 수 있다.[3] 이 상관계수는 -1부터 1의 값을 갖고 1에 가까울수록 민감도가 작다고 해석할 수 있다. 만일 -1에 가까운 경우에는 A 상황에서는 효율성 점수나 순위가 높은 사람이 B 상황에서는 낮은 점수나 순위를 갖는다는 것을 의미하기 때문에 효율성이 정반대로 측정되고 있어 민감도가 매우 크다고 할 수 있다. 한편 상관계수가 0의 값을 가지면 두 모형의 상관관계가 전혀 없기 때문에 이 또한 민감도가 매우 크다고 할 수 있다. 일반적으로 민감도는 효율성 점수의 크기 변화보다는 순위 변화에 관심을 갖기 때문에 순위상관계수를 선호하는 경향이 있다.

---

2 시뮬레이션 기법에 익숙한 독자는 이 방법이 잭나이프(Jackknife) 방식과 유사함을 알 수 있을 것이다.

3 스피어만 순위상관계수는 피어슨 상관계수와 유사하게 계산되지만, 실제 값의 크기가 아니라 순위 값을 가지고 계산된 피어슨 상관계수로 이해할 수 있다.

전체 집단의 민감도를 분석하는 또 다른 방법은 경험분포함수(Empirical Distribution Function, EDF)가 동일한지를 비교해보는 것이다. 경험분포함수는 확률변수의 누적확률함수(Cumulative Distribution Function, CDF)를 비모수적으로 측정한 것이다. 표본 x_j(단, $j=1,\ 2,\ \ldots,\ n$)의 경험분포함수 F는 다음과 같이 정의된다.

$$F(x) = \frac{1}{n}(x_j \le x\text{의 개수}) = \frac{1}{n}\sum_{j=1}^{n} I(x_j \le x)$$

[단, $I(\bullet)$는 지시함수(indicator function)[4]]

두 집단(class)이 있다고 가정할 때 두 집단이 동일한 경험확률분포를 따르는지 여부를 검정하기 위해서는 콜모그로프-스미르노프(Kolmogorov-Smirnov, KS) 검정, 크래머-미제스(Cramer-von Mises) 검정, 쿠이퍼(Kuiper) 검정 등이 있다.[5]

널리 쓰이는 콜모그로프-스미르노프 검정 통계량은 비교하고자 하는 집단의 관찰값을 모두 하나의 변수로 만든 뒤(pooled) 얻어진 EDF와 각 집단별로 구해 얻어진 EDF (F_i) 값의 차를 가장 크게 하는 값을 검정통계량으로 사용한다.

$$\text{KS} = Max\sqrt{\frac{1}{n}\sum_i n_i (F_i(x_j) - F(x_j))^2}$$

$$(\text{단},\ j = 1,\ 2,\ \ldots,\ n)$$

근사적 KS 검정통계량은 다음과 같이 계산된다.

$$\text{KS}_a = \text{KS} \times \sqrt{\text{n}}$$

일반적으로 두 집단만이 있는 경우의 KS 검정통계량은 간단하게 다음과 같이 차이를 나타내는 D 통계량을 이용할 수 있다.[6]

---

4 지시함수는 특정 값이 특정 집단에 속하는지를 표시하는 함수이다. 특정 값이 특정 집단에 속한다면 1, 그렇지 않다면 0의 값을 갖는다.

5 집단 간 확률분포의 비모수적 검정에 대한 이론은 SAS/STAT User's Guide의 NPAR1WAY 프러시저 부분을 참고.

6 이 검정통계량은 우측 혹은 좌측 검정을 위한 단측 검정 통계량으로 바꿀 수 있으며 SAS의 NPAR1WAY 프러시저를 이용하면 어렵지 않게 계산할 수 있다. 쿠이퍼 검정은 두 EDF의 절댓값 차이를 이용하지 않고 양수의 값 중에서 가장 거리가 긴 것을 D+르 하고 음수의 값 중에서 가장 거리가 긴 것을 D−로 하여 이 거리의 합을 통계량 K로 사용한다.

$$\mathrm{D} = Max|F_1(x_j) - F_2(x_j)| \ \text{(단, } j = 1, 2, \ldots, n\text{)}$$

예를 들어 모형 A를 이용한 DEA의 효율성 점수의 EDF를 $F_A(x_j)$라고 하고 모형 B를 이용한 DEA의 효율성 점수의 EDF를 $F_B(x_j)$라고 하자. 두 효율성 점수가 동일한 분포를 따르는지를 아래와 같이 EDF를 계산하고 그 차이에 대한 KS 검정 등을 수행해 볼 수 있다. 만일 아래 그림에서처럼 근사적 KS 검정통계량의 유의확률(p-value)이 유의수준(예: 5%)보다 작으면 "두 집단의 경험확률분포가 동일하다"는 귀무가설을 기각하게 된다.

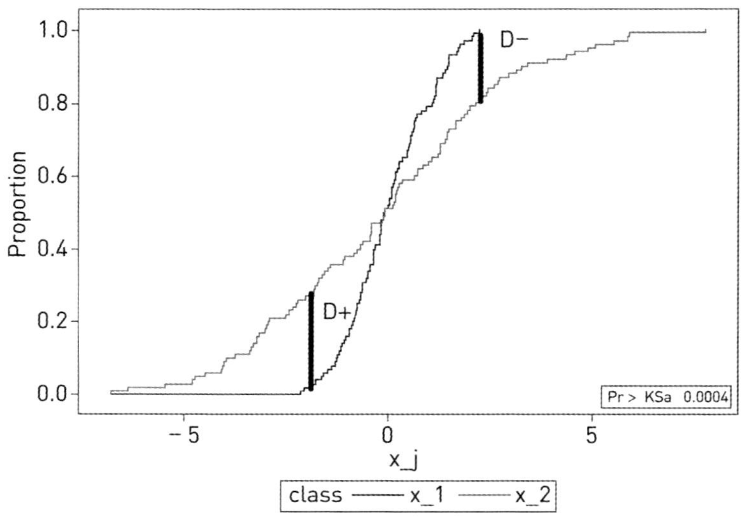

그림 8.1 ▸ 경험확률분포를 이용한 두 집단 간의 효율성 점수 비교의 예시

이 밖에도 크루스칼–왈리스(Kruskal-Wallis) 검정, Friedman 검정의 카이제곱 통계량을 이용해서 "모형 간의 차이가 없다"는 귀무가설을 검정해 볼 수도 있다.[7]

둘째, 개별 DMU의 민감도 분석은 모형 간의 효율성 점수 차이 값을 이용하여 분석할 수 있다. 이 차이 값이 큰 DMU일수록 변화에 민감하다고 해석할 수 있다. 일반적으로는 차이 값의 경험분포를 이용하여 차이 값이 큰 상위 5% 혹은 10% 이내의 민감도가 높은 DMU들을 중심으로 추가적 분석을 수행하여 그 이유들을 분석할 수 있다.

---

7 KS 검정은 변수가 연속형 변수인 경우에도 문제없이 적용할 수 있지만 카이제곱 통계량을 적용하는 경우에는 범주형 변수를 가정해야 되는 문제가 있다. Kruskal-Wallis 검정은 SAS의 PROC NPAR1WAY를 이용하여 검정할 수 있다.

한편 개별 DMU 민감도에서 특별히 관심을 갖는 경우는 비효율적인 상태에서 효율적인 상태로 변화하는 경우이다. 특정 모형에서는 비효율적인 DMU로 판단되었지만 다른 모형에서는 효율적인 DMU로 판단된 DMU들이 많을수록 민감도가 크다고 판단하는 것이다.

셋째, 준거 DMU에 대한 민감도는 각 모형에 따라 준거 DMU가 차이가 나는지 여부를 이용하여 판단할 수 있다. 일차적으로 준거 DMU는 효율성 점수 값이 1인 DMU들이 해당된다. 그러나 효율성 점수 값이 1인 DMU라고 해서 모두 준거 DMU가 되는 것은 아니기 때문에 준거점으로 선택된 DMU를 중심으로 분석할 수 있다. 만일 모형에 따라 준거 DMU들이 크게 변한다면 모형의 민감도는 크다고 할 수 있다.

8.2 극단값에 의한 민감도 분석

Bahari & Emrouznejad(2014)가 주장하듯 DEA에서는 많은 민감도 분석 기법들이 사용되고 있으며 이들 기법들은 대부분 수학적 관점에서 접근해 왔다. 하지만 많은 연구자들은 자료에 의해서 발생하는 민감도 문제를 모형 선택이나 변수 선택에 의한 민감도 문제보다 경시하는 경향이 있다. 그러나 자료 분석에서 잘못된 자료에 의한 오류는 모형 선택이나 변수 선택으로 해결할 수 없는 경우가 대부분이다. 특히 극단값은 효율변경 형성에 영향을 주는 등 DEA에서는 중요한 문제임에도 불구하고 이에 대한 연구는 부족한 상황이다.

실제 DEA 분석에서 극단값은 흔히 발견된다. 유금록(2010)의 연구는 지방의료원들의 투입 및 산출요소를 사용하고 있는데 표준편차의 4배가 넘는 최댓값을 갖는 변수들이 발견되며, 다른 연구(신범수, 2013; 신종협 외, 2012; 김창식 외, 2011)에서도 유사한 경향이 나타난다. 일부 연구들은 변수들의 변동계수(coefficient of variation)가 1이 넘을 정도로 분산이 큰 자료를 사용하기도 하였다(주희선 외, 2014; 김선엽, 2013). 이처럼 현실적으로는 DEA 분석 자료에서 단변량 극단값이 다수 존재하지만 이를 검출하고 처리하는 방법들에 대한 논의가 많이 부족하다.

DEA 연구에서 민감도에 대한 관심이 적은 이유는 극단값을 다루는 이론의 발전이 회귀분석과 같은 다른 연구방법론에 비해 빈약했기 때문이다. 회귀분석에서는 일반적으로 잔차(residual)를 활용하여 영향점을 찾아내고 극단값이 분석 결과에 미치는 영향까지 살펴본다. 하지만 비모수적 접근을 사용하는 DEA는 이러한 잔차 분석을 통하여 극단값을 검출하기가 쉽지 않다. 이 문제를 용이하게 만들기 위해 Wilson(1993)은 통상 최소제곱법(OLS) 방법에서 사용되는 잔차 검출 방법을 기하학적으로 해석하여 DEA에 적용한 접근 방법을 제시하기도 하였다. 윌슨의 접근 방법은 그가 공개한 분석 소프트웨어인 FEAR에도 사용되었을 뿐만 아니라 Peter Bogetoft와 Lars Otto가 이를 활용하여 Benchmarking이라는 R 패키지를 공개한 이후 널리 사용되고 있다. 하지만 Tran & Preckel(2010)이 지적하는 바와 같이 자료가 커지면 연산량의 부담이 많아지는 문제가 발생하기 때문에, 자료포락모형의 준거집단 계수(λ)의 크기와 준거 대상이 되는 빈도를 가중치로 이용하는 대안도 제시되었다. Simar(2003)는 부트스트랩핑과 같은 시뮬레이션 방법을 이용하여 효율성 측정 결괏값이 시뮬레이션으로 예측된 값보다 지나치게 큰 경우는 영향점으로 판단하는 접근 방식도 제시하고 있다.

이상에서 소개한 극단값 판단에 대한 기존 연구들은 대부분 효율경계 위에 있는 점을 극단값으로 보려는 공통적인 접근법을 취한다. 하지만, 이러한 방법으로는 효율경계 위의 점을 제거하여도 또 다른 점이 효율경계 위의 점이 되기 때문에 이 과정은 계속 반복적으로 진행될 수밖에 없다.[8] Wilson의 방법은 직관적으로 이해하기 어려울 뿐 아니라 실제로 계산하기가 매우 복잡하다. Simar의 방법론 역시 기존 통계이론과 결합하여 이해하기 쉽지 않고, 통계분석 프로그램을 이용하여 극단값을 검출하기 어렵다는 활용상의 제약도 존재하여 방법론의 타당성에 대한 논의가 거의 이루어지지 않고 있다. 무엇보다도 극단값을 영향점 관점에서 접근하고 있기 때문에, 이상점이나 지렛점 관점에서의 극단값 검출 방법으로는 적절하지 않다는 비판도 가능하다.

가. 극단값의 검출

DEA에서 관찰값의 민감도(sensitivity due to data variation)가 중요한 것은 DEA의 효율성이 효율변경을 구성하는 극단적인 값들에 의해 영향을 받기 때문이다(Zhu, 2014:207). 관찰값의 변화에 따른 DEA의 민감도 분석은 극단값을 찾아내는 단계에서 시작된다.

극단값은 다른 관찰점으로부터 매우 멀리 떨어져 있어서 다른 메커니즘을 통해 형성된 자료라고 의심할 수 있는 관찰점을 말한다(Hawkins, 1980:1).[9] 극단값을 찾는 통계적

---

8 이를 극단값 가림막 현상(outlier masking)이라고 부른다.

9 Hawkins는 outlier라는 용어를 사용하고 있는데 우리나라에서는 이를 이상점으로 번역하고 있다. 이상점, 극단점, 지렛점, 영향점 등의 용어들은 정확한 구분 없이 사용되고 있으나(고길곤, 2014) 이들 개념 구분이 필요하다고 판단된다. 저자는 이상점은 종속변수와 관련된 극단값, 지렛점은

방법은 여러 가지이지만 실제 연구에서 간단하게 적용할 수 있는 방법은 산점도를 이용하는 방법, 단변량 분석, 그리고 다변량 분석을 통한 극단값 검출 등이다.

예시를 위해 [표 8.1]과 같은 2012년 30개 시장형 및 준시장형 공기업의 직원 수, 유동자산, 매출액의 자료를 사용하였다. [표 8.1]을 살펴보면 어느 기업 혹은 관찰점이 극단값인지를 찾아내기는 쉽지 않다. 여기서는 %OUTLIER_MACRO를 사용하고자 한다. 이 매크로는 첫 번째는 극단값 탐색 방법에 대한 인수를 지정한다. 1을 지정하면 산점도 매트릭스를 2를 지정하면 단변량 극단값 분석을 3을 지정하면 다변량 극단값 분석을 수행할 수 있다. 그리고 두 번째 인수는 SAS 데이터셋을, 세 번째 인수는 투입변수들의 이름을 지정한다. 이때 투입변수들 간에 공백을 주면 구분이 될 수 있다. 네 번째 인수는 산출변수들을 지정하고 마지막 인수는 단변량 분석을 할 때 극단값을 몇 개 선택할지를 지정해 준다.[10]

표 8.1 ▸ 30개 기업의 투입변수 및 산출변수 자료

DMU_NAME	직원 수	유동자산	매출액
대한석탄공사	1,688	210,225	191,001
대한주택보증㈜	339	4425,473	638,842
부산항만공사	151	120,570	254,619
여수광양항만공사	142	132,338	80,798
울산항만공사	91	28,949	62,862
인천국제공항공사	942	375,923	1,668,341
인천항만공사	173	32,242	93,172
제주국제자유도시개발센터	263	553,136	383,370
한국가스공사	3,145	11,785,655	35,031,319
한국감정원	702	559,905	105,597
한국공항공사	1,650	651,032	650,637
한국관광공사	629	700,279	857,742
한국광물자원공사	425	283,991	283,502
한국남동발전㈜	1,881	743,065	4,677,730
한국남부발전㈜	1,935	1,113,592	6,974,548

독립변수와 관련된 극단값, 영향점은 추정값과 관련된 극단값으로 이해하고 극단값은 이를 모두 포괄하는 개념으로 이해하고자 한다.

10 주의해야 될 것은 inputlist 및 outputlist에 입력되는 변수들을 따옴표로 구분하지 않고 단순히 빈 공백으로 구분하면 된다는 점이다. nextreme은 자료들을 순서대로 나열했을 때 상위 및 하위 값을 갖는 관찰점의 수로 3을 지정하면 상위 3개 및 하위 3개의 값이 출력된다.

DMU_NAME	직원 수	유동자산	매출액
한국도로공사	4,159	409,780	6,929,762
한국동서발전㈜	2,070	957,627	5,995,796
한국마사회	858	783,069	7,859,863
한국방송광고진흥공사	270	570,919	135,408
한국서부발전㈜	1,832	1,279,348	5,967,431
한국석유공사	1,317	2,465,153	10,553,952
한국수력원자력㈜	9,337	2,960,092	6,717,341
한국수자원공사	4,042	5,213,014	3,668,445
한국전력공사	19,270	13,933,483	49,421,513
한국조폐공사	1,412	110,093	354,016
한국중부발전㈜	2,161	1,020,497	5,461,874
한국지역난방공사	1,301	669,568	2,809,567
한국철도공사	28,779	1,689,772	4,815,297
한국토지주택공사	6,520	95,037,251	18,371,762
해양환경관리공단	496	84,185	101,124

1) 산점도 행렬을 이용한 극단값 분석

변수 간의 산점도 행렬(matrix scatter plot)은 자료 분석의 기본이다. 투입변수와 산출변수 간의 관계를 이해할 수 있을 뿐 아니라 극단값 유무의 판단에도 큰 도움이 된다. SAS 8.1의 프로그램을 실행하면 산점도 행렬을 이용한 분석 결과를 얻을 수 있다.[11]

[그림 8.2]를 살펴보면 대각행렬에는 각 변수의 히스토그램이 나타나 있다. 이 히스토그램을 보면 분포가 모두 오른쪽으로 치우쳐 있는 양의 왜도(skewness) 값을 갖고 있음을 알 수 있다. 이것은 직원 수, 유동자산, 매출액이 극단적으로 큰 값을 갖는 DMU가 존재할 수 있다는 것을 의미한다.

산점도에는 또한 타원 신뢰구간(ellipse confidence interval)이 제시되어 있다.[12] 이

11 이 프로그램은 극단값 검출을 이용한 %OUTLIER 매크로를 이용하고 있다. 이 매크로는 산점도를 이용한 극단값 분석, 단변량 접근을 통한 극단값 분석, 그리고 다변량 접근을 통한 극단값 분석을 수행할 수 있다.

12 타원 신뢰구간은 모평균에 대한 타원 신뢰구간(mean ellipse confidence interval)과 예측에 대한 타원 신뢰구간(predicted ellipse confidence interval)이 존재한다. 후자는 새로운 관찰값이 관찰되었을 때 95%의 신뢰수준으로 타원 신뢰구간 안에서 관찰될 것으로 예측한 것이다. 극단값을 검출하기 위한 산점도에서는 예측 타원 신뢰구간을 사용하였으며 이 신뢰구간은 다변량 정규분포 가정하에 신뢰수준을 95%로 지정하였다. 좀 더 넓은 영역의 타원을 그려보고 싶으면 PROC SGSCATTER의 MATRIX 명령문에서 옵션을 alpha=0.01로 변경해보면 99%의 신뢰구간을 얻을 수 있다.

타원의 모습이 원에 가까우면 두 변수 간의 상관관계가 낮다는 것을 의미한다. 또한 관찰점이 이 타원 밖에 위치해 있으면 극단값 가능성이 있음을 보여준다.

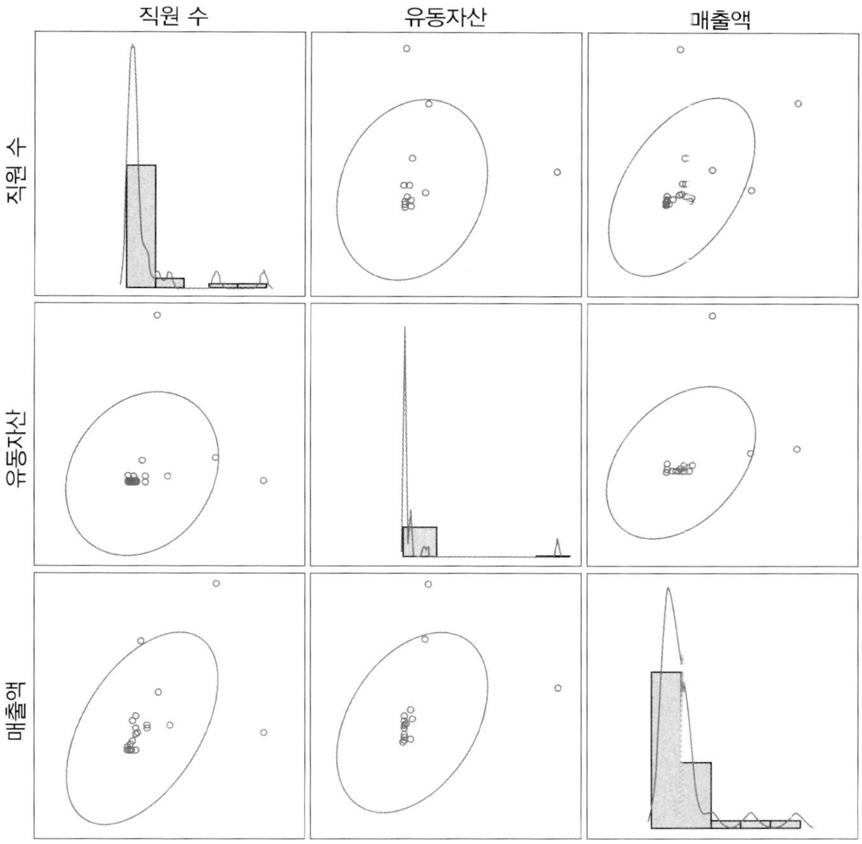

그림 8.2 ▸ 투입 및 산출변수 간 산점도 행렬 SAS 8.1

2) 단변량 접근을 통한 극단값 분석

산점도를 통해 자료의 대략적인 분포와 극단값의 존재 유무를 파악했으면 각 변수별로 극단값을 구체적으로 찾아내는 단변량 분석을 수행한다. 극단값을 찾아내는 단변량 분석 방법론은 매우 다양하다. 통계학에서는 특정 확률분포를 가정한 모수적 접근(parametric approach)을 하는 것이 일반적이지만 DEA 분석을 수행하다 보면 투입 및 산출변수가 특정 분포를 따른다고 가정하기 어려운 측면이 있다. 따라서 각 변수별로 극단값이 있는지 여부를 판단하기 위해 단순 분위수 기준, 사분위수 기준, 체비셰프 부등식을 이용한 비모수적 접근을 제시하고자 한다.

단순 분위수 기준은 상위 및 하위 k% 번째의 값을 극단값으로 간주하는 것이다. 예를 들면 100개의 표본이 있을 때 5% 기준을 사용하면 상위 5% 및 하위 5%의 값을 극단값으로 판단하는 것이다. 이 방법은 논리적 근거가 없기 때문에 바람직한 방법은 아니지만 상위 및 하위 표본이 어떤 값들을 갖는지 개괄적으로 살펴보는 데는 유용하다.

[표 8.2]에서 살펴볼 수 있듯이 INPUT1의 하위 3개 DMU는 울산항만공사, 여수광양항만공사, 부산항만공사임을 알 수 있다. INPUT1이 직원 수이기 때문에 직원 수가 다른 공공기관보다 훨씬 적음을 알 수 있다. 한편 INPUT1의 상위 3개 회사를 살펴보면 한국수력원자력, 한국전력공사, 한국철도공사임을 알 수 있다. 철도공사의 경우는 가장 인원이 많은데 28,779명이나 됨을 알 수 있다. 하지만 상위 및 하위 기업들이 모두 다 극단값이라고 판단하기 어렵다.

표 8.2 ▸ 각 변수의 상위 및 하위 3개의 극단값 SAS 8.2

VARNAME	LOW	DMU_NAME_LOW	LOWOBS	HIGH	DMU_NAME_HIGH	HIGHOBS
INPUT1	91	울산항만공사	5	9,337	한국수력원자력㈜	22
INPUT1	142	여수광양항만공사	4	19,270	한국전력공사	24
INPUT1	151	부산항만공사	3	28,779	한국철도공사	28
INPUT3	28,949	울산항만공사	5	11,785,655	한국가스공사	9
INPUT3	32,242	인천항만공사	7	13,933,483	한국전력공사	24
INPUT3	84,185	해양환경관리공단	30	95,037,251	한국토지주택공사	29
OUTPUT1	62,862	울산항만공사	5	18,371,762	한국토지주택공사	29
OUTPUT1	80,798	여수광양항만공사	4	35,031,319	한국가스공사	9
OUTPUT1	93,172	인천항만공사	7	49,421,513	한국전력공사	24

단순 분위수의 한계를 극복하기 위해 사분위수 기준을 사용할 수 있다. 자료를 순서대로 나열한 후 25% 및 75% 순위에 있는 자료를 각각 Q1 및 Q3라고 할 때 사분위 범위(Interquartile Range, IQR)는 Q3-Q1으로 정의된다. 이렇게 정의된 사분위 범위를 이용하여 자료가 중앙값±1.5IQR 범위 밖에 위치하면 극단값으로 판단하는 것이다.[13]

또한 체비셰프 부등식을 이용하는 방법도 있다. 평균과 분산을 각각 μ, σ^2이라고 할 때 자룟값을 나타내는 변수를 X의 편차가 특정한 값 k 이상일 확률, 즉 $P[|X-\mu| \geq k]$는 체비셰프 부등식에 의해 다음과 같이 나타내진다. 이 부등식은 모집단의 분포에 관계없이 적용될 수 있다는 장점이 있다.

13 그 이유에 대해서는 고길곤(2014), 『통계학의 이해와 활용』, 문우사 참고.

$$\text{체비셰프 부등식(Chebyshev inequality): } P[|X-\mu| \geq k] \leq \frac{\sigma^2}{k^2}$$

(단, μ는 모평균, σ^2은 모분산)

이 부등식을 활용하면 자료가 $\mu \pm 5\sigma$ 범위에 있을 확률은 최소 96% 이상이 됨을 알 수 있다. 따라서 이 범위를 벗어나는 값을 극단값으로 판단해도 큰 무리는 없을 것이다.

SAS 매크로를 수행하면 아래 [표 8.3]과 같이 체비셰프 부등식을 이용한 96% 구간(LCHEV, UCHEV) 및 사분위 기준에 따른 구간(LIQR, UIQR) 등을 구할 수 있다. 분석 결과에서 알 수 있듯이 체비셰프 구간이 훨씬 넓기 때문에 극단값으로 판정할 가능성이 적음을 알 수 있다. 이 기준에 따라서 단순 분위수 기준에 따라 선정된 극단값이 체비셰프 및 사분위 기준에도 맞는 극단값인지를 살펴볼 수 있다.

표 8.3 ▸ 극단값 검출을 위한 체비셰프 및 사분위 기준의 하한과 상한 SAS 8.2

VARNAME	_MEAN_	_STD_	LCHEV	UCHEV	UIQR	LIQR	_P1_	_P99_
INPUT1	3266.00	6121.30	−27340.51	33872.51	3968.5	−1239.5	91	28779
INPUT3	4963340.87	17319841.81	−81635868.20	91562549.93	2793595.0	−1423748.0	28949	95037251
OUTPUT1	6037241.03	10830001.62	−48112767.06	60187249.12	11933037.0	−7455129.0	62862	49421513

[표 8.4]는 사분위 거리 규칙과 체비셰프 부등식을 이용한 경우 최종적으로 선택된 극단값들이다. INPUT1의 경우는 자료분포의 왼쪽, 즉 최솟값 영역에서는 극단값이 없으나 사분위 기준에 따르면 최댓값 영역에서는 한국수력원자력(주), 한국전력공사, 한국철도공사 등이 극단값으로 판정되고 있음을 알 수 있다. 하지만 체비셰프 기준에서는 최솟값이나 최댓값 영역 모두 극단값으로 판정할 수 있는 것이 없음을 알 수 있다. 다만 INPUT3(유동자산) 변수에 대해서는 한국토지주택공사가 사분위 기준뿐만 아니라 체비셰프 기준에서도 극단값으로 판단할 수 있음을 알 수 있다. 한편 본 분석에서는 순서에 따른 극단값을 상위 및 하위 각각 3개의 DMU를 선정하였으나 이 값을 늘리면 추가적으로 사분위 기준 혹은 체비셰프 기준에 따른 극단값을 확인할 수 있다.[14]

결론적으로 단변량 분석에 바탕을 둔 극단값은 한국가스공사, 한국수력원자력㈜, 한국전력공사, 한국철도공사, 한국토지주택공사라고 할 수 있다. 특히 한국토지주택공사

14 SAS 8.2 의 NEXTREME 인수값을 바꾸어가며 결과가 어떻게 달라지는지를 확인해보면 좋을 것이다.

는 유동자산(INPUT3) 부분에서 다른 공공기관보다 매우 큰 값을 갖고 있다고 할 수 있다.

표 8.4 ▸ 극단값의 판정 SAS 8.2

VARNAME	IQR 하위 극단값	IQR 상위 극단값	하위 체비셰프 극단값	상위 체비셰프 극단값
INPUT1	–	한국수력원자력㈜	–	–
INPUT1	–	한국전력공사	–	–
INPUT1	–	한국철도공사	–	–
INPUT3	–	한국가스공사	–	–
INPUT3	–	한국전력공사	–	–
INPUT3	–	한국토지주택공사	–	한국토지주택공사
OUTPUT1	–	한국토지주택공사	–	–
OUTPUT1	–	한국가스공사	–	–
OUTPUT1	–	한국전력공사	–	–

이러한 단변량 분석을 바탕으로 한 극단값 선정은 여러 변수와의 관계를 종합적으로 검토하지 못한다는 한계와 자료의 분포에 대한 고려 없이 평균을 중심으로 단선적인 극단값 판단을 한다는 문제가 있다. 예를 들어 자료가 {1,2,3,50,97,98,99}로 분포되어 있다면 양쪽 극단에 있는 1이나 99가 극단값으로 판정될 수 있지만 실제로는 50이 오히려 더 다른 자료들과 구별되는 관찰값이라고 할 수 있다.

3) 다변량 접근을 통한 극단값 분석

단변량 분석의 문제를 극복하기 위해 다양한 다변량 분석 기법을 사용할 수 있다(Aggarwal, 2005; Rousseeuw, 1987). 그 대표적인 방법이 마할라노비스 거리(Mahalanobis Distance, MD)를 이용하는 방법과 로버스트 거리(Robust Distance, RD)를 이용하는 방법이다. 이 두 방법의 차이는 위치 및 스케일(scale)을 나타내는 값을 어떻게 계산하는지에 있다. 마할라노비스 거리에서는 관찰된 경험 분포를 통해 얻어진 위치와 스케일 값이 각각 $\overline{x}$, $\overline{C}(X)$에 해당한다. 반면 로버스트 거리에서는 최소공분산결정계수(Minimum Covariance Determinant, MCD) 방법을 이용해 극단값에 해당할 수 있는 일부를 제외한 자료를 이용하여 거리를 계산하는 방법을 채택한다.[15]

15 수식에 대해서는 SAS/STAT User's Manual의 PROC ROBUSTREG편 참고.

$$\mathrm{MD}(x_i) = \left[(x_i - \overline{x})' \, \overline{C}(X)^{-1} (x_i - \overline{x})\right]^{1/2},$$

$$\mathrm{RD}(x_i) = \left[(x_i - T(X))' \, C(X)^{-1} (x_i - T(X))\right]^{1/2}$$

[단, 사용된 변수는 벡터임, $T(X)$, $C(X)$는 MCD 방법에 의해 얻어진 위치(location)와 스케일(scale)]

마할라노비스 거리와 로버스트 거리를 이용한 극단값 판정은 강건 회귀분석(robust regression analysis)과 같은 비모수 회귀분석에서 많이 사용된다. 이를 이용하여 이 값이 기준 값보다 크면 극단값으로 판정한 결과를 얻을 수 있다.[16]

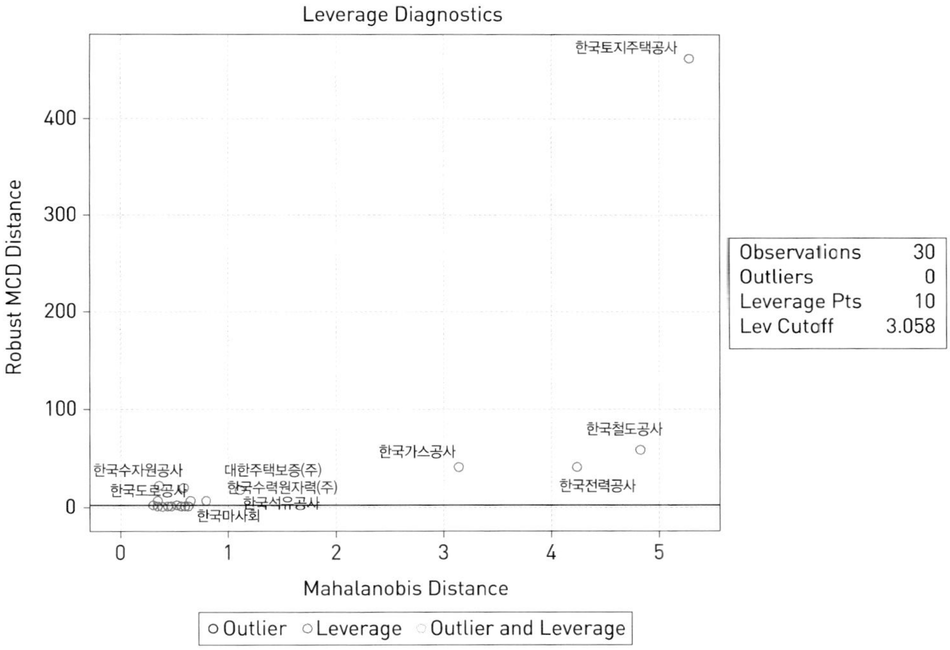

그림 8.3 ▸ 다변량 극단값 검출 결과 SAS 8.3

[그림 8.3]을 살펴보면 한국토지주택공사는 로버스트 거리의 관점에서나 마할라노비스 거리의 관점에서 다른 자료들과 매우 차이가 나고 있음을 알 수 있다. 전체 30개의

16 MCD 알고리즘을 이용한 로버스트 거리 계산과 극단값 계산은 ROBUSTREG 프러시저를 이용할 수 있다. 이때 독립변수는 DEA에서 사용하는 투입 및 산출변수를 모두 포함하고 종속변수는 임의의 변수를 만들어 로버스트 회귀분석 모형을 구축하면 된다. 극단값을 찾기 위해 Yohai (1987)의 MM 방법을 사용했으며 MCD 계산을 위해서는 Rousseeuw & Driessen(1999)의 일반화 알고리즘을 사용하였다.

관찰점에서 10개의 관찰점이 극단값으로 판정될 정도로 자료의 분포가 상당히 넓게 퍼져 있으며 특히 투입이나 산출변수가 매우 큰 값을 갖고 있음을 알 수 있다.

표 8.5 ▸ 다변량 극단값 DMU SAS 8.3

OBS	DMU_NAME
1	대한주택보증㈜
2	한국가스공사
3	한국도로공사
4	한국마사회
5	한국석유공사
6	한국수력원자력㈜
7	한국수자원공사
8	한국전력공사
9	한국철도공사
10	한국토지주택공사

단변량 극단값 분석과 비교해 보면 다변량 극단값 분석을 통해 추가적으로 확인된 극단값은 한국마사회와 한국석유공사, 대한주택보증(주), 한국수자원공사, 한국도로공사인 것으로 나타났다. 극단값이 무엇인지를 찾아내는 것 자체가 목적이면 다변량 분석을 바로 수행하는 것이 편리할 수 있다. 그러나 산점도 분석과 단변량 분석을 통해 어느 투입 혹은 산출변수에서 극단값이 발생하고 있는지 해당 변수의 특징이 무엇인지 등을 차분히 분석함으로써 극단값 처리와 분석 결과 해석에 도움을 받을 수 있도록 하는 것이 바람직하다.

나. 극단값에 따른 민감도 분석 결과

앞에서 극단값을 확정했으면 이 자료를 포함한 경우와 제거한 자료를 이용하여 분석 결과의 민감도를 살펴볼 수 있다.[17] 효율성 점수 변화의 민감도는 분석의 대상이 되는 전체 집단 수준, 개별 DMU 수준, 그리고 준거집단 수준으로 구분하여 살펴볼 수 있다. [표 8.5]에서는 원래 30개의 DMU 중에서 10개의 DMU가 극단값으로 판정이 되었다.

---

17 다변량 분석을 위한 OUTLIER 매크로를 실행시키면 극단값을 제거한 SEN이라는 새로운 데이터셋이 자동으로 만들어지기 때문에 이 데이터셋을 이용하여 DEA 분석을 시도하면 극단값 제거 후의 효율성 점수 값을 얻을 수 있다.

따라서 투입과 산출의 유사성이 큰 20개의 DMU에 대해서 극단값 제거 전과 후의 효율성의 변화를 민감도로 정의하고 이를 전체 수준, 개별 수준, 그리고 준거 DMU 수준으로 나누어 살펴보았다.

전체 수준에서의 민감도는 상관관계 분석이나 경험확률분포 분석을 이용하여 수행해 볼 수 있다. 먼저 민감도를 상관계수를 이용하여 판단해 보면 피어슨 상관계수 값은 0.85, 스피어만 순위상관계수는 0.91로 극단값을 제거하기 전과 후의 효율성 값이 높은 상관관계를 보이고 있다. 이 결과만을 보면 전체적으로는 극단값 제거 여부에 따른 민감도가 크지 않다고 해석할 수 있다.

표 8.6 ▸ 극단값 제거 전후의 효율성 점수 및 순위의 상관관계 SAS 8.4

TYPE_	_NAME_	ORIGINAL	NEW
PEARSON	ORIGINAL	1.00000	0.85121
PEARSON	NEW	0.85121	1.00000
SPEARMAN	ORIGINAL	1.00000	0.91397
SPEARMAN	NEW	0.91397	1.00000

전체 수준의 민감도를 평가하기 위한 또 다른 방법은 경험확률분포를 비교해 보는 것이다.[18] 원자료를 이용한 경우와 극단값을 제거했을 때 경험확률분포를 비교해 보면 근사적 KS 통계량의 유의확률은 0.06으로 두 분포가 동일하다는 귀무가설을 유의수준 5%하에서 기각할 수 없다. 쿠이퍼 검정(Kuiper test)을 이용하는 경우 유의확률이 0.23으로 유의수준 5%하에서 기각할 수 없다. 이를 종합해 보면 극단값 제거 전후의 효율성 점수 분포의 차이는 존재하지만 통계적으로 반드시 유의미하지는 않다고 할 수 있다.

그리고 개별 DMU의 민감도 분석을 수행할 수도 있다.[19] 개별 DMU의 민감도 분석을 수행할 때는 효율성 점수를 이용하는 방법과 순위를 이용하는 방법을 사용할 수 있다. 극단값을 제거하면 극단적인 효율경계를 형성하는 DMU들이 사라지기 때문에 효율성 점수 값이 커질 가능성이 높다. 따라서 효율성 점수의 절댓값 의미 자체는 크지 않을 수 있다. 순위를 이용한 민감도 분석은 점수의 절댓값보다는 효율성 점수의 상대적 순위에 초점을 맞추기 때문에 DMU 간의 상대적 중요성 변화를 잘 나타낼 수 있다.

---

18 SAS 8.5 참고.

19 SAS 8.6 참고.

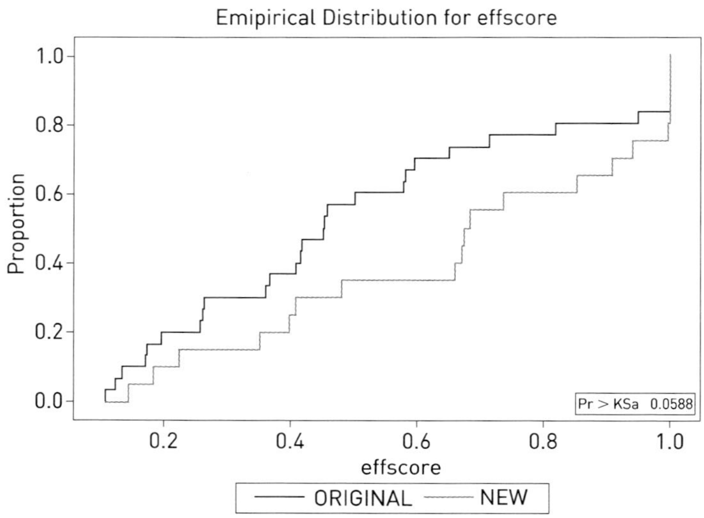

그림 8.4 ▸ 원자료와 극단값 제거 후 효율성 점수의 경험확률분포 SAS 8.5

표 8.7 ▸ 효율성 점수와 순위의 변화 SAS 8.6

DMU_NAME	ORIGINAL	NEW	DIFF	ORIGRANK	NEWRANK	RANKDIFF
대한석탄공사	0.17	0.23	0.05	18	18	0
부산항만공사	0.72	0.94	0.23	3	6	−3
여수광양항만공사	0.65	0.67	0.02	4	11	−7
울산항만공사	1.00	1.00	0.00	1	1	0
인천국제공항공사	0.45	0.74	0.29	11	9	2
인천항만공사	0.95	1.00	0.05	2	4	−2
제주국제자유도시개발센터	0.45	0.67	0.22	10	12	−2
한국감정원	0.13	0.15	0.01	19	20	−1
한국공항공사	0.12	0.18	0.06	20	19	1
한국관광공사	0.26	0.48	0.22	16	14	2
한국광물자원공사	0.26	0.35	0.09	17	17	0
한국남동발전㈜	0.58	1.00	0.42	7	1	6
한국남부발전㈜	0.60	1.00	0.40	5	1	4
한국동서발전㈜	0.58	1.00	0.41	6	5	1
한국방송광고진흥공사	0.36	0.41	0.05	15	15	0
한국서부발전㈜	0.46	0.91	0.45	9	7	2
한국조폐공사	0.41	0.66	0.25	13	13	0
한국중부발전㈜	0.50	0.85	0.35	8	8	0
한국지역난방공사	0.42	0.69	0.27	12	10	2
해양환경관리공단	0.37	0.40	0.03	14	16	−2

[표 8.7]은 효율성 점수와 순위의 변화를 분석한 결과이다. 효율성 점수의 변화를 살펴보면 [표 8.7]에서 확인할 수 있는 것처럼 대부분 DMU의 효율성 점수들은 극단값 제거 후 효율성 점수가 상승한 것으로 나타나고 있다. 일부 DMU(한국서부발전, 한국남부발전)의 효율성 점수는 극단값을 제거한 후에 크게 증가하기도 하는 것으로 나타나고 있다. 왜 이런 변화가 일어났는지는 어렵지 않게 살펴볼 수 있다. 한국남부발전은 울산항만공사와 한국마사회를 준거점으로 갖고 있다. 이때 한국마사회는 극단값으로 제거되었는데 이를 울산항만공사와 비교해보면 이 두 회사의 인력이나 매출액은 비슷하지만 투입요소가 되는 자산이 많아 극단값 제거 전에는 상대적으로 비효율적인 점으로 판단된 것이다.

효율성 점수의 변화를 표를 이용해서 제시해주는 것보다 그림을 이용해서 제시해주는 것이 이해하기 쉽기 때문에 이를 살펴보면 아래와 같다.[20] [그림 8.5]에서 확인할 수 있듯이 효율성 점수가 0과 1 사이의 값을 갖는다는 점을 고려한다면 상당히 많은 DMU의 효율성 점수 변화가 0.2점 이상 큰 변화를 보이고 있음을 알 수 있다.

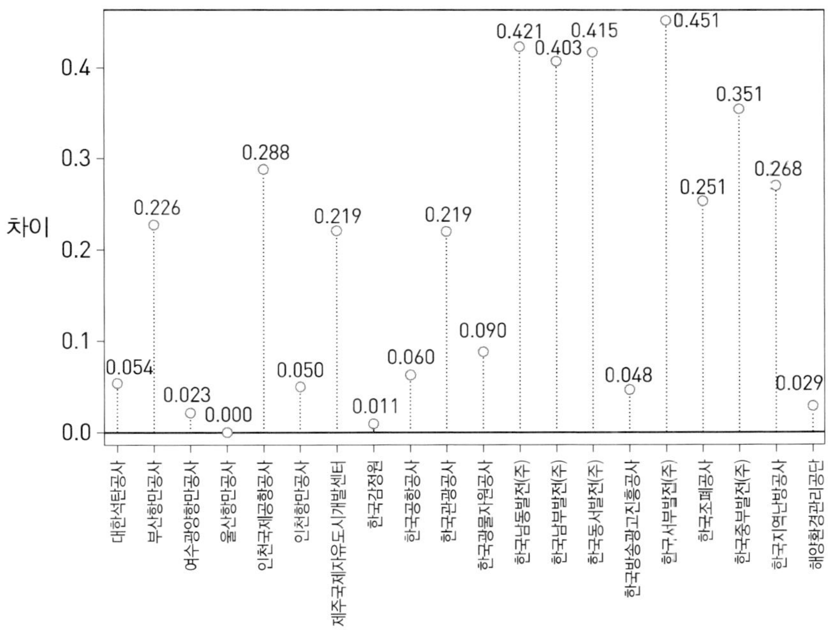

그림 8.5 ▸ 극단값 제거 자료와 원자료 이용 시 효율성 점수의 차이 SAS 8.7

20 SAS 8.7 참고.

순위를 이용한 민감도를 분석해보면 민감도가 훨씬 작은 것으로 나타나고 있다.[21] [그림 8.6]에서 보면 대부분은 순위의 차이가 없거나 순위가 1 정도 올라가거나 줄어드는 경우가 대부분인 것으로 나타나고 있다. 한국동서발전과 같은 예를 보면 극단값 제거 후 효율성 점수가 0.41이나 증가했지만 실제 순위는 20개 DMU 중에서 6위에서 5위로 1계단 상승했을 뿐이다. 이처럼 효율성 점수의 변화를 이용하여 민감도를 판단하는 경우와 효율성 순위의 변화를 이용하여 민감도를 판단하는 경우는 전혀 다르기 때문에 유의할 필요가 있다. DEA에서는 각 모형에서 효율성이 상대적으로 평가되기 때문에 절댓값보다는 순위의 변화를 이용한 민감도 측정이 선호되기도 한다.

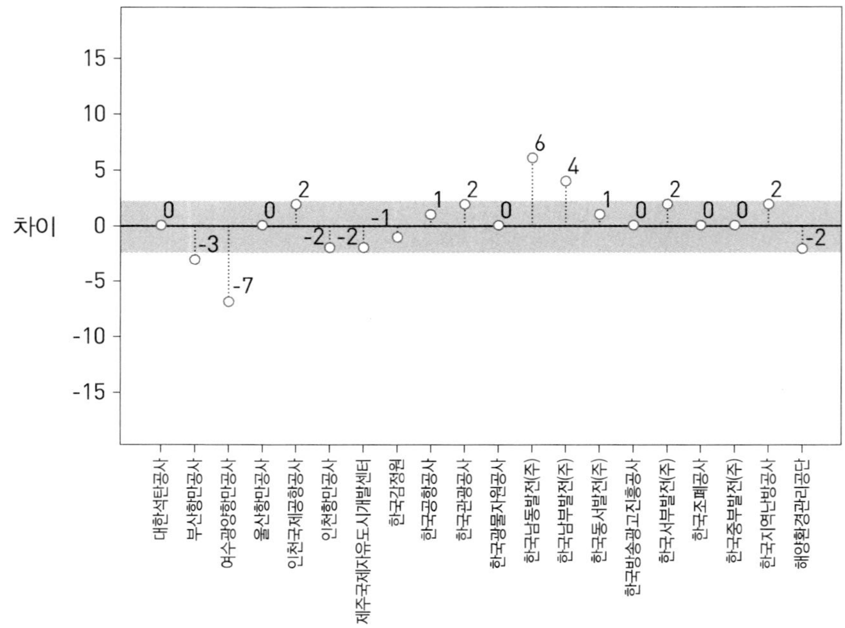

그림 8.6 ▸ 극단값 제거 전후의 효율성 순위 차이 SAS 8.8

극단값에 따른 민감도 분석의 마지막 절차 중의 하나는 준거 DMU 집단의 민감도 분석이다. [표 8.8]은 극단값 제거 전 다른 DMU의 준거 DMU가 되었던 기관과(type=old) 극단값 제거 후 준거 DMU(type = new)들을 나타내고 있다. 예를 들면 울산항만공사는 극단값 제거 전의 DEA 분석에서는 25개 DMU의 준거집단이 되었으며 이는 전체 준거 DMU 횟수의 50%에 해당한다. 또한 극단값 제거 후의 DEA 분석에서는 11개 DMU의

21 SAS 8.8 참고.

준거 DMU가 되었으며 이는 약 22%에 해당하는 것임을 알 수 있다. 극단값 제거 전과 후의 준거 DMU들의 변화는 상당히 큼을 알 수 있다. 이것은 극단값에 해당하는 DMU가 효율성 점수가 1인 경우가 많고 이들이 중요한 준거점이 되고 있음을 의미한다.

표 8.8 ▸ 준거 DMU와 준거 비중 § SAS 8.9

DMU_NAME	COUNT	PERCENT	TYPE
울산항만공사	25	50.0	OLD
한국가스공사	11	22.0	OLD
한국마사회	14	28.0	OLD
울산항만공사	9	31.0	NEW
한국남동발전㈜	7	24.1	NEW
한국남부발전㈜	13	44.8	NEW

극단값의 제거 여부에 따른 민감도 분석 결과는 몇 가지 중요한 시사점을 제시한다. 첫째, 전체적으로 DEA 분석 결과가 극단값에 아주 크게 영향을 받지 않을 수 있음을 시사하고 있다. 순위를 중심으로 민감도를 측정해보면 순위상관계수 값도 0.92로 상당히 높게 나오고 있으며 극단값이 아닌 20개의 DMU 중에서 70%에 해당하는 DMU의 순위 변동이 2 이하며 90%가 4 이하인 것으로 나타나고 있다. 이것은 DEA가 비모수적 방법으로 극단값에 따른 효율경계의 변화에 매우 민감할 것이라는 가설을 기각하고 있음을 알 수 있다.

둘째, 순위 변화에 따른 민감도와 효율성 점수 변화에 따른 민감도 구분의 중요성이다. 효율성 점수를 이용해 민감도를 분석하는 경우 극단값 제거 전후의 경험확률분포의 차이가 통계적으로 유의미했다. 또한 개별 DMU의 효율성 점수 변화의 크기도 상당히 큰 것으로 나타나고 있다. 하지만 이러한 변화는 극단값 제거에 의해 비현실적인 효율경계들이 사라짐에 따라 발생한 점수의 변화에 불과할 수 있다. 따라서 순위 변동의 안정성을 고려한다면 민감도 분석에서는 순위를 중심으로 한 민감도 분석을 기본으로 하고 효율성 점수 변화를 이용한 민감도 분석은 보조적으로 하는 것이 바람직하다.

셋째, 극단값 제거 후 분석을 수행하면 동질성이 높은 DMU들로 분석 집단을 구성할 수 있다는 장점이 있다. DEA 분석의 전제 중 하나는 생산기술이 유사한 DMU에 대해 분석해야 된다는 것이다. 이때 생산기술의 유사성을 논리적으로 평가하기는 쉽지 않다. 비록 동일 산업의 기업들이라고 하더라도 이들 간의 핵심 경쟁력이 있는 분야와 상품에는 차이가 존재하기 때문이다. 따라서 이러한 동질성 조건을 만족하는 DMU를 통계적 접근을 통해 찾기 위해서 로버스트 거리(robust distance) 접근 방법과 같은 다변량 극단값 검출 방법을 이용하여 극단값을 제거하면 효율경계 구성에 있어서 동질성 가정을 어느 정도 충족시킬 수 있을 것이다. 또한 동질성 가정을 검토하지 않거나 이 가정을 근거로 DEA 무용론을 주장하던 극단적인 입장에서 벗어나 DEA의 활용가능성을 높여준다고 할 수 있다.

8.3 시점 간 자료를 이용한 효율변경 민감도 분석

극단값에 따른 분석 결과의 민감도 문제는 효율변경이 특정 DMU나 자룟값에 영향을 받을 수 있다는 점에 그 핵심이 있다. 효율변경을 적절한 자료를 통해 얻지 못하면 DEA 분석의 타당성은 낮아지게 된다. DEA를 적용하다 보면 분석에서 사용된 DMU 수가 작아서 효율변경의 타당성이 의심되는 경우가 흔히 발생한다. 이러한 경우 기존 자료가 모집단을 대표하는 표본이라는 가정하에 사용되는 부트스트랩핑(bootstrapping) 기법을 이용하여 민감도 분석을 수행하기도 한다(Bogetoft & Otto, 2011:170~186; Simar & Wilson, 1998). 하지만 이 접근은 분석에 사용된 자료가 확률표본이라는 가정에서만 타당하다. 만일 자료 자체가 모집단이라면 부트스트랩핑 방법의 통계적 의미가 크지 않다는 반론을 제기할 수 있다.

효율변경 추정의 불확실성 문제를 해결할 수 있는 방법 중의 하나는 제7장에서 살펴본 것처럼 여러 시점에서 반복적으로 측정된 자료를 이용하는 것이다. 즉 현재 시점의 자료만을 이용하는 것이 아니라 이미 기술적으로 생산가능한 상태가 입증되어 있는 과거의 자료를 이용하여 효율변경을 정확히 추정하는 것이다. 예를 들어 t 시점의 효율성을 측정하고자 하면 $t-1$ 시점의 자료를 함께 이용하여 생산가능집합과 효율경계를 만든 후 t 시점 DMU의 효율성을 측정하는 것이다. 생산기술의 비약적인 변화가 없는 한 k 시점까지 분석 기간을 확장한다면 $t-k$ 시점까지의 자료를 사용한 효율변경을 이용할 수 있다.

시점 간 자료 보정을 통하여 효율경계 추정의 정확성을 높이는 방법을 민감도 분석에서도 활용할 수 있다. 투입과 산출이 무작위로 변동하고 이 변동이 과거 자료에 반영이 되어 있다면 투입 및 산출의 무작위 변동에 따른 DEA 분석 결과의 민감도라고 볼 수 있다.

과거의 자료를 이용하여 효율변경 추정의 정확성을 개선하는 민감드 분석은 %WINSEN 매크로를 이용하여 수행할 수 있다. 이 매크로는 다른 시점 자료를 포함시켰을 때 효율경계가 변화에 따른 효율성 점수의 변화와 시점 간 효율성 점수의 변화를 측정할 수 있도록 설계된 프로그램이다.

자료가 2008년부터 2013년까지 존재한다고 해보자. 2009년 DMU들의 효율성에 관심을 갖고 있을 때 2009년 자료만을 사용하여 효율경계를 만든 결과와 2008년에서 2009년까지 자료를 이용하여 효율경계를 만든 결과가 어떻게 달라지는지 분석해보자. 과거 자료라는 추가적 정보를 이용하여 현재의 효율경계를 정확히 추정했을 때 분석 결과의 민감도를 분석해보는 것이다. 공기업의 투입과 산출 자료 예제를 이용하여 효율경계 변동에 따른 민감도 분석을 수행해보면 아래와 같다.

본 예제에서 사용된 자료는 시간을 나타내는 변수인 year가 각각 2008년부터 2012년까지의 값을 갖고 있다. %WINSEN 매크로는 아래와 같이 다른 DEA 모형의 매크로와 유사하지만 시간변수의 처음 시작 값(START), 끝 값(LAST), 몇 시점을 함께 분석할지에 대한 인수(K), 그리고 반복분석 횟수(REP), 데이터셋에서 시간변수의 이름(TIMEVAR), DMU의 크기(DMUSIZE)를 추가적으로 지정해야 한다.

```
%WINSEN(DSN=, START=, LAST=, K=, REP=, TIMEVAR=, INPUTLIST=,
        OUTPUTLIST=, DMUSIZE=);
```

만일 K를 1로 하는 민감도 분석을 하고자 한다면 2009년도의 효율성은 2008년도 및 2009년도의 자료를 이용하여 모두 포함한 효율변경을 만든 후 2009년의 DMU 자료에 대한 효율성 점수 값을 이용하면 된다. 2 시점 자료를 이용하여 효율변경을 조정한 자료 분석은 아래와 같이 매크로 인수를 지정해주면 된다. 30개의 DMU가 2008년부터 2013년까지 6 시점에 분포하고 K=1인 경우에는 (2008,2009), (2009,2010), (2010,2011), (2011,2012) 등 4번의 반복 분석을 하게 된다. %WINSEN 매크로의 반복횟수를 REP 값에 지정해주면 된다.

```
%WINSEN(DSN=SOE, START=2008, LAST=2012, K=1, REP=4, TIMEVAR=YEAR,
INPUTLIST=%STR('INPUT1', 'INPUT3'), OUTPUTLIST=%STR('OUTPUT1'), DMUSIZE=30);
```

한편 민감도 분석을 수행하지 않고 각 시점의 자료만을 가지고 효율성 분석을 한 결과는 아래와 같다.

```
%WINSEN(DSN=SOE, START=2008, LAST=2012, K=0, REP=5, TIMEVAR=YEAR,
INPUTLIST=%STR('INPUT1', 'INPUT3'), OUTPUTLIST=%STR('OUTPUT1'), DMUSIZE=30);
```

2012년의 자료를 이용한 분석 결과를 살펴보자. 2012년도 자료만을 이용해서 효율변경을 설정한 경우 DMU i의 효율성을 θ_{0i}라고 하자. 그리고 전기인 2011년과 금기인 2012년의 자료를 이용해 효율변경을 설정한 후 효율성을 구한 값을 θ_{1i}라고 해보자. 이 두 변수의 스피어만 순위를 구해보면 상관계수 0.997로 매우 큰 값을 나타내고 있다.[22] 이것은 민감도가 작음을 의미한다. [그림 8.7]은 전년도의 자료를 이용하지 않았을 때의 효율성 점수에서 전년도의 자료를 이용하여 효율성 점수를 계산했을 때의 효율성 점수의 차이, 즉 $\theta_{0i}-\theta_{1i}$를 각 DMU별로 나타낸 결과이다. 결과에서 살펴볼 수 있듯이 전년도 자료를 이용한 경우와 그렇지 않은 경우에 효율성 점수에서 큰 차이가 나지 않음을 알 수 있다.

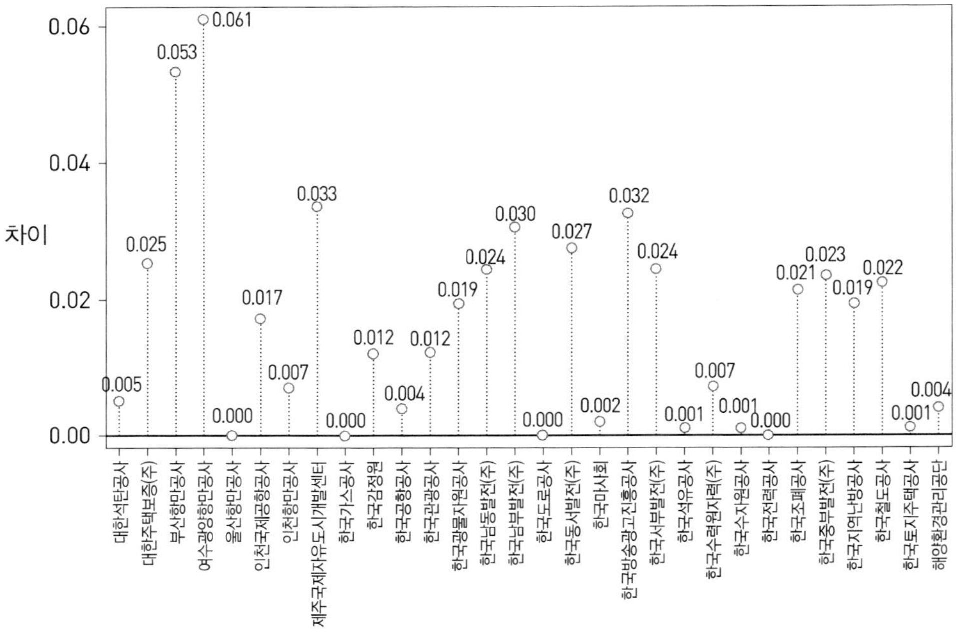

그림 8.7 ▸ 1 시점 이전 자료를 이용한 민감도 분석 결과 SAS 8.10

22 SAS 8.10 참고.

위에서는 2년치 자료만을 이용했으므로 민감도가 크지 않았을 것이라는 비판이 가능하다. 시점을 길게 하여 t, $t-1$, $t-2$, $t-3$ 현재 시점과 3년 전까지의 자료를 이용하여 효율경계를 설정한 것과 단년도 자료를 이용한 결과를 비교해보면 민감도가 커질 수 있다. 이를 살펴보기 위해 2012년도를 기준연도로 하여 θ_{0i}, θ_{3i}의 스피어만 순위상관계수를 구해보면 0.983이고 피어슨 상관계수 값은 0.992로 매우 큰 상관관계를 보여주고 있다. 이것은 예제로 사용한 자료의 경우 여러 시점의 자료를 이용하여 효율경계를 좀 더 정확히 추정하더라도 분석 결과의 민감도는 크지 않음을 의미한다.

[그림 8.8]은 $\theta_{0i}-\theta_{3i}$의 값을 나타낸 것으로 2 시점을 이용한 경우보다는 효율성 점수 값의 차이가 더 커진 것을 알 수 있다. 하지만 극단값에 따른 민감도와 비교해보면 점수 차이의 변동은 상대적으로 작다고 할 수 있다.

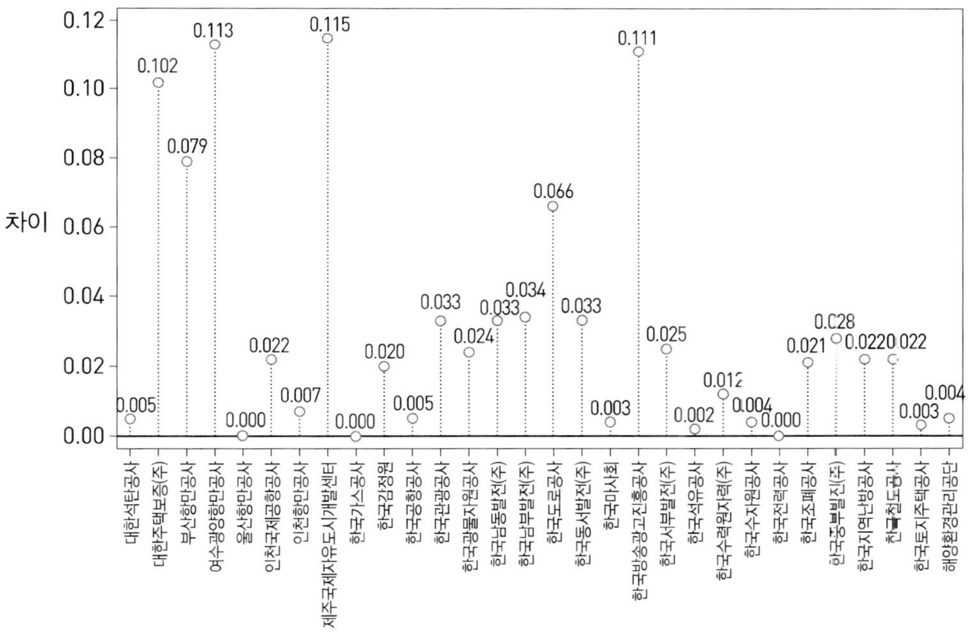

그림 8.8 ▸ 3 시점 이전 자료를 이용한 민감도 분석 결과 SAS 8.10

시점 간 자료 보정을 통한 민감도 분석의 의미는 무엇일까? 생산가능집합은 생산이 가능한 투입과 산출의 집합이다. 우리가 실제 가능한 생산가능집합을 모두 알 수 있다면 정확하게 효율경계를 구할 수 있고 DEA의 타당성은 높아지게 된다. 단일 시점의 자료만을 이용하는 경우에는 생산가능집합의 원소들을 제대로 파악하기 어렵기 때문에 효율경계를 측정할 때 오차가 발생할 수 있다. 따라서 시점 간 자료 보정을 통한 민감도는 효율경계의 오차 보정에 따른 분석 결과의 차이를 살펴볼 수 있도록 한다. 만일 급격한 기술변동이 없다는 가정이 유효하다면 본 분석의 예제로 사용한 공공기관의 효율성의 경우 시점 간 효율변경의 변동에 따른 민감도가 크지 않다고 결론을 내릴 수 있다. 공기업을 대상으로 DEA를 적용할 때 투입 및 산출 값의 오차가 존재하더라도 분석 결과가 크게 변화하지 않을 수 있어 분석 결과의 강건성이 존재한다고 할 수 있다. 물론 이러한 강건성은 자료에 따라서 달라질 수 있다.

8.4 민감도 분석의 기타 쟁점

앞에서 다룬 극단값에 따른 민감도, 효율변경의 변화에 따른 민감도 등의 문제 이외에도 투입이나 산출변수 값이 갖고 있는 측정 오차 등으로 인한 민감도의 문제가 발생할 수 있다. 이 민감도 문제를 다루고 있는 분야 중의 하나가 부트스트랩핑 DEA (bootstrapping DEA)이다. 원래 부트스트랩핑 기법은 통계학에서 추정하고자 하는 모수의 추정량의 분포를 제대로 알 수 없을 때, 주어진 표본을 가지고 모수를 추정하고 신뢰구간을 구하는 비모수적 접근 방법의 일종이다. 기초통계학을 수강한 독자는 모집단의 평균을 구하기 위해 표본평균이 모평균을 추정하는 좋은 추정량이라는 것을 증명한 후에 이 추정량의 확률분포를 찾아내서 신뢰구간을 구하는 과정을 공부했을 것이다(고길곤, 2014). 하지만 부트스트랩은 이런 확률분포를 가정하지 않고 표본을 여러 번 무작위로 재추출(resampling)해서 연구자가 관심 있는 모수(parameter)를 추정하는 기법이다.

가. 부트스트랩의 기본 이론

민감도 분석에서 많이 논의되고 있는 것이 부트스트랩 기법[23]이다. 원래 부트스트랩 방법은 표본 자료가 모집단의 특성을 대표한다고 가정한 후 표본으로부터 임의로 뽑은

---

23 부트스트랩 기법은 통계학에서 널리 사용되는 비모수적 접근 방식이다. 추정량의 확률분포를 이용하여 통계적 의사결정을 수행하기보다는 주어진 자료를 반복적으로 추출하여 모수를 추정하는 방식으로 최근 컴퓨터 연산능력이 발전됨에 따라 널리 사용되고 있다. 이 기법에 대한 기초적인 설명은 Efron, B. & Tibshirani, R.(1993), *An introduction to the bootstrap,* Chapman & Hall과 Chernick, M. R.(2008), *Bootstrap methods: a guide for practitioners and researchers,* Wiley-Interscience 참고. 부트스트랩 DEA는 DEA 효율성 점수가 갖고 있는 고유의 특징, 즉 효율성 점수가 1을 넘지 못한다는 점과 일반적으로 효율성 점수를 과대 추정한다는 문제를 반영해서 전통적인 부트스트랩 이론을 수정·적용한 방법이라고 할 수 있다.

부트스트랩 표본 역시 모집단을 대표하는 성질을 갖고 있다는 가정에 바탕을 둔다. 이 가정을 바탕으로 부트스트랩 표본을 이용하여 분석을 반복한 결과를 얻어 추정량의 평균과 신뢰구간을 얻는다. 예를 들어 회귀분석이라면 표본으로부터 임의의 부트스트랩 샘플 $S_1, \ldots, S_B$개를 만들고 각각의 표본을 이용하여 회귀분석을 수행하면 B개의 회귀계수가 추정될 수 있다. 이 추정된 회귀계수의 평균을 구하면 회귀계수의 부트스트랩 추정치가 되고 B개의 회귀계수의 하위 2.5%와 상위 2.5% 이내의 값은 추정된 회귀계수의 95% 신뢰구간 양쪽 끝 값으로 계산되는 것이다.[24]

DEA에서의 부트스트랩 접근은 투입과 산출에 확률오차가 존재한다면 효율성 점수의 신뢰구간이 어떻게 될지에 관심을 주로 갖는다. 이것은 DEA가 비확률적 접근(non-stochastic approach)이기 때문에 투입과 산출 정보가 오차 없이 측정되었다는 가정을 완화하기 위한 노력이라고 할 수 있다. 부트스트랩 분석은 DEA의 확률적 접근(stochastic approach) 방법 중 하나라고 할 수 있으며 이 접근을 통해 효율성 점수의 추정량(estimator)과 추정량의 분산, 그리고 신뢰구간 등을 구할 수 있는 이론들을 구성해 나갈 수 있다.[25]

부트스트랩 DEA에는 여러 가지 방법이 있다. 현재는 Simar & Wilson(1998)이 제시한 평활 재추출(smoothed resampling) 방법을 바탕으로 한 부트스트랩 방법이 널리 사용되고 있다(유금록, 2008).[26] 이 방법을 먼저 설명하기 전에 부트스트랩 이론에 충실하여 부트스트랩 DEA 방법을 이해하기 위해서는 먼저 잭나이프 방법(jack-knife method)을 이해한 후 Löthgren & Tambour(1999)가 제시한 단순 부트스트랩 방법, 그리고 Simar & Wilson(1998, 이하 SW 방법)이 제시한 평활 부트스트랩 방법 등을 살펴보도록 하자.

---

24 물론 기댓값과 신뢰구간을 구할 때 편의 및 분산 조정을 수행해 신뢰구간을 구하는 다양한 방법이 있다. 자세한 내용은 Efron, B. & Tibshirani, R.(1993), *An introduction to the bootstrap*, Chapman & Hall 참고.

25 부트스트랩 기법을 이용한 DEA가 확률적 접근을 시도해도 여전히 비모수적 접근임을 유의할 필요가 있다.

26 어쩌면 이 방법이 FEAR 혹은 Benchmarking과 같은 R 기반 DEA 패키지에서 사용되고 있기 때문인지도 모른다. 국내에서 이 방법의 타당성에 대한 논의가 더 필요하다는 것이 저자의 판단이다.

1) 잭나이프 방법

잭나이프 방법은 부트스트랩의 가장 기초적인 방법으로 표본을 하나씩 제거한 후 얻어지는 자료를 이용하여 DEA 분석을 하고 그 결과들을 이용하여 추정치 및 신뢰구간 계산을 한다. 이 방법은 특정한 DMU가 모형에서 관찰되지 않았을 때 민감도를 측정할 경우 유용하다. 잭나이프 방법을 단계별로 설명하면 다음과 같다.

단계 1: n개의 DMU가 있을 때 DEA 분석을 수행하여 각 DMU별 효율성 값을 구한다. 구해진 추정 효율성 점수를 $\widehat{\theta_1},...,\widehat{\theta_n}$이라고 하자.

단계 2: k 번째 DMU를 지우고 나머지 자료를 가지고 DEA 분석을 수행하여 효율성 점수 값을 구한다. 그러면 k 번째 DMU를 제외한 나머지 $n-1$개의 DMU의 효율성 점수가 아래와 같이 구해진다.

$$\hat{\theta}^*_{1k},...,\hat{\theta}_{ik},...,\hat{\theta}^*_{nk}$$

$$(\text{단},\ i \neq k)$$

단계 3: 단계 2를 $k=n$일 때까지 반복한다. 그러면 각각의 DMU에 대해서는 $n-1$개의 효율성 점수를 얻게 된다.

단계 4: 각 DMU별로 n개의 효율성 점수를 이용하여 평균과 표준편차를 구한다. 또한 점수를 순서대로 나열한 후 2.5%와 97.5% 사이에 있는 값을 95% 신뢰구간으로 계산해 준다.

이 잭나이프 방법을 조금 더 확장하면 DMU를 하나씩 제거하지 않고 두 개 혹은 그 이상을 제거해 나가면서 민감도를 측정할 수 있다.

2) LT 부트스트랩

또 다른 방법은 Löthgren & Tambour(1999)가 제시한 방법(이하 LT 방법)으로 부트스트랩 접근을 이용하는 것이다.[27] 잭나이프 방법이 DMU의 제거를 통해 효율성 점수의 신뢰구간을 구하는 데 비해 LT 방법은 효율성 점수를 무작위 재추출(random resampling)해서 관찰값의 불확실성을 시뮬레이션 한다. 경우에 따라서는 Ray(2014)처

27 원래 LT 방법은 부트스트랩핑 맘퀴스트 분석을 위해 제시된 것이지만 충실하게 부트스트랩핑 방법의 이론을 적용한 방법이라고 저자는 판단한다. Ray(2004:319)는 이를 순진한 부트스트랩핑(naive bootstrapping)이라고 부른다.

럼 효율성 점수를 재추출하는 것이 아니라 관찰점을 재추출하는 방법을 사용하기도 한다.[28]

LT 방법의 절차를 단계적으로 살펴보도록 하자. Efron & Tibshirani(1993)의 부트스트랩핑 표기에 따라 θ은 추정하고자 하는 모수(효율성), $\hat{\theta}$은 원자료로부터 얻어진 추정량, 그리고 θ^*은 부트스트랩 표본으로부터 얻어진 추정량으로 표기하고자 한다.

첫째, DEA 분석을 수행한 후에 효율성 점수 값 $\hat{\theta}_1,\ldots,\hat{\theta}_n$을 얻는다.

둘째, 이 효율성 값을 이용하여 원래 관찰된 DMU i의 투입변수 $x_1,\ldots,x_p$을 효율경계 위에 값으로 아래와 같이 변환을 시킨다.

$$\widehat{x_i^*} = \hat{\theta}_i x_i$$

셋째, $\hat{\theta}_1,\ldots,\hat{\theta}_n$ 중에서 무작위로 n개를 복원 재추출(replacement resampling)하여 $\theta_1^*,\ldots,\theta_n^*$ 표본을 얻는다. 이때 $\theta_1^*,\ldots,\theta_n^*$는 독립적이고 동일한 확률분포를 따르는 집단에서 뽑힌 확률표본이다. 이 확률분포는 $\hat{\theta}_1,\ldots,\hat{\theta}_n$의 경험확률밀도함수(empirical density distribution) $\hat{f}(x=\theta_i)=\dfrac{1}{n}$으로 나타낼 수 있다.[29] 이를 식으로 나타내면 다음과 같다.

$$\theta_1^*,\ldots,\theta_n^* \sim iid\ f(\theta_i)$$

넷째, $\theta_1^*,\ldots,\theta_n^*$ 값을 이용하여 투입에 대한 부트스트랩 표본 x_{ib}를 다음과 같이 구한다.

$$x_{ib} = \frac{1}{\theta_i^*}\hat{x}_i^*$$

여기서 하첨자 b는 부트스트랩 횟수를 나타내는 인덱스이다. 만일 B번 반복표본을

28 회귀분석 등에서 부트스트랩 방법을 적용할 때 추정치에 해당하는 잔차를 재추출하거나, 관찰점을 재추출하여 분석을 수행한다. 어떤 방법을 사용하든지 일치 추정치를 구할 수 있는 것으로 알려져 있다(Simar & Wilson, 2011:253). 한편 저자는 효율성 점수를 재추출하는 방식보다는 관찰점을 재추출하는 것이 바람직하다고 판단한다.

29 여기서 저자는 일반적 통계학의 기호 표기법에 따라 확률밀도함수를 나타내는 소문자 f를 사용하였다. 하지만 일부 논문에서는 대문자 F를 사용하기도 한다. F는 누적확률함수를 의미하기 때문에 여기서는 f로 표기하였다. 또한 $\widehat{\theta_1},\ldots,\widehat{\theta_n}$의 분포가 균등분포(uniform distribution)라고 가정하는 것을 당연하게 받아들여서는 안 된다. 효율성 점수들이 특정 구간에 더 많이 분포할 수 있기 때문이다. 이 확률분포를 사전적으로 알 수 없기 때문에 균등분포를 임의로 가정한 것이다. 이 가정은 뒤에서 다루게 될 SW에서 평활(smoothing)법을 이용하여 변형되게 된다.

얻는다면 $b=1,...,B$까지 값을 갖게 된다. x_{ib}는 $\theta_1^*,...\theta_n^*$하에서 가능한 투입수준을 의미한다.

다섯째, 이렇게 얻어진 x_{ib}와 원래 주어진 산출 y_i를 이용해서 DEA 분석을 수행하여 효율성 점수를 구한다.

$$(\widehat{\theta_{1b}^*},...,\widehat{\theta_{nb}^*})$$

여섯째, 세 번째 단계부터의 과정을 B번 반복한다. 그러면 각 부트스트랩 반복별로 다음과 같이 $n\times B$의 행렬을 얻을 수 있다. 이때 열은 각 DMU를, 행은 부트스트랩 반복 횟수 인덱스를 가리킨다.

$$\begin{pmatrix} \widehat{\theta_{11}^*}, ..., \widehat{\theta_{n1}^*} \\ ... \quad ... \quad ... \\ \widehat{\theta_{1_B}^*}, ..., \widehat{\theta_{n_B}^*} \end{pmatrix}$$

이렇게 부트스트랩핑 과정을 통해 얻은 효율성 점수를 이용해서 최종적으로 부트스트랩핑 효율성 추정치를 구할 수 있다. 부트스트랩핑 효율성 추정치를 $\hat{\theta}_i^*(\bullet)$라고 한다면 i 번째 DMU의 효율성 추정치 $\hat{\theta}_i^*(\bullet)$는 $(\widehat{\theta_{i1}^*},...,\widehat{\theta_{iB}^*})$를 이용하여 아래와 같이 산술평균을 이용하여 구할 수 있다.

$$\hat{\theta}_i^*(\bullet)=\frac{1}{B}\sum_{b=1}^{B}\hat{\theta}_{ib}^*$$

한편 $\hat{\theta}_i^*(\bullet)$의 표준오차(standard error)도 일반적인 계산 방식으로 구할 수 있다.

$$\mathrm{SE}_B=\mathrm{SE}(\widetilde{\theta_i^*})=\sqrt{\frac{1}{B-1}\sum_{b=1}^{B}(\widehat{\theta_{ib}^*}-\widehat{\theta_i^*}(\bullet))^2}$$

또한 편의는 다음과 같이 정의할 수 있다.[30]

$$bias_B=bias_i=\widehat{\theta_i^*}(\bullet)-\widehat{\theta_i}$$

일곱째, 위에서 계산한 부트스트랩핑 효율성 추정치 $\hat{\theta}_i^*(\bullet)$와 모수의 차이가 있을 수 있으므로 편의를 조정한다. 모효율성 값 θ와의 편의조정 효율성 추정량(bias-

30 Simar & Wilson(1998:58) 및 Ray(2004:321) 참고.

corrected efficiency estimator)을 $\hat{\theta}_{bc}$라고 한다면 이는 다음과 같이 계산된다.

$$\hat{\theta}_{bc} = \hat{\theta}_i - bias_i = 2\hat{\theta}_i - \hat{\theta}^*(\bullet)$$

이렇게 조정된 $\hat{\theta}_{bc}$은 $\hat{\theta}$보다는 편의를 줄였지만 $bias_B$로 인해 $\hat{\theta}^*(\bullet)$의 표준오차(SE_B)를 크게 만드는 문제가 있다. 따라서 대략 부트스트랩 편의 $bias_B$가 SE_B보다 0.25배 이상 크지 않는다면 굳이 편의조정을 할 필요가 없다(Ray, 2004:321; Efron & Tibshirani, 1993). 이 경우에는 $\hat{\theta}$를 그냥 사용하면 된다.

한편 편의조정 효율성 추정량 $\hat{\theta}_{bc}$을 구했으면 이 추정량의 신뢰구간도 구해야 한다. 이 신뢰구간을 구하기 위해서는 $(\widehat{\theta_{i1}^*}, ..., \widehat{\theta_{iB}^*})$ 역시 $\hat{\theta}_{bc}$을 중심으로 분포하도록 편의조정을 해야 된다. 이 편의조정 값 $\hat{\theta}^*_{ib,bc}$는 다음과 같다.

$$\hat{\theta}^*_{ib,bc} = \hat{\theta}^*_{ib} - 2bias_B$$

(단, i는 DMU 인덱스, $b = 1, 2, ..., B$)

위 방법을 이용해서 B개의 효율성 추정치에 대한 편의조정을 한 후 $(\hat{\theta}^*_{i1,bc}, ..., \hat{\theta}^*_{iB,bc})$ 값을 얻게 되면 이 경험적 분포의 2.5 퍼센타일과 97.5 퍼센타일 값을 이용해서 95% 신뢰구간의 양쪽 경계를 구하는 것이다.

이 밖에도 Efron & Tibshirani(1993)에서 제시한 편의, 분산, 왜도 등을 조정한 다양한 신뢰구간 추정방법을 사용할 수 있다.[31] LT 방법을 흔히 순진한 부트스트랩 방법이라고 부르는데 그 이유는 $\hat{\theta}_i$의 경험확률밀도를 $\hat{f}(x = \theta_i) = \frac{1}{n}$으로 단순하게 가정하고 있다는 점 때문이다. 이것은 관찰된 $\hat{\theta}_i$를 중심으로 폭이 h인 주변까지는 자료가 관찰되고 그 외에는 자료가 관찰되지 않는다는 가정을 하고 있어서 연속적 자료의 확률밀도함수를 나타내기는 어려운 문제가 발생하기 때문이다.

또한 순진한 부트스트랩핑 방법으로 불리는 LT 방법으로 얻은 효율성 추정량은 비일치성(inconsistency)의 문제가 있다고 알려져 있다(Simar & Wilson, 2011:254). 이러한 배경에서 SW 방법이 널리 소개되기 시작하였다.

---

31 신뢰구간 추정 방법에 대한 논의는 더욱 많은 연구가 필요한 부분이라고 할 수 있다.

3) SW 방법

DEA 부트스트랩핑 방법 중에 가장 널리 사용되는 것이 Simar & Wilson(1998)의 SW 방법이다. SW 방법은 커널밀도함수와 부트스트랩 이론의 반사법(reflection method)에 기초한 방법이다.[32] 이 방법은 LT 방법과 매우 유사하지만 $f(\theta_i)$의 분포를 $1/n$으로 가정하지 않고 경험분포를 평활(smoothing)법을 이용하여 조정한다는 점에서 큰 차이가 난다. 그 분석 절차를 간단히 설명하면 아래와 같다.

첫째, DEA 기법을 이용하여 효율성 점수를 구한다. n개의 DMU에 대해 얻어진 효율성 점수 $\widehat{\theta}_1,\ldots,\widehat{\theta}_n$를 구한다.

둘째, $\widehat{\theta}_1,\ldots,\widehat{\theta}_n$로부터 복원추출 방법을 통해 무작위 표본을 n개 추출하고 이 추출된 값을 $\beta_1^*,\ldots,\beta_n^*$이라고 하자.[33]

셋째, $\beta_1^*,\ldots,\beta_n^*$ 값은 복원추출 방법으로 추출되었기 때문에 추출될 확률이 $1/n$이다. 하지만 θ_i에 대응되는 부트스트랩 표본 θ_i^*을 구하기 위해서는 θ_i의 확률밀도함수 f를 나타낼 수 있는 $\hat{f}$를 추정하고, 이 $\hat{f}$를 따르는 θ_i^*을 구해야 한다. 이런 배경하에서 $\beta_1^*,\ldots,\beta_n^*$ 값을 이용하여 $\theta_1^*,\ldots,\theta_n^*$을 얻기 위해서는 커널밀도함수와 반사법을 이용한 조정이 필요하다.

먼저 $\widehat{\theta}_1,\ldots,\widehat{\theta}_n$의 확률함수를 구하기 위해 커널밀도함수 추정법을 이용할 수 있다.[34]

$$f_h(\theta) = \frac{1}{nh}\sum_{i=1}^{n}\phi\left(\frac{\theta-\widehat{\theta}_i}{h}\right)$$

Efron & Tibshirani(1993)의 합성정리(convolution theorem)에 의해 평활된 부트스트랩 표본은 다음과 같이 구할 수 있다.

---

32 커널밀도함수에 대해서는 Silverman(1986)을 참고. 반사법에 대해서는 Efron & Tibshirani (1993)를 참고.

33 LT 방법에서는 $\widehat{\theta}_1,\ldots,\widehat{\theta}_n$을 통해 $\theta_1^*,\ldots,\theta_n^*$을 추출하는 것이 두 번째 단계였다. 하지만 SW 방법에서는 $\widehat{\theta}_1,\ldots,\widehat{\theta}_n$을 통해 $\theta_1^*,\ldots,\theta_n^*$을 추출할 때 경험밀도함수를 커널밀도함수와 반사법을 이용하여 추정하는 절차를 거쳐 $\beta_1^*,\ldots,\beta_n^*$을 조정하게 된다. SW 방법의 두 번째와 세 번째 절차가 이를 조정하는 과정이고 이를 바탕으로 $\theta_1^*,\ldots,\theta_n^*$을 얻게 된다.

34 ϕ는 표준정규분포로 커널밀도함수에는 이 외에도 여러 분포를 사용할 수 있다. 일반적으로 에파네치니코프 분포(Epanechnikov distribution)가 효율적이라고 알려져 있으나 큰 차이가 없어 전자를 사용해도 무방하다(Wasserman, 2006).

$$\theta_i^* = \beta_i^* + h\epsilon_i \sim f$$

하지만 θ 값이 1보다 작거나 같다는 제약조건이 있기 때문에 앞에서 제시한 커널밀도함수를 조정하여 θ_i^*을 구할 필요가 있다. 이에 대해 Silverman(1986)은 $\hat{\theta}_i \leq 1$을 $2-\hat{\theta}_i \geq 1$에 대칭적으로 대응되게 하는 반사법(reflection method)을 사용하여 2ㄱ개의 표본을 이용한 커널밀도함수를 추정하도록 한 것이다. 이 추정함수는 다음과 같이 나타난다.

$$g_h(\theta) = \frac{1}{2nh}\sum_{i=1}^{n}\left[\phi\left(\frac{\theta-\hat{\theta}_i}{h}\right)+\phi\left(\frac{\theta-2+\hat{\theta}_i}{h}\right)\right]$$

이를 이용하여 커널밀도함수를 다시 추정하면 다음과 같다.

$$f_{s,h}(\theta) = 2g_h(\theta) \text{ if } \theta \leq 1, \text{ o/w } f_{s,h}(\theta) = 0$$

Efron & Tibshirani(1993)에 따르면 $\hat{\theta}_i \leq 1$에 해당하는 경우는 다음과 같다.

$$\theta_i = \beta_i^* + h\epsilon_i \sim g_{1,h}(\theta) = \frac{1}{nh}\sum_{i=1}^{n}\phi\left(\frac{\theta-\hat{\theta}_i}{h}\right)$$

또한, $2-\hat{\theta}_i \geq 1$에 해당하는 경우는 다음과 같다.

$$\theta_i^R = 2-\beta_i^* - h\epsilon_i \sim g_{2,h}(\theta) = g_h(\theta) = \frac{1}{nh}\sum_{i=1}^{n}\phi\left(\frac{\theta-2+\hat{\theta}_i}{h}\right)$$

이 둘은 대칭이므로 다음과 같이 나타낼 수 있다.

$$g_h(\theta) = \frac{1}{2}g_{1,h}(\theta) + \frac{1}{2}g_{2,h}(\theta)$$

결국 $\hat{\theta}_1,\ldots,\hat{\theta}_n$에 대응되는 효율성 점수의 부트스트랩 확률변수는 다음과 같이 표준화 정규난수 ϵ와 커널밀도함수의 폭을 결정할 때 사용하는 평활모수(smoothing parameter) h 값을 이용해서 얻을 수 있다.

$$\theta_i^* = \begin{cases} \beta_i^* + h\epsilon_i, & \text{if } \beta_i^* + h\epsilon_i \leq 1 \\ 2-\beta_i^* - h\epsilon_i, & otherwise \end{cases}$$

h 값의 크기는 일반적으로 Silverman(1986)이 제시한 다음 공식에 따라 결정된다.[35]

$$h = 0.9An^{-1/5}$$

(단, $A = Min(X$의 표준편차, IQR/1.35), IQR: 사분위 구간)

위에서 얻은 θ_i^*을 바로 사용할 수도 있지만[36] 커널밀도함수를 이용할 때 좋은 성질을 갖도록 분산을 조정한 θ_i^*값을 아래와 같이 구하여 사용할 수도 있다.

$$\theta_i^{'*} = \overline{\beta^*} + \frac{1}{\sqrt{1+h^2/\widehat{\sigma^2}}}(\theta_i^* - \overline{\beta^*})$$

(단, $\overline{\beta^*} = \frac{1}{n}\sum_{i=1}^{n}\beta_i^*$, $\widehat{\sigma^2}$은 $\widehat{\theta}_1, \ldots, \widehat{\theta}_n$의 표본분산)

이 세 번째 단계를 이용하여 평활된 부트스트랩(smoothed bootstrap) $\theta_1^*, \ldots, \theta_n^*$을 얻을 수 있다.

네 번째 단계는 산출이 주어졌다고 가정하고 부트스트랩 투입(bootstrap inputs) x_{ib}를 다음과 같이 계산한다.[37]

$$x_{ib} = \frac{\widehat{\theta}_i}{\theta_i^*}x_i$$

다섯 번째 단계는 부트스트랩 투입 x_{ib}와 원래 관찰된 산출 y_i를 이용하여 DEA 모형을 풀게 되면 b 번째 부트스트랩 효율성 $\hat{\theta}_{ib}^*$를 구하게 된다.

$$(\widehat{\theta_{1b}^*}, \ldots, \widehat{\theta_{nb}^*})$$

여섯 번째 단계에서는 이를 두 번째 단계부터 다시 반복하여 다음과 같은 $n \times B$ 부트스트랩 추정치를 얻게 된다.

$$\begin{pmatrix} \widehat{\theta_{11}^*}, \cdots \widehat{\theta_{n1}^*} \\ \cdots \ \cdots \ \cdots \\ \widehat{\theta_{1_B}^*}, \cdots \widehat{\theta_{n_B}^*} \end{pmatrix}$$

(단, $i = 1, 2, \ldots, n$, n은 DMU의 개수, B는 부트스트랩 반복 횟수)

---

35 이 공식 이외에도 $h = 1.06\hat{\sigma}n^{-1/5}$이 제시되기도 한다(Simar & Wilson, 2011:255).

36 Ray(2004)는 분산조정을 하지 않은 접근을 사용하고 있다.

37 지금 우리는 투입방향 효율성을 계산하고 있기 때문에 산출이 주어졌다고 가정하고 있다. 한편 x_i는 i 번째 DMU가 갖고 있는 투입요소의 벡터이다.

일곱 번째 단계에서는 앞의 LT 방법의 일곱 번째 단계에서 사용한 절차와 동일하게 편의 · 조정 추정량을 구하고 평균과 신뢰구간을 구한다.

SW 방법은 LT 방법보다 효율성 점수의 분포를 현실적으로 나타낼 수 있다는 장점이 있다. 하지만 커널밀도함수의 폭을 결정할 때 사용하는 평활모수 h 값의 크기에 따라 추정된 효율성 점수의 신뢰구간이 달라진다. 평활모수 값이 작아지게 되면 확률변수인 효율성 점수가 1에 가까운 값일 확률이 매우 큰 확률분포를 따르게 된다. 이와 달리 평활모수 값이 크면 효율성 점수의 확률분포가 상대적으로 0에 가까운 값일 확률이 커서 왼쪽 부분이 두터운 꼬리의 형태를 갖게 된다.

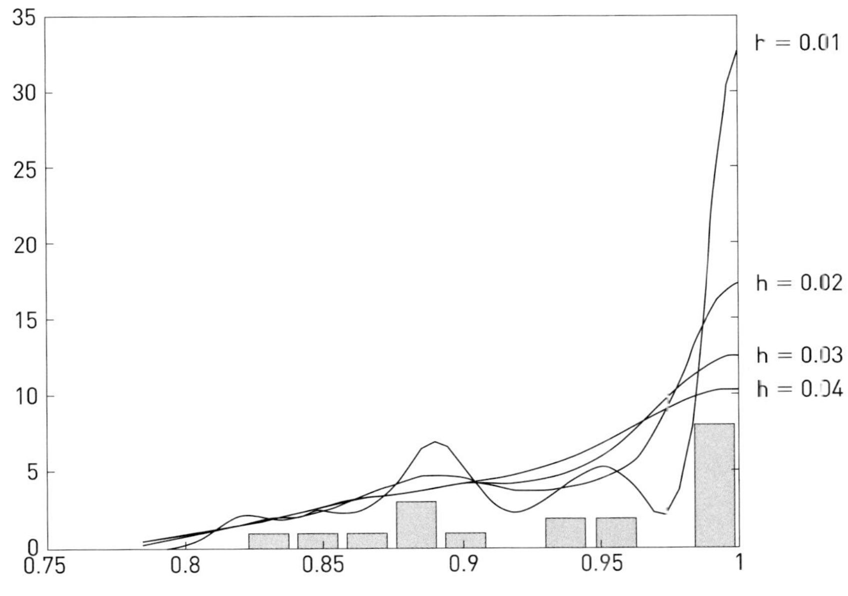

그림 8.9 ▸ 평활모수 값에 따른 효율성 점수의 커널밀도함수 추정치 분포

출처: Simar & Wilson(1998:57)

평활모수의 크기가 효율성 점수의 확률분포에 영향을 주기 때문에 이 값은 다시 신뢰구간 계산에도 영향을 준다. 실제로 Simar & Wilson(1998)의 논문에서 나오는 예제를 보면 평활모수 값이 작을수록 신뢰구간은 1에 가까운 점을 많이 포함하고 평활모수 값이 클수록 1보다 작은 값을 더 포함하고 있음을 알 수 있다. 일부 독자들은 부트스트랩 방법이 단일한 해를 제공해준다고 믿고 있지만 이처럼 평활모수 값에 상당히 영향을 받을 수 있기 때문에 여러 신뢰구간이 존재할 수 있는 것이다. 따라서 부트스트랩 DEA를 사용하는 경우 평활모수 값을 어떻게 결정했는지에 대한 정보를 제공해줄 필요가 있다.

나. 프로그램을 이용한 부트스트랩핑 분석 결과

부트스트랩 DEA 프로그램은 편의조정 방법에 따라 조금씩 달라질 수 있다. 간단하게는 R의 Benchmarking이나 FEAR 패키지에서 제시하는 모형을 이용할 수 있다. 현재 R에서 제공되고 있는 프로그램은 방사형 모형에 대한 부트스트랩 DEA 방법만을 제공하고 있다.

부록에 첨부된 SAS 코드는 R을 이용한 부트스트랩 분석이다. 먼저 R 프로그램을 설치한 후 Benchmarking 패키지를 설치한다. 그 후 BOOTSTRAPPING.SAS는 IML에서 자료를 입력받아 R의 Benchmarking 패키지를 이용하여 부트스트랩핑 분석을 수행하고 이를 통해 결과를 얻을 수 있다. 이 프로그램의 인수들을 약간씩 조정하면 CCR, 투입방향 BCC, 산출방향 BCC 모형의 효율성에 대한 편의조정 부트스트랩 신뢰구간을 구할 수 있다. 분석 결과 해석의 예시를 위해 2011년 SOE 자료를 이용하여 투입방향 BCC 효율성 점수에 대한 편의조정 부트스트랩핑 효율성 점수의 신뢰구간을 구해 보았다.

[표 8.9]에서와 같이 원래 추정된 효율성 값은 EFF 칼럼에 제시되고 LCL 및 UCL 칼럼은 95%의 좌측과 우측 끝 값을 나타낸다. 그리고 WIDTH는 신뢰구간의 폭을 나타낸다. 흥미로운 것은 신뢰구간에 원래 효율성 값이 포함되어 있지 않다는 점이다.[38] 또 하나의 문제는 편의 값이나 편의조정 효율성 값이 0과 1 사이의 값이 아닌 비정상적인 값이 나타나는 것을 볼 수 있다.

표 8.9 ▸ 편의조정 부트스트랩 효율성 점수의 95% 신뢰구간 SAS 8.11

DMU	EFF	BIAS	BCEFF	LCL	UCL	WIDTH
대한석탄공사	0.17544	1.73881	−1.56336	0.11027	0.16743	0.05715
대한주택보증㈜	0.48459	0.44808	0.03651	0.33402	0.47550	0.14147
부산항만공사	0.72715	0.36272	0.36444	0.47801	0.70942	0.23141
여수광양항만공사	1.00000	0.30216	0.69784	0.62921	0.97524	0.34603
울산항만공사	1.00000	0.44638	0.55362	0.59302	0.94111	0.34809
인천국제공항공사	0.47362	0.46424	0.00937	0.33415	0.44607	0.11192
…	…	…	…	…	…	…
해양환경관리공단	0.39413	0.84009	−0.44595	0.24156	0.38130	0.13973

38 분석에 사용한 프로그램은 2014년 9월에 공개된 Benchmarking 0.24 버전이다. 신뢰구간이 추정값을 포함하지 않는 문제에 대해 저자가 Benchmarking 프로그램을 제공한 Otto 교수님께 질의한 결과 프로그램의 버그를 수정하기로 했다. 따라서 이 책에서 제시하는 분석 결과를 정확한 값으로 오해해서는 안 된다.

SAS를 이용한 부트스트랩 DEA SAS 코드는 부록의 SAS 8.12 에 제시되어 있다. 이 코드는 Ray(2003) 및 Simar & Wilson(1998)에 따라 앞 절에서 설명한 이론을 바탕으로 작성되었다.[39] 평활모수 값은 Ray(2003:324)에 제시한 식 $h = 0.9\hat{\sigma}n^{-1/5}$을 이용하였으나 독자의 판단에 따라 값을 조정하면 된다.

부트스트랩 추정량에 대한 편의조정은 Ray(2003)에서 제시한 것을 따라 편의 값이 표준편차의 0.25배를 넘지 않으면 편의조정 효율성 점수 값이 원자료를 이용해 추정된 효율성 값과 동일한 값을 갖도록 했다.

부트스트랩 DEA 매크로는 연산량이 많다는 단점이 있다. 30개의 DMU로 구성된 경우 1,000개의 부트스트랩 표본을 이용하여 신뢰구간을 구하게 되면 30,000번의 선형계획법 문제를 풀어야 된다. 부트스트랩 매크로에서 사용한 BCC 매크로에서 불필요한 출력물을 제거하도록 하면 연산속도를 높일 수 있으므로 자료의 크기가 큰 경우는 BCC 매크로를 간단하게 작성하면 된다. [표 8.10]에서 thetahat은 $\hat{\theta}$, thetabias는 $\hat{\theta}^*_{ib,bc}$ 값이며 P2_5 및 P97_5는 2.5 및 97.5 퍼센타일의 값을 나타낸다. 그리고 bias는 $\hat{\theta} - \hat{\theta}^*_{ib,bc}$ 값이 계산된 것이다. 이에 대한 해석은 대한석탄공사의 경우 "관측된 자료를 가지고 효율성을 측정한 결과 0.17544이지만 해당 DMU의 효율성 점수의 확률분포를 고려한다면 95%의 신뢰수준으로 0.08474에서 0.37522 사이의 효율성 점수 값을 갖는다"라고 할 수 있다.[40]

표 8.10 ▸ 부트스트랩 매크로를 이용한 분석 결과

DMU_NAME	THETAHAT ($\hat{\theta}$)	THETABIAS ($\hat{\theta}^*_{ib,bc}$)	P2_5	P97_5	BIAS
대한석탄공사	0.17544	0.13009	0.08474	0.37522	0.04535
대한주택보증㈜	0.48459	0.26555	0.01696	1.00000	0.21904
부산항만공사	0.72715	0.52151	0.27330	1.00000	0.20564
여수광양항만공사	1.00000	0.48809	0.19898	1.00000	0.51191
울산항만공사	1.00000	1.00000	1.00000	1.00000	0.00000
인천국제공항공사	0.47362	0.39046	0.15256	0.83369	0.08315
…	…	…	…	…	…
해양환경관리공단	0.39413	0.29954	0.20494	0.81081	0.09459

39 SAS 부트스트랩 매크로 프로그램은 BOOTDEA_MACRO라는 파일을 참고하기 바란다.

40 [표 8.10]의 값은 난수발생에 따라 달라질 수 있다.

분석 결과 해석에서 주의해야 될 것은 부트스트랩 표본에 의해 만들어진 투입과 산출 조합이 실제 관찰된 값이 아니라는 점이다. 통계학에서 부트스트랩은 실제 관찰된 자료를 무작위로 뽑아서 표본을 구성하지만 부트스트랩 DEA에서는 투입방향의 경우 관찰된 투입벡터를 관찰된 효율성 점수에 대한 부트스트랩 표본을 곱해서 얻기 때문에 실제 관찰된 투입수준이라고 할 수 없다. 이러한 이유 때문에 앞으로 부트스트랩 DEA 기법에 대한 연구는 발전가능성이 많다고 할 수 있다.

관심 있는 독자는 신뢰구간이 매우 넓은 DMU와 좁은 DMU들의 차이가 왜 발생하는지, 평활모수 값이나, 부트스트랩 표본 크기에 따라 분석 결과가 어떻게 달라지는지 살펴보면서 부트스트랩 DEA에 대한 이해도를 높여가면 좋을 것이다.

이 장의 SAS code 정리

```
ODS HTML;
LIBNAME C "D:₩";

%INCLUDE "D:₩MY BOOKS₩의사결정론₩DEA₩OUTLIER_MACRO.SAS";
%INCLUDE "D:₩MY BOOKS₩의사결정론₩DEA₩BCC_MACRO.SAS";
%INCLUDE "D:₩MY BOOKS₩의사결정론₩DEA₩ADDSBM_MACRO.SAS';

DATA SOE;
    SET C.SOE(WHERE=(YEAR=2012));
RUN;
```

SAS 8.1 산점도를 이용한 극단값 검토

```
%OUTLIER(TYPE=1, DSN=SOE, INPUTLIST=%STR(INPUT1 INPUT3),
OUTPUTLIST=%STR(OUTPUT1), NEXTREME=3);
```

SAS 8.2 단변량 접근을 통한 극단값 분석

```
%OUTLIER(TYPE=2, DSN=SOE, INPUTLIST=%STR(INPUT1 INPUT3),
OUTPUTLIST=%STR(OUTPUT1), NEXTREME=3);
```

SAS 8.3 다변량 접근을 통한 극단값 분석

```
%OUTLIER(TYPE=3, DSN=SOE, INPUTLIST=%STR(INPUT1 INPUT3),
OUTPUTLIST=%STR(OUTPUT1), NEXTREME=3);
```

SAS 8.4 극단값 제거 전과 후의 효율성 점수 및 순위의 상관관계

```
%BCC(TYPE=3, DSN=SOE, INPUTLIST=%STR('INPUT1', 'INPUT3'),
OUTPUTLIST=%STR('OUTPUT1'), E=0);

DATA RAW;
    SET RESULT;
    ORIGINAL=EFFICIENCY_NUMBER;
    KEEP DMU_NAME ORIGINAL;
RUN;

PROC PRINT DATA=SEN;
RUN;

PROC FREQ DATA=LAMBDA_DATA_SPARSE
    (RENAME=(EFFICIENT_DMUID=DMUID));
    TABLE DMUID/OUT=FREQ1;
```

```
RUN;

PROC SORT DATA=RESULT;
    BY DMUID;
RUN;

DATA BENCHOLD;
    MERGE RESULT(IN=A) FREQ1(IN=B);
    BY DMUID;

    IF A+B=2;
    TYPE="OLD";
    KEEP DMU_NAME COUNT PERCENT TYPE;
    RUN;

    %BCC(TYPE=3, DSN=SEN, INPUTLIST=%STR('INPUT1',
    'INPUT3'), OUTPUTLIST=%STR('OUTPUT1'), E=0);

    DATA NEW;
        SET RESULT;
        NEW=EFFICIENCY_NUMBER;
        KEEP DMU_NAME NEW;
    RUN;

    PROC FREQ DATA=LAMBDA_DATA_SPARSE
        (RENAME=(EFFICIENT_DMUID=DMUID));
        TABLE DMUID/OUT=FREQ;
    RUN;

    PROC SORT DATA=RESULT;
        BY DMUID;
    RUN;

    DATA BENCHNEW;
        MERGE RESULT(IN=A) FREQ(IN=B);
        BY DMUID;

        IF A+B=2;
        TYPE="NEW";
        KEEP DMU_NAME COUNT PERCENT TYPE;
        RUN;
```

```
PROC SORT DATA=RAW;
   BY DMU_NAME;
RUN;

PROC SORT DATA=NEW;
   BY DMU_NAME;
RUN;

DATA ALL;
   MERGE RAW NEW;
   BY DMU_NAME;
   DIFF=NEW-ORIGINAL;
RUN;

DATA BENCH;
   SET BENCHOLD BENCHNEW;
RUN;

PROC PRINT DATA=ALL NOOBS;
   TITLE "극단값 제거 전과 후의 효율성 점수 변화";
RUN;

TITLE;

PROC CORR DATA=ALL OUTP=PEARSON OUTS=SPEARMAN NOPRINT;
   VAR ORIGINAL NEW;
RUN;

DATA CORR1;
   SET PEARSON(WHERE=(_TYPE_="CORR"));
   _TYPE_="PEARSON";

DATA CORR2;
   SET SPEARMAN(WHERE=(_TYPE_="CORR"));
   _TYPE_="SPEARMAN";
RUN;

DATA CORR;
   SET CORR1 CORR2;

PROC PRINT NOOBS;
RUN;
```

SAS 8.5 경험확률분포의 변화

```
DATA TEMP;
   SET ALL;
   ARRAY EFF(2) ORIGINAL NEW;

   DO I=1 TO 2;
      IF I=1 THEN
         GROUP="ORIGINAL";

      IF I=2 THEN
         GROUP="NEW";
      EFFSCORE=EFF[I];
      OUTPUT;
   END;

   DROP ORIGINAL NEW DIFF I;
RUN;

PROC PRINT;
RUN;

ODS GRAPHICS ON;

PROC NPAR1WAY EDF PLOTS=EDFPLOT DATA=TEMP;
   CLASS GROUP;
   VAR EFFSCORE;
RUN;

ODS GRAPHICS OFF;

PROC NPAR1WAY  DATA=TEMP;
   CLASS GROUP;
   VAR EFFSCORE;
RUN;
```

SAS 8.6 개별 DMU의 민감도

```
PROC RANK DATA=ALL(WHERE=(NEW ^=. )) OUT=CHANGE
DESCENDING TIES=LOW;
   VAR ORIGINAL NEW;
   RANKS ORIGRANK NEWRANK;
RUN;
```

```
DATA CHANGE2;
   SET CHANGE;
   RANKDIFF=ORIGRANK-NEWRANK;
RUN;

PROC PRINT DATA=CHANGE2 NOOBS;
   FORMAT _NUMERIC_ 4.2 ORIGRANK 4.0 NEWRANK 4.0 RANKDIFF 4.0;
RUN;
```

SAS 8.7 효율성 점수 변화 민감도 그림

```
PROC SGPLOT DATA=CHANGE2;
   FORMAT DIFF 4.2;
   SERIES X=DMU_NAME Y=DIFF/ MARKERS DATALABEL=DIFF
   DATALABELATTRS=(COLOR=GREEN FAMILY=ARIAL SIZE=11
   STYLE=ITALIC WEIGHT=BOLD);
RUN;
```

SAS 8.8 순위변화 민감도

```
PROC SGPLOT DATA=CHANGE2;
   FORMAT DIFF 4.2;
   SERIES X=DMU_NAME Y=RANKDIFF/MARKERS
   DATALABEL=RANKDIFF DATALABELATTRS=(COLOR=GREEN
   FAMILY=ARIAL SIZE=11 STYLE=ITALIC WEIGHT=BOLD);
RUN;
```

SAS 8.9 준거집단 변화에 대한 분석

```
PROC PRINT DATA=BENCH NOOBS;
   FORMAT _NUMERIC_ 4.2 COUNT 4.0;
RUN;
```

SAS 8.10 시점보정 효율변경

```
%INCLUDE "D:₩MY BOOKS₩의사결정론₩DEA₩WINSEN_MACRO.SAS";

DATA SOE;
   SET C.SOE;
RUN;

%WINSEN(DSN=SOE,START=2008, LAST=2013, K=1, REP=5,
TIMEVAR=YEAR, INPUTLIST=%STR('INPUT1', 'INPUT3'),
OUTPUTLIST=%STR('OUTPUT1'), DMUSIZE=30);
```

```
DATA SEN1;
    SET ALL;
    KEY=DMU_NAME||YEAR;
    SENEFF=EFFICIENCY_NUMBER;
    DROP EFFICIENCY_NUMBER;
RUN;

/*각 연도 자료를 5년치 얻음 */
%WINSEN(DSN=SOE, START=2008, LAST=2013, K=0, REP=6,
TIMEVAR=YEAR, INPUTLIST=%STR('INPUT1', 'INPUT3'),
OUTPUTLIST=%STR('OUTPUT1'), DMUSIZE=30);

DATA SEN2;
    SET ALL;
    KEY=DMU_NAME||YEAR;
    ORIEFF=EFFICIENCY_NUMBER;
    DROP EFFICIENCY_NUMBER;
RUN;

PROC SORT DATA=SEN1;
    BY KEY;
RUN;

PROC SORT DATA=SEN2;
    BY KEY;
RUN;

DATA FINAL;
    MERGE SEN1 SEN2;
    BY KEY;
    DIFF=ORIEFF-SENEFF;
RUN;

/*민감도 분석*/
PROC CORR PEARSON SPEARMAN
    DATA=FINAL(WHERE=(YEAR=2012));
    VAR SENEFF ORIEFF;
RUN;

PROC SGPLOT DATA=FINAL(WHERE=(YEAR=2012));
    FORMAT DIFF 4.2;
    SERIES X=DMU_NAME Y=DIFF/DATALABEL=DIFF
```

```
      DATALABELATTRS=(COLOR=GREEN FAMILY=ARIAL SIZE=11
        STYLE=ITALIC WEIGHT=BOLD);
RUN;

/*T, T-1, T-2, T-3년 즉 3년 이전 자료를 사용하는 경우*/
%WINSEN(DSN=SOE, START=2008, LAST=2013, K=3, REP=3,
TIMEVAR=YEAR, INPUTLIST=%STR('INPUT1', 'INPUT3'),
OUTPUTLIST=%STR('OUTPUT1'), DMUSIZE=30);

DATA SEN3;
   SET ALL;
   KEY=DMU_NAME||YEAR;
   SENEFF=EFFICIENCY_NUMBER;
   DROP EFFICIENCY_NUMBER;
RUN;

PROC SORT DATA=SEN3;
   BY KEY;
RUN;

PROC SORT DATA=SEN2;
   BY KEY;
RUN;

DATA FINAL2;
   MERGE SEN2 SEN3;
   BY KEY;
   DIFF=ORIEFF-SENEFF;
RUN;

PROC CORR PEARSON SPEARMAN
   DATA=FINAL2(WHERE=(YEAR=2012));
   VAR SENEFF ORIEFF;
RUN;

PROC SGPLOT DATA=FINAL2(WHERE=(YEAR=2012));
   FORMAT DIFF 4.2;
   SERIES X=DMU_NAME Y=DIFF/DATALABEL=DIFF
      DATALABELATTRS=(COLOR=GREEN FAMILY=ARIAL SIZE=11
      STYLE=ITALIC WEIGHT=BOLD);
RUN;
```

```
    PROC PRINT DATA=FINAL2;
    RUN;
```

SAS 8.11 R의 BENCHMARKING 프로그램을 이용한 부트스트랩 DEA

```
GOPTIONS RESET=GLOBAL DEV=ACTIVEX;

PROC OPTIONS OPTION=RLANG;
RUN;

/**/
PROC IML;
   USE SOE;
   READ ALL VAR {input1 input3} INTO X;
   READ ALL VAR {output1} INTO Y;
   READ ALL VAR _CHAR_ INTO DMU;
   CALL ExportMatrixToR(X,"x");
   CALL ExportMatrixToR(Y,"y");
   submit /R;
   library(Benchmarking);
   dea.boot(x, y, NREP = 200, EFF = NULL, RTS = "vrs", ORIENTATION="in",
      alpha =0.05, XREF = x, YREF = y, EREF = NULL,
      DIRECT = NULL, TRANSPOSE = FALSE, );
e<-dea.boot(x, y, NREP = 200, EFF = NULL, RTS = "vrs", ORIENTATION="in",
   alpha = 0.05, XREF = x, YREF = y, EREF = NULL,
   DIRECT = NULL, TRANSPOSE = FALSE, );
conf <-e$conf.int;
eff<-e$eff;
bceff<-e$eff.bc;
bias<-e$bias;
boot<-e$boot;
endsubmit;
CALL ImportMatrixFromR (confidence, "conf");
CALL ImportMatrixFromR (efficiency, "eff");
CALL ImportMatrixFromR (bias, "bias");
CALL ImportMatrixFromR (bceff, "bceff");
CALL ImportMatrixFromR (boot, "boot");
Width=confidence[,2]-confidence[,1];
result=efficiency|| bias||bceff||confidence||width;
colname={"Eff" "bias" "BcEff" "LCL" "UCL" "Width"};
CREATE bootstrap FROM result [rowname=DMU colname=colname];
APPEND FROM result [rowname=DMU];
```

```
bootraw=boot`;
CREATE boot FROM bootraw;
APPEND FROM bootraw;
QUIT;

PROC PRINT DATA=BOOTSTRAP NOOBS;
RUN;

PROC UNIVARIATE DATA=BOOT;
   VAR COL1;
   OUTPUT OUT=PCT PCTLPTS=2.5 97.5 PCTPRE=P;
RUN;

PROC PRINT;
RUN;
```

SAS 8.12 SAS를 이용한 부트스트랩 DEA 분석

```
%INCLUDE "D:\MY BOOKS\의사결정론\DEA\BCC_MACRO.SAS";
LIBNAME C "D:\";

DATA SOE;
   SET SOE1;

   IF YEAR=2011;
   KEEP DMU_NAME INPUT1 INPUT3 OUTPUT1 YEAR;
RUN;

%LET REPN=100;
%LET DSN=SOE;
%LET SAMPSIZE=30;
%LET INPUTLIST=%STR('INPUT1', 'INPUT3');
%LET OUTPUTLIST=%STR('OUTPUT1');

/*STEP 1 CALCULATE THETAHAT*/
%BCC(TYPE=3, DSN=&DSN, INPUTLIST=&INPUTLIST,
   OUTPUTLIST=&OUTPUTLIST, E=0);

DATA THETAHAT;
   SET RESULT;
   THETAHAT=EFFICIENCY_NUMBER;
   KEEP DMU_NAME THETAHAT;
RUN;
```

```
/*나중에 X STAR를 계산할 때 사용하기 위해 원자료에다 THETAHAT을 계산해 둠*/
PROC SORT DATA=THETAHAT;
   BY DMU_NAME;
RUN;

PROC SORT DATA=&DSN;
   BY DMU_NAME;
RUN;

DATA &DSN.2;
   MERGE &DSN THETAHAT;
   BY DMU_NAME;
RUN;

PROC MEANS DATA=THETAHAT VAR;
   OUTPUT OUT=VAR VAR=VAR;
RUN;

DATA _NULL_;
   SET VAR;
   CALL SYMPUT('THETAVAR', VAR);
RUN;

/*STEP2 BETASTAR*/
PROC SURVEYSELECT DATA=THETAHAT METHOD=URS
   SAMPSIZE=&SAMPSIZE REPS=&REPN SEED=4070 OUTHITS
   OUT=BETAHAT;
RUN;

PROC MEANS DATA=BETAHAT(RENAME=(THETAHAT=BETAHAT)) MEAN STD;
   CLASS REPLICATE;
   VAR BETAHAT;
   OUTPUT OUT=STD STD=STD MEAN=MEAN;
RUN;

DATA BETAHAT2;
   MERGE BETAHAT(RENAME=(THETAHAT=BETAHAT)) STD;
   BY REPLICATE;
RUN;

/*STEP3 SMOOTED THETASTAR*/
DATA THETASTAR;
```

```
    SET BETAHAT2;
    CALL STREAMINIT(1234);
    H=0.9*STD*30**(-1/5);

    IF BETAHAT+H*RAND("NORMAL") <=1 THEN
       THETASTAR=BETAHAT+H*RAND("NORMAL");
    ELSE THETASTAR=2-BETAHAT-H*RAND("NORMAL");
    THETADASHSTAR=MEAN+(1/SQRT(1+H**2/&THETAVAR))*
       (THETASTAR-MEAN);

    IF DMU_NAME="" THEN
       DELETE;
RUN;

/*STEP4 CREATION OF BOOTSTRAP SAMPLE OF X_B*/
ODS HTML CLOSE;

%MACRO DATA;

    DATA TEMP;
    RUN;

    %DO I=1 %TO &REPN;

       DATA TEMP;
          SET &DSN.2 TEMP;

          IF DMU_NAME="" THEN
             DELETE;
       RUN;

    %END;
%MEND;

%DATA;
DM 'LOG;CLEAR;OUTPUT;CLEAR;';

DATA NEW;
    MERGE TEMP THETASTAR(DROP=DMU_NAME);

    /*변수 이름 조정해 줄 것*/
    NINPUT1=THETAHAT*INPUT1/THETADASHSTAR;
```

```
    NINPUT3=THETAHAT*INPUT3/THETADASHSTAR;

    /**/
RUN;

/*STEP5 CALCULATE BOOTSTRAP EFFICIENCY*/
ODS HTML CLOSE;

%MACRO RESULT;

    DATA BOOT;
    RUN;

    %DO I=1 %TO &REPN;

        DATA NEW2;
            SET NEW;
            INPUT1=NINPUT1;
            INPUT2=NINPUT2;

            IF REPLICATE=&I;
        RUN;

        %BCC(TYPE=3, DSN=NEW2, INPUTLIST=&INPUTLIST,
            OUTPUTLIST=&OUTPUTLIST, E=0);

        DATA BOOT&I;
            SET RESULT;
            REP=&I;
        RUN;

        DATA BOOT;
            SET BOOT&I BOOT;
        RUN;

        DM 'LOG;CLEAR;OUTPUT;CLEAR;';
    %END;
%MEND;

%RESULT;

PROC UNIVARIATE DATA=BOOT;
```

```
   CLASS DMU_NAME;
   VAR EFFICIENCY_NUMBER;
   OUTPUT OUT=CI MEAN=THETABOOT STDERR=SE PCTLPTS=2.5 97.5
      PCTLPRE=P;
RUN;

PROC SORT DATA=CI;
   BY DMU_NAME;
RUN;

PROC SORT DATA=BOOT;
   BY DMU_NAME;
RUN;

DATA BIASADJ;
   MERGE CI THETAHAT BOOT
      (RENAME=(EFFICIENCY_NUMBER=BOOTEST));
   BY DMU_NAME;
   BIAS=THETABOOT-THETAHAT; /*RAY(2004:321), EQ.12.33 */

   IF BIAS <0.25*SE THEN
      BIAS=0;
   THETABC=THETAHAT-BIAS; /*RAY(2004:321), EQ.12.34 */
   THETABBC=BOOTEST-2*BIAS; /*RAY(2004:321), EQ.12.36*/
RUN;

ODS HTML;

PROC PRINT DATA=BIASADJ;
RUN;

PROC UNIVARIATE DATA=BIASADJ;
   CLASS DMU_NAME;
   VAR THETABBC;
   OUTPUT OUT=THETABIAS MEAN=THETABIAS PCTLPTS=2.5 97.5
      PCTLPRE=P;
RUN;

PROC SORT DATA=THETABIAS;
   BY DMU_NAME;
RUN;
```

```
DATA RESULT;
   MERGE THETAHAT THETABIAS;
   BY DMU_NAME;
   BIAS=THETAHAT-THETABIAS;
RUN;

ODS HTML;

PROC PRINT DATA=RESULT;
RUN;
```

제9장

DEA 활용상의 쟁점들

Theory of Efficiency Analysis

제 9 장

T h e o r y o f E f f i c i e n c y A n a l y s i s

DEA 활용상의 쟁점들

앞에서 DEA의 기본 이론들을 살펴보았다. DEA는 논리가 간결하고 적은 수의 가정을 이용하여 효율성을 측정할 수 있을 뿐 아니라 준거 DMU 분석이나 규모에 대한 수확 분석, 생산성 분해 등 효율성 관리에 필요한 여러 가지 정보를 제공해주는 장점이 있다. 또한 최근에는 부트스트랩 기법 등을 활용해서 DEA 결과의 통계적 추정까지 수행할 수 있게 되어 그 활용가능성은 더욱 커지고 있다.

하지만 막상 DEA를 실제 의사결정 문제에 적용할 때는 계산상의 문제 이외에도 여러 가지 문제에 부딪히게 된다. 이러한 문제는 DEA 이론을 충분히 이해하면 어느 정도 해결할 수 있지만 상용 소프트웨어의 함수를 이용하여 DEA를 기계적으로 적용하게 되면 잘못된 분석을 하게 될 가능성이 커지게 된다.

이 장에서는 DEA를 실제 연구에 활용할 때 어떤 점들을 주의해야 하는지를 분석 단계에 따라 종합적으로 살펴보고자 한다. 특히 DEA의 활용 시 발생하는 문제점과 해결점을 함께 살펴봄으로써 독자들의 활용력을 높이고자 한다.[1]

1 DEA 활용 시 발생하는 문제점에 대한 논의는 Dyson, R. G. et al.(2001), "Pitfalls and protocols in DEA", *European Journal of Operational Research,* 132(2): 245~259 및 Cook, W. D. et al.(2014), "Data envelopment analysis: Prior to choosing a model", *Omega,* 44, pp. 1~4를 참고하기 바란다.

9.1 DMU의 선택

가. 동질성 가정

DEA에서 동질성(homogeneity) 가정은 의사결정의 대상이 되는 DMU가 유사해야 된다는 가정으로 이는 다양한 의미를 갖고 있다.[2] 첫째, DMU들이 유사한 투입과 비교 가능한 산출물이나 서비스를 생산해야 된다는 점이다. 물론 '비교 가능성'은 해당 연구 문제에 따라 다양하게 이해될 수 있기 때문에 기계적으로 판단하기 어렵고 전문가의 지식에 의존할 수밖에 없다. 기존 연구들을 보면 국가 간 생산성 비교 연구들을 어렵지 않게 찾아 볼 수 있는데(OECD, 2008) 서로 다른 정치적 · 경제적 환경을 가지고 있는 국가의 효율성을 비교할 수 있는지에 대한 비판 제기가 가능하다.

이런 비판에도 불구하고 투입이나 산출이 일반적으로 화폐화가 가능하기 때문에, 비교 가능성의 문제가 DEA의 타당성을 본질적으로 약화시킨다고 보기 어렵다. 실제로 생산이론에서 생산은 자본, 인력, 그리고 기술의 함수로 가정을 하는 경우가 많다. 생산함수가 널리 사용되는 것은 투입 및 산출의 기본 요소를 많은 산업이나 조직에서도 적용가능하기 때문이다. 따라서 비교 가능성이 DEA 결과를 심각하게 왜곡한다는 충분한 근거가 없는 이상 비교 가능성의 가정은 충족된다는 귀무가설을 바탕으로 DEA 방법을 적용할 수 있다.

둘째, DMU들은 인원 수, 기자재, 원료 등 투입 및 산출변수의 크기가 유사해야 된다는 가정으로 동질성을 해석하는 것이다. 생산과정에 사용되는 투입이나 그 결과에 따라 얻어지는 산출의 종류는 유사하지만 양이나 크기가 DMU별로 매우 차이가 나는 경우가 있다. 이렇게 크기가 아주 다른 DMU들을 비교하게 되면 효율경계가 왜곡되어 효율성 측정상의 문제를 초래하게 된다. 또한 극단값이 있는 변수에 효율성 점수가 지나치게 영향을 받는 문제도 발생한다.

변숫값의 크기에 따라 발생하는 동질성 문제는 변수변환 등을 수행하여 크기의 차이를 줄이는 방법을 이용할 수 있다. 흔히 사용되는 것이 표준화 방법으로 상이한 자원들이 활용되는 경우에는 자원을 비용으로 나누어주는 것이다. 즉 비용당 인원, 혹은 시간당 인원으로 만들어 주면 크기의 차이를 줄여줄 수 있다.[3] 우리는 제5장의 합계모형에서

---

2 Golany, B. & Roll, Y.(1989), "An application procedure for DEA", *Omega,* 17(3), p. 239 및 Cook, et al.(2014), Op. Cit., p. 247 참고.

평균 표준화를 한 경우와 그렇지 않은 경우에 결과가 아주 달라지는 것을 살펴볼 수 있었다. 단위에 민감한 DEA 모형의 경우에는 표준화나 변수변환 방법을 생각해 볼 수 있다.

동질성을 만족시키는 또 한 가지 방법은 극단값 분석 등을 통해 투입과 산출수준이 유사한 DMU로 분석 대상을 좁히는 것이다. 즉 극단값에 대한 민감도 분석을 수행하여 극단값을 제거한 후에 DEA 계산을 수행하는 것이다.

또한 자료의 크기가 달라 발생하는 동질성 문제는 모형 선택을 통해서도 어느 정도 고려할 수 있다. CCR 모형보다는 BCC 모형을 이용하여 규모에 대한 수확가변 가정을 반영함으로써 자료 크기가 매우 상이한 경우의 문제를 어느 정도 줄여줄 수 있다 (Cooper et al., 2006:344).

셋째, DMU의 효율성에 영향을 주는 외부환경이 유사해야 된다는 것이다. 유사한 의료서비스를 제공하는 영리 병원과 비영리 병원의 성과를 비교해야 할 때 이들이 동일한 환경에서 활동한다고 보기 어려운 측면이 있을 수 있다. 정부의 규제로 인해 수익률이 높지 않다면, 이러한 규제 환경이 효율성 점수에 미치는 부정적인 영향을 통제하지 않는 경우 DEA 결과의 타당성이 저해되기 때문이다.

이 문제는 외부환경 변수가 효율성 점수 측정에 미치는 영향을 반영하는 분석을 통해 어느 정도 완화될 수 있다. 9.4절에서 다루게 되는 DEA 결과의 통계적 분석에서 널리 사용되는 2단계 혹은 3단계 분석은 외부환경의 문제를 다루는 데 활용할 수 있다. 그러나 많은 통계적 분석이 그렇듯이 표본의 크기가 충분해야 통계분석의 결과에 대한 신뢰성이 커지게 되기 때문에 단순히 2단계 혹은 3단계 분석이 외부환경 변수의 영향을 통제한다고 가정해서는 안 된다.

나. 적정 DMU의 수

얼마나 많은 DMU를 분석에 포함시켜야 되는지 여부는 DEA 활용 시 흔히 직면하는 문제이다. 통계분석에서는 대표본을 선호한다. 대표본은 검정력(power)을 높일 뿐 아니라 추정의 오차도 줄일 수 있고 모집단의 특성을 더 잘 반영할 수 있기 때문이다. DEA에서도 많은 DMU를 포함시킬수록 분석의 정확성을 높일 수 있다.[4] 하지만 통계분석과

---

3 이를 단위정규화(unit normalization)라고 부를 수 있다. 정규화된 자료의 경우에는 일반적으로 CCR 모형이 추천된다(Cooper et al., 2006:344).

4 물론 이질적인 DMU를 포함시키는 경우는 분석의 타당성을 저해하게 되기 때문에 여기서는 동일한 모집단에서 뽑은 DMU인 경우를 의미한다.

달리 DEA에서는 모집단에서 추출한 자료를 사용한 것이 아니라 모집단 자체를 측정하여 분석하는 경우가 일반적이다. 예를 들면 국내 국공립병원의 성과를 측정한다면 이것은 표본이 아니라 모집단을 측정한 것이기 때문에 표본오차는 큰 문제가 되지 않을 수 있다. 따라서 단순히 DMU의 수가 작다고 분석이 잘못되었다고 주장하는 것 역시 문제가 있다. 이런 맥락에서 연구자들은 최소한 어느 정도 이상의 DMU가 있어야 분석의 타당성을 확보할 수 있는지를 고민하게 된다.

첫째, 투입이나 산출변수의 수를 고려한 최소 DMU를 결정하는 접근이다. DEA는 투입변수나 산출변수의 선형결합을 이용하여 효율성을 계산하게 된다. 만일 투입 및 산출변수의 수가 많음에도 불구하고 DMU의 수가 충분히 많지 않으면 DMU 간 효율성 점수의 판별력(discrimination)이 줄어들게 된다(Zhu, 2014:7). 투입 및 산출변수의 수가 증가하는 데 따른 DMU 간의 차별성이 감소하는 문제를 해결하기 위해 DMU의 수가 최소한 투입변수와 산출변수의 수의 곱, 즉 $m \times s$가 되어야 된다는 주장[5], $2 \times (m+s)$ 이상을 추천하는 주장[6], $3 \times (m+s)$를 추천하는 주장[7], $3 \times m \times s$ 여야 된다는 주장[8], $n \geq Max[m \times s, 3(m+s)]$여야 한다는 주장[9] 등이 제시되었다. 안타깝게도 이러한 주장들이 엄밀한 근거에 바탕을 둔 것은 아니다. 예를 들면 Zhu(2014:8)는 $3 \times (m+s)$ 규칙이 Banker et al.(1989)에서 제기되었으나[10] 그 주장은 근거가 없는 임의의 주장이라고 반박하였으며 Bowlin(1998:18) 역시 동일한 규칙을 제시하였으나 마찬가지로 논문에

---

5 Boussofiane, A., Dyson, R. G., & Thanassoulis, E.(1991), "Applied Data Envelopment Analysis", *European Journal of Operational Research,* 52, pp. 1~15.

6 Golany, B. & Roll, Y.(1989), "An application procedure for DEA", *Omega,* 17(3), p. 239에서 찾을 수 있음. 그러나 대략적인(rule of thumb) 수로 제시되었을 뿐 정확한 근거를 제시한 것은 아님.

7 Bowlin, W. F.(1998), "Measuring Performance: An Introduction to Data Envelopment Analysis (DEA)", *Journal of Cost Analysis,* 7, pp. 3~27.

8 Dyson et al.(2001), Op. Cit, p. 248. 반면 세 배가 되어야 된다는 주장도 다음 논문에서도 제기됨. Banker, R. D. et al.(1989), "An Introduction to data envelopment analysis with some of its models and their uses", *Research in Government and Nonprofit Accounting,* 5(5), pp. 125~163. 그러나 이런 기준이 통계적 근거를 갖기보다는 편리함에 근거를 두고 있어서 반드시 만족되어야 되는 것은 아니라는 주장도 다음 논문에서 제기됨. Cook, W. D. et al.(2014), "Data envelopment analysis: Prior to choosing a model", *Omega,* 44, pp. 1~4.

9 Cooper, W. W. et al.(2011), "Sensitivity Analysis in DEA", *Handbook on Data Envelopment Analysis,* In W. W. Cooper, L. M. Seiford & J. Zhu(eds.), Springer, p. 77.

10 Banker, R. D., Charnes, A., Cooper, W. W., Swarts, J., & Thomas, D.(1989), "An introduction to data envelopment analysis with some of its models and their uses", *Research in Government and Nonprofit Accounting,* 5(5), pp. 125~163.

서는 정확한 근거를 제시하지 않고 있다. 그럼에도 불구하고 연구에서는 일반적으로 $3 \times (m+s)$의 기준이 사용되어오고 있다.

둘째, 연구목적에 따른 판단이다. Cook & Zhu(2014)나 Zhu(2014:7~8)에서 주장되고 있듯이 DEA 연구의 목적에 따라 DMU의 수가 문제가 될 수도 있고 문제가 되지 않을 수도 있다. 통계분석에서 회귀계수와 다른 모수의 추정값은 다른 모든 관찰점에 영향을 받게 된다. 극단값은 표본의 크기가 작을수록 회귀계수와 모수 추정에 더 큰 영향을 미친다. 즉 표본 크기의 문제는 모수 추정의 타당성과 신뢰성에 큰 영향을 미친다고 할 수 있다. 하지만 DEA의 목적이 효율성 값을 정확히 계산하는 것 자체에 있는 것이 아니라 모범사례(best practice)에 대비한 효율성 개선 정보를 얻기 위한 성과평과(performance evaluation)에 대한 것이라면 DMU의 수는 크게 중요하지 않다. 관찰된 DMU들 중에서 적절한 준거 DMU가 존재한다면 다른 DMU의 수가 많고 적음이 문제가 되지 않을 수도 있다. 또한 새로운 DMU가 추가되는 경우 효율가능경계가 변화하더라도 새로운 DMU를 이용한 모범사례 벤치마킹을 하면 된다.[11]

물론 투입 및 산출변수의 수에 비해 DMU의 수가 작으면 효율성 값이 1인 DMU가 많아져 DMU 간 효율성의 차별성이 약화되는 문제가 존재한다. 이 문제를 해결하기 위해서는 투입요소의 가격이 있는 경우 이 가격을 고정 가중치로 사용하거나, 성과와 직접적으로 관련이 없는 산출요소를 모형에 포함시키지 않거나, 투입과 산출요소의 가중치의 범위에 제약을 두는 방법들이 제시되고 있다. 이 밖에도 교차 효율성(cross efficiency) 방법을 이용하여 효율성을 계산하는 방법(Zhu, 2014:61~92) 등도 고려해 볼 수 있다.[12] 시계열 자료의 경우에는 시간 단위를 1년에서 분기로 줄이는 방식을 이용하여 DMU의 수를 증가시키는 방법이 제안되기도 한다(Bowlin, 1998:18).

저자는 지나치게 적은 수의 DMU를 이용한 효율성 분석은 그 한계를 반드시 명확하게 밝힐 필요가 있다고 생각한다. 적은 수의 DMU를 가지고 효율성을 판단하는 연구들

---

11 Cook, W. D. et al.(2014), "Data envelopment analysis: Prior to choosing a model", *Omega,* 44, p. 3. 그러나 Cook et al.의 견해에도 불구하고 벤치마킹을 해야 되는 중요한 DMU가 모형에 포함되어 있지 않은 경우에는 벤치마킹 대상을 제대로 찾지 못하는 문제가 발생할 수 있다.

12 교차 효율성은 DMU_d의 효율성 값을 최대로 하는 가중치를 구한 후 얻은 효율성 값 이외에도 다른 DMU_j의 효율성을 최대로 하는 가중치를 적용했을 때 계산되는 효율성 값을 평균한 효율성이다. 이 교차 효율성은 자신에게 최적인 가중치 조합 이외에도 다른 DMU에게 최적인 가중치 조합을 사용했을 때 계산되는 효율성을 함께 고려한다는 장점이 있을 수 있다. 그러나 단일한 해를 얻지 못한다는 단점이 있어서 게임 교차 효율성(game cross efficiency) 혹은 곱 형태 DEA 모형(multiplicative DEA model) 등이 사용되기도 한다.

은 주어진 정보의 양보다 지나치게 많은 해석을 자의적으로 하는 오류를 흔히 범하기 때문이다. 또한 분석의 한계를 충분히 설명하지 않으면 DEA 결과를 확정적으로 해석하지 않도록 주의할 필요가 있다.

9.2 투입 및 산출변수의 결정

실제 연구를 하다 보면 효율성을 결정하는 투입과 산출변수를 선택해야 되는 상황이 발생한다. 일반적으로는 DMU의 성과와 관련되어 있는 변수들은 가능한 한 광범위하게 분석에 포함시켜야 된다고 주장되지만(Golany & Roll, 1989) 투입 및 산출변수의 어떤 논리적 관계에 의해 설명될 수 있는지를 제대로 설명할 수 없다면 무조건 많은 투입변수와 산출변수를 포함시키는 것은 바람직하지 않다. 경우에 따라서는 많은 변수를 모형에 포함시킴에 따라 투입변수와 산출변수를 잘못 구분하기도 하고 맥락변수를 투입변수나 산출변수로 잘못 간주할 수 있기 때문이다.

은행의 사례를 들어보도록 하자. 생산의 관점에서 본다면 은행의 활동을 여러 자원을 이용하여 대출이나 예금 등의 서비스를 제공하는 과정으로 볼 수 있다. 이때 투입요소로 고려할 수 있는 것은 직원 수, 은행의 자산, 운영경비 등이 될 수 있고 산출은 총예금, 총대출, 증권, 타 은행에 대한 예금 등이 될 수 있다. 은행을 생산 활동으로 보지 않고 거래를 중개하는 주체로 본다면 은행의 활동은 돈을 모아 대출해주는 과정으로 이해할 수 있을 것이다. 이 경우 투입은 돈을 모으거나 대출해주는 과정에서 발생하는 비용이고 산출은 대출이 될 수 있다(Asmild, 2004:77). 이러한 이유로 DEA를 사용하는 데 있어서 어떤 논리적 근거를 가지고 투입과 산출을 결정했는지를 제대로 설명하지 않는다면 DEA의 유용성은 떨어질 수밖에 없다.[13]

가. 투입변수와 산출변수의 결정 문제

DEA 분석은 투입변수와 산출변수가 무엇인지 사전적으로 명확히 정해져 있다는 가정에서 출발한다. 대부분의 DEA 연구서들은 선형계획법 문제를 어떻게 풀지에 관심

13 매우 당연하게 보이는 주장이지만 학술논문에서 DEA 효율성을 계산할 뿐 투입변수와 산출변수의 결정 근거에 대해서는 제대로 다루지 못하는 경우들이 발견된다.

을 기울여 왔던 반면 투입변수와 산출변수의 적절성에 대해서는 상대적으로 적은 관심을 기울여 왔다. 하지만 정책평가 전문가들은 평가목적이 단일하게 주어져 있지 않기 때문에 효율성을 결정하는 투입변수와 산출변수도 이 목적에 따라 달라질 수 있다고 생각한다. 실제로 다수의 이해관계자가 있는 경우에 효율성에 대한 정의가 달라지는 것이 일반적이다. 이러한 상황에서 투입 및 산출변수가 단순히 주어져 있다고 가정하는 것은 비현실적이라고 할 수 있다.

기초자치단체별 보건의료서비스의 효율성 격차를 분석한 윤기찬 외(2013)의 연구논문을 살펴보자. 이 논문에서는 [표 9.1]과 같이 다양한 투입 및 산출변수들을 제시하고 있는데 흥미롭게도 일부 논문에서는 입원환자를 투입으로 본 경우도 있고 산출로 본 경우도 있다. 또한 대부분의 논문에서는 가능한 투입요소나 산출요소를 모두 사용하기보다는 일부만을 선택적으로 사용하고 있음을 알 수 있다. 이런 경우 투입변수와 산출변수의 선정에 따라 분석 결과가 달라질 수 있기 때문에 DEA 사용 시 왜 해당 변수를 선정했는지에 대한 충분한 논거를 제시해주는 것이 바람직하다.

표 9.1 ▸ 의료서비스 효율성 측정을 위한 투입변수와 산출변수 사례

연구자	투입변수								산출변수				
	의료인력	병원직원	입원환자	순자산	병상수	재료비	인건비	관리비	입원일수	수술일수	외래환자	입원환자	진료수익
Valdmanis (1992)	●	●	●	●	●				●	●	●		
Ferrier & Valdmanis (1996)		●			●				●	●	●		
유태우 외 (2004)		●			●	●					●	●	
안인환 · 양동현 (2005)	●	●			●						●	●	
신종각 (2006)	●	●			●						●	●	
신동욱 외 (2008)	●	●									●	●	
양종현 · 장동민 (2009)	●	●			●	●	●	●			●	●	●
김재명 외 (2009)				●			●						●
박병상 외 (2009)	●	●			●	●	●			●	●	●	●
박병태 · 이동현 (2011)	●				●						●	●	●
빈도	7	8	1	2	8	3	3	1	2	3	9	7	4

출처: 윤기찬 외(2013:239)

물론 투입변수와 산출변수의 선정이 DEA 결과에 큰 영향을 주지 않을 수 있다. 투입변수와 산출변수의 선정이 DEA 결과에 얼마나 크게 영향을 주는지를 살펴보기 위해 2012년 공공기관의 재무자료를 이용한 효율성 분석을 수행허 보았다. 먼저 모형 1은 경제학 이론에 바탕을 두어 투입요소로는 인력과 자본을 나타내는 직원 수와 자본을 사용하였고 산출요소로는 매출액을 사용하였다. CCR 모형을 이용한 결과를 보면 [그림 9.1]과 같이 대한석탄공사와 한국가스공사의 효율성이 가장 높은 것으로 나타나고 있다.

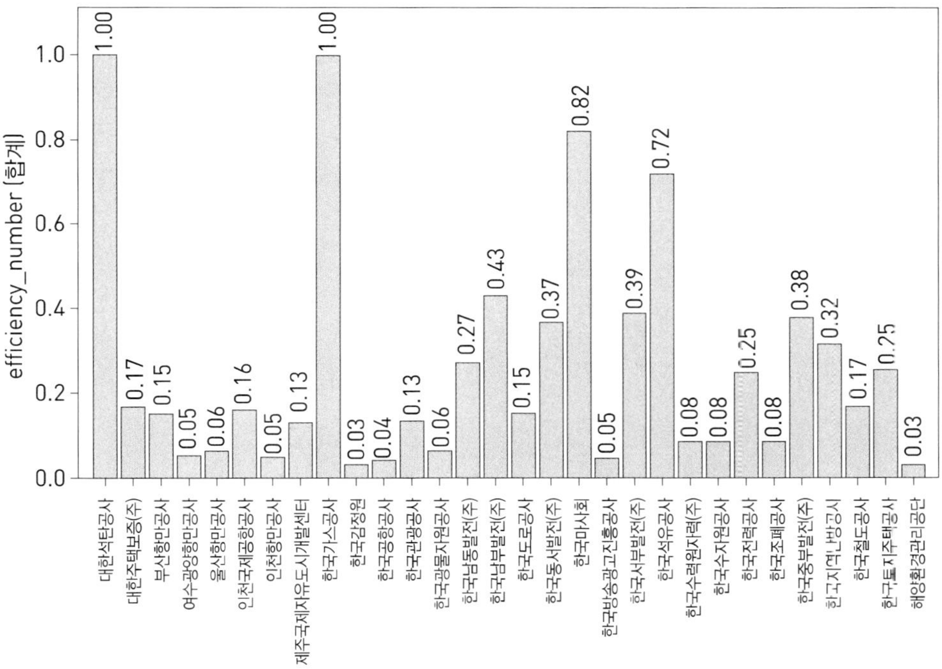

그림 9.1 ▸ 인력과 자본을 투입요소로 매출액을 산출요소로 한 경우(모형 1)

모형 2에서는 자본과 유사하지만 생산 활동에 더 직접적으로 연결되어 있는 자산을 자본 대신 투입요소로 사용하였다. 그 분석 결과를 보면 [그림 9.2]에서처럼 대한석탄공사의 효율성 점수는 0.06으로 가장 낮은 것으로 나타나고 있다. 모형 1과 모형 2의 효율성 점수 간의 상관계수를 구해보면 0.63으로 아주 낮지는 않으나 분석 결과는 상당히 다름을 알 수 있다. 노동과 자본을 생산요소로 간주하는 경제학 원론의 논리를 단순하게 적용하면 대한석탄공사와 같이 자본이 잠식된 상황에 있는 기업은 투입이 적은 것으로 평가되어 효율성이 큰 것으로 잘못 판단될 수 있다. 또한 대차대조표에서 자산은 부채와 자본의 합이다. 따라서 자산을 투입요소로 사용하는 경우에는 부채가 크기 때문인지 혹은 자본이 크기 때문인지를 구분하기 어렵기 때문에 이를 충분히 고려하여 분석해야 된다.

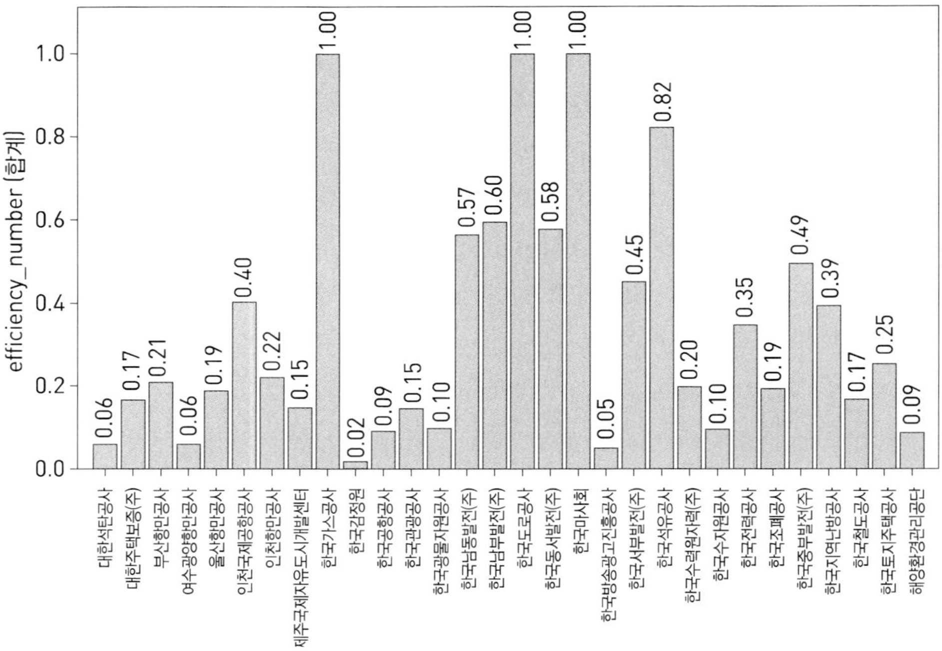

그림 9.2 ▸ 인력과 자산을 투입요소로 매출액을 산출요소로 한 경우(모형 2)

투입 및 산출변수를 선정하는 일반적인 규칙은 존재하지 않는다. 하지만 저자는 이론적 접근, 통계적 접근, 그리고 사후적 접근의 3단계를 통해 신중하게 DEA에 사용되는 변수를 선정할 것을 제안한다.

첫 번째, 이론적 접근은 효율성 분석 대상의 투입과 산출과정에 대한 이론을 기반으로 투입 및 산출요소를 결정하는 것이다. 예를 들어 경제학 분야에서는 노동과 자본을 투입요소로, 생산물을 산출요소로 간주한다. 이렇게 투입과 산출의 관계를 연속적인 관계로 파악하여 투입이 선행되고 산출이 후행되는 인과이론의 관점에서 투입과 산출을 결정하는 것이다. 물론 Cook et al.(2014:2)가 지적하듯이 DEA는 DMU 간의 비교평가 관점에서도 접근할 수 있는데 이 경우 벤치마킹의 관점에 적절할 투입과 산출을 선택하면 되기 때문에 반드시 투입과 산출 간의 인과관계가 중요한 것은 아니다.

기업경영분석의 관점에서는 안정성, 성장성, 수익성, 활동성 등의 기준에 따라 [표 9.2]와 같은 다양한 재무분석 지표들을 이용하여 기업을 종합적으로 평가한다. 이 경우 투입변수와 산출변수는 재무분석 이론에 기반하여 선택할 수 있을 것이다.

표 9.2 ▸ 주요 경영분석지표

	수익성	성장성	안정성	활동성
대차대조표	총자산증가율 유형자산증가율 자기자본비율 부채비율			
손익계산서, 제조원가 명세서	총자산경상이익률 자기자본경상이익률 차입금평균이자율 총자산회전율 유형자산회전율 재고자산회전율	매출액증가율 매출액경상이익률 매출액영업이익률 매출액순이익률 금융비용부담률 이자보상비율		
현금흐름표	현금보상비율 (영업활동현금수입 +금융비용) /(단기차입금+금융 비용)	금융비용보상비율 (영업활동현금수입 +금융비용) /금융비용	투자안정성비율 (영업활동현금수입) /(유형자산투자)	
이익잉여금 처분계산서	배당률			배당성향 사내유보율

출처: 한국은행(2005), 기업경영분석 기법 해설 및 2005년 기업경영분석 결과

흥미롭게도 DEA에 대한 많은 논문들은 어떤 이론에 바탕을 두고 투입과 산출변수를 결정했는지에 대한 설명을 하고 있지 않은 실정이며 변수의 종류와 자료 수집 절차를 설명하는 데 머무르고 있다.[14] 국내 논문에서 몇 개의 사례를 들어보면 다음과 같다. 박과영 · 김갑성(2014)은 지방상수도 서비스의 효율성을 확보할 수 있는 적정 도시규모를 분석하는 연구에서 투입변수로 인건비, 건설비, 유지관리비, 원리금상환액 등을 제시하고 있으나 그 근거를 밝히지 않고 있다. 이와 달리 김순양 · 윤기찬(2012) 등은 지자체의 소재지별·규모별 교육격차를 교육 효율성 측면에서 분석한 연구에서 교육결핍모델, 상호작용이론, 기회이론 등을 검토한 후 기회이론의 관점에서 교육격차에 영향을 주는 재정능력, 교사비율, 학생 수, 발전기금 등과 같은 변수들을 선택하였음을 밝히고 있다.

14 예를 들면 Blackburn et al.(2014)는 호주의 학교에 대한 효율성 평가를 하고 있지만 투입 및 산출요소의 선정 근거에 대해서는 거의 설명하고 있지 않다.

선행연구를 바탕으로 투입 및 산출변수를 선택하였다고 주장하는 논문들도 많은데 대부분 선행연구를 단순히 인용하는 데 그치고 해당 선행연구가 어떤 이론적 · 논리적 근거에 의해 해당 변수를 선택했는지를 제대로 설명하지 않는 경우가 많다. 따라서 사회과학 영역에서 DEA 투입 및 산출변수 선정 방법에 대한 이론적 논의는 앞으로 많은 연구가 필요한 실정이라고 할 수 있다. 여러 분야에서 DEA 분석을 사용하는 독자들을 위해 [부록 1]에 각 연구 주제별로 선행연구에서 사용된 주요 투입 및 산출변수들을 정리한 결과를 제시하였으므로 이를 활용할 수 있을 것이다.

두 번째, 통계적 접근이다. 이론적 접근을 통해 개괄적인 투입 및 산출변수 대상들이 결정되었으면 이를 통계적 접근을 통해 다시 좁히는 것이다. 통계적 접근은 투입변수와 산출변수를 DEA 분석 결과와 효율성의 대리변수(proxy variable) 간의 상관관계를 높이는 변수집합을 선택하는 방법이다. 경영학 분야에서는 회사의 재무자료를 이용한 DEA 분석 결과와 주식시장에서의 회사의 평가 결과를 비교하여 상관관계가 높을수록 투입 및 산출변수가 제대로 설정되었는지 혹은 적절한 분석모형이 선택되었는지를 판단하기도 한다(Edirisinghe & Zhang, 2007, 2010).[15] 이 경우에는 외생적으로 주어진 주가지수와 같은 효율성 척도를 투입 및 산출변수 선택에 사용하는 통계모형에 반영하여 적절한 투입 및 산출변수를 선택할 수 있다.

하지만 행정학 분야의 문제는 DEA 결과의 타당성을 평가할 수 있는 대리변수를 찾기 힘든 것이 일반적이다. 이 경우에는 비록 외생적으로 활용할 수 있는 대리변수가 없더라도 전문가의 판단 등을 이용해서 성과가 높은 조직과 성과가 낮은 조직으로 구분된 정보 정도만이라도 활용가능하다면 판별분석(discriminant analysis)과 같은 방법으로 투입 및 산출변수를 선정할 수 있다. Morita & Avkiran(2009)은 투입 및 산출변수를 부분요인설계(fractional factorial design) 방법을 이용하여 투입변수에 해당하는 변수, 산출변수에 해당하는 변수, 그리고 이 두 그룹에도 포함되지 않는 변수로 구분한 후 각 조합별로 성과차이를 가장 잘 구분하는 조합이 무엇인지와 해당 조합의 DEA 결과를 이용해서 가장 적합한 투입 및 산출변수를 선택하는 방법을 제시하고 있다. Edirisinghe & Zhang의 접근 방식이든 혹은 Morita & Avkiran의 접근 방식이든 투입 및 산출변수를

15 Edirisinghe & Zhang(2007)은 재무재표를 통해 얻어진 18개의 투입 및 산출변수를 이용하여 일반화 DEA(generalized DEA) 기법을 제시하였다. 이 방법은 기본적으로 외생적으로 활용가능한 효율성 관련 변수(external performance index)와 DEA 효율성 점수 간의 상관관계를 높이는 투입 및 산출변수를 찾아내는 것이다. 이 접근은 전문가의 의견을 반영한 기법으로 발전되었다(Edirisinghe & Zhang, 2010).

선택할 때 이미 알려져 있는 성과지표와 부합되는 DEA 결과를 얻을 수 있는 투입 및 산출변수를 선택하는 기준을 제시하고 있다.

세 번째, 사후적인 투입 및 산출요소의 선정이다. DEA 결과를 통해 변수의 기여계수 값이 매우 작은 경우 DMU 간의 효율성 차이를 나타나는 데 큰 역할을 못한다고 판단할 수 있다. 즉 해당 변수의 중요성이 낮은 것으로 판단하여 제거할 수 있다(Golany & Roll, 1989:242). 물론 이 경우 투입방향과 산출방향의 분석을 함께 수행하여 제거할 변수를 선정할 수 있다. 또 다른 접근 방법은 사전적인 판단을 바탕으로 투입 및 산출요소를 선정하여 DEA를 수행한 후 투입 및 산출요소를 달리했을 때 이 DEA 결과가 어떻게 달라지는지를 살펴본 후 최종적으로 가장 좋은 투입 및 산출요소의 집합을 선택하는 것이다. 이때 가장 좋은 모형의 기준은 연구목적에 따라 다르다. 연구목적이 효율성 차이를 명확히 나타내는 것이라면 효율성 점수의 분산을 가장 크게 하는 집합을 선정할 수 있다. 그리고 다른 조건이 동일하다면 투입 및 산출요소의 수가 작은 간결한 모형이 선호될 수 있을 것이다.

나. 상관관계가 높은 변수의 처리

일반적인 통계분석에서는 상관관계가 높은 독립변수들을 모형에 포함시킬 때는 다중공선성(multicollinearity)이 발생하여 추정된 회귀계수의 표준오차가 매우 커지는 문제가 발생한다. 하지만 회귀분석에서 다중공선성이 발생한다고 해서 무조건 상관관계가 높은 변수를 제거하는 것은 아니다. 오히려 상관관계가 높은 변수를 빼게 되면 누락변수 편이(omitted variable bias)가 발생하여 추정된 회귀계수가 참값을 추정하지 못하는 편의추정량의 문제가 발생한다(고길곤, 2014).

DEA에서 상관관계가 높은 변수가 존재할 때 어떤 효과가 나타나는지는 항상 명확한 것은 아니다. DEA 자체가 비모수적인 방법이기 때문에 변수 간의 상관관계가 통계적 영향을 미친다고 보기는 어려운 측면이 있다. 실제 Avikiran(2002)이 지시한 것처럼 완벽한 상관관계를 갖는 두 투입요소를 모형에 모두 포함시킨 경우와 하나만 포함시킨 경우의 효율성 계수 값은 크게 변화하지 않는 것으로 나타나고 있다.

다만 투입이나 산출변수의 수가 작을수록 동일한 DMU의 수가 주어졌다면 식별력에 문제가 발생하는 것이 문제로 대두되기 때문에 상관관계가 아주 높은 변수는 변수들의 평균값을 변수로 사용하여 DEA 모형의 차원을 줄일 수 있을 것이다. 예를 들면 국어, 영어, 수학 점수를 각각 산출변수로 사용하지 않고 이 점수 값의 평균을 하나의 산출변수로 사용하는 것이다.

다. 동일 변화성 조건의 만족

동일 변화성(isotonicity)은 다른 조건이 일정하다고 했을 때 하나의 투입이 증가하면 다른 산출이 감소해서는 안 되며 최소한 하나의 산출이라도 증가를 시켜야 한다는 조건이다. 이 조건은 투입이 증가하면 산출도 증가해야 한다는 투입과 산출관계에 대한 상식적 조건에 부합하는 가정이다. 하지만 경우에 따라서는 특정 투입요소의 증가가 산출에 전혀 영향을 주지 않거나 오히려 산출을 감소시킬 수 있다. 예를 들면 인력이 이미 적정 수준을 넘은 상황에서 더 많은 인력을 고용하면 관리비용의 증가로 산출이 더 감소할 수도 있다. 또는 부정적인 투입요소의 증가는 산출을 오히려 줄일 수 있다.

DEA 분석을 본격적으로 수행하기 이전에 연구자는 투입 및 산출변수의 상관관계 행렬이나 산점도 행렬을 분석하여 봄으로써 동일 변화성 조건이 만족되는지를 먼저 확인해 보아야 한다. 만일 동일 변화성 조건을 만족시키지 않는 경우는 뒤에서 검토하는 바람직하지 않은 투입이나 산출요소가 있는 경우와 유사하게 변수의 방향을 바꾼 후 일정한 값을 더하거나 빼는 접근 방법을 고려해 볼 수 있다.[16]

9.3 투입 및 산출변수의 변환 문제

가. 비율변수의 문제

DEA를 사용하다 보면 1인당 투입이나 1인당 산출처럼 비율변수를 사용하는 경우가 많다. 예를 들어 1인당 임금, 총종업원 수를 투입변수로 하고 1인당 판매액을 산출로 하는 DEA 모형을 가정해보자. 총임금을 W, 총종업원 수를 E, 그리고 판매액을 P라고 한다면 투입 대비 산출로 정의되는 효율성은 다음과 같이 계산된다.

$$\theta = \frac{u \times (P/E)}{v_1 \times W/E + v_2 E} \quad (\text{단, } u, v_1, v_2\text{는 가중치})$$

이 식은 다음과 같이 표현될 수 있다.

16 Bowlin(1998)은 역수를 취하는 법을 추천하지만 이 방법은 역수를 취하는 방식에 따라 효율성 값이 달라져 바람직하지 않다고 할 수 있다.

$$\theta = \frac{u \times P}{v_1 \times W + v_2 E^2}$$

이 식은 총판매액, 총임금은 선형의 중요성을 갖고 있는 데 비해 총종업원 수는 제곱의 중요성을 갖고 있음을 보여주고 있다. 특별히 총종업원이 효율성에 제곱 형태로 영향을 주고 있다는 가정이 타당하지 않는 이상 1인당 임금이나 1인당 판매액과 같은 비율변수와 그 비율변수의 분모에 해당하는 변수를 DEA의 투입이나 산출요소로 함께 사용하는 것은 바람직하지 않을 수 있다. 따라서 DEA 모형을 설정할 때 투입이나 산출변수의 형태에 대해 주의를 기울일 필요가 있다(Cooper et al., 2006:19).[17]

나. 투입 및 산출변수의 크기(magnitude) 차이 조정의 문제

DEA를 사용하다 보면 투입 및 산출변수의 단위의 크기가 매우 차이가 나는 경우가 있다. 예를 들어 투입요소 1은 3,000,000이고 투입요소 2는 0.2 값을 갖는다면 최적해를 구할 때 분석 프로그램이 소수점 자리의 문제 등으로 인해 계산의 정확성이 떨어질 수 있는 경우가 발생할 수 있다. 이처럼 변숫값의 크기 차이가 큰 경우 이를 조정하는 것이 바람직하다. 이를 조정하는 방법으로 추천할 수 있는 것이 평균 표준화(mean normalization)이다. 평균 표준화 방법은 투입이나 산출변수의 값을 각각의 평균으로 나눈 후 이 자료를 효율성 계산에 사용하는 것이다. 예를 들어 투입변수를 x라고 할 때 평균 표준화는 다음과 같이 수행할 수 있다.

$$x_{normal} = \frac{x_i}{\bar{x}} \quad \left(\text{단, } \bar{x} = \frac{1}{n} \sum_{i=1}^{n} x_i \right)$$

이렇게 평균 표준화를 한 변수를 이용하여 효율성을 계산하면 변숫값의 크기 문제를 조절할 수 있다. Sarkis(2002)에서 제시된 예제를 이용하여 평균 표준화의 문제를 살펴보자. [표 9.3]에서 보면 첫 번째 투입요소 값의 크기가 다른 투입 및 산출요소에 비해 매우 큰 값을 갖고 있다.

17 비율변수가 포함된 경우 볼록성 가정에 만족되지 않는다. 따라서 이를 수정한 모형을 사용해야 된다. 이에 대한 자세한 내용은 Emrouznejad & Amin(2009)을 참고.

표 9.3 ▸ 평균조정 전의 자료

DMU	INPUT1	INPUT2	OUTPUT1	OUTPUT2
1	1,733,896	97	1,147	0.82
2	2,433,965	68	2,325	0.45
3	30,546	50	1,998	0.23
4	1,052,151	42	542	0.34
5	4,233,031	15	1,590	0.67
6	3,652,401	50	1,203	0.39
7	1,288,406	65	1,786	1.18
8	4,489,741	43	1,639	1.28
9	4,800,884	90	2,487	0.77
10	536,165	19	340	0.57
Column Mean	2,425,119	53.9	1,505.7	0.67

위 자료를 평균 표준화한 후 CCR 효율성을 구하면 아래 [표 9.4]와 같이 얻을 수 있다. 이 값은 원자료를 이용한 CCR 효율성 값과 동일하다.

표 9.4 ▸ 평균조정 후의 자료

DMU	INPUT1	INPUT2	OUTPUT1	OUTPUT2	CCR
1	0.7150	1.7996	0.7618	1.2239	0.432
2	1.0036	1.2616	1.5441	0.6716	0.709
3	0.0126	0.9276	1.3270	0.3433	1.000
4	0.4339	0.7792	0.3600	0.5075	0.419
5	1.7455	0.2783	1.0560	1.0000	1.000
6	1.5061	0.9276	0.7990	0.5821	0.448
7	0.5313	1.2059	1.1862	1.7612	0.952
8	1.8513	0.7978	1.0885	1.9104	0.865
9	1.9796	1.6698	1.6517	1.1493	0.570
10	0.2211	0.3525	0.2258	0.8507	1.000
Column Mean	1	1	1	1	

BCC 모형의 경우도 평균 표준화 자료를 이용한 경우와 동일한 결과가 나옴을 어렵지 않게 확인해 볼 수 있다. 단위불변성(unit invariance)에 대한 논의에서 이 문제를 다시 한 번 다룰 것이다.

다. 자료가 서열형 척도를 갖는 경우의 문제

한편 투입변수와 산출변수가 순위형태의 변수인 경우에도 DEA를 사용하는 것이 바람직할 것인지가 문제가 될 수 있다. 이에 대해서는 서열형(ordinal) 변수보다는 기수형(cardinal) 변수가 바람직하다고 평가되는 것이 일반적이다(Coelli, 2005:139). 하지만 활용 가능한 자료가 서열형 변수인 경우에 DEA를 변형해 적용할 필요가 있는 경우가 많다.

자료가 서열형 척도를 갖는 경우에는 비선형(nonlinear), non-ccnvex 프로그림의 문제가 되기 때문에 부정확 DEA 모형(Imprecise DEA model, IDEA)이 제안되어 왔다.[18] IDEA 모형의 기본 아이디어는 투입 및 산출변수에 비음제약조건 이외에도 구간이나 서열과 관련된 추가적인 제약조건을 부과하는 것이다. 이 모형을 승수부정확 DEA 모형(Multiplier imprecise DEA model, MDEA)이라고 부르며 일반적인 DEA 접근 방식과 유사하기 때문에 어렵지 않게 분석을 수행할 수 있다.[19]

라. 단위 및 변환불변성의 문제

회귀분석을 비롯해 여러 자료 분석을 수행하다 보면 원래의 변수를 변환하서 사용할 경우가 많다. DEA에서는 투입 및 산출요소의 값이 음수인 경우 선형계획법에서 일반적으로 가정하는 비음조건을 만족하지 않게 되는 문제가 발생하여 최적해를 구하기 어렵게 된다. 이와 관련된 이론적 쟁점은 DEA 변환불변(translation invariance)과 단위불변(units invariance) 문제이다.

변환불변[20]은 투입 혹은 산출변수의 값에 일정한 값을 더하거나 빼는 자료변환을 하더라도 효율성에 변화가 없는 성질을 이야기한다. 이때 효율성의 변화가 없다는 것은 효율경계의 DMU인지 혹은 비효율적인 DMU인지의 구분에 변화가 없는 경우, DMU 효율성의 순서에 변화가 없는 경우, 효율성 값이 정확히 같은 경우 등으로 구분할 수

---

18 Zhu, J.(2003a), “Imprecise data envelopment analysis(IDEA): A review and improvement with an application”, *European Journal of Operational Research,* 144(3), pp. 513~529; Zhu, J.(2003b), “Efficiency evaluation with strong ordinal input and output measures”, *European Journal of Operational Research,* 146(3), pp. 477~485.

19 자세한 내용은 Zhu(2014:383~398)를 참고.

20 Zhu(2014)는 효율성 불변이라는 용어를 사용하였으나 Lovell & Pastor(1995)에서는 변환불변(translation invariance)이라고 부르기도 한다. 이 논문은 단위불변과 변환불변의 성질을 동시에 만족시키는 DEA 모형이 존재하지 않는다고 이야기하면서 어떤 조건하에서 단위불변과 변환불변을 만족시키는지를 논의하고 있다. 이 책에서도 단위불변과 변환불변의 성질을 함께 논의하려고 하기 때문에 변환불변이라는 용어를 사용하고자 한다.

있다(Zhu, 2014:142). 효율성 불변에 대한 기본적 논의는 효율적인 DMU인지 여부의 판단에 변화가 없는 경우를 중심으로 진행되지만 엄격한 기준을 적용하는 경우에는 효율성 값에 변화가 없는 경우를 효율성 불변으로 판단하게 된다.

이 변환불변과 함께 논의될 수 있는 것이 단위불변성(units invariance)[21]이다. 단위불변성은 투입과 산출요소에 일정한 값을 곱해 측정 단위(scale)가 달라지더라도 효율성 값에 변화가 없는 성질을 이야기한다. 이 단위불변성은 CCR 및 BCC 모형에서는 부분적으로 만족하지만[22] 합계모형은 만족하지 않는다. 이를 증명하는 것은 어렵지 않다.

만일 i번째 투입 x_i를 $\alpha_i x_i$로 단위 변환을 하고 r번째 산출 y_j를 $\beta_r y_r$로 단위 변환을 했다고 가정해보자. 이렇게 변환된 투입 및 산출변수를 이용한 산출방향 CCR 모형은 아래와 같은 목적함수와 제약을 갖게 된다. 이때 투입에 대한 제약식의 부등식과 산출에 대한 부등식이 $\alpha_i, \beta_r > 0$이기만 하면 단위 변환을 하지 않은 경우의 최적화 문제가 동일함을 알 수 있다. 따라서 산출방향 CCR 모형은 단위불변성을 갖는다고 할 수 있다. 이와 유사하게 투입방향 CCR 모형도 단위불변성을 갖고 있음을 증명할 수 있다. 또한 BCC 모형은 CCR 모형에 $\sum \lambda_j = 1$이라는 제약조건이 추가된 것이므로 역시 단위불변성을 만족하게 된다.

$$
\begin{aligned}
& Max\ \theta \\
s.t.\ & \sum_{j=1}^{n} \lambda_j \alpha_i x_{ij} \le \alpha_i x_{ik} \\
& \sum_{j=1}^{n} \lambda_j \beta_r y_{rj} \ge \theta \beta_r y_{rk} \\
& \lambda_j \ge 0
\end{aligned}
$$

위 모형은 여유분을 고려하지 않고 단순히 효율성 값만을 고려하는 CCR 포락모형의 1단계 추정을 나타낸 것이다. 만일 여유분까지 고려한 통합모형을 이용해보면 변수변환을 할 때 여유분 값이 달라질 수 있음을 어렵지 않게 확인할 수 있다. 이러한 이유 때문에 Lovell & Pastor(1995)는 부분적으로 단위불변성을 만족한다고 주장하고 있다.

---

21 단위불변성은 척도불변성(scale invariance)이라고 부르기도 한다.

22 단위불변성은 방사 요소(radial component)에서는 만족되지만 여유분 요소(slack component)에서는 만족되지 않는다는 점에서 부분적으로 만족한다고 이야기한다(Lovell & Pastor, 1995:148).

한편 CCR 모형의 경우에는 단위불변 성질을 만족하지만 변환불변성은 만족하지 않는다.[23] 투입방향 BCC 모형의 경우에는 투입변수에 대한 변환을 했을 때 변환불변성을 만족하며 산출방향 BCC 모형의 경우에는 산출변수에 대한 변환을 했을 때 변환불변성을 만족한다. 그러나 투입 및 산출변수 모두 변환이 실시되었을 때는 변환불변성은 만족하지 않는다.[24]

이렇게 부분적으로 BCC 변환불변성이 만족되는 문제를 해결하기 위해 BCC 모형의 여유분 가중치 ϵ 대신에 투입 및 산출변수의 표준편차 역수를 이용한 표준화 가중(normalized weighted) BCC 모형으로 변환시키면 투입 및 산출변수를 모두 변환하더라도 변환불변성을 만족시킬 수 있다(Lovwell & Pastor, 1995:150).

$$\text{BCC 모형의 목적함수: } Min\ \theta_k - \epsilon\left(\sum_{i=1}^{m} s_i^- + \sum_{r=1}^{s} s_r^+\right)$$

$$\text{표준화 가중 모형의 목적함수: } Min\ \theta_k - \left(\sum_{i=1}^{m} w_i^- s_i^- + \sum_{r=1}^{s} w_r^+ s_r^+\right)$$

$$(\text{단, } w_i^- = 1/\sigma_i,\ w_i^+ = 1/\sigma_r)$$

비음조건을 만족하지 않는 투입이나 산출이 있는 경우에는 음의 값을 갖는 숫자를 곱해서 비음조건을 만족시키거나 최솟값을 양으로 만드는 일정한 값을 더해 비음조건을 만족시킬 수 있다.[25] 하지만 이 방법을 모든 DEA 모형에 적용할 수 있는 것은 아니다. 변환불변성을 만족하지 않는 CCR 모형에서는 얼마만큼의 값을 더할지에 따라 효율성 값이 달라지는 문제가 발생한다.[26] 따라서 투입 혹은 산출 중 한쪽에서 비음조건이 만족되지 않는 경우는 BCC 모형에서 일정한 값을 더해 비음조건을 만족시키는 방법을 제한적으로 사용할 수 있다.[27] 만일 투입과 산출에서 모두 비음조건을 만족하지 않는 상황이라면 표준화 가중 BCC 모형을 사용하는 것이 고려될 수 있다.

---

23 독자들은 간단히 y_r을 $y_r + \delta_r$로 바꾸었을 때 CCR 모형이 변환불변성을 만족하는 점을 증명할 수 있을 것이다. 이에 대한 증명은 Subash(2004:107~108) 참고.

24 이에 대한 증명은 독자의 몫으로 남겨두겠다.

25 Bowlin, W. F.(1998), "Measuring Performance: An Introduction to Data Envelopment Analysis (DEA)", *Journal of Cost Analysis,* 7, pp. 3~27.

26 이에 대해서는 Sarkis, J.(2006), "Preparing Your Data for DEA", *Productivity Analysis in the Service Sector with Data Envelopment Analysis,* N. K. Avkiran 참고.

27 Pastor, J. T.(1996), "Translation Invariance in DEA: A Generalization", *Annals of Operations Research,* 66, pp. 93~102 참고.

또 다른 대안은 음수 값을 갖는 산출변수의 관찰점을 다른 관찰 값들보다 매우 작은 0보다 큰 값으로 대체하는 방법이다. 즉 산출변수 y의 양수인 관찰 값 중에서 최솟값이 2였다고 한다면 음수 값을 관찰점 2보다 아주 작은 값(예를 들면 0.0001)으로 대체하는 것이다. 이것은 매우 작은 값을 갖는 산출변수는 효율성 계수에 큰 기여를 하지 못하기 때문에 음수 값도 마찬가지라고 가정할 수 있기 때문이다.[28]

마. 부정적 산출이 있는 경우의 분석

DEA의 효율성은 주어진 투입에 대한 산출의 극대화 문제로 이해된다. 그러나 조직이나 기업이 활동을 하면서 초래되는 산출이 항상 긍정적인 것만은 아니다. 오염물질, 반품률, 부패, 범죄 등과 같은 부정적인 산출이 발생하면 산출을 극대화하는 것이 오히려 효율성을 낮추게 된다. 이와 달리 투입은 원래 증가하면 효율성이 떨어지지만 투입이 증가하면 효율성이 오히려 증가하는 경우도 발생할 수 있다. 여기서는 부정적 산출, 즉 비소망재(undesirable goods)가 존재하는 경우를 중심으로 논의하고자 한다.

부정적 산출이 존재하는 경우 이를 가장 간단하게 처리할 수 있는 방법은 변수변환 방법이다. 바람직하지 않은 산출을 w라고 하면 산출이 증가할수록 효율성이 낮아지도록 음수를 취하면 된다. 하지만 음수 값을 갖는 변수는 선형계획법의 비음조건을 만족하지 않기 때문에 이를 양수로 만들어 주어야 된다. 이를 위해 일정한 값 c를 더해서 비음조건을 만족시키는 w'을 아래와 같이 만든다.

$$w' = -w + c$$

하지만 모든 경우에 이 방법을 이용할 수는 없다. 비음조건을 만족시키기 위해 일정한 수를 더할 때 CCR 모형의 경우에는 변환불변성이 만족되지 않는다. 따라서, 부정적인 산출을 투입요소로 간주하거나, 부정적인 산출의 역수 값을 취하는 방법도 고려해 볼 수 있지만 적절하다고 보기 어렵다.[29]

부정적인 산출을 다루는 문제를 깊이 있게 다룬 연구는 크게 세 가지 접근 방법을 취하고 있다(Cheng & Zervopoulos, 2014:899). 첫째는 기존의 DEA 모형을 약간 변형하는 것으로 Fare et al.(1989)처럼 부정적인 산출에 대해서는 가처분성 가정을 약화시켜

---

28 Bowlin, W. F.(1998), "Measuring Performance: An Introduction to Data Envelopment Analysis (DEA)", *Journal of Cost Analysis,* 7, pp. 3~27 및 Sarkis, J.(2006) 참고.

29 부정적 산출과 투입이 있는 경우에 대한 예제와 논의는 Zhu(2014:141~151)를 참고.

포물선형 효율성 측정(hyperbolic efficiency measure)을 시도하거나, 긍정적 산출과 부정적 산출을 분리하여 측정하는 방법(Scheel, 2001), 부정적 산출물을 선형 단조감소 변환하는 방법(Seiford & Zhu, 2002), 부정적 산출물을 투입으로 바꾸는 방법(Yang & Pollitt, 2009) 등이 사용되어 왔다.

Fare et al.(1989)의 접근은 긍정적 산출물(y)과 부정적 산출물(w)의 자유가처분성 가정을 달리 두어야 된다는 아이디어에서 출발한다. 긍정적 산출물 y의 경우 생산가능 집합을 P라고 할 때, 아래 조건을 만족하게 된다.

$$(x, y, w) \in P, \;\; y' \leq y \;\Rightarrow\; (x, y', w) \in P$$

하지만 부정적 산출물은 현재 수준 w가 생산가능하다고 하더라도 이보다 더 작은 수준 $w' \leq w$이 항상 생산가능하다고 보기 어렵다. 이 경우 가처분성에 제약을 가할 필요가 있다. 산출방향 BCC 모형의 경우 긍정적 산출물에 대한 제약조건은 다음과 같다.

$$\sum_{j=1}^{n} y_{jr}\lambda_j - s_r^{+} = \phi y_{kr}$$

(단, ϕ는 효율성 점수)

하지만 DMU k의 z번째 부정적 산출물에 대한 제약조건은 다음과 같이 나타낼 수 있다. 이를 약가처분성 조건이라고 부를 수 있다.[30]

$$\sum_{j=1}^{n} w_{jz}\lambda_j = \frac{1}{\phi} w_{kz}$$

효율경계 그림을 이용하여 나타내보면 y와 w가 모두 강가처분성 조건을 만족하게 되면 OFBCDE가 효율경계가 된다. 하지만 부정적 산출물의 경우에는 실제 생산이 가능한 OAB 경계선 이하로 부정적 산출물을 줄일 수 없기 때문에 이를 반영한 약가처분성 가정을 도입한 효율경계선은 OABCDE가 된다.

30 Fare et al.(1989)의 식 15의 $\lambda^{-1}w = Wz$의 제약식에 해당하는 부분이다. 이 약가처분성 가정은 만일 $(x,y,w) \in P$이고 $\theta \in [0,1]$이면 $(\theta x, \theta y, \theta w) \in P$라는 조건으로 나타낼 수 있다.

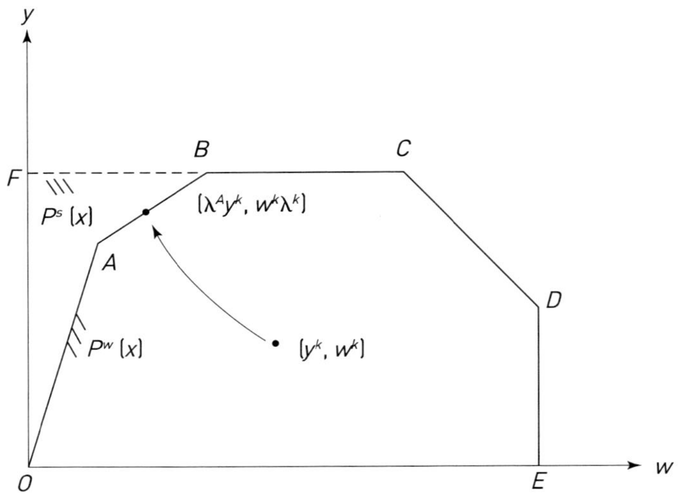

그림 9.3 ▸ 부정적 산출물의 약가처분성 가정에 따른 포물선형 효율경계

Fare et al.(1989)의 부정적 산출물에 대한 약가처분성 가정을 도입한 산출방향 VRS 모형은 다음과 같다.[31]

부정적 산출물이 있는 경우 Fare et al.(1989) 모형에 따른 산출방향 VRS 모형

$$Max\,\phi + \epsilon\sum_{i=1}^{m} s_i^- + \epsilon\sum_{r=1}^{s} s_r^+$$

$$s.t.\quad \sum_{j=1}^{n} x_{ji}\lambda_j + s_i^- = x_{ki} \ (\text{단},\ i=1,2,...,m)$$

$$\sum_{j=1}^{n} y_{jr}\lambda_j - s_r^+ = \phi y_{kr} \ (\text{단},\ r=1,2,...,s)$$

$$\sum_{j=1}^{n} w_{jz}\lambda_j - s_z^+ = \frac{1}{\phi} w_{kz} \ (\text{단},\ z=1,2,...,b)$$

$$\sum_{j=1}^{n} \lambda_j = 1$$

$$\lambda_j \geq 0 \ (\text{단},\ j=1,2,...,n)$$

$$s_i^- \geq 0 \ (\text{단},\ i=1,2,...,m)$$

$$s_r^+ \geq 0 \ (\text{단},\ r=1,2,...,s)$$

$$s_z^+ \geq 0 \ (\text{단},\ z=1,2,...,b)$$

31 이 식은 Fare et al.(1989)의 모형에 기초한 Seiford & Zhu(2002:18)의 선형제약식의 식 4에 기초한 것이다.

Seiford & Zhu(2002)는 Fare et al.(1989)의 모형이 비선형제약식의 형태를 포함하고 있기 때문에 이 문제를 해결하기 위해 VRS 모형의 변환불변성을 이용하였다. 즉 부정적 산출물 w에 음수를 곱한 다음 모든 부정적 산출물을 양수로 만드는 임의의 상수 c를 더해 아래와 같이 변환할 것을 제안하였다.

$$w_z' = -w_z + c > 0$$

이렇게 변환된 w_z'은 일반적인 긍정적 산출물과 동일하게 취급하여 산출방향 BCC 모형에 반영하면 된다. 주의해야 할 것은 변환불변성을 만족하지 않는 DEA 모형에서는 이러한 변수변환을 직접 적용하기 쉽지 않다는 점이다. 한편 투입에서도 바람직한 투입과 바람직하지 않은 투입으로 구분이 필요한 경우가 있는데 이 경우도 산출의 경우와 유사하게 위에서 논의한 모형과 동일한 논리를 이용하여 적용해 목적함수와 제약식을 만들 수 있다.[32]

또 하나의 방법은 부정적 산출물(비소망재)과 긍정적 산출물(소망재)이 서로 분리되어 생산되는 것이 아니라 소망재 생산이 늘면 비소망재 역시 늘어나는 결합생산(joint production)의 특성을 가지고 있다고 보아, 이를 거리함수의 관점에서 모형화하는 것이다(Fare et al., 2005; Fare et al., 2007; Oh, 2010). 이를 위해 다음과 같은 몇 가지 공리를 사용한다.

투입벡터 x가 주어졌을 때 소망재 y와 비소망재 w가 생산된다고 할 때 이 생산가능집합 $P(x)$를 다음과 같이 나타내보도록 하자.

$$P(x) = \{(y,w)|x\text{는}(y,w)\text{생산가능}\},\ x \in R_-^N$$

그렇다면 산출과 관련해서 다음과 같은 추가적 공리를 도입할 수 있다.

첫째, 약가처분성으로 현재 생산되는 소망재와 비소망재의 생산 수준을 일정한 비율로 줄일 수 있는 생산이 가능하다는 것이다. 이는 다음과 같이 나타낼 수 있다.

$$(y,w) \in P(x),\ 0 \le \theta \le 1\text{이면 } (\theta y, \theta w) \in P(x)$$

둘째, 강가처분성으로 현재 생산되는 소망재와 비소망재보다 모두 작은 수준의 생산은 가능하다.

$$(y,w) \in p(x)\text{이고, } (y',w') \leqq (y,\ w)\text{이면 } (y',w') \equiv P(x)$$

32 관심 있는 독자는 Seiford & Zhu(2002:19)의 식 9를 참고.

셋째, 소망재가 생산되면 비소망재도 생산되며, 소망재가 생산되지 않으면 비소망재도 생산되지 않는다. 이 조건은 소망재 y 생산을 위해서는 비소망재 w 생산이 필수적이라는 것을 의미하며 비소망재는 투입이 아니라 산출로 간주한다는 것을 명확히 하고 있다.[33]

$$(y,w)\in P(x),\ w=0\text{이면 } y=0$$

넷째, 소망재의 경우에는 비소망재가 주어졌을 때 현재 수준보다 작은 소망재와 비소망재의 조합은 생산가능하다.

$$(y,w)\in P(x),\ y'\leq y\text{이면 } (y',w)\in P(x)$$

n개의 DMU가 존재하고 k번째 DMU의 효율성을 계산하는 상황을 가정해보자. 그리고 m개의 투입$(i=1,2,...,m)$을 통해 Q개의 비소망재$(q=1,2,...,Q)$와 s개의 소망재$(r=1,2,...,s)$가 생산이 된다고 가정을 해보자.

비소망재를 반영하는 모형의 경우 생산함수 접근 방식과 거리함수 접근 방식으로 구분할 수 있는데 거리함수 접근 방식을 이용하여 이를 설명해 보도록 하자.

투입이 고정되어 있고 소망재와 비소망재가 생산되는 경우 생산가능집합의 모습은 [그림 9.4]와 같은 형태로 나타낼 수 있다. 소망재만 있는 효율경계와 다른 점은 비소망재의 경우와 유사하지만 비소망재의 경우 소망재와 유사하게 산출 제약이 있으므로 [그림 9.4]와 같은 생산가능집합과 효율경계가 만들어진다.

관찰된 소망재와 비소망재의 생산수준 (y,w)의 경우 효율성을 달성하기 위해서는 비소망재를 일정 정도 줄이고 소망재는 일정 비율을 늘려야 된다. 이를 나타내는 것이 소망재와 비소망재의 변화방향을 나타내는 방향 벡터(direction vector) $g=(g_y,g_w)$이다. 따라서 산출을 최대한 β만큼 변화시키되 변화의 최종 크기는 방향거리 벡터의 가중치를 반영하여 변하도록 한다. 이 경우 방향 산출 거리함수(directional output distance function)는 다음과 같이 생산가능한 영역에서 β를 최대화하는 문제로 정의된다. 이 β 값이 클수록 효율성은 낮다고 할 수 있으며 0에 가까울수록 효율성은 크다고 할 수 있다.

---

33 비소망재를 산출로 간주하는 경우에는 오염을 제거하기 위해 정화비용을 부담한다는 의미로 해석할 수 있는데 오염 한 단위를 줄이기 위해 투입되는 정화서비스의 단위를 알아야 한다는 문제가 있기 때문에 비소망재를 산출로 간주하는 것이 바람직하다는 입장이 지지될 수 있다(Fare et al., 2007:1057).

$$\overrightarrow{D}(x, y|g_y, g_w) = Max\{\beta|(y + \beta g_y, w - \beta g_w) \in P(x)\}$$

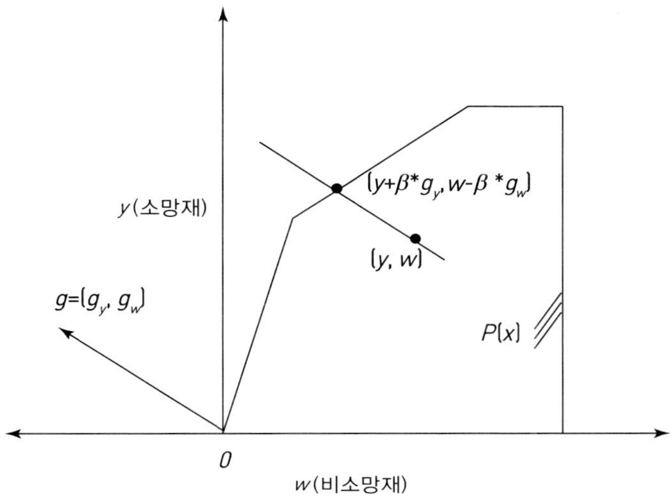

그림 9.4 ▸ 소망재와 비소망재가 있는 경우 효율변경과 거리함수

따라서 비소망재를 포함한 경우의 비효율성을 계산하는 선형계획법 모형은 다음과 같이 나타낼 수 있다(Fare et al., 2007:1059).

$$\overrightarrow{D}(x, y|g_y, g_w) = Max\,\beta$$

$$\begin{aligned} s.t. \qquad x_{ki} &\geq \sum_{j=1}^{n} x_{ji}\lambda_j && (\text{단, } i = 1, 2, ..., m) \\ y_{kr} + \beta g_{yr} &\leq \sum_{j=1}^{n} y_{kr}\lambda_j && (\text{단, } r = 1, 2, .., s) \\ w_{kq} - \beta g_{wq} &\leq \sum_{j=1}^{n} w_{kq}\lambda_j && (\text{단, } q = 1, 2, ..., Q) \\ \lambda_j &\geq 0 \end{aligned}$$

위 제약식에서는 비소망재의 수준에 대한 규제가 없는 것을 가정하였다. 만일 비소망재 생산에 규제가 있는 것을 가정한다면 비소망재에 대한 제약식을 다음과 같이 바꾸면 된다.

$$w_{kq} - \beta g_{wq} \leq \sum_{j=1}^{n} w_{kq}\lambda_j \rightarrow w_{kq} - \beta g_{wq} = \sum_{j=1}^{n} w_{kq}\lambda_j$$

이렇게 비소망재에 대한 규제가 있는 경우와 규제가 없는 경우의 비효율성을 계산할 수 있으면 규제에 따른 비효율성의 크기를 계산할 수 있다(Fare et al., 2007).

부정적 산출물의 문제를 해결하는 두 번째 접근 방식은 비방사 모형인 여유분 기준 모형(SBM)을 사용하는 방법이다(Lozano & Gutierrez, 2011). Lozano & Gutierrez의 연구에서는 항공산업에서 항공기 출발과 도착의 지연이라는 부정적인 산출물을 반영하기 위해 SBM 모형을 이용하였다. 제5장의 SBM_t 선형계획모형에서 일반적으로 가정하고 있는 긍정적 산출물에 대한 제약식은 다음과 같다.

$$\sum_{j=1}^{n} y_{rj} t\lambda_j - ts_r^+ = ty_{rk} \qquad (\text{단, } r = 1, 2, ..., s)$$

부정적 산출물의 경우에는 긍정적 산출물이 감소하는 비율과 동일한 비율로 부정적 산출물이 늘어난다는 가정을 도입하여 아래와 같이 제약식을 가한다.

$$\sum_{j=1}^{n} w_{jz} t\lambda_j + ts_z^+ = tw_{kz} \quad (\text{단, } z = 1, 2, ..., b)$$

긍정적 산출물과 부정적 산출물에 대한 제약식을 구분해서 SBM_t 선형계획모형에 반영하면 어렵지 않게 효율성 점수를 구할 수 있다.[34]

세 번째 접근 방식은 거리함수를 이용하는 방법으로 Shephard 거리함수 등이 대표적으로 이용된다(Podinovski & Kuosmanen, 2011). 이 방법은 약가처분성의 가정을 도입하면서 혼합정수계획법(mixed integer linear programming) 접근을 통해 효율성을 계산한다.[35]

앞에서 다양한 모형을 살펴보았으며 지속적으로 새로운 모형들이 제시되고 있다. 하지만 새로운 모형은 이미 기존 모형을 바탕으로 조금씩 상황에 맞게 수정되는 것이기 때문에 기존 모형을 충분히 이해하지 못하고 새로운 모형만을 선호하는 것을 지향해서는 안 된다. 부정적 산출물에 대한 여러 방법론들의 선택도 각 방법들의 장단점을 충분

34 관심 있는 독자는 Lozano & Gutierrez(2011)의 공항의 효율성 평가 논문을 참고하여 직접 SBM_t 효율성을 계산해 보도록 한다.

35 Podinovski & Kuosmanen(2011:581)의 식 15를 참고. 이외에 일반 거리함수를 이용한 접근은 Cheng & Zervopoulos(2014)를 참고.

히 검토한 후 문제 상황에 맞게 사용해야 될 것이다.

바. 음수자료가 있는 경우의 분석

DEA에서는 투입변수와 산출변수가 비음조건일 것을 요구한다. 그러나 경우에 따라서는 당기순손실이 발생하거나 영업손실이 발생하면 당기순이익이나 영업이익이 음의 값을 갖게 되는 경우가 발생한다. 만일 산출변수의 값이 양수와 음수의 값을 갖는 DMU들이 존재한다고 해보자. 산출변수의 절댓값을 생각해보면 이 절댓값이 커질수록 효율성이 증가하기도 하고(산출변수가 양수 값을 갖는 경우) 효율성이 감소하기도 한다(산출변수가 음수 값을 갖는 경우). 이런 상황에서 일반적인 DEA 모형은 잘못된 방향으로 효율성을 구하게 된다.

이 경우 음의 값을 갖는 변수에 일정한 값을 더해 모든 DMU가 양수 값을 갖도록 만들어주는 방법이 일반적으로 사용될 수 있다. 이것은 변환불변성이 만족되는 VRS 모형에서 적용가능한 방법이다. CRS 모형의 경우 이 접근 방법을 사용하게 되면 변환을 할 때 사용하는 일정한 상숫값의 크기에 따라 효율성 점수가 변하게 되는 문제가 발생하게 된다.

최근에는 음수 값을 갖는 자료문제를 다루기 위해 다양한 접근 방식들이 제시되어 왔다. Portela et al.(2004)는 일반방향거리함수모형(general directional distance function model)에 토대를 둔 범위방향지표(Range Directional Measure, RDM)를 제시하였다. 그는 일반방향거리함수에서 DMU가 이상적인 점으로 향하는 방향벡터를 구하기 위해 현재 DMU의 투입위치와 전체 DMU에서 최소투입이 있는 상태의 차이를 이용하여 투입방향벡터를 구하였다. 마찬가지로 현재 DMU의 산출위치와 전체 DMU에서 최대 산출수준의 차이를 이용하여 산출방향벡터를 구하였고 이 값을 일반방향거리함수 모형의 방향벡터에 사용하였다(Portela, 2004; Emrouznejad et al., 2010:298).

Sharp et al.(2007)는 Tone(2001)의 SBM 모형을 이용하되 음수 값을 갖는 경우 효율성 값이 음수가 될 수 있는 문제가 발생할 수 있어 이 문제를 수정한 MSBM 모형을 제시하였으며 이 모형은 변환불변성을 만족한다(Sharp et al., 2007:1674).

한편 Emrouznejad et al.(2010)는 반지향방사지표(Semi-Oriented Radial Measure, SORM)를 제안하였다. SORM에서는 음수 값을 갖는 변수가 서로 다른 방향의 특성을 갖고 있음을 반영하기 위해 하나의 변수를 두 개의 변수로 만든다. 예를 들면 i 투입요소의 값을 x_{ij}라고 하면 이 값이 음수인지 여부를 이용하여 다음과 같이 두 개의 새로운 변수를 만들 수 있다.

$$x_{ij}^{1} = \begin{cases} x_{ij} & \text{if} \quad x_{ij} \geq 0, \\ 0 & \text{if} \quad x_{ij} < 0 \end{cases} \quad x_{ij}^{2} = \begin{cases} 0 & \text{if} \quad x_{ij} \geq 0 \\ -x_{ij} & \text{if} \quad x_{ij} < 0 \end{cases}$$

이와 유사하게 만일 산출변수에서 음수가 있는 경우도 다음과 같이 변형시킬 수 있다.

$$y_{ij}^{1} = \begin{cases} y_{ij} & \text{if} \quad y_{ij} \geq 0, \\ 0 & \text{if} \quad y_{ij} < 0 \end{cases} \quad y_{ij}^{2} = \begin{cases} 0 & \text{if} \quad y_{ij} \geq 0 \\ -y_{ij} & \text{if} \quad y_{ij} < 0 \end{cases}$$

투입변수 및 산출변수 중에 모두 양수 값을 갖는 변수를 각각 $i \in I$ 및 $r \in R$이라고 하고, 양수와 음수 값을 함께 갖는 변수를 각각 $l \in L$ 및 $m \in M$이라고 가정해보자. 그렇다면 투입방향 VRS SORM 모형은 다음과 같이 제시된다.[36]

투입방향 VRS SORM 모형

$$Min \ \theta_k - \epsilon\left(\sum_{i=1}^{m} s_i^- + \sum_{r=1}^{s} s_r^+\right)$$

$$\begin{aligned}
s.t. \quad & \theta_k x_{ik} - \sum_{j=1}^{n} x_{ji}\lambda_j - s_i^- = 0, \ i \in I \\
& \theta_k x_{lk}^1 - \sum_{j=1}^{n} x_{lj}^1 \lambda_j - s_l^- = 0, \ l \in L \\
& \theta_k x_{lk}^2 - \sum_{j=1}^{n} x_{lj}^2 \lambda_j + s_l^- = 0, \ l \in L \\
& y_{rk} - \sum_{j=1}^{n} y_{jr}\lambda_j + s_r^+ = 0, \ r \in R \\
& y_{mk}^1 - \sum_{j=1}^{n} y_{mj}^1 \lambda_j + s_m^+ = 0, \ m \in M \\
& y_{mk}^2 - \sum_{j=1}^{n} y_{mj}^2 \lambda_j - s_m^+ = 0, \ m \in M \\
& \sum_{j=1}^{n} \lambda_j = 1, \ \lambda_j \geq 0
\end{aligned}$$

---

36 Emrouznejad et al.(2010:300)의 Model 8은 Farrell 효율성에 기반한 모형을 제시하고 있는데 여유분을 반영한 모형으로 여기서는 수정하여 모형을 제시하였다. 한편 산출방향 VRS SORM 모형은 투입방향 모형과 유사하게 유추할 수 있으며 Emrouznejad et al.(2010:301)을 참고하기 바란다.

SORM 모형은 기존의 전통적 DEA 모형을 그대로 사용할 수 있기 때문에 간단하게 사용할 수 있다는 장점이 있다. 하지만 투입이나 산출변수가 많아지게 되면 제약식이 늘어나게 되는 문제가 발생한다. 하나의 변수에 대해서 음수인 경우와 양수인 경우로 나누어 새로운 변수를 생성해야 되기 때문에 하나의 변수에 대해서 두 개의 제약식이 생기게 된다. 따라서 투입 및 산출변수가 많아지게 되면 제약식이 많아져 차원증가에 따른 최적해 계산이 어려워지는 문제가 발생할 수 있다.

이후 Cheng et al.(2013)에서는 음수의 값이 있는 경우에 제약조건에 음수 값을 갖는 변수의 절댓값을 포함시켜 선형계획법 문제를 푸는 방법을 제시하였는데 방사형 DEA 모형을 변형했다고 해서 변형방사모형(Variant of Radial Measure, VRM)이라고 불린다.

VRS 상황의 투입방향 VRM 모형

$$
\begin{aligned}
& Max\ \beta_k \\
s.t.\quad & \sum_{j=1}^{n} x_{ji}\lambda_j + \beta_k |x_{ik}| < x_{ik} \qquad (\text{단},\ i=1,2,...,m) \\
& \sum_{j=1}^{n} y_{jr}\lambda_j > y_{rk} \qquad (\text{단},\ r=1,2,...,s) \\
& \sum_{j=1}^{n} \lambda_j = 1 \\
& \lambda_j \geq 0
\end{aligned}
$$

VRS 상황의 산출방향 VRM 모형

$$
\begin{aligned}
& Max\ \beta_k \\
s.t.\quad & \sum_{j=1}^{n} x_{ji}\lambda_j < x_{ik} \qquad (\text{단},\ i=1,2,...,m) \\
& \sum_{j=1}^{n} y_{jr}\lambda_j - \beta |y_{rk}| > y_{rk} \qquad (\text{단},\ r=1,2,...,s) \\
& \sum_{j=1}^{n} \lambda_j = 1 \\
& \lambda_j \geq 0
\end{aligned}
$$

투입방향 VRM 모형에서 효율성 점수는 $1-\beta_k$로 계산되고 산출방향 VRM 모형에서 효율성 점수는 $1/(1+\beta_k)$로 계산된다. VRM 모형은 부정적인 산출이 없을 때 VRS

모형과 동일한 결과를 제시한다는 장점이 있고 0과 1 사이의 효율성 점수를 갖고 있는 유용성이 있다. 단, 최근에는 이 방법의 해석상의 문제가 제기되었고 CRS 모형에는 적용하기 어려우며(Kerstens & Van de Woestyne, 2014) 투입변수와 산출변수에 음수가 동시에 존재하는 경우의 문제를 다루기 쉽지 않다는 단점이 있다.[37]

음수가 있는 경우를 해결하기 위한 다양한 접근이 제시되고 있고 특정 모형이 다른 모형보다 절대적으로 우월하다고 보기 어렵기 때문에 각 모형별 분석을 한 후 정확한 해석을 바탕으로 비교분석을 하는 종합적 접근이 필요하다고 할 것이다. 특히 음수가 있는 경우에는 수정하고자 하는 DEA 모형의 변환불변성을 만족하는지 여부를 잘 살펴보아야 한다. 만일 투입변수와 산출변수에 모두 음수가 있다면 일정한 값을 더해 양수를 만들더라도 VRS 모형이 변환불변성을 만족하지 않을 수 있기 때문에 SORM과 같은 방법이 선호될 수도 있을 것이다.

9.4 DEA 모형의 선택과 분석 결과의 통계적 활용

가. DEA 모형의 선택

DEA에서는 투입방향인지 산출방향인지에 따라, 규모의 불변 혹은 가변수익 여부에 따라, 효율성 정의를 방사형(radial)으로 할지 혹은 비방사형(nonradial)으로 할 것인지에 따라 다양한 모형이 고려된다. 물론 모든 모형의 분석 결과를 다 제시하는 것도 가능하지만 모형 간의 차이를 설명하지 못한 채 단순히 결과들만 제시하는 것은 의미가 없다. 모형 선택에 대한 절대적 기준은 없지만 일반적으로 다음과 같은 점을 고려할 필요가 있다.

첫째, 통제가능성(controllability)이다. 투입을 늘려 효율성을 달성할지 산출을 줄여 효율성을 달성할지의 문제라고 한다면 투입요소나 산출요소 중 통제가 가능한 요소를 중심으로 한 모형을 설정할 수 있다(Bogetoft & Otto, 2011:48).

둘째, 수용가능성(acceptability)의 문제이다. 효율성 분석의 결과는 조직이나 사업 간의 순위를 결정하여 자원을 재배분하거나, 승진 혹은 성과에 따른 인센티브 결정에

37 이 책에서는 음수가 있는 경우를 분석하기 위한 프로그램을 직접적으로 제시하지 않고 있지만 선형계획법 모형이 간단하기 때문에 제시된 기본 참고문헌을 이용하면 어렵지 않게 프로그램을 짤 수 있을 것이다.

사용된다. 이러한 경우 평가대상이 되는 조직의 입장에서는 효율성 분석 결과에 매우 민감하게 반응할 수밖에 없다. 만일 이 조직들이 효율성 분석 결과에 순응하지 않는다면 아무리 좋은 이론에 바탕을 둔 DEA 모형이라고 할지라도 활용성에 있어서는 제한적이다. 따라서 조직 구성원들이 수용가능한 모형을 제시해 줄 필요가 있다. 예를 들면 Farell의 효율성 정의에 기반을 둔 방사형 모형의 경우 해당 조직의 관점에서 가장 유리한 효율변경을 가지고 효율성 점수가 계산될 뿐 아니라, 비효율적인 상태의 원인이 특정 투입이나 산출의 문제가 아니라 모든 투입 혹은 산출을 일정한 비율로 줄이거나 늘려야 효율성을 달성하게 된다. 따라서 특정 투입이나 산출 때문에 자신들의 효율성 값이 매우 낮게 나타났다는 주장의 타당성을 반박할 수 있다.

셋째, 활용가능성(usability)이다. DEA 분석 결과는 궁극적으로 평가대상이 되는 조직들의 학습이나 성과 개선을 위해 사용되어야 한다. 효율성 점수가 낮으면 왜 낮은지, 벤치마킹을 해야 될 DMU는 어느 DMU들인지, 특정 투입이나 산출을 변화시키면 얼마나 효율성을 높일 수 있는지 등 실제 경영활동 개선을 위한 정보를 제공시켜 주어야 할 것이다. 하지만 이런 높은 수준의 활용가능성이 아니더라도 DMU 간의 순위를 결정해야 하는 문제라면 초효율성(super efficiency) 모형이 일반적인 DEA 모형보다 선호될 수 있다.

넷째, 분석 결과의 안정성(robustness)이다. DEA 모형에 따라 측정된 투입 및 산출요소의 값의 변동에 따라 결과가 매우 달라질 수 있다. 단위불변성이나 변환불변성 문제처럼 관찰된 값의 단위와 값의 변화에 따라 DEA 분석의 결과가 크게 변하지 않는 모형이 선호될 수 있다.

위의 일반적 기준뿐만 아니라 모형 선택 시 다음과 같은 몇 가지 점들을 고려할 필요가 있다.

규모에 대한 수확불변 및 수확가변 모형에 대한 판단은 자료를 통해서도 할 수 있다. 분석 대상이 되는 DMU의 규모가 유사한 경우에는 규모에 대한 수확불변 가정을 채택할 수 있다(Asmild, 2004:79~80). 예를 들어 우리나라 5대 기업의 효율성에 대한 분석을 수행한다면 이 기업들은 대부분 규모가 매우 큰 기업들이기 때문에 규모에 대한 수확불변을 가정하는 CCR 모형을 선택할 수 있을 것이다. 어느 정도를 유사하다고 보아야 하는지에 대한 통계적 기준은 없지만 투입이나 산출변수의 기술통계분석을 했을 때 변동계수가 1을 넘는 경우에는 규모에 대한 수확가변 모형의 사용을 고려해 보아야 할 것이다.

나. DEA 분석 결과를 이용한 통계분석

DEA 분석을 통해 효율성 수준에 대한 정보를 얻게 된 다음에는 자연스럽게 효율성 정보를 이용하여 추가적인 분석을 할 필요가 발생하게 된다. 예를 들면 성과관리 제도를 채택한 공공기관과 그렇지 않은 공공기관의 효율성 점수에 차이가 있는지를 살펴보는 연구를 수행하는 것이다. 이 효율성 점수를 이용한 통계적 추론을 수행하려면 이 효율성 값이 확률변수(random variable)인지, 어떤 확률분포(random distribution)를 갖는지 등에 대한 이론이 전제되어야 한다. 즉 효율성 점수를 이용한 통계분석을 위해서는 효율성 점수를 비모수적으로 얻은 숫자로 간주하기보다는 확률변수로 이해해야 하며 이 확률변수의 확률밀도함수(Probability Density Function, PDF)를 바탕으로 통계적 추론을 수행해야 한다(Banker, 1993: 1272). 그러나 효율성 점수를 종속변수로 사용하는 통계적 추론을 수행할 때 이 점수의 확률분포를 알지 못한다는 문제에 직면하게 된다.

DEA를 통해 얻은 효율성 점수를 이용하여 복잡한 형태의 통계분석을 수행할 수도 있다. 예를 들면 병원조직의 효율성에 영향을 주는 요인으로 지역, 소유권, 리더십, 관리기술 등이 가설적으로 제시된다면 과연 이러한 변수들이 효율성에 영향을 주는지를 통계분석을 통해 살펴볼 수 있다. 이때 1단계에서는 DEA를 통해 종속변수인 효율성을 측정하고 2단계에서는 이 종속변수와 추가적으로 수집된 독립변수를 이용하여 통계분석을 수행하는 것이다. 이 경우도 전통적인 회귀분석 모형을 사용할 수 있는지 여부가 문제가 된다. 왜냐하면 효율성 점수가 갖는 오차항의 분포가 정규분포라는 가정이 적합하지 않고 오히려 지수분포나 반정규분포(half-normal distribution)라는 가정이 적합할 수 있기 때문이다. 근본적으로는 효율성 점수가 비모수적으로 측정된 비확률변수라는 점, 다른 독립변수와의 관계가 선형의 관계를 갖는다는 가정의 적절성이 문제가 될 수 있다.

DEA 분석과 통계이론을 결합하려는 이론적 기초는 Banker(1993)에서 체계적으로 제시되었다. Banker의 논문은 DEA를 이용하여 추정한 효율성 값이 확률변수로 간주될 수 있는 이유, 그 확률변수가 단조감소 확률밀도함수를 갖는다고 가정할 수 있다는 점, DEA 추정량이 최우추정량일 가능성, 그리고 그 추정량이 표본의 크기가 커질수록 참값에 가까워지는 근사적 일치성(asymptotic consistency)을 갖고 있다는 점을 보여주었다는 점에서 DEA와 통계추론을 결합하는 데 매우 큰 공헌을 하고 있다. 이하에서는 DEA 효율성 값의 확률변수로서의 특성을 살펴보고[38], 두 집단의 효율성 차이 검정 방

38 Banker(1993), Banker(1996)를 중심으로 DEA 추정량의 통계적 특성을 설명하고자 한다.

법, 그리고 기타 통계적 검정 방법을 살펴보고자 한다.

1) 확률변수로서의 DEA 효율성 추정량

투입을 x, 산출을 y라고 할 때 효율경계 위의 산출을 y^0라고 하고 이 산출을 생산함수 $g(x)$를 통해 얻는다고 하면 다음과 같은 식을 제시할 수 있다.

$$y^0 = g(x)$$

j번째 DMU에 대해 주어진 투입수준에서 효율경계 위의 산출 y^0와 실제 관찰된 산출 y의 차이를 편차(deviation, ϵ_j)라고 하면 편차는 다음과 같이 정의할 수 있다.

$$\epsilon_j = y_j^0 - y_j = g(x_j) - y_j$$

이 편차 ϵ_j는 DEA에서는 비효율성의 정도를 나타내는 크기를 측정한 값으로 해석할 수 있다. 여기서 주의해야 될 것은 DEA에서는 비효율성의 크기 자체를 무작위 오차에 의해 발생한다고 가정하는 것은 아니라는 점이다. 하지만 비확률적 접근(non-stochastic approach)을 취하고 있는 DEA에서 확률이론을 도입하기 위해 비효율성의 크기를 확률오차로 가정한 것이다.

ϵ_j가 클수록 DEA 효율성 값은 작아지는 관계를 갖는다. DEA에서 개별 DMU의 ϵ_j 값을 가장 작게 효율경계를 가정하여 효율성을 계산한다. 이때 ϵ_j는 다른 DMU의 편차 ϵ_k와 독립이라고 가정할 수 있다. 또한 ϵ_j가 $f(\epsilon)$라는 확률밀도함수를 따른다고 가정하면 동일한 분포를 따르는 확률변수라고 가정할 수 있다. 이러한 이유로 ϵ_j는 독립이고 동일한 분포를 갖는(independent and identically distributed, iid) 확률변수로 이해할 수 있다. 따라서 ϵ_j를 DEA 효율성 값과 연계해서 이해한다면 DEA 효율성 값을 확률변수로 간주한 후 확률분포 함수를 유도하여 통계적 추론을 수행할 수 있다.[39]

한편 생산함수 $g(x)$는 투입요소의 선형함수, 로그-선형함수 등 다양한 함수 형태로 나타낼 수 있다. 예를 들면 투입요소가 두 개가 있는 경우 선형 생산함수를 다음과 같이 나타낼 수 있다.

$$g(x) = \beta_0 + \beta_1 x_1 + \beta_2 x_2$$

39 10장에서 다루게 될 확률변경분석에서 DEA와 확률변경모형의 차이어 대한 설명 참고.

효율경계를 설정하기 위해 생산함수를 추정해야 될 때 생산함수의 모수 β_0, β_1, β_2 등의 추정이 필요하다. 이 모수 추정의 기준은 다양하게 제시될 수 있다. 가능한 각 DMU의 효율성을 최대한으로 계산할 수 있는 생산함수를 추정하고자 하다면 ϵ_j의 합을 최소화하는 방법을 고려할 수 있을 것이다. DEA에서는 실제 관측된 산출은 효율경계 산출보다 항상 작거나 같으므로 $\epsilon_j \geq 0$의 관계가 성립한다. 통계학의 회귀분석에서는 편차의 비음(non-negative)조건이 성립하지 않기 때문에 편차제곱합을 최소화하는 최소제곱추정(least square estimation)을 사용한다. 그러나 비음조건이 성립하게 되면 다음과 같은 두 가지 기준 중 하나를 만족하는 모수를 추정할 수 있다.

$$\text{a)} \quad Min \sum_{j=1}^{n} \epsilon_j, \; \epsilon_j \geq 0$$

$$\text{b)} \quad Min \sum_{j=1}^{n} \epsilon_j^2, \; \epsilon_j \geq 0$$

Banker(1993:1266)는 Schmidt(1976) 및 Aigner & Chu(1986)의 정리에 기반하여 ϵ의 확률밀도함수 $f(\epsilon)$이 지수분포를 따르는 경우 a)의 기준에 따른 모수 추정은 최우추정량이 될 수 있으며, $f(\epsilon)$이 반정규분포(half-normal distribution)를 따르면 b)의 기준에 따라 추정된 모수는 최우추정량(maximum likelihood estimator)이 된다는 점을 보여주었다.[40] 그리고 이러한 최우추정량은 DEA를 통해 얻은 효율성 값과 같다고 할 수 있다. 한편 이 최우추정량은 편의 추정량이라는 문제를 갖고 있지만 DMU의 크기가 커질수록 편의 값이 0으로 수렴하는 일치 추정량임이 증명되어 있다(Banker, 1993:1269~1270). 이러한 일치 추정량의 성격은 근사적인 가설검정을 가능하도록 한다.

2) 두 집단 간의 효율성 차이 검정

산출방향 BCC 모형을 통해 얻어진 효율성 값을 $\hat{\theta}$라고 가정하자.[41] 이 θ는 $[1, \infty]$ 값을 갖는다. 그리고 DMU들은 비교하고자 하는 두 개의 그룹 G_1 및 G_2에 속해 있다고

---

40 Banker(1993)는 생산함수가 단조증가(monotonic increase), 볼록성(concavity), 포락성(envelopment), 최소외삽(minimum extrapolation)을 가정하고 있다.

41 주의해야 될 것은 Banker(1993) 및 Banker & Natarajan(2004)에 산출방향 BCC 효율성 계산에서 θ는 $[1, \infty]$ 값을 갖도록 계산된 것이다. 그러나 본서에서 산출방향 BCC는 역수를 취해 θ가 $[0, 1]$의 값을 갖도록 하였고 SAS 프로그램 역시 이를 따라 작성하였다. 이 절에서는 Banker의 기호를 그대로 유지하기 위해 역수를 취하지 않은 산출방향 BCC 모형의 효율성 값을 θ로 표기하였다.

가정하고 각 그룹의 DMU의 수를 N_1 및 N_2라고 하자. 귀무가설이 "두 그룹의 효율성에서는 차이가 없다"라고 설정이 된다면, 이 귀무가설에 대한 검정통계량 F_t는 $\hat{\theta}$이 어떤 분포를 따를 것인지에 대한 가설에 따라 다르게 설정될 수 있다. Banker(1993)는 θ의 확률밀도함수 $f(\theta)$가 단조감소(monotone decreasing)일 때 DEA 효율성 추정량은 최우추정량을 가질 수 있음을 보여주면서 단조감소 형태를 갖는 $f(\theta)$의 형태로 지수함수와 반정규분포를 제시하였다.

만일 $f(\theta)$가 지수함수 형태를 갖는 확률밀도함수라고 한다면 검정통계량은 다음과 같다(Banker & Natarajan, 2004:303).[42]

$$F_t = \left[\sum_{j \in G_1} \ln(\hat{\theta}_j)/N_1 \right] / \left[\sum_{j \in G_2} \ln(\hat{\theta}_j)/N_2 \right]$$

이 검정통계량은 자유도가(N_1, N_2)를 갖는 F 분포를 따른다. 다라서 계산된 F_t 값이 충분히 커서 유의확률이 유의수준 5%보다 작으면 귀무가설을 기각할 수 있다.

한편 $f(\theta)$가 반정규분포 형태를 갖는 확률밀도함수라고 한다면 검정통계량은 다음과 같다.

$$F_t = \left[\sum_{j \in G_1} \ln(\hat{\theta}_j)^2/N_1 \right] / \left[\sum_{j \in G_2} \ln(\hat{\theta}_j)^2/N_2 \right]$$

이 검정통계량은 자유도가(N_1, N_2)를 갖는 F 분포를 따른다.

$f(\theta)$의 함수 형태를 가정하지 않는다면 비모수적 접근 방식으로 Kolmogorov-Smirnov 검정을 사용해 볼 수 있다. 이 검정은 각각 그룹의 경험적 확률분포(empirical probability distribution)의 차이를 이용한다. $\ln(\hat{\theta}_i)$에 대한 그룹 G_1 및 G_2의 누적확률(cumulative probability)을 F_{G_1} 및 F_{G_2}라고 한다면 Kolmogorov-Smirnov 검정통계량은 다음과 같다. 이 검정통계량은 주어진 $\ln(\hat{\theta}_i)$ 값에 대해 두 그룹의 누적확률 차이가 가장 큰 값을 계산한 것이다.

$$KM = Max|F_{G_1}(\ln(\hat{\theta}_i)) - F_{G_2}(\ln(\hat{\theta}_i))|$$

42 Banker, R. & Natarajan, R.(2004), "Statistical tests based on DEA efficiency scores", In Cooper, W. W., Seiford, L. & Zhu, J.(Eds.), *Handbook on Data Envelopment Analysis*, Kluwer Academic Publishers, p. 303.

이 검정통계량의 값이 커질수록 두 집단의 효율성 차이가 크다고 판단할 수 있다. 이에 대한 통계적 판단은 Kolmogorov-Smirnov 검정통계량의 분포를 이용하여 수행할 수 있다. SAS의 NPAR1WAY 프러시저를 이용하면 집단 간의 평균차이에 대한 비모수 검정을 어렵지 않게 수행할 수 있다.

3) 기타 통계적 검정

집단 간 효율성 차이에 대한 효율성 검정 이외에도 다양한 통계적 가설검정을 수행할 수 있다. 첫째, 규모의 경제 존재 여부에 대한 가설검정이다. 규모의 경제 크기는 BCC 모형의 효율성 θ_{BCC} 대비 CCR 모형의 효율성 값 θ_{CCR}의 크기의 비율을 이용하여 측정한다. BCC 모형의 효율성이 CCR 모형의 효율성보다 항상 같거나 크게 측정이 되므로 이 비율 값이 1보다 작으면 규모의 경제가 존재한다고 할 수 있다. 통계적으로 규모의 경제 크기가 유의미한지 여부에 대한 검정도 두 집단의 효율성 차이에 대한 검정과 유사하게 수행할 수 있다. 검정통계량만을 소개하면 다음과 같다.[43]

a) $f(\theta)$가 지수분포를 따르는 경우

$$F_t = \left[\sum_{j \in G_1} \ln(\hat{\theta}_j^{CCR})\right] / \left[\sum_{j \in G_2} \ln(\hat{\theta}_j^{BCC})\right] \sim \text{half-F 분포}(2N,\ 2N)$$

b) $f(\theta)$가 반정규분포를 따르는 경우

$$F_t = \left[\sum_{j \in G_1} \ln(\hat{\theta}_j^{CCR})^2\right] / \left[\sum_{j \in G_2} \ln(\hat{\theta}_j^{BCC})^2\right] \sim \text{half-F 분포}(N,\ N)$$

c) $f(\theta)$ 분포 가정이 없을 때

$$KM = Max|F(\ln(\hat{\theta}_i^{BCC})) - F(\ln(\hat{\theta}_i^{CCR}))|$$

한편 규모의 경제 이외에도 배분적 효율성 여부에 대한 가설검정, 투입요소들이 산출에 독립적으로 영향을 미친다는 투입 분리가능성(input separability)에 대한 가설검정, 시계열 자료에 있어서 생산성과 기술 변화 여부에 대한 가설검정 방법 등이 제시되어 왔다.

---

43 자세한 내용은 Banker & Natarajan(2004:304) 참고.

4) 2단계 접근(two – stage approach)

DEA 결과를 이용한 통계분석이 널리 활용될 수 있는 경우는 효율성의 설명변수에 대한 연구이다. 실제 연구에서는 투입과 산출요소를 제외한 여러 맥락변수(contextual variables)가 효율성에 영향을 주는지 여부를 분석하는 경우가 많다. Ruggiero(1998)의 3단계 추정 방법은 맥락변수를 반영하여 효율성 점수를 계산하는 문제를 다루었다면 여기에서 다루는 문제는 효율성에 영향을 주는 설명변수를 확인하는 것이다. 양자는 논리적으로 비슷하기 때문에 추정방식도 비슷하다.

2단계 추정의 1단계에서는 DEA를 이용한 효율성 측정을, 2단계에서는 이 효율성 값을 종속변수와 맥락변수를 독립변수로 한 통계분석을 수행한다. 이를 흔히 DEA의 2단계 접근 방법이라고 부른다(Ozcan, 2014:128~132).

DEA를 통해 얻어진 효율성 값을 이용하여 통계분석을 수행할 때 통상최소제곱법(Ordinary Least Sqaure, OLS)에 기반한 회귀분석을 수행할 수 없다는 주장들이 제시되었다. 이것은 효율성 값이 0과 1 사이에 위치해 있는 절단(truncated 혹은 censored) 자료의 형태를 갖기 때문에 OLS를 사용할 수 없다는 주장이다. 이 주장에 따라 로지스틱 회귀분석이나 토빗 회귀분석을 이용한 접근 방식이 추천되어 왔다.

먼저 로지스틱 회귀분석을 이용한 접근은 효율성 값을 효율성 값이 1인 DMU와 그렇지 않은 그룹으로 구분하는 이항변수를 만들어 분석하는 이항 로지스틱 회귀모형(binary logistic regression model)을 추천한다. 이 분석을 위해서는 종속변수 Y가 DEA 효율성 $\theta=1$인 경우에는 1의 값을, 그렇지 않은 경우에는 0의 값을 갖도록 변환한 후 이를 로지스틱 회귀모형을 이용하여 분석한다.[44] 이러한 이항 로지스틱 회귀분석을 이용하면 독립변수 값의 변화에 따라 효율적인 DMU가 될 수 있는 확률이 어떻게 변화하는지를 분석할 수 있는 장점이 있다.

또 하나의 방법은 효율성을 단순히 이항(binary)변수의 형태로 나타내지 않고 θ 값이 $0 \le \theta < 0.5$이면 $Y=1$, $0.5 \le \theta < 0.75$이면 $Y=2$, $0.75 \le \theta \le 1$이면 $Y=3$으로 나타내는 것이다. 이렇게 종속변수의 범주가 세 개 이상인 경우는 다항 로지스틱 회귀(multinominal logistic regression)를 이용하여 분석할 수 있으며, 종속변수의 범주가 순서정보를 갖고 있기 때문에 다항 로지스틱 회귀분석의 특수 형태인 순서형 로지스틱 회귀(ordered logistic regression)를 이용하여 통계분석을 수행할 수 있다. 이러한 로지스

44 연구자의 판단에 따라서 반드시 $\theta=1$인 경우가 아니더라도 1에 근접한 DMU에 대해서도 $Y=1$로 정의할 수 있다.

틱 회귀분석이 보편적으로 사용되는 통계기법이라는 점에서 그 유용성이 크지만 범주를 구분하는 기준점(cut-off point)을 선정하는 데 있어서 자의성이 존재할 수 있다는 점이 한계로 지적된다.

자의적인 범주 문제를 완화하기 위해 사용할 수 있는 방법 중의 하나가 토빗 회귀(tobit regression)분석이다. 효율성 값 θ를 다음과 같이 변환시켜보자.

$$\theta' = \frac{1}{\theta} - 1$$

이렇게 변환된 θ'은 0부터 무한대의 값을 갖게 된다. 따라서 좌측절단된(left censored) 자료로 변환되는 것이다. 이렇게 변환된 θ'을 이용하여 토빗 회귀분석을 수행하면 된다. 토빗 회귀분석은 오차항의 분포가 종속변수 자료의 절단된 형태에 따라 수정하여 회귀분석을 수행한 것으로 회귀계수 해석은 OLS를 이용한 해석과 큰 차이가 없다는 점에서 손쉽게 사용할 수 있는 방법이다. 그러나 Simar & Wilson(2007)은 토빗 모형은 DEA 각 모형이 가정하고 있는 자료형성과정(data generation process)에 따라 선택된 분석 방법이 아니라는 점을 비판하고 절사회귀분석(truncated regression analysis)이 적절하다는 시뮬레이션 결과를 제시하기도 하였다. 그러나 이러한 방법론적인 문제보다 심각한 것은 토빗 모형을 이용한 적지 않은 분석들이 모형적합이나 회귀계수의 크기 해석 등을 소홀히 하고 있다는 점이다. 고급 방법론임을 강조하면서도 기본적인 정보도 제대로 전달하지 못하고 있는 것이다.

Banker & Natarajan(2008) 및 Simar & Wilson(2011)의 연구들은 토빗 회귀분석이 OLS보다 더 낫다는 보장이 없다는 점을 명확히 하고 있으며 자료가 어떻게 형성되는지에 따라 통계방법이 선택되어져야 한다는 점을 강조하고 있다. 하지만 자료형성과정에 대한 가정뿐만 아니라 해당 가정을 통해 검정통계량을 유도하는 과정이 복잡하기 때문에 2단계 접근은 여전히 발전의 여지가 많은 분야라고 할 것이다. 효율성 값이 1보다 클 수 없다는 단순한 제약은 초효율성 값을 이용하는 것을 검토해 볼 수 있을 것이다.

저자는 효율성 점수의 분포가 알려져 있지 않고, 분포가 대칭형이 아닐 가능성이 높으며, 종속변수의 평균을 설명하는 것이 중요한 연구문제가 아닌 경우가 많다는 점을 고려한다면 중윗값 회귀분석이나 이를 일반화한 분위 회귀(quantile regression)분석을 추천한다. 이 방법들은 매우 많은 가정들이 내포되어 있는 토빗 회귀분석이나 절사회귀분석보다 간결하게 사용할 수 있고, 분포 가정에 따른 분석 결과의 민감성에도 강건하다는 장점이 있다.

제10장

확률변경모형(Stochastic Frontier Model)

Theory of Efficiency Analysis

제 10 장

T h e o r y   o f   E f f i c i e n c y   A n a l y s i s

확률변경모형(Stochastic Frontier Model)

효율성 분석 이론의 핵심에는 어떻게 효율변경을 추정할지의 문제가 자리 잡고 있다. DEA는 효율변경을 자유가처분성, 볼록성, 규모에 대한 수확 가정을 이용하여 추정한다. 또한 효율변경과 관찰점 간의 거리를 이용해서 측정되는 효율성 점수는 무작위 오차(random error)가 없이 측정된 값으로 이해된다. 하지만 관찰된 현상에 대해 오차가 없다는 것은 전통적인 통계학이나 계량경제학 입장에서는 받아들이기 어려운 가정이다.

확률변경분석(Stochastic Frontier Analysis, SFA)은 최소한의 가정에 바탕을 두어 효율변경을 정의하는 DEA와 달리 생산함수 형태를 가정한 후 이 생산함수 자료를 이용하여 추정한 후 효율성을 계산하는 접근 방법을 선택한다. 저자는 SFA에 비해 DEA가 열등한 방법론이라고 생각하는 학생들을 본 적이 있었다. 그 이유 중의 하나는 SFA는 전통적 통계분석 방법에 기초하여 통계적 가설검정과 신뢰구간 추정 등 여러 통계적 추론을 가능하게 해주지만 DEA 방법은 선형계획법이라는 낯선 방법을 이용할 뿐 아니라 통계적 추론이 어렵다고 생각하기 때문이다.

하지만 통계학에 대한 기초 지식이 있는 학생들은 특정 함수나 분포에 대한 가정이 매우 큰 제약이기 때문에, 자료를 제대로 설명하거나, 예측할 수 없는 경우가 많다는 것을 잘 알고 있을 것이다. 특히 효율성 분석이 사용되는 일반적인 상황이 표본의 크기가 작고 이상점이나 지렛점이 많다는 점을 고려한다면 SFA가 DEA보다 우월한 방법론이라고 생각하는 것은 바람직하지 않다.

그럼에도 불구하고 SFA를 효율성 분석에서 다루는 이유는 효율성의 의미를 풍부하게 이해하는 데 도움이 될 뿐 아니라 DEA 결과와 SFA 결과를 함께 이용하여 각 방법론의 단점을 보완할 수 있기 때문이다.

10.1 확률변경분석의 기본 논리

가. 모수적, 확률적 접근의 의미

SFA는 DEA와 더불어 효율성 분석에서 널리 사용되는 모형이다.[1] 효율성 분석의 모형은 크게 모수적 접근(parametric approach)과 비모수적 접근(nonparametric approach)으로 구분한다. 다수의 투입요소와 단일 산출요소를 갖는 생산함수를 다음과 같이 나타내보자.

$$y_i = f(x_i) + \epsilon_i$$

모수적 접근과 비모수적 접근의 근본적인 차이는 생산함수 $f(\cdot)$를 사전적으로 설정하는지 여부에 달려 있다. 모수적 접근 방법은 사전적으로 생산함수가 특정 형태[2]를 갖는다고 가정한 후 자료를 이용하여 이 함수의 알려지지 않은 도수를 추정하는 접근 방법을 취한다. 이와 달리 비모수적 접근은 생산함수의 형태 자체를 가정하지 않는다. 그 대신 가처분성, 볼록성(concavity) 등과 같은 공리적 가정을 이용하여 생산함수를 구한다. 따라서 DEA는 구체적인 생산함수 형태를 가정하지 않는 비모수적 접근이다.

생산함수의 형태를 가정한 후 생산함수의 모수를 추정하는 방법은 전통적인 경제학에서 선호되어 왔다. 독자 중 일부는 경제학 원론 시간에 콥-더글라스 함수에 대해 들어본 기억이 있을 것이다. 이 콥-더글라스 함수는 $y_i = \beta_0 L_i^{\beta_1} K_i^{\beta_2}$와 같이 산출 y_i가 노동(L)과 자본(K)의 지수함수의 곱 형태를 갖는다고 가정하고 있는 것이다. 이렇게

1 Coelli, T. et al.(2005), *An Introduction to Efficiency and Productivity Analysis*, Springer; Bogetoft, P. & Otto, L.(2011), "Stochastic Frontier Analysis SFA", *Benchmarking with DEA, SFA, and R*, Springer, 157, pp. 197~231; Kumbarkar, S. C. & Lovell, C. A. K.(2000), *Stochastic Frontier Analysis*, Cambridge University Press.

2 가장 널리 사용되는 함수형태는 콥-더글라스(Cobb-Douglas) 함수, 초월대수(translog) 함수 형태이다.

생산함수를 가정한 다음에 실제 투입과 산출 자료를 이용해서 β_0, β_1, β_2와 같은 함수의 모수를 추정하는 것이다. 이런 접근을 모수적 접근이라고 부를 수 있는 것이다. 확률변경모형에서 어떤 생산함수를 가정할지 어떻게 모수를 추정할지가 중요한 것도 바로 모수적 접근의 특징 때문이다.

SFA는 생산함수를 이용하여 생산변경[3]을 추정한 후 실제 관찰된 산출수준과 생산변경에서의 산출수준 거리를 이용해 효율성을 추정한다는 점에서 DEA와 유사하다. 하지만 DEA에서는 관찰된 투입과 산출 자료가 오차 없이 측정되었다는 가정하에서 생산변경을 추정하지만 확률변경모형은 오차항을 모형에 반영하여 생산변경을 추정한다는 점에서 차이가 있다. 즉 SFA는 확률적인 추정이지만 DEA는 비확률적 추정이라고 할 수 있다.

나. 투입집합, 산출집합, 생산함수

SFA의 효율성에 대한 정의는 DEA와 크게 차이가 없다. 또한 투입방향과 산출방향 모형으로 구분하는 DEA처럼 SFA도 추정하고자 하는 함수가 산출함수인지 혹은 투입함수인지에 따라 모형 설정이 달라진다. 여기서는 종속변수가 산출이고 독립변수가 다수의 투입들로 구성되어 있는 SFA 모형을 중심으로 설명하고자 한다.

먼저 m개의 투입과 s개의 산출로 구성된 투입과 산출벡터는 아래와 같이 정의할 수 있다. 일반적으로 생산함수나 투입함수를 로그함수 형태로 나타내는 경우가 많은데 이 경우 투입 및 산출변수 값이 음수이면 로그함수가 정의되지 않는다. 따라서 아래 식에서처럼 비음조건을 부가하는 것이 일반적이다.

$$\text{투입벡터: } x = (x_1, x_2, \ldots, x_m) \in R_+^m$$

$$\text{산출벡터: } y = (y_1, y_2, \ldots, y_s) \in R_+^s$$

한편 주어진 투입벡터하에서 생산이 가능한 집합을 산출가능집합(output set of production technology)이라고 한다. 이와 유사하게 주어진 산출벡터하에서 투입가능한 집합을 투입가능집합(input set of production technology)이라고 부른다.

---

3 DEA에서는 효율경계라는 용어를 사용하였다. 투입방향과 산출방향을 모두 고려한다면 SFA에서도 효율경계라는 용어를 사용하는 것이 바람직하지만 SFA 연구들이 대부분 하나의 산출을 종속변수로 여러 투입요소를 독립변수로 하는 생산함수 모형에 기반하고 있기 때문에 생산변경(production frontier)이라는 용어를 사용한다. 따라서 이 책에서도 생산변경이라는 용어를 사용하고자 한다.

투입가능집합: $L(y) = \{x | (y,x) \in GR\}$ (단, GR은 생산가능영역의 벡터)
산출가능집합: $P(x) = \{y | (y,x) \in GR\}$ (단, GR은 생산가능영역의 벡터)

생산변경(production frontier)은 주어진 투입하에서 생산가능한 산출가능집합 $P(x)$에 속하는 y 중 가장 큰 산출을 갖는 함수를 말한다. 또한 투입가능집합에 속하는 투입 중에서 가장 산출이 많은 함수라고 표현할 수 있다. 이 생산변경은 DEA의 효율경계와 동일한 개념이다.

$$\text{생산변경: } f(x) = Max\{y | y \in P(x)\} = Max\{y | x \in L(y)\}$$

한편 다수 투입과 다수 산출을 다루는 SFA에서는 거리(distance) 개념을 이용한 접근이 널리 사용된다. 투입거리함수(input distance function)는 여전히 동일한 생산은 가능하게 하면서 최대한 투입을 줄일 수 있는 비율을 의미한다. 투입거리함수 $D(y,x)$는 다음과 같이 정의된다.

투입거리함수

$$D(y,x) = Max\{\lambda | \frac{x}{\lambda} \in L(y)\} \quad (\text{단, } \lambda > 1)$$

이 정의는 현재의 투입이 효율경계 위의 상태에 도달하기 위해서는 x가 $1/\lambda$배 만큼 줄어든 수준이 투입되어야 한다는 것을 의미한다. 이 거리함수 접근 방법은 DEA에서 Shephard 거리 개념을 이용하는 것과 유사하다.

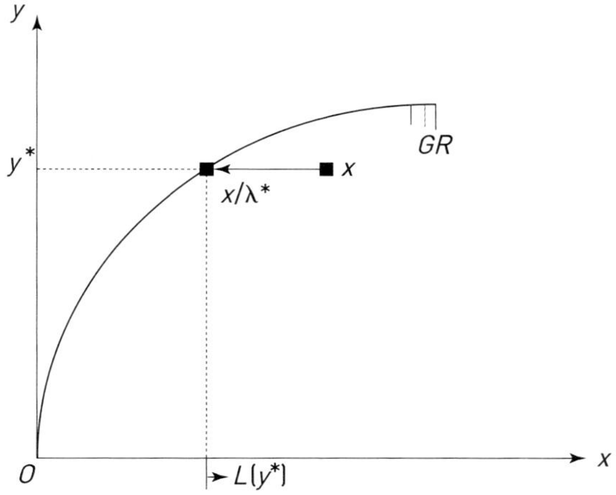

그림 10.1 ▸ 1투입 1산출의 투입거리함수($M = 1$, $N = 1$)

만일 2투입 1산출인 경우의 산출은 아래 [그림 10.2]처럼 두 산출을 일정비율로 줄였을 때 효율경계 위로 도달할 수 있도록 하는 최댓값으로 투입거리가 계산될 수 있다.

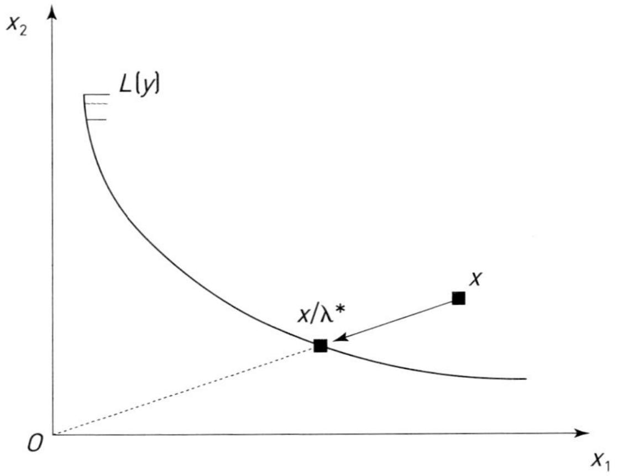

그림 10.2 ▸ 2투입 1산출의 투입거리함수(N=2)

이와 유사한 방법으로 산출거리 역시 계산할 수 있다. 투입거리와 산출거리의 개념은 DEA에서 방사적 효율성(radial efficiency)을 정의할 때 논의한 것과 유사하다.

다. 확정적 모형과 확률변경모형

SFA에서는 효율경계를 나타내는 함수를 사전적으로 가정한다. 이 효율경계를 나타내는 함수를 생산함수(혹은 투입함수)라고 부르기도 하고 생산가능경계함수 혹은 생산변경함수라고 부르기도 한다. 이 함수는 효율경계를 나타내는 함수라고 이해할 수 있으며 다음과 같이 나타낸다.

$$f(x) = Max\{y|y \in P(x)\} = Max\{y|x \in L(y)\}$$

이 함수는 투입을 나타내는 변수 벡터 x와 함수의 모수 벡터 β를 이용하여 모수가 주어졌을 때 투입요소 x에 대한 생산함수는 다음과 같이 나타낼 수 있다.

$$f(x) = f(x|\beta)$$

예를 들어 널리 사용되는 콥-더글라스 함수 형태는 아래와 같은 함수 형태로 나타낼 수 있다. 투입과 산출의 자료가 주어지면 이 정보를 이용하여 콥-더글라스 함수의 모수

벡터 β를 추정할 수 있다. 모수를 알게 되면 주어진 투입량에서 얻을 수 있는 최대 산출도 구할 수 있다.

$$y = f(x) = \beta_o x_1^{\beta_1} x_2^{\beta_2} \dots x_m^{\beta_m}$$

라. 확정적 효율경계모형

생산함수를 추정하더라도 바로 효율성 점수를 계산할 수 있는 것은 아니다. 생산함수가 곱의 형태로 주어진 경우에는 각 DMU의 현재 산출수준과 생산경계 위의 산출 간 거리를 비효율성으로 간주할 수 있다. 이를 나타내기 위해 SFA에서 산출방향의 효율성 문제의 경우 산출은 생산변경함수($f(x_i|\beta)$)와 기술적 효율성의 곱(TE_i)의 함수로 아래와 같이 나타낸다.[4]

산출방향 효율성 모형(확정적 모형)

$$y_i = f(x_i|\beta)\, TE_i$$

[단, i는 생산자(DMU)를 나타내는 하첨자,
y_i는 i 생산자의 산출수준,
x_i는 i 생산자의 투입요소의 벡터,
$f(x_i|\beta)$는 생산변경함수로 β는 투입요소 x가 산출에 기여하는 정도,
TE_i는 산출방향 기술적 효율성(output-oriented technical efficiency)]

위 식을 이용하면 기술적 효율성은 생산경계 위의 산출수준에 대비한 실제 관찰된 산출수준으로 아래와 같이 정의된다. $f(x_i|\beta)$는 자료를 이용하여 추정할 수 있고 y_i는 관찰된 값이므로 기술적 효율성을 어렵지 않게 측정할 수 있다.

$$TE_i = \frac{y_i}{f(x_i|\beta)}$$

기술적 효율성 값은 1일 때 가장 효율적이며 생산경계 위에서 산출이 이루어지고 있음을 의미하고 1보다 작으면 산출을 추가적으로 증가시킬 여지가 있다고 해석할 수

4 산출방향인지 투입방향인지 혼란스러운 경우가 많다. SFA에서 산출방향은 투입이 독립변수로 주어졌을 때 종속변수인 산출 값이 결정된다고 이해하면 어렵지 않을 것이다.

있다.

이 모형하에서 확률오차항이 반영되어 있지 않기 때문에 효율변경 위의 산출과 실제 산출의 차이는 모두 기술적 비효율성의 결과로 해석하게 된다. 따라서 $y_i = f(x_i|\beta)TE_i$은 확정적 모형(deterministic model)이라고 부르기도 한다.

Aigner & Chu(1968)는 콥-더글라스(Cobb-Douglas) 형태의 확정적 생산변경모형을 고려하여 다음과 같이 생산변경 추정함수를 제시하였다. 두 개의 투입요소, 즉 노동 L과 자본 K로 이루어진 콥-더글라스 생산함수는 다음과 같이 정의된다.

$$y_i = \beta_0 L_i^{\beta_1} K_i^{\beta_2}$$

콥-더글라스 형태의 확정적 생산변경모형은 다음과 같이 나타낼 수 있다.

콥-더글라스 형태의 확정적 생산변경모형

$$y_i = \beta_0 L_i^{\beta_1} K_i^{\beta_2} \exp(-u_i)$$

(단, $\exp(-u_i) = TE_i$로 기술적 효율성)

위 모형에서 지수함수형태로 TE를 나타낸 이유는 비선형 확정적 생산변경모형을 선형 생산변경모형으로 변환시킬 때 오차항을 단순화하기 위한 것이다. 즉 식 양변에 자연대수를 취하면 다음과 같이 간단한 선형식으로 나타내지기 때문이다.

$$\ln y_i = \ln\beta_0 + \beta_1 \ln L + \beta_2 \ln K - u_i$$

생산함수 형태를 콥-더글라스 함수가 아닌 경우로 일반화해 보면 생산변경함수를 $f(x_i|\beta)$라고 할 때 생산변경모형은 다음과 같다.

$$y_i = f(x_i|\beta)\exp(-u_i)$$

(단, $u_i \geq 0$)

만일 생산변경함수가 콥-더글라스 함수처럼 지수함수 형태를 취할 때에는 다음과 같이 로그를 취하면 로그 변환된 투입과 산출의 선형모형으로 변환시킬 수 있다.

$$\ln y_i = \beta' \ln X_i - u_i$$

혹은

$$\ln y_i = \beta_0 + \sum_{k=1}^{m} \beta_k \ln x_{ki} - u_i$$

(단, m은 투입변수의 수)

이러한 확정적 생산변경 회귀모형의 u는 그 자체가 기술적 비효율성으로 무작위 오차(DMU specific random error)는 반영되지 않고 있다. 생산변경 위의 수준과 실제 생산수준 간의 차이를 모두 기술적 비효율성으로 볼 수 없기 때문에 무작위 오차를 반영할 필요가 제기될 수 있다. 이를 반영한 것이 확률변경모형이다.

10.2 확률변경모형

가. 생산변경함수

확률변경모형은 생산변경함수를 $f(x_i|\beta)$와 같이 오차가 없는 확정적 함수로 가정하지 않고 일정한 오차가 있는 것으로 가정한다. 이 가정에 따라 생산변경함수는 $f(x_i|\beta)\exp(v_i)$으로 정의되며 이때 v_i는 무작위 오차이다. 이렇게 정의된 성산변경함수에 바탕을 둔 확률변경모형은 다음과 같다.

산출방향 확률변경모형

$$y_i = f(x_i|\beta)\exp(v_i)\,TE_i$$

혹은

$$y_i = f(x_i|\beta)\exp(v_i)\exp(-u_i)$$

(단, $v_i \sim N(0,\sigma_v^2)$, $u_i \sim N_+(0,\sigma_u^2)$, $i=1,...,n$)

콥-더글라스 함수식을 가정하면 위 확률변경모형은 다음과 같이 쓸 수 있다.

콥-더글라스 형태의 확률변경모형

$$y_i = \exp(\beta_0 + \sum_{k=1}^{m} \beta_k \ln x_{ki} + v_i - u_i)$$

혹은

$$\ln y_i = \beta_0 + \sum_{k=1}^{m} \beta_k \ln x_{ki} + v_i - u_i$$

(단, v_i는 무작위 오차, $\exp(-u_i) = TE_i$)

이러한 확률변경모형은 [그림 10.3]과 같다. 현재 기업 A 및 기업 B의 산출은 q_A와 q_B로 나타나 있다. 그림의 수평 축은 투입수준을 나타낸다. 비효율성이 없는 상태에서의 산출은 q_A^*와 q_B^*로 표시되는데 이것이 생산변경(혹은 효율경계) 수준의 투입과 산출이 되며 ⊗로 표시되어 있다. 이 생산변경은 오차항을 고려하지 않은 확정적 효율경계와 차이가 있게 되는데 q_i로 표현된 선이 확정적 효율경계를 나타내고 있다. 따라서 이러한 오차를 고려한 확률변경모형은 확정적 모형에 비해 기업 A의 비효율성이 상대적으로 크게 측정되고, 기업 B의 경우에는 상대적으로 작게 측정된다.

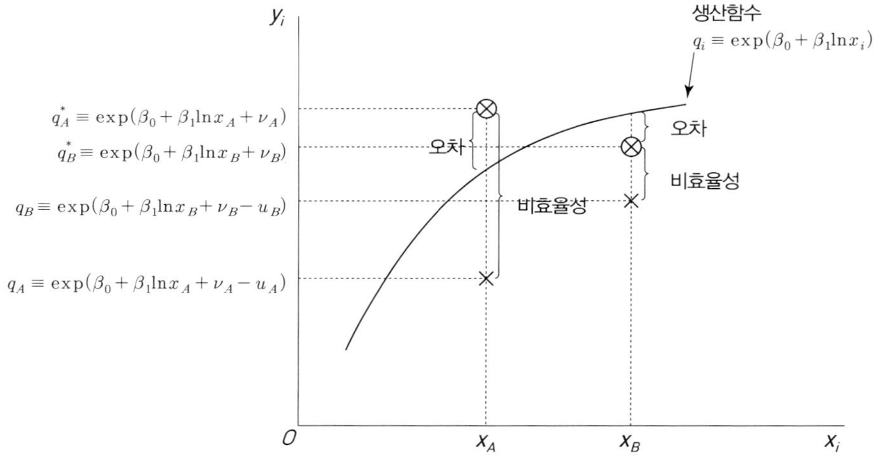

그림 10.3 ▸ 확률변경모형에서 효율경계, 오차, 그리고 비효율성

출처: Coelli et al.(2005:244)

종합해 보면 확률변경모형은 비모수적 DEA 접근과 달리 통계모형을 이용한 확률적 접근을 통해 효율성을 측정하고자 한다. 이 통계모형은 오랫동안 발전해 왔다. 초기에는 [표 10.1]처럼 오차항 v가 존재하는 생산변경함수를 회귀모형을 이용하여 추정하는 데 관심을 기울여 왔다. 그러나 확정적 모형은 관찰된 생산수준과 생산변경 위의 생산수준의 차이를 오차로 보지 않고 비효율성의 크기(u)로 해석하였다. 반면 SFA는 그 차이를 비효율성과 무작위 오차의 합으로 구성되었다고 가정하고 있다.

또한 전통적인 회귀분석은 단순히 설명변수의 합 형태(additive form)로 생산변경함수를 구성하였다. 하지만 콥-더글라스 함수와 같이 변수의 곱 형태(multiplicative form)로 결합된 함수가 생산변경을 나타내는 데 적합하기 때문에 SFA에서는 곱 형태의 모형이 일반적으로 사용된다.

표 10.1 ▸ 다양한 모수적 접근 방법들

접근 방법	합 형태	곱 형태
회귀분석	$y_i = f(x_i \| \beta) + v_i$	$y_i = f(x_i \| \beta)\exp(v_i)$
확정적 모형	$y_i = f(x_i \| \beta) - u_i$	$y_i = f(x_i \| \beta)\exp(-u_i)$
SFA	$y_i = f(x_i \| \beta) + v_i - u_i$	$y_i = f(x_i \| \beta)\exp(v_i)\exp(-u_i)$

생산함수에는 콥-더글라스 함수만 있는 것이 아니다. [그림 10.4]에는 다양한 생산함수들이 제시되고 있다. Griffin et al.(1987)에 따르면 약 20개의 다양한 생산함수들이 제시되고 있다고 한다. 그중에 일부만 소개하면 아래와 같다. 이 함수식을 살펴보면 어렵지 않게 1차 항(first-order)의 회귀계수 값이 해당 변수가 한 단위 변할 때 종속변수가 변하는 양으로 해석하기 어려운 점이 있음을 알 수 있을 것이다. 뿐만 아니라 2차 항(second-order)이 있는 경우의 함수들은 다중공선성이 발생하여 회귀계수의 표준오차가 커지게 되는 문제가 발생한다. 이것은 표본의 크기가 상당히 크지 않은 이상 회귀계

Linear	$y = \beta_o + \sum_{n=1}^{N} \beta_n x_n$
Cobb-Douglas	$y = \beta_o + \prod_{n=1}^{N} x_n^{\beta_n}$
Quadratic	$y = \beta_o + \sum_{n=1}^{N} \beta_n x_n + \frac{1}{2}\sum_{n=1}^{N}\sum_{m=1}^{N} \beta_{nm} x_n x_m$
Normalised quadratic	$y = \beta_o + \sum_{n=1}^{N-1} \beta_n \left(\frac{x_n}{x_N}\right) + \frac{1}{2}\sum_{n=1}^{N-1}\sum_{m=1}^{N-1} \beta_{nm} \left(\frac{x_n}{x_N}\right)\left(\frac{x_m}{x_N}\right)$
Translog	$y = \exp\left(\beta_o + \sum_{n=1}^{N} \beta_n \ln x_n + \frac{1}{2}\sum_{n=1}^{N}\sum_{m=1}^{N} \beta_{nm} \ln x_n \ln x_m\right)$
Generalised Leontief	$y = \sum_{n=1}^{N}\sum_{m=1}^{N} \beta_{nm}(x_n x_m)^{1/2}$
Constant Elasticity of Substitution(CES)	$y = \beta_o\left(\sum_{n=1}^{N} \beta_n x_n^r\right)^{1/r}$

그림 10.4 ▸ 생산함수의 다양한 형태들

출처: Coelli et al.(2005:211)

수에 대한 가설검정에 문제가 발생할 수 있음을 의미한다. 이처럼 다양한 생산함수가

나름대로의 장단점을 가지고 있기 때문에 생산함수 선택에 따라 분석 결과가 달라지는 문제가 발생할 수밖에 없다. 따라서 생산함수의 특징들을 제대로 이해하지 못하는 경우 분석 결과 해석이 쉽지 않은 문제가 있음에 유의해야 할 것이다.

나. SFA 모형의 모수 추정과 효율성의 계산: 정규－반정규 모형

SFA에서 효율성을 계산하기 위해서는 다양한 생산함수 중에 하나를 선택해야 될 뿐 아니라 오차항에 대한 적절한 가정을 해야 된다. 간단한 논의를 위해 선형 생산함수를 선택했다고 가정해 보자. 그럼 SFA에서 추정해야 할 모형은 다음과 같이 무작위 오차 v_i와 비효율성을 나타내는 확률변수 u_i, 그리고 생산함수로 구성된 아래와 같은 모형식이다. 이 모형식에서 $\epsilon_i = v_i - u_i$라고 하면 회귀모형과 유사함을 알 수 있다.

$$\begin{aligned} \ln y_i &= \beta_0 + \sum_{k=1}^{m} \beta_k \ln x_{ki} + v_i - u_i \\ &= \beta_0 + \sum_{k=1}^{m} \beta_k \ln x_{ki} + \epsilon_i \end{aligned}$$

SFA 모형은 무작위 오차 v_i와 비효율성을 나타내는 확률변수 u_i의 확률분포를 어떻게 가정하는지에 따라 달라진다. 가장 널리 사용되는 정규–반정규 모형의 경우 무작위 오차는 정규분포를 따른다고 가정하고 비효율성을 나타내는 확률변수는 반정규분포(half-normal distribution)를 따른다고 가정한다. 이 외에도 정규–지수 모형(normal-exponential model), 정규–절사정규 모형(normal-truncated normal model), 정규–감마 모형(normal-gamma model) 등이 사용된다. 어느 분포 가정이 바람직한지에 대해서는 논란의 여지가 있으며 이것 역시 SFA의 한계라고 할 수 있다.

무작위 오차와 비효율성 확률변수의 확률분포에 대한 다양한 가정들 중에 정규-반정규 모형이 가장 대표적이고 다른 분포를 가정한 경우도 분석절차는 유사하기 때문에 이를 중심으로 효율성을 추정하는 방법을 살펴보도록 한다.

먼저 ϵ의 확률분포를 유도해야 생산함수의 모수를 추정할 수 있으므로 이를 알아내야 한다. 정규–반정규분포 모형의 무작위 오차항은 $v_i \sim N(0, \sigma_v^2)$와 같이 정규분포를 따르고 비효율성 확률변수 항 u_i는 다음과 같이 반정규분포를 따른다고 가정한다(Kumbarkar & Lovell, 2000:68).

비효율성 확률변수 u의 반정규분포

$$u_i \sim N_+(0, \sigma_u^2)$$

혹은

$$f(u) = \frac{\sqrt{2}}{\sigma_u \sqrt{\pi}} exp\left(-\frac{u^2}{2\sigma_u^2}\right) \text{ (단, } u > 0)$$

ϵ의 확률밀도함수는 v_i , u_i의 결합분포이므로 ϵ의 확률밀도함수를 구하는 것은 어렵지 않다.[5] ϵ의 확률밀도함수는 아래와 같다.

$$f(\epsilon) = \frac{2}{\sigma}\phi\left(\frac{\epsilon}{\sigma}\right)\Phi\left(-\frac{\epsilon\lambda}{\sigma}\right)$$

$$\text{(단, } \sigma^2 = \sigma_v^2 + \sigma_u^2, \ \ \lambda = \sigma_u / \sigma_v)$$

ϵ의 확률밀도함수는 모수가 σ, λ이다. 이 모수의 값은 비효율성의 크기와 무작위 오차의 크기를 이해하는 데 많은 도움이 될 수 있다. 먼저 σ^2의 크기는 DMU들이 효율경계로부터 많이 떨어질수록 큰 값을 갖기 때문에 효율경계로부터 DMU들이 떨어진 정도를 간접적으로 추론하는 데 유용하다고 할 수 있다.

한편 σ^2은 v_i, u_i의 분산 크기에 의존한다. $u_i \sim N_+(0, \sigma_u^2)$은 양의 값을 갖는 반정규분포(half-normal distribution)이다. 이 비효율성 확률변수의 분산이 0이면 ϵ은 v_i의 분포에 의존하기 때문에 완전히 대칭이다. 하지만 σ_u^2의 값이 커질수록 비효율성 확률변수의 영향으로 [그림 10.5]처럼 ϵ의 분포는 비대칭분포가 되어가며 양의 왜도(positive skewness)를 갖는 모양으로 변화하게 된다. 물론 σ_u^2 값이 커지면 ϵ의 분산도 커져 분포가 평평해지게 된다.

마지막으로 산출의 분산, 즉 ϵ의 분산은 σ_u^2와 σ_v^2에 의해 결정되므로 DMU의 산출이 효율경계로부터 벗어나 있는 이유가 비효율성 때문인지 아니면 무작위 오차 때문인지에 대한 판단을 두 분산의 비율을 이용하여 측정할 수 있다. 따라서 $\lambda = \sigma_v / \sigma_v$의 값은 기술적 비효율성의 표준편차가 무작위 오차의 표준편차보다 λ배 더 많다는 의미로 해

5 ϵ의 확률밀도함수를 구하는 방법은 1) v_i, u_i의 확률밀도함수를 구하고, 2) v_i, u_i가 독립이라는 가정하에서 이들의 결합확률밀도함수 $f(u,v)$를 유도한 후, 3) $v = \epsilon + u$라는 관계를 이용하여 2)단계에서 구한 결합확률밀도함수를 $f(u,\epsilon)$의 함수로 변환시킨 후, 4) 이 결합확률밀도함수를 u에 대해서 적분하면 $f(\epsilon)$을 구할 수 있는 것이다. 구체적인 수식은 Kumbarkar & Lovell(2000:75) 혹은 Bogetoft & Otto(2011:211)를 참고.

석할 수 있다. 즉 DMU가 기술적 비효율에 기인해 효율경계상에서 멀어질수록 λ가 큰 값을 갖는다.

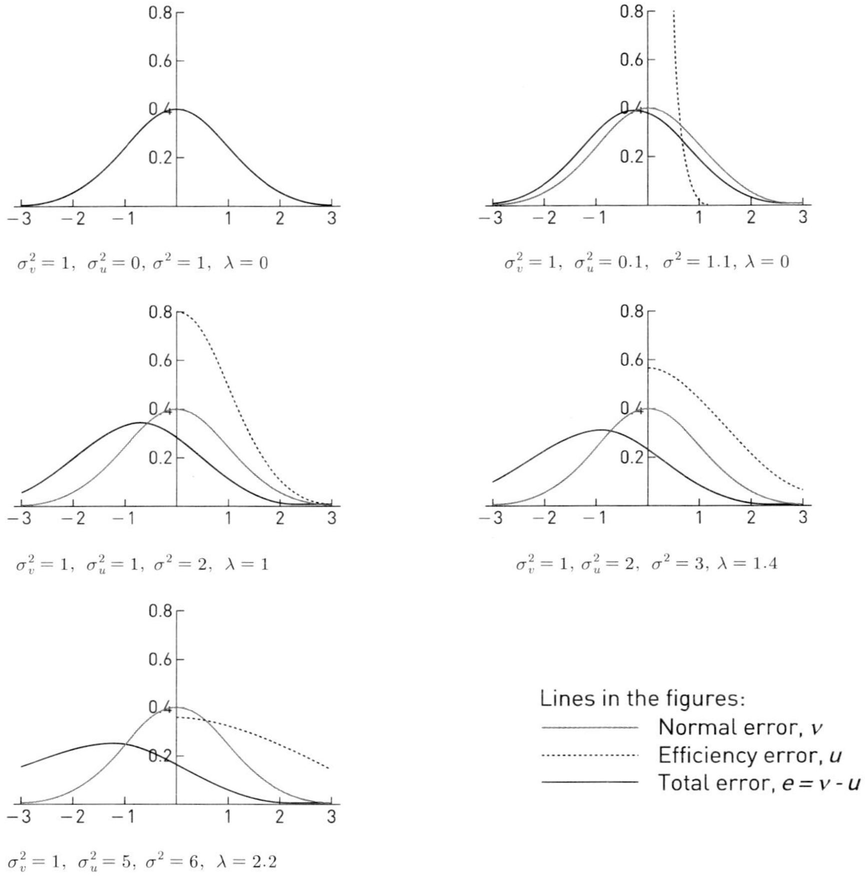

그림 10.5 ▸ σ_u^2, σ_v^2, λ의 변화에 따른 ϵ분포

출처: Bogetoft & Otto(2011:206)

SFA 모형은 결국 $\ln y_i = \beta_0 + \sum_{k=1}^{m} \beta_k \ln x_{ki} + \epsilon_i$를 추정하는 문제로 바꿀 수 있으며 ϵ_i의 확률밀도함수를 알 수 있기 때문에 최우추정법을 이용하여 이를 추정할 수 있다. 이때 미분방정식을 풀어서 우도함수(likelihood function)를 최대화하는 모수 값 β, σ^2 및 λ 값을 구하기 어렵기 때문에 일반적으로는 수치해석 접근을 이용하여 추정하게 된다.[6] 비록 최우추정법을 이용하여 추정된 모수들은 항상 불편성, 효율성, 일치성을 만족하는 것은 아니지만(고길곤, 2014), 대표본인 경우에는 근사적 불편성, 일치성, 효율

성을 만족하는 것으로 알려져 있다. 이러한 이유 때문에 SFA를 소표본에 적용할 때는 주의할 필요가 있다.

최우추정법을 이용해 β, σ^2 및 λ를 추정할 수 있지만 σ_v^2, σ_u^2을 직접 추정한 것은 아니다. 만일 기술적 비효율성에 의한 분산의 정도를 알고 싶으면 σ_u^2 값을 알아야 하기 때문이다. 다행히 $\sigma^2 = \sigma_v^2 + \sigma_u^2$, $\lambda = \sqrt{\sigma_u^2/\sigma_v^2}$ 의 관계가 있기 때문에 다음과 같은 결과를 유도할 수 있다.

$$\sigma_v^2 = \frac{1}{1+\lambda^2}\sigma^2,\ \sigma_u^2 = \frac{\lambda^2}{1+\lambda^2}\sigma^2$$

전체 기술적 비효율성의 분산 크기를 구하였다면 이제 개별 DMU들의 기술적 비효율성을 계산할 필요가 있다. 이 계산방법은 궁극적으로 u_i에 대한 기댓값을 구하는 것이다. 이것은 $f(u|\epsilon) = \frac{f(u,\epsilon)}{f(\epsilon)}$ 관계를 이용하여 조건부 확률밀도함수를 유도한 후 이를 이용하면 아래와 같이 기댓값 $E(u_i|\epsilon_i)$를 구할 수 있다.[7]

$$E(u_i|\epsilon_i) = \sigma^* \left[\frac{\phi(\epsilon_i\lambda/\sigma)}{1 - \Phi(\epsilon_i\lambda/\sigma) - \frac{\epsilon_i\lambda}{\sigma}} \right]$$

$$(\text{단, } \sigma^* = \sigma_u\sigma_v/\sigma)$$

이렇게 추정량 $\hat{u_i}$를 구할 수 있으면 DMU i의 기술적 비효율성은 $\exp(-u_i)$르 계산할 수 있다.

$$TE_i = \exp(-\hat{u_i})$$

한편 위에서 제시한 Jondrow et al.(1982) 방법에 의한 효율성 이외에도 Battese & Coelli(1988)에 의한 효율성 추정량도 널리 사용된다. Jondrow et al.(1982)의 방식은 오

6 이것은 경우에 따라서 최적해가 아닌 국지해(local optimum)를 얻을 가능성이 있다는 점이다.

7 이 방법은 Jondrow et al.(1982)에 의해 제시된 방법으로 유도과정은 Kumbarkar & Lovell (2000:77~78)을 참고하면 쉽게 이해할 수 있다. SAS의 QLIM 프러시저에서는 이 접근 방법을 이용한 기술적 효율성을 계산해준다. Jondrow, J., Lovell, C. A. K., Materov, I. S., & Schmidt, P.(1982), "On The Estimation of Technical Efficiency in the Stochastic Frontier Production Function Model", *Journal of Econometrics*, 19:2/3(August), pp. 233~238.

차항이 주어졌을 때 u_i의 기댓값, 즉 $\exp\{-E(u_i|\epsilon_i)\}$을 구하는 데 비해 Battese & Coelli(1988)는 직접 기술적 효율성의 기댓값, 즉 $E[\exp(-u_i)|\epsilon_i]$을 구한다는 점에서 차이가 있다. Battese & Coelli(1988)의 접근 방법이 기술적 효율성의 정의를 더 직접적으로 표현한다는 점에서 더 선호한다고 할 수 있으며 Kumbarkar & Lovell (2000:78)도 동일한 견해를 표하고 있다.[8]

개별 DMU의 기술적 효율성을 측정할 수 있다면 그룹 전체 혹은 산업 전체의 기술적 효율성을 측정할 수 있다. 일반적으로 개별 DMU의 기술적 효율성의 평균을 이용한 접근 방식이 제시되고 있다. 하지만 기술적 효율성의 분포가 대칭형 분포를 갖지 않는 경우가 일반적이기 때문에 단순히 평균값을 제시하기보다는 기술적 효율성의 분포와 중윗값 그리고 4분위수 등의 정보를 함께 제공해주는 것이 바람직하다.

한편 위에서 제시된 기술적 효율성들은 모두 점 추정량들이다. 각각의 점 추정량들에 대한 신뢰구간들을 구하는 여러 방법들이 제시되고 있으나 위에서 제시된 점 추정량이 일치성(consistency)을 만족하는 통계량이 아니라는 점과 최우추정량의 편의추정량 가능성을 함께 고려한다면 신뢰구간을 구하는 것 자체의 큰 의미를 두기 어려울 수 있다. 따라서 여기서는 자세한 설명을 생략한다.[9]

다. SFA 모형의 모수 추정과 기술적 효율성의 계산: 기타 모형들

앞에서 지적한 것처럼 SFA 모형은 비효율성을 나타내는 확률변수 u_i의 분포가 무엇인지에 따라 달라진다. 이때 u_i는 비음조건을 만족하는 확률변수에 대한 분포이기 때문에 단순하게 정규분포 가정을 사용하기 어렵다. 그 대신 비음 영역을 갖는 확률변수에 대한 분포를 가정해야 된다. 앞에서는 반정규분포를 가정하여 생산함수의 모수와 오차상의 모수들을 추정하였다. 하지만 비음영역을 갖고 비효율성의 특징을 나타낼 수 있는 확률분포는 많이 존재한다. 지수분포는 대표적인 예 중의 하나이다.

지수분포는 비음조건을 만족하면서 비효율성의 분포의 단조감소 특징을 나타내는 데 적합한 특징을 가지고 있다. 지수분포의 표준편차를 σ_u라고 한다면 u는 다음과 같은 확률밀도함수를 갖는다.

---

8 SAS의 QLIM에서는 OUTPUT 스테이트먼트 옵션을 통해 두 가지 효율성을 따로 계산해준다. TE1 옵션은 Battese & Coelli의 기술적 효율성을, TE2 옵션은 Jondrow et al.의 기술적 효율성 값을 나타낸다.

9 관심 있는 독자는 Kumbarkar & Lovell(2000:79)을 참고.

비효율성 확률변수 u의 지수분포

$$f(u) = \frac{1}{\sigma_u} exp\left(-\frac{u}{\sigma_u}\right)$$

기술적 효율성이 $\exp(-u)$로 정의되므로 기술적 효율성의 변화에 따라 확률밀도함수가 어떻게 변하는지를 σ_u의 값을 변화시키면서 살펴보았다. 아래 그림에서 확인할 수 있듯이 지수함수를 가정하는 경우에는 σ_u이 작을수록 기술적 효율성(TE)이 1에 가까운 값이 나타날 확률이 커지는 분포를 갖고 있음을 알 수 있다.

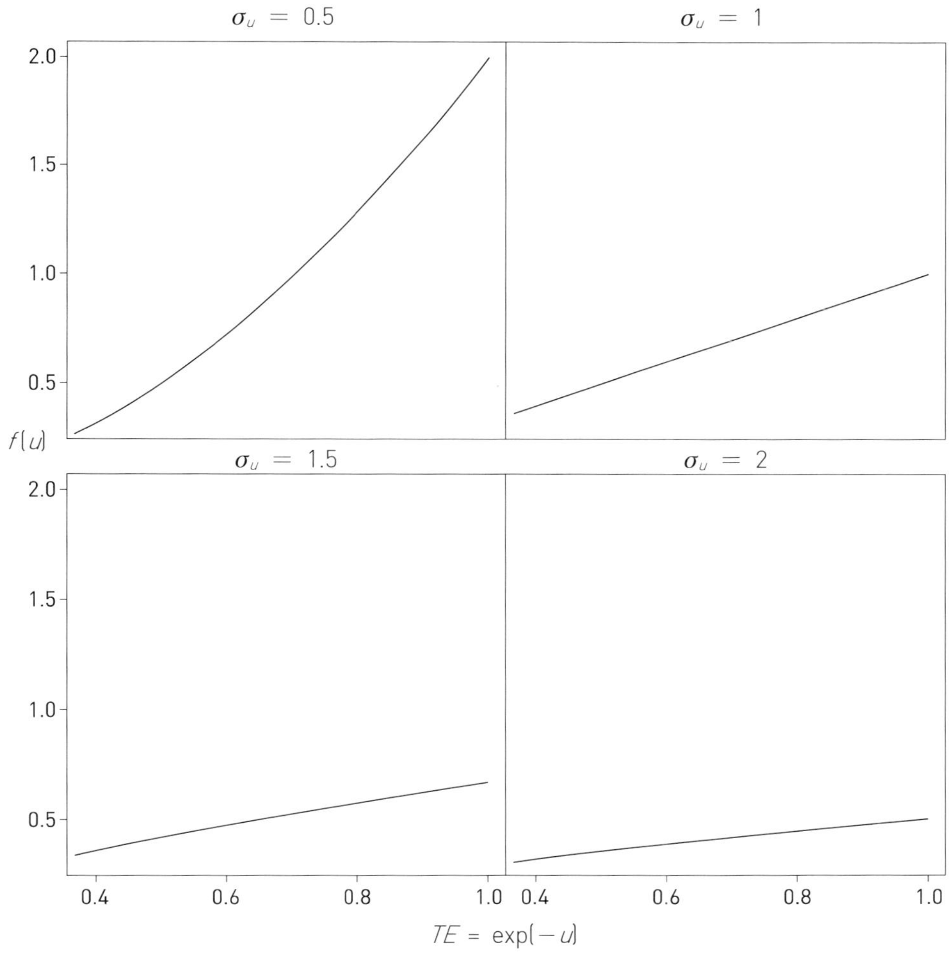

그림 10.6 ▸ 비효율성의 표준편차(σ_u)에 따른 기술적 효율성의 확률밀도함수

지수분포를 따르는 u와 정규분포를 따르는 v의 결합확률분포인 ϵ의 확률밀도함수는 다음과 같다(Kumbarkar & Lovell, 2000:80).

$$f(\epsilon) = \left(\frac{1}{\sigma_u}\right)\Phi\left(-\frac{e}{\sigma_v} - \frac{\sigma_v}{\sigma_u}\right)\exp\left(\frac{\epsilon}{\sigma_u} + \frac{\sigma_v^2}{2\sigma_u^2}\right)$$

이 확률밀도함수의 분포를 간략히 살펴보면 $\sigma_v = 0.2$로 주어졌을 때 $f(\epsilon)$는 σ_u의 값 변화에 따라 아래 그림과 같은 형태를 갖게 된다. σ_u의 값이 커질수록 비대칭 분포의 형태를 더 명확하게 갖게 됨을 알 수 있다.

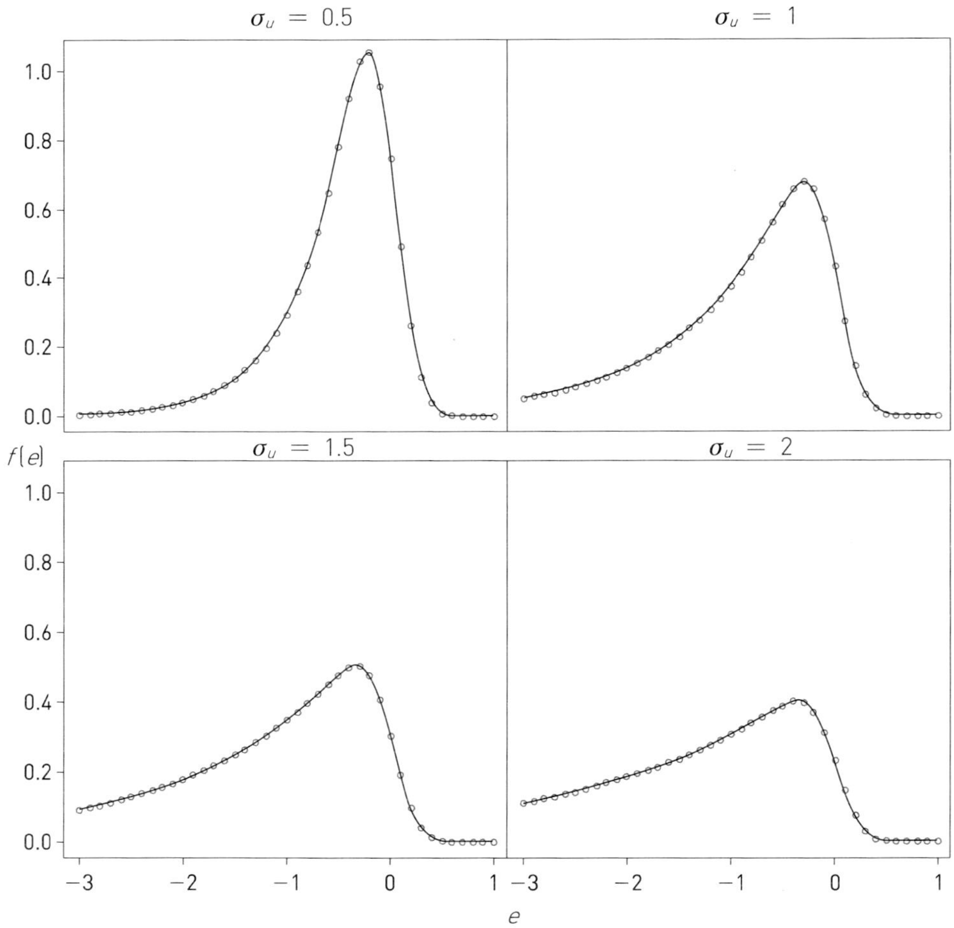

그림 10.7 ▸ σ_u의 변화에 따른 분포 형태의 변화

정규-지수 모형의 확률밀도함수를 알게 되면 최우추정법을 이용하여 $\beta, \sigma_u, \sigma_v, \epsilon$ 등의 모수들을 추정할 수 있고 개별 DMU의 효율성 역시 계산할 수 있다. 기본 논리구조와 모수 추정의 방식은 정규-반정규분포와 크게 다르지 않다.

정규-반정규 모형, 정규-지수 모형과 함께 흔히 사용되는 것이 정규-절사정규 모형(normal-truncated normal model)이다. 이 모형에서는 무작위 오차항은 정규분포를 따른다고 가정하지만 비효율성 확률변수 u는 절사정규분포를 따른다고 가정한다. 비효율성 확률변수 u의 분포는 아래와 같다.

비효율성 확률변수 u의 절사정규분포

$$u \sim N_+(\mu, \sigma_u^2)$$

혹은

$$f(u) = \frac{1}{\sqrt{2\pi}\,\sigma_u \Phi(\mu/\sigma_u)} exp\left\{-\frac{(u-\mu)^2}{2\sigma_u^2}\right\}$$

이러한 절사정규분포를 갖게 된다면 기술적 효율성 값의 확률분포는 [그림 10.8]과 같은 형태를 갖게 된다. μ 값이 커질수록 기술적 효율성 값이 1일 확률이 상대적으로 커지고 있음을 알 수 있다. 이 확률분포는 기술적 효율성의 확률이 단조함수의 형태가 아님을 알 수 있다. 따라서 연구자들은 왜 절사정규분포가 기술적 효율성의 확률분포로 적합한지를 설명한 후 이를 사용해야 될 것이다.

결국 다양한 SFA 모형은 u_i의 확률분포를 어떻게 가정할 것인지에 대한 문제임을 알 수 있다. 가장 이상적으로는 u_i에 의해 결정되는 기술적 효율성의 분포가 분석하고자 하는 자료의 특성을 가장 잘 반영해주는 모형을 선택하는 것이 바람직할 것이다. 하지만 어느 함수형태가 기술적 효율성의 분포를 잘 반영하는지를 판단하는 것은 쉽지 않다. 그러나 많은 학자들은 복잡한 분포보다는 정규-반정규분포와 같은 간단한 모형을 사용하는 것을 추천하고 있다(Kumbarkar & Lovell, 2000:90; Bogetoft & Otto, 2011:259). 저자도 단조함수 형태를 갖는 기술적 효율성 확률분포가 바람직하다고 생각하기 때문에 복잡한 확률분포를 가정하는 경우 해당 분포가 왜 우월한지에 대한 충분한 근거를 제시하지 않는 한 단순한 정규-반정규분포를 사용하는 것을 추천한다. 물론 분포함수 가정에 따라 결과가 얼마나 크게 달라지는지를 보여주기 위해 여러 분석 결과를 보여주는 것은 의미가 있을 것이다.

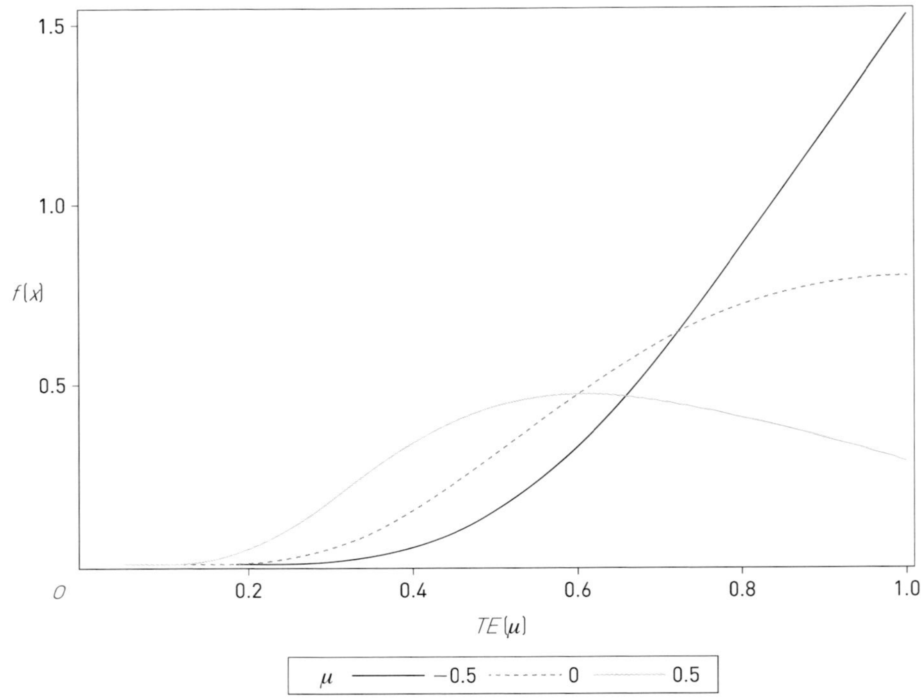

그림 10.8 ▸ 비효율성의 평균(μ)에 따른 기술적 효율성의 확률밀도함수

또 하나 고려해야 될 문제는 SFA에서 추정된 값은 내생성으로 인한 편의추정량이라는 점이다(Kumbarkar & Lovell, 2000:95). 생산함수를 구성하는 투입변수들은 효율성 값과 밀접한 관계가 되는 경우가 대부분이다. 즉 특정 투입요소를 많이 사용할수록 효율성이 높고 적게 사용할수록 효율성이 낮은 경우가 존재할 수 있다. 예를 들면 우수한 관리 인력이 많이 투입된 조직일수록 산출이 높고 또한 효율성 점수도 높다면 이는 SFA에서 u와 x가 서로 상관관계가 있다는 것을 의미한다. 이것은 통상적인 회귀분석의 기본 가정, 즉 오차항과 독립변수가 상관관계를 갖지 않는다는 가정을 위배하게 된다. 이러한 가정을 위배하게 되면 내생성이 발생하여 추정된 회귀계수의 불편추정량이 되지 못하고 효율적인 추정량이 되지 못한다. 이 문제는 SFA가 갖고 있는 매우 치명적인 한계라고 할 수 있다.

횡단면 자료를 이용하지 않고 패널자료를 이용하는 경우 이 문제를 어느 정도 완화할 수 있다. 패널 SFA 모형은 통계학의 패널분석의 아이디어를 원용하였기 때문에 패널분석에 익숙한 독자들은 어렵지 않게 이를 활용할 수 있을 것이다. 전통적인 패널분석처럼 고정효과 모형, 최소제곱법에 의한 랜덤효과 모형, 최우추정법에 의한 랜덤효과 모형 등이 제시되고 있는데 실제로 이 세 모형 간의 차이는 매우 크지는 않은 것으로 나타나고 있다(Kumbarkar & Lovell, 2000:107). 고정효과 모형이 랜덤효과 모형에 비해 부과되는 가정이 적고 분석도 간단하는 점에서 흔히 추천된다. 한편 SFA의 패널분석에서는 기술적 효율성을 시간불변(time invariant) 항으로 볼 것인지 시간변화(time variant) 항으로 볼 것인지에 따라 분석이 달라질 수 있다. 장기간을 다루는 패널분석에서는 당연히 기술적 효율성을 시간변화 항으로 간주하는 것이 적절하다.

10.3 확률거리함수모형

일반적인 SFA 모형은 종속변수에 단일산출 혹은 투입요소가 사용된다. 하지만 DEA 처럼 다수의 투입과 산출이 있는 자료에 대한 효율성 분석을 수행해야 하는 경우가 있다. 확률거리함수모형(stochastic distance function model)은 다수의 투입과 다수의 산출요소를 이용해 효율성을 계산한다는 점에서 DEA와 유사하다. 이런 이유로 DEA와 비교가능한 결과를 얻을 수 있다.

하지만 확률거리함수모형은 SFA와 유사하게 관찰점과 효율변경 간의 편차가 무작위 오차와 비효율성으로 구성되었다고 가정한다. 또한 생산함수나 비용함수의 형태를 가정하지 않는 비모수적 접근을 취하는 DEA와 달리 확률거리함수모형은 SFA와 동일하게 모수적 접근을 취한다.

확률거리함수모형의 기본 아이디어는 매우 간단하다(Coelli et al., 2005; Kumbarkar & Lovell, 2000:94). 먼저 다음과 같은 산출방향 SFA 모형이 있다고 가정하자.

$$y_i = f(x_i|\beta)\exp(v_i - u_i)$$

이때 효율성은 생산가능곡선, 즉 효율경계 위의 산출수준 대비 관찰된 현재의 산출수준으로 정의될 수 있다.

$$\frac{y_i}{f(x_i|\beta)} = \exp(v_i - u_i)$$

이런 효율성을 거리함수로도 나타낼 수 있다.[10]

10 거리함수 D는 x와 y의 함수로 나타낸다.

$$D(x_i, y_i|\beta) = \exp(v_i - u_i)$$
$$\text{==>}\ D(x_i, y_i|\beta) = 1/\exp(u_i - v_i)$$
$$\text{==>}\ 1 = D(x_i, y_i|\beta)\exp(u_i - v_i)$$

이때 산출방향 거리함수의 아래 성질을 만족한다.

$$D(x_i, \lambda y_i|\beta) = \lambda D(x_i, y_i|\beta)$$
$$\text{==>} D(x_i, y_i|\beta) = \frac{1}{\lambda} D(x_i, \lambda y_i|\beta)$$

λ 대신에 $1/y_{si}$를 대입하면 위 식은 다음과 같이 정리될 수 있다.

$$1 = y_{si} D\left(x_i, \frac{y_i}{y_{si}}|\beta\right)\exp(u_i - v_i)$$
$$\text{==>}\ \frac{1}{y_{si}} = D\left(x_i, \frac{y_i}{y_{si}}|\beta\right)\exp(u_i - v_i)$$

(단, y_{si}는 산출 중 임의의 s번째 산출)

결국 $D\left(x_i, \frac{y_i}{y_{si}}|\beta\right)$의 적절한 함수형태를 가정하여 앞의 SFA 접근 방식을 이용한 모수들을 추정할 수 있다. 이론적 쟁점은 어떤 거리함수를 선택해야 할지에 있게 된다.[11]

가장 널리 사용되고 있는 거리함수는 콥-더글라스 함수와 초월대수(translog) 함수 형태이다.[12] M개의 산출요소와 S개의 투입요소가 있는 n개의 DMU에 대한 콥-더글라스 함수형의 산출방향 확률거리함수는 다음과 같이 나타낼 수 있다.

콥-더글라스 함수형 산출방향 확률거리함수

$$\ln y_{Mk} = \alpha_0 + \sum_{r=1}^{S} \alpha_r \ln x_{rk} + \sum_{i=1}^{M-1} \beta_i \ln(y_{ik}/y_{Mk}) + v_k - u_k$$

(단, $k = 1, 2, ..., n$, M은 산출요소 수, S는 투입요소 수)

---

11 일부 연구에서는 임의로 함수형태를 제시한 후 선택의 근거를 제시하지 못하거나 잘못된 함수형태를 제시하는 경우가 있다. 그러나 함수형태의 선정문제는 효율성 추정에 있어서 매우 중요하다고 할 수 있다.

12 Greene(2008)은 Trethaway(1980)의 산출에 있는 0의 값 문제를 다루기 위해 Box-Cox 함수를 제시하기도 하고 Martinez-Budria, Jara-Diaz & Ramos-Real(2003)은 이차 비용함수 형식을 이용하기도 하고, 퓨리에 유연함수(Fourier flexible function)를 Huang & Wang(2004) 및 Tsionas (2004) 연구에서 사용하고 있는 것을 소개하고 있다.

참고로 투입방향 확률거리함수 모형은 다음과 같이 나타낼 수 있다.[13]

콥-더글라스 함수형 투입방향 확률거리함수

$$\ln x_{Sk} = \alpha_0 + \sum_{i=1}^{M} \alpha_i \ln y_{ik} + \sum_{r=1}^{S-1} \beta_r \ln(x_{rk}/x_{Sk}) + v_k - u_k$$

(단, $k=1,2,...,n$, M은 산출요소 수, S는 투입요소 수)

콥-더글라스형 확률거리함수는 산출곡선이 오목함수(concave function)의 형태가 되지 않고 볼록함수의 형태가 되기 때문에 산출함수의 형태에 대한 일반적인 가정과 부합하지 않는다(Coelli & Perelman, 1996:8). 또한 대체탄력도(substitution elasticity)가 1로 일정하다는 제약이 있다. 이것은 주어진 산출수준에서 투입요소 간의 대체비율이 일정하다는 것이다. 즉 한 투입요소를 1% 감소시키면 다른 투입요소는 이를 대체하기 위해 1% 증가시켜야 한다는 가정이다. 이 가정은 투입요소 간의 대체비율을 고정시킨다는 점에서 강한 가정이라고 할 수 있다. 이러한 이유 때문에 확률거리함수로 콥-더글라스 형태보다는 초월대수형 확률거리함수가 널리 사용된다(Coelli & Perelman, 1996:8; Kumbarkar & Lovell, 2000).

초월대수형 산출방향 확률거리함수는 초월대수형 생산함수에 바탕을 둔다. 초월대수 SFA모형의 생산함수는 다음과 같은 형태를 갖는다.

초월대수형 생산함수

$$\ln y_k = \beta_0 + \sum_{i=1}^{S} \beta_i \ln x_{ik} + \frac{1}{2}\sum_{r=1}^{S}\sum_{j=1}^{S} \beta_{rj} \ln x_{rk} \ln x_{jk} + v_k - u_k$$

(단, $k=1,2,...,n$, S는 투입요소 수)

이 초월대수형 함수는 생산탄력도나 대체탄력도가 1이라는 제한을 두지 않는다는 점에서 유연한 생산함수라고 할 수 있다. 하지만 해석이 어렵고 추정해야 하는 모수가 많다는 단점이 있다. 표본의 크기가 작은 경우에는 추정해야 하는 모수가 많다는 것은 큰 단점이 될 수 있다.

---

13 콥-더글라스 투입방향 확률거리함수에 대한 논의는 Coelli et al.(2005:264~265) 혹은 유금록(2010) 참고.

2개의 투입요소와 하나의 산출요소가 있는 경우의 콥-더글라스형 함수와 초월대수형 함수를 나타내보면 그 차이를 어렵지 않게 확인할 수 있다.

$$\text{콥-더글라스형 SFA 모형} : \ln y_k = \beta_0 + \beta_1 \ln x_{1k} + \beta_2 \ln x_{2k} + v_k - u_k$$

$$\begin{aligned}\text{초월대수형 SFA 모형} : \ln y_k = \beta_0 &+ \beta_1 \ln x_{1k} + \beta_2 \ln x_{2k} + 0.5\beta_{11}(\ln x_{1k})^2 \\ &+ 0.5\beta_{22}(\ln x_{2k})^2 + \beta_{12}\ln x_{1k}\ln x_{2k} + v_k - u_k\end{aligned}$$

위의 2투입 1산출의 콥-더글라스 SFA 모형의 경우 k번째 DMU의 2번째 투입요소 x_2의 산출탄력성(production elasticity)은 β_2로 추정이 된다. 이 산출탄력성은 모든 DMU에 대해서 일정하다. 또한 규모의 탄력성(scale elasticity)은 1번째 투입요소의 산출탄력성과 2번째 투입요소의 산출탄력성의 합으로 계산된다. 즉 $\beta_1 + \beta_2$가 1보다 크면 규모에 대한 수확체증, 1보다 작으면 규모에 대한 수확체감이 되는 것이다. 하지만 초월대수형 SFA 모형에서 k번째 기업의 2번째 투입에 대한 산출탄력성은 $\beta_2 + \beta_{12}\ln x_{1k} + \beta_{22}\ln x_{2k}$가 된다. 초월대수형 함수에서 투입요소의 산출탄력성이 다른 투입요소의 값에 영향을 받기 때문에 모형을 추정하더라도 회귀계수 값을 탄력성으로 해석하기는 어려운 문제가 발생하는 것이다. 해석을 용이하게 하기 위해서 투입과 산출요소를 모두 각각의 평균으로 표준화시키는 방법을 사용할 수 있다. 이 경우 다른 투입요소들이 평균값으로 일정하다고 할 때 해당 투입요소의 1차 항의 회귀계수는 산출탄력성으로 해석할 수 있다.

다수의 투입과 산출이 있는 경우 초월대수형 확률거리함수는 초월대수형 생산함수에 기반을 두면서 다음과 같은 모형을 이용하여 추정한다.[14]

초월대수형 확률거리함수

$$\begin{aligned}\ln y_{Mk} = \alpha_0 &+ \sum_{r=1}^{S}\alpha_r \ln x_{rk} + 0.5\sum_{n=1}^{S}\sum_{l=1}^{S}\alpha_{nl}\ln x_{nk}\ln x_{lk} \\ &+ \sum_{i=1}^{M-1}\beta_i \ln y_{ik}^* + 0.5\sum_{i=1}^{M-1}\sum_{j=1}^{M-1}\beta_{ij}\ln y_{ik}^*\ln y_{jk}^* \\ &+ \sum_{i=1}^{M-1}\sum_{n=1}^{S} r_{in}\ln y_{ik}^*\ln x_{nk} + v_k - u_k\end{aligned}$$

(단, $k = 1,2,...,n$, $y_{ik}^* = y_{ik}/y_{Mk}$, M은 산출요소 수, S는 투입요소 수)

14 초월대수형 확률거리함수에 대해서는 Coelli & Perelman(1996:7~9) 및 Greene(2008)을 참고. 투입방향 초월대수형 확률거리함수에 대한 자세한 내용은 Coelli et al.(2005) 및 Kumbarkar & Lovell(2000) 참고.

확률거리함수에 의한 효율성 추정의 모형식을 추정하는 것은 기술적으로 어려운 문제는 아니다. 하지만 몇 가지 방법론상의 문제가 있다. 산출방향의 경우 종속변수에 산출요소가 있고 독립변수에서도 산출요소가 있다. 이것은 $v_k - u_k$가 독립변수뿐만 아니라 종속변수와 상관관계를 갖게 되는 내생성 문제가 발생할 수 있다는 것을 의미한다. 결국 이 문제를 해결하기 위해서는 도구변수(instrumental variable)를 사용해야 되는데 (Coelli et al., 2005:265) 이 도구변수를 찾는 것이 쉽지 않다. 이에 대해 Coelli(2000)는 콥-더글라스 함수나 초월대수 함수의 경우에는 비용 극소화와 수익 극대화 가정을 부여하면 OLS 방법을 이용하여도 일치추정량을 구할 수 있다고 주장하고 있다.[15]

또한 투입함수의 경우에는 볼록성의 조건을, 생산함수의 경우에는 오목성의 조건을 만족하지 않는 경우가 발생하게 되어 경제학에서 가정하는 비용함수나 생산함수의 일반적인 규칙성(regularity)을 만족하지 않게 되는 문제가 발생한다. 이러한 이유로 베이지안 모형(Baysian Framework)에 의한 추정 방법이 대안으로 제시되기도 한다(Coelli et al., 2005:266).

10.4 효율성에 영향을 주는 외생변수의 문제

SFA 모형을 만들 때 효율성에 영향을 주는 투입과 산출 외의 변수를 어떻게 고려할지의 문제가 흔히 발생한다.[16] 직관적으로 생각하면 SFA를 통해 얻어진 효율성 값을 종속변수로 하고 효율성에 영향을 주는 변수를 독립변수로 사용하는 회귀분석을 생각해 볼 수 있을 것이다. 실제로 일부 연구에서는 이러한 접근 방법을 취하기도 한다. 하지만 DEA에서도 살펴보았듯이 투입 및 산출변수 이외의 변수가 효율성에 미치는 요인에 대한 통계분석은 단순한 회귀분석 접근을 이용하는 경우에는 한계가 있다. 이하에서는 SFA가 효율성에 영향을 주는 외생변수의 문제를 크게 네 가지 접근 방법을 중심으로 살펴보고자 한다(Kumbarkar & Lovell, 2000:261~278).[17]

---

15 Coelli, T. J.(2000), "On the Econometric Estimation of the Distance Function Representation of a Production Technology", Discussion Paper 2000/42, Center for Operations Research and Econometrics, Universite Catholique de Louvain.

16 DEA에서도 효율성 계산 후 이 효율성에 영향을 주는 요인들을 분석하는 2단계 분석에서 유사한 문제를 검토하고 있다.

첫 번째 방법은 확률생산변경을 투입 x뿐 아니라 외생변수 z의 함수로 가정한 후 아래와 같은 SFA 모형을 설정하는 것이다. 이때 SFA 모형은 다음과 같다.

$$\ln y_i = \ln f(x_i, z_i|\beta) + v_i - u_i$$

이때 z는 생산변경 구조에 영향을 주어 산출 y에 직접 영향을 주는 것으로 가정한다. 이 방법은 일반적인 SFA 모형에 투입요소로 외생변수를 포함시킨 것으로 계수 추정에 있어서도 동일한 방법을 이용한다.

두 번째 방법은 2단계 추정을 하는 것이다. 첫 번째는 투입변수를 이용한 아래 SFA 모형을 이용하여 효율성을 추정하는 것이다. 이 1단계에서는 외생변수를 고려하지 않은 일반적인 SFA 모형 추정과 동일하다.

$$\ln y_i = \ln f(x_i|\beta) + v_i - u_i$$

2단계에서는 1단계를 이용해 추정된 효율성 추정치 u에 대한 z의 회귀식을 아래와 같이 추정한다.

$$E(u_i|v_i - u_i) = g(z_i|\gamma) + \epsilon_i$$
$$(\text{단, } \gamma\text{는 회귀계수})$$

이때 u는 0에서 1의 값을 갖도록 제한되기 때문에 통상적인 OLS 방법을 하지 않고 Tobit 모형과 같이 종속변수에 제약이 있는 선형모형을 사용하여 회귀계수 γ를 추정할 수 있다.[18] 여기서 z는 y에 직접 영향을 미치는 것이 아니라 효율성 추정치를 통해 간접적으로 영향을 미친다고 가정된다.

하지만 DEA 이론에서도 논의하였듯이 2단계 접근 방법은 회귀모형 추정상 여러 문제를 발생시킨다. 먼저 z와 투입변수 x가 서로 상관관계가 없다고 가정해야 하지만, 만일 상관관계가 있다면 1단계 추정에서 누락편이에 따른 추정상의 문제를 발생시킨다. 또 다른 문제는 1단계 추정에서 u는 동일한 분포를 갖는(identically distributed) 확률변수로 가정하지만, 실제 2단계에서는 z에 의해 설명되는 함수로 가정하기 때문에 이

---

17 이하의 내용은 Kumbarkar & Lovell(2000:261~278)에 바탕을 두었다.

18 저자의 입장에서는 토빗 모형이 갖고 있는 여러 한계를 고려한다면 효율성 변수의 분포를 1단계에서 가정하기 때문에 오차항 ϵ 역시 이러한 분포를 가정하는 것이 더 적절하다고 생각한다. 분포 가정의 제약을 피하기 위해서는 비모수 회귀방법을 선택하는 것도 적극 고려할 필요가 있다.

동일분포 가정이 만족되지 않게 된다.

세 번째 방법은 생산함수를 추정을 통한 효율성 계산 단계와 추정된 효율성에 대한 외생변수의 영향 모형을 결합하되 2단계 모형과 달리 1단계 모형에서의 오차항을 고려하지 않는다. 이렇게 결합된 모형식은 다음과 같이 나타낼 수 있다.

$$\ln y_i = \ln f(x_i|\beta) - \exp(\gamma z_i) + \epsilon_i$$

$$[\text{단},\ u_i \geq 0 \ \text{or}\ \epsilon_i \leq \exp(\gamma z),\ \epsilon_i \sim N(0,\sigma^2)]$$

이 모형의 추정 결과를 이용하면 각 DMU들의 성과 추정은 다음과 같은 식을 이용할 수 있다.

$$\exp(\epsilon_i) = \frac{y_i}{f(x_i|\beta)}\exp\{\exp(rz_i)\}$$

위 식에서 $\frac{y_i}{f(x_i|\beta)}$항은 기술적 효율성을 나타내며 $\exp\{\exp(rz_i)\}$은 외생변수 z가 성과에 영향을 미치는 정도의 추정량을 나타낸다.

네 번째 방법은 두 번째와 세 번째 방법을 혼합한 것으로 $u_i = \gamma z_i + \epsilon_i$를 가정한 후 이를 두 번째 방법의 1단계의 모형에 대입하여 다음과 같은 모형식을 이용한 계수를 추정한다.[19]

$$\ln y_i = \ln f(x_i|\beta) + v_i - (\gamma z_i + \epsilon_i)$$

이처럼 다양한 방법으로 외생변수가 효율성 점수에 미치는 영향에 대한 모형들이 제시되고 있기에 다양한 자료생성과정(data generation process)을 통해 자료들을 시뮬레이션하고 어느 접근이 바람직한지에 대해 향후 더 많은 연구들이 제시되어야 할 것이다.

10.5 패널 SFA 모형

패널자료를 이용한 SFA는 통계학의 패널분석 기본 이론을 활용하고 있기 때문에 패널분석에 대한 기본 이론을 충분히 이해한 후에 사용해야 된다. 또한 회귀계수 및

19 이 추정 방법에 대한 자세한 논의는 Kumbarkar & Lovell(2000)을 참고.

시점 간 효율성 점수를 추정하기 위해 최소제곱법이나 최우추정법을 이용한 다양한 추정 방법이 이용될 수 있기 때문에 이러한 방법에 대한 이해들도 필요하다. 문제는 이러한 각 방법들이 동일한 결과를 제시하는 것도 아니고 함수형태에 대한 가정 등에 따라서 그 타당성이 상당히 제약될 수 있다는 점에 있다. 실제로 Coelli et al.(2005)이나 Kumbarkar & Lovell(2000)에서 소개되고 있는 방법들 역시 각각의 장단점들이 있다. 하지만 이 방법들을 모두 설명하는 것은 본서의 수준을 넘어서기 때문에 이하에서는 대표적인 시점불변 모형과 시점가변 모형의 논리를 통상최소제곱(OLS) 모형을 중심으로 설명하고자 한다.

패널모형이 선호되는 것은 시점 간의 연관성 문제를 모형에 적절히 반영하기 때문이다. 효율성과 관련된 확률변수 u_i의 분포는 여러 시점에 측정된 자료일 경우 1 시점에서 측정된 u_i와 2 시점에 측정된 u_i가 서로 관련이 있게 된다. 예를 들면 1기에 효율적인 DMU의 경우에는 2기에도 효율적일 가능성이 크기 때문이다. 이 경우 u_i는 확률변수의 기본적인 특성, 즉 독립성 가정을 만족하지 못한다. 이 문제를 극복하기 위해 패널분석 방법을 사용하는데 가장 대표적인 것이 시점불변 모형(time-invariant model)과 시점가변 모형(time-variant model)이다. DMU를 나타내는 첨자를 i, 시간을 나타내는 첨자를 t라고 해보자. 그렇다면 시점불변 모형과 시점가변 모형에서의 효율성 변수 u는 다음과 같이 정의된다.

$$\text{시점불변 모형: } u_{i1} = u_{i2} = ... = u_{iT} = u_i$$
$$\text{시점가변 모형: } u_{i1} = u_{i1} f(t=1), ..., u_{iT} = u_{iT} f(t=T)$$

시점불변 모형은 다시 고정효과 모형(fixed effect model)과 무작위 효과 모형으로 구분할 수 있다. 독립변수의 개수가 p인 경우 산출방향 SFA 선형모형을 다음과 같이 나타낼 수 있다.

$$\ln y_{it} = \beta_0 + \sum_{r=1}^{p} \beta_r \ln x_{rit} + v_{it} - u_{it}$$

이때 u_{it}가 시점에 따라 일정하다고 가정하게 되면 $u_{it} = u_i$이므로 시점불변 고정효과 모형은 다음과 같이 나타낼 수 있다.

$$\ln y_{it} = \beta_0 - u_i + \sum_{r=1}^{p} \beta_r \ln x_{rit} + v_{it}$$
$$[\text{단, } v \sim N(0, \sigma_v^2)]$$

위 모형에서 효율성을 나타내는 항은 $\beta_0 - u_i$가 된다. OLS 방법을 이용하여 계수를 추정하기 위해서는 모형에 독립변수와 개인을 나타내는 더미변수를 모형에 포함시키면 된다. 이때 개인 더미를 모형에 나타내는 방법은 여러 가지가 있지만 간단하게는 $\beta_0 = 0$으로 가정하여 절편이 없는 OLS 모형을 추정하게 되면 DMU별 계수 값을 추정할 수 있다. 이렇게 시점불변 고정효과 모형의 계수를 추정하는 방법을 최소제곱더미변수(Least Squares with Dummy Variables, LSDV) 방법이라고 부른다.

하지만 이 계수 값을 바로 효율성 점수의 추정량으로 이용하기는 어렵다. 왜냐하면 추정된 값은 효율성 점수가 0과 1 사이라는 가정을 만족하지 못하기 때문이다. DMU 가변수의 회귀계수 추정량은 $\widehat{\beta_{0i}}$라고 하고 이들 중의 최댓값을 $Max(\widehat{\beta_{0i}})$라고 해보자. 이 최댓값을 이용하여 $\widehat{\beta_{0i}}$를 정규화(normalization)하면 다음과 같이 $\widehat{u_i}$를 구할 수 있다.

$$\widehat{u_i} = Max(\widehat{\beta_{0i}}) - \widehat{\beta_{0i}}$$

$\widehat{u_i}$는 0보다 크다는 제약조건을 만족하게 된다. 또한 이 값을 이용한 기술적 효율성은 다음과 같이 정의할 수 있다.

$$TE_i = \exp(-\widehat{u_i})$$

일반적으로 LSDV 회귀계수와 u_i의 추정량들은 대표본인 경우나, 시점 수가 큰 경우에 일치추정량(consistent estimator)임이 알려져 있다(Kumbarkar & Lovell, 2000:100).

이 고정효과 모형으로 측정한 기술적 효율성은 투입변수에 의해 설명되는 순수한 기술적 효율성뿐만 아니라 여러 가지 환경적 요인들이 일정하게 기술적 효율성에 미치는 영향이 모두 포함되어 있다는 한계가 있다. 따라서 효율성의 차이가 진정한 기술적 효율성의 차이 때문인지 아니면 모형에 포함되지 않은 변수에 의해 일어난 차이인지를 구분하기 어렵다. 이러한 한계에도 불구하고 분석이 용이하다는 점에서 널리 사용된다.

고정효과 모형에서는 u_i가 일정한 값으로 고정되었다고 가정하고 있다. 하지만 개인별 u_i를 고정된 값이 아닌 확률변수로 가정할 수 있다. u_i가 일정한 평균과 분산을 가진 확률변수라고 가정하는 것은 무작위효과 모형이라고 부른다. 이를 모형에 반영해보면 다음과 같다.

$$\ln y_{it} = \beta_0^* - u_i^* + \sum_{r=1}^{p} \beta_r \ln x_{rit} + v_{it}$$

여기서 β_0^*, u_i^*은 이 변수들이 확률변수임을 나타낸다. 이때 β_0^*은 DMU별로 다르게 정의되는 확률변수가 아니라 전체 DMU에 대한 확률변수임에 주의할 필요가 있다.

무작위효과 모형의 추정방식은 매우 다양하지만 대부분의 통계패키지를 이용하면 추정할 수 있다. 이 추정된 회귀식을 이용하여 각 DMU로 잔차를 아래와 같이 구할 수 있다.

$$\widehat{u_i^*} = \frac{1}{T}\sum_{t=1}^{T}\left(\ln y_{it} - \widehat{\beta_0^*} - \sum_{r=1}^{p}\widehat{\beta_r} ln x_{rit}\right)$$

위에서 얻은 $\widehat{u_i^*}$을 이용한 고정효과 모형의 경우처럼 최댓값을 이용하여 표준화하고 이 값에 대한 지수함수를 취하면 기술적 효율성을 계산할 수 있다.

한편 고정효과 모형과 무작위효과 모형에 대해서는 하우스만 검정(Haussman test)을 이용하여 모형 선택을 할 수 있다.

시점가변 모형은 시점불변 모형과 달리 각 시점별 u_i 값이 다르다는 가정에서 출발한다. 이를 나타내기 위해 시간을 나타내는 하첨자 t를 포함시킨 u_{it}를 SFA 모형에 사용한다. 한편 β_{0t}는 각 시점에서 모든 DMU에게 동일한 절편 값이다. 이를 반영한 시점가변 모형의 고정효과 모형은 다음과 같이 제시할 수 있다.

$$\ln y_{it} = \beta_{0t} + \sum_{r=1}^{p}\beta_r \ln x_{rit} + v_{it} - u_{it}$$

u_{it}는 시점에 따라 변하기 때문에 시간변수와 DMU를 나타내는 변수의 상호작용항을 회귀모형에 반영하여 측정할 수 있다. 하지만 이러한 상호작용항을 포함시키면 추정해야 하는 모수가 너무 늘어나게 된다. 이 문제를 해결하기 위해 $\beta_{0t} - u_{it}$가 일정한 시간의 함수관계를 따른다고 가정하는 접근이 사용된다. DMU i가 t 시점에서 갖는 고유한 절편을 β_{it}라고 하면 이는 $\beta_{it} = \beta_{0t} - u_{it}$로 나타낼 수 있다. Cornwell, Schmidt, & Sickles(CSS, 1990)는 β_{it}가 다음과 같은 시간에 대한 2차 함수형태를 갖는다고 가정한 후 이를 2단계에 걸쳐 추정하는 방법을 제시하였다.

$$\beta_{it} = \Omega_{i1} + \Omega_{i2}t + \Omega_{i3}t^2$$

2단계 추정 방법은 간단하다. 먼저 투입변수로 구성된 회귀모형을 돌려 잔차를 구하게 된다. 이 잔차에는 무작위 오차 v_{it}뿐만 아니라 시점 간 차이를 나타내는 β_{0t}에 대한 정보, 그리고 개별 DMU의 시점 간 효율성 점수의 차이를 나타내는 u_{it}값이 함께 포함되어 있다.

이 잔차 값을 종속변수로 하고 t, t^2을 독립변수로 하여 회귀분석을 수행한다. 이 회귀모형을 통해 얻어진 예측값은 무작위 오차 v_t의 영향이 제거되고 시간의 함수로 정의된 β_{0t} 및 u_{it}의 효과 크기를 나타낸다고 할 수 있다. 이 예측값을 $\hat{a}_{it}$라고 한다면 각 시점별로 DMU의 최댓값을 이용하여 아래와 같이 표준화하여 $\hat{u}_{it}$값을 구한다.

$$\hat{u}_{it} = Max_i(\hat{a}_{it}) - \hat{a}_{it}$$

이 값을 이용하여 i 번째 DMU의 t 시점에서 기술적 효율성은 다음과 같이 구해지게 된다.

$$TE_{it} = \exp(-\hat{u}_{it})$$

이러한 접근 이외에도 시간에 대한 가변수와 고정효과 모형의 u_i값을 이용하여 $u_{it} = \beta(t)u_i$ 값을 구하는 접근도 있다. [20]

10.6 기타 SFA의 여러 문제들

SFA에서 중요한 부분 중의 하나는 비용 효율성(cost efficiency)을 분석하는 것이다. 이 비용 효율성 분석을 통해 비용 효율성을 기술적 효율성과 배분적 효율성(allocative efficiency)으로 분해할 수 있다. 규모 효율성(scale efficiency) 등에 대한 분석들도 수행할 수 있다. 하지만 비용 효율성 분석을 위해서는 가격정보를 알아야 되는데 이 정보가 활용가능하지 않은 경우들이 많다. 이 부분에 대한 논의는 Kumbarkar & Lovell(2000) 혹은 Coelli et al.(2005) 등을 참고하면 될 것이다.

20 Lee, Y. H. & Schmidt, P.(1993), "A Production Frontier Model with Flexible Temporal Variation in Technical Inefficiency", In H. O. Fried, C. A. K. Lovell, & Schmidt, S. S.(eds.), *The Measurement of Productive Efficiency: Techniques and Applications,* Oxford University Press.

10.7 프로그램을 이용한 확률변경분석

SFA 분석은 DEA와 달리 각종 통계프로그램에서 제공되는 선형모형 분석 프러시저를 이용하면 어렵지 않게 수행할 수 있다. 하지만 생산함수 유형에 따라 원자료를 다양한 형태로 변환시켜야 하는 경우들도 많고 선형모형식 특정화를 정확하게 해야 하기 때문에 주의를 요한다. 먼저 통계프로그램에 생산함수의 모형식을 정확하게 나타낼 수 있어야 한다. 예를 들어 초월대수함수(transcendental logarithmic production function)[21]의 경우에도 여러 가지 함수형태를 갖고 있을 뿐 아니라 회귀계수의 의미를 해석하는 방식도 다양하다. 만일 단순하게 분석 결과만을 제시해 준다면 효율성 분석에 크게 도움이 되는 정보를 제공하기 어렵다.[22] 모든 생산함수 형태를 여기서 다루는 것은 어렵기 때문에 널리 사용되는 초월대수 생산함수를 살펴볼 것이다. 콥-더글라스 생산함수도 널리 사용되지만 이 생산함수는 초월대수 생산함수에 일정한 제약을 가하면 되기 때문에 응용이 어렵지는 않다.

가. 생산함수와 기술적 효율성 추정 방법

분석에 사용한 자료는 Coelli et al.(2005)의 SFA 분석에서 사용한 필리핀의 탈락(Tarlac) 지역의 43개 소규모 생산자들의 1990년부터 1997년까지의 쌀 생산 자료이다. 이 자료는 344개의 관찰점으로 구성되어 있다.[23] 면적(AREA), 인력(LABOR), 그리고 비료 사용량(NPK)을 투입변수로 생산된 쌀 생산량(PROD)을 산출로 하는 생산함수를 추정

표 10.2 ▸ 분석에 사용된 변수의 기술통계량 § SAS 10.1

변수	N	평균	표준편차	최솟값	최댓값
PROD	344	6.54	5.107	0.09	31.1
AREA	344	2.144	1.458	0.2	7
LABOR	344	108.342	77.191	8	437
NPK	344	189.235	169.803	10	1030.9

21 약자로는 그냥 translog production function이라고 일반적으로 불린다.

22 다양한 생산함수 형태의 비교와 그 문제점에 대한 지적에 대해서는 Griffin et al.(1987)을 참고.

23 SFA 분석 패키지로 널리 사용되는 R의 FRONTIER 패키지에도 포함이 되어 있으므로 SAS 분석 결과 비교를 용이하게 하기 위해서 선택하였다. 자료의 각 변수의 이름과 내용에 대해서는 Coelli et al.(2005:325)을 참고하거나 이 책에서 제공된 SAS 파일을 참고하도록 한다.

하고 효율성을 계산해 보도록 하자. 각 투입 및 산출변수의 기술통계량은 아래와 같다.

초월대수 생산함수는 각 독립변수로 이루어진 1차 항과 각 독립변수의 곱으로 이루어진 2차 항으로 구성되어 있다. 이때 2차 항에는 독립변수 자신과 다른 독립변수의 곱뿐 아니라 독립변수 자신의 제곱항도 모형에 포함된다.

$$y = \exp\left(\beta_0 + \sum_{i=1}^{p}\beta_i \ln x_i + \frac{1}{2}\sum_{i=1}^{p}\sum_{j=1}^{p}\beta_{ij}\ln x_i \ln x_j - v\right)$$

(단, i, j는 독립변수를 구분하는 구분자(index), p는 독립변수의 수, v는 회귀분석 가정을 만족하는 정규 오차항)

위 초월대수 함수에 로그를 취하면 선형함수로 바꿀 수 있으므로 이 선형함수의 회귀계수들을 추정할 수 있다.

$$\ln y = \beta_0 + \sum_{i=1}^{p}\beta_i \ln x_i + \frac{1}{2}\sum_{i=1}^{p}\sum_{j=1}^{p}\beta_{ij}\ln x_i \ln x_j + v$$

만일 2차 항을 모형에 포함시키지 않으면 초월대수 함수는 콥-더글라스 함수와 동일한 함수 형태를 갖게 된다. 위 생산함수를 추정하기 위해서는 변수들을 모두 로그변환을 수행한 후 변환된 변수를 이용하여 일반적인 회귀분석을 수행하면 된다.

초월대수 함수의 경우 2차 항이 있기 때문에 탄력성(elasticity)이 일정하지 않다. 따라서 탄력성에 대한 해석상의 편의를 높이기 위해서 일단 변수의 평균을 이용하여 표준화한 후(즉, $x/\overline{x}$) 이 표준화를 한 변수에 로그를 취해 회귀계수를 구하게 되면 1차 항의 회귀계수는 해당 변수가 평균값을 가질 때 탄력성의 크기로 해석할 수 있는 장점이 있다. 따라서 아래 분석에서도 평균 표준화를 한 후 로그변환을 하였다.

초월대수 함수에서는 오차항을 무작위 오차항과 비효율성 변수를 구분하지 않고 단순히 생산함수만을 추정하고자 한다면 OLS와 같은 일반적인 회귀분석을 수행하는 패키지를 사용해도 된다.[24] 하지만 대부분의 SFA를 위한 통계프로그램에서도 일반적인 회귀분석을 수행할 수 있기 때문에 이를 이용할 수도 있다. SAS에서는 SFA를 위해 사용하는 프러시저가 QLIM이므로 이를 이용하여 생산함수를 추정할 수 있다. 추정한 결과는 [표 10.3]과 같다.

로그를 취한 면적(LNAREA)의 회귀계수를 해석해 보면 0.577765이다. 이것은 만일

24 독자들을 위해 GLM 프러시저와 QLIM 프러시저를 이용한 방법을 SAS 10.2 에서 함께 제시하고 있으니 이를 참고하시기 바란다.

다른 독립변수들이 평균값을 가질 때 평균면적 대비 면적이 1% 변화할 때 산출이 0.57765%만큼 증가한다고 해석할 수 있다.[25] 혹은 면적의 산출 탄력성이 0.57765라고 할 수 있다.

[표 10.3]에는 _Sigma라는 모수가 추정되어 있다. 이 값은 오차항인 v의 표준편차의 크기를 의미한 것이다. SAS의 GLM이나 REG 프러시저를 이용하는 경우 이 값은 Root MSE의 값과 같은 값이 된다. SFA에서는 이 오차항을 다시 무작위 오차와 효율성 값의 변동에 의한 값으로 분해하여 개별 DMU의 효율성 측정에 사용한다.

표 10.3 ▸ 초월대수 함수 추정 결과 SAS 10.2

<table>
<tr><th colspan="6">Parameter Estimates</th></tr>
<tr><th>Parameter</th><th>DF</th><th>Estimate</th><th>Standard Error</th><th>t Value</th><th>Approx Pr > |t|</th></tr>
<tr><td>Intercept</td><td>1</td><td>0.013938</td><td>0.024344</td><td>0.57</td><td>0.5670</td></tr>
<tr><td>Lnarea</td><td>1</td><td>0.577765</td><td>0.083888</td><td>6.89</td><td><.0001</td></tr>
<tr><td>lnlabor</td><td>1</td><td>0.180019</td><td>0.079570</td><td>2.26</td><td>0.0237</td></tr>
<tr><td>lnNPK</td><td>1</td><td>0.216574</td><td>0.049694</td><td>4.36</td><td><.0001</td></tr>
<tr><td>Lnarea*Lnarea</td><td>1</td><td>−0.231325</td><td>0.121957</td><td>−1.90</td><td>0.0579</td></tr>
<tr><td>Lnarea*lnlabor</td><td>1</td><td>0.686207</td><td>0.213899</td><td>3.21</td><td>0.0013</td></tr>
<tr><td>Lnarea*lnNPK</td><td>1</td><td>0.069761</td><td>0.143791</td><td>0.49</td><td>0.6276</td></tr>
<tr><td>lnlabor*lnlabor</td><td>1</td><td>−0.365486</td><td>0.149727</td><td>−2.44</td><td>0.0146</td></tr>
<tr><td>lnlabor*lnNPK</td><td>1</td><td>−0.186510</td><td>0.136827</td><td>−1.36</td><td>0.1728</td></tr>
<tr><td>lnNPK*lnNPK</td><td>1</td><td>0.013755</td><td>0.048307</td><td>0.28</td><td>0.7758</td></tr>
<tr><td>_Sigma</td><td>1</td><td>0.314520</td><td>0.011991</td><td>26.23</td><td><.0001</td></tr>
</table>

독립변수의 변화에 따라 종속변수의 예측값이 어떻게 변하는지는 [그림 10.9]와 같은 그림을 이용하여 손쉽게 살펴볼 수 있다. 그림에서 면적과 비료가 노동력에 비해 가파른 기울기를 보이고 있는데 이것은 이 두 변수가 생산증가에 미치는 정도의 크기가 더 크다는 것을 의미한다.

단순하게 생산함수만을 추정한 경우에는 무작위 오차와 비효율성에 의한 변동을 구분하지 못하는 문제가 있다. 효율성 측정은 생산함수를 바탕으로 어렵지 않게 추정할 수 있다. 무작위 오차는 정규분포를, 비효율성 변동은 반정규분포를 따른다는 가정을 도입한 후 SFA를 수행해보도록 하자. 모형에는 시간변수를 연속형 변수로 가정하고 연도에 따른 산출변화를 살펴보도록 하였다.

25 물론 탄력성은 정확히는 % 변화의 개념이 아니라 미분의 개념이므로 대략적인 해석이라고 할 수 있다.

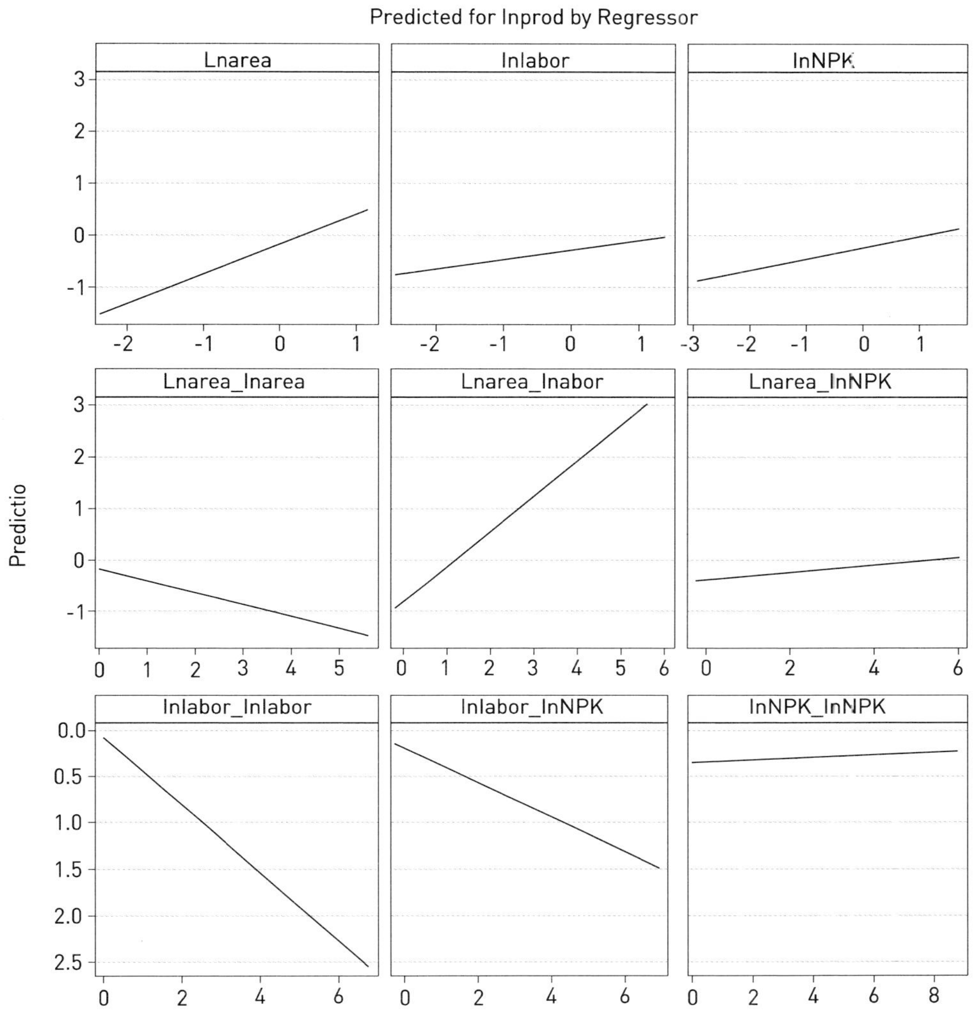

그림 10.9 ▸ 독립변수 변화에 따른 예측값 SAS 10.2

[표 10.4]를 살펴보면 시간변수에 해당하는 YEARDUM의 회귀계수 값이 0.015임을 알 수 있다. 이것은 1년이 지나면 기술 변화에 따라 생산량은 1.5%만큼 증가하고 있다고 해석할 수 있다. 그리고 독립변수가 평균값을 갖고 있을 때 노동탄력도는 LNLABOR의 계수를 이용해 계산해보면 약 0.23이라고 해석할 수 있다.

마지막 줄에는 σ_v와 σ_u값이 계산되어져 있다. 이 값은 생산함수 추정에서 단순히 오차항으로 추정된 부분을 무작위 오차와 효율성 변동으로 구분한 것이다. 값을 살펴보면 효율성 변동의 크기가 더 큰 것을 알 수 있다. 전체 분산을 σ^2이라고 한다면 $\sigma^2 = \sigma_v^2 + \sigma_u^2$이다. 따라서 전체 분산 대비 효율성 변동의 비중은 $\sigma_u^2/(\sigma_v^2 + \sigma_u^2)$이므로

[표 10.4]의 값을 이용하여 계산해보면 효율경계를 중심으로 한 산출의 변동 중 88.3%는 효율성에 의한 변동이고 나머지 11.7%가 무작위 오차에 의한 변동이라고 해석할 수 있다. 또한 이 추정값을 이용하면 σ^2값과 λ값도 어렵지 않게 구할 수 있으며[26] 개인별 효율성 점수 값도 추정할 수 있게 된다.

한편 "효율성 변동이 없다"라는 귀무가설, 즉 $H_0 : \sigma_u^2 = 0$에 대한 가설검정도 수행할 수 있다. $\widehat{\sigma_u}$의 유의확률을 보면 0.0001보다 작은 값이므로 신뢰수준 95%하에서 DMU 간의 효율성 차이가 있다고 해석할 수 있다.

추정된 회귀계수와 σ_v와 σ_u값을 이용하여 개별 DMU의 효율성 점수를 계산할 수 있다. 앞에서 살펴본 바와 같이 Jondrow et al.(1982)는 오차항이 주어졌을 때 u_i의 기댓값, 즉 $E(u_i|\epsilon_i)$을 효율성 점수로 계산하는 데 비해 Battese & Coelli(1988)는 직접 기술적 효율성의 기댓값, 즉 $E[\exp(-u_i)|\epsilon_i]$을 구한다. SAS 출력물에서는 TE1이 $E[\exp(-u_i)|\epsilon_i]$ 값을 계산한 결과이고 TE2가 $\exp\{-E(u_i|\epsilon_i)\}$ 값을 구한 것이다(표 10.5). 처음 10개 DMU의 효율성 점수 값을 보여주고 있다. 이 값을 통해 확인해 볼 수 있듯이 분석에서 사용된 자료의 경우에는 큰 차이는 나지 않고 있음을 알 수 있다.

표 10.4 ▸ 반정규분포 가정하에서 SFA 분석 결과 SAS 10.3

Parameter	Estimate	Standard Error	t Value	Approx Pr > |t|
Intercept	0.274364	0.039113	7.01	<.0001
YEARDUM	0.015111	0.006622	2.28	0.0225
Lnarea	0.531380	0.079033	6.72	<.0001
lnlabor	0.230897	0.075033	3.08	0.0021
lnNPK	0.203274	0.044953	4.52	<.0001
Lnarea*Lnarea	−0.237930	0.101492	−2.34	0.0191
Lnarea*lnlabor	0.608839	0.167489	3.64	0.0003
Lnarea*lnNPK	0.061740	0.139516	0.44	0.6581
lnlabor*lnlabor	−0.282235	0.133858	−2.11	0.0350
lnlabor*lnNPK	−0.137054	0.141746	−0.97	0.3336
lnNPK*lnNPK	−0.003610	0.046687	−0.08	0.9384
_Sigma_v	0.160676	0.019765	8.13	<.0001
_Sigma_u	0.442598	0.032385	13.67	<.0001

26 σ와 λ값은 QLIM 출력물의 Model Fit Summary 표에서도 어렵지 않게 확인할 수 있다.

한편 각 DMU의 효율성 점수를 이용하여 전체 대상 집단의 효율성 점수 평균을 구해서 이것을 해당 산업의 효율성 수준으로 측정할 수 있다. 물론 효율성 점수의 신뢰구간 추정 역시 수행할 수 있다.[27]

표 10.5 ▸ 각 DMU별 효율성 점수 계산 결과 SAS 10.3

F1	PROD	AREA	LABOR	NPK	TE1	TE2
1	1.20332	1.16631	1.48603	1.09652	0.77532	0.76833
2	1.58251	1.77279	1.69832	1.60383	0.72893	0.72150
3	1.52593	1.58618	1.56910	1.33168	0.77333	0.76631
4	0.73850	0.65313	0.62764	0.46503	0.86215	0.85747
5	1.33634	1.67948	1.19990	0.79161	0.78984	0.78309
6	0.28133	0.23326	0.31382	0.11097	0.87697	0.87287
7	1.12534	0.81642	0.83993	1.28412	0.86522	0.86065
8	1.01984	0.79309	1.05222	0.81697	0.85771	0.85287
9	1.40667	1.39957	1.94753	0.87933	0.79200	0.78530
10	1.42043	1.58618	1.77216	1.34119	0.71966	0.71220

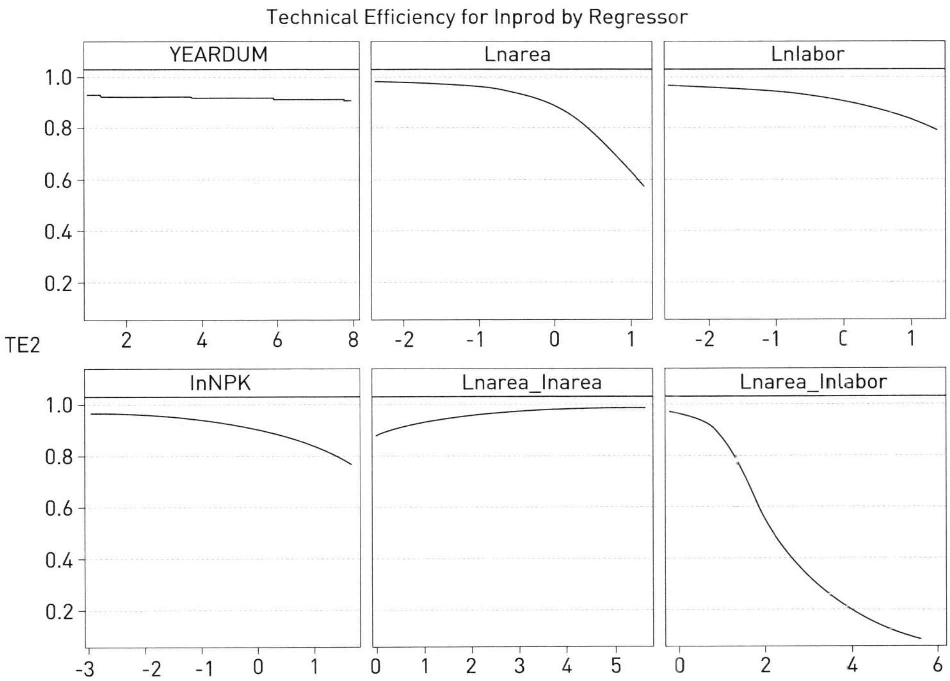

그림 10.10 ▸ 독립변수의 변화에 따른 기술적 효율성의 변화 SAS 10.3

27 이에 대해서는 Coelli et al.(2005:257)에 제시된 간단한 공식을 이용할 수 있다.

독립변수 값의 변화에 따라 기술적 효율성이 변화하는 정도는 [그림 10.10]을 통해 살펴볼 수 있다. 그림에서 나타나고 있듯이 전체적으로 투입이 증가함에 따라 기술적 효율성은 줄어들고 있는 패턴을 보이고 있음을 알 수 있다. 하지만 초월대수 생산함수 모형의 경우 2차 항이 존재하기 때문에 해석에 주의할 필요가 있다.

한편 추정된 효율성 점수를 이용하여 효율성 점수 분포를 살펴볼 수 있다. 효율성 분포를 반정규분포를 가정하였기 때문에 실제 추정된 효율성 점수의 분포도 다음과 같이 음의 왜도를 가진 반정규분포 모양을 하고 있음을 확인할 수 있다.

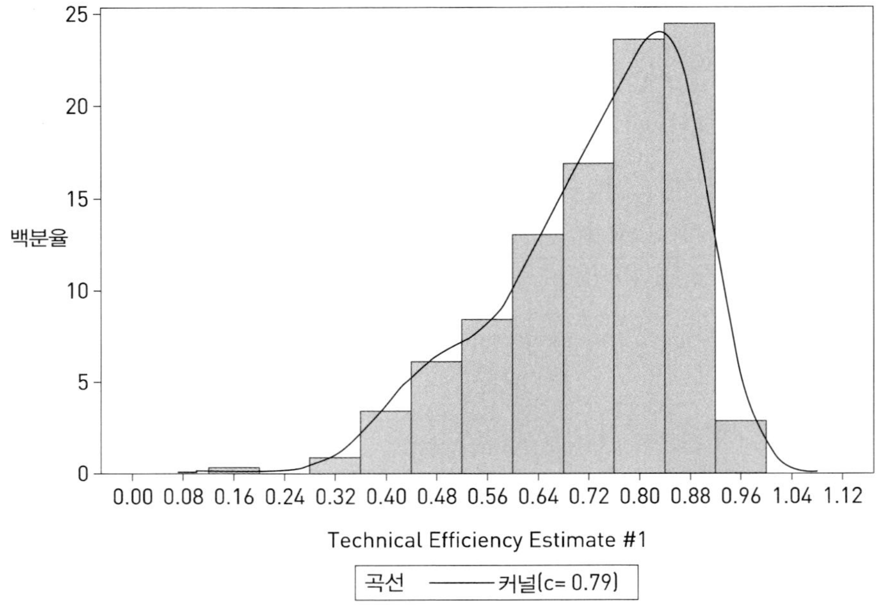

그림 10.11 ▸ 커널밀도함수를 이용한 효율성 점수의 분포(반정규분포의 경우) SAS 10.4

관심 있는 독자는 효율성 점수의 분포 가정이 달라짐에 따라 효율성 순위가 달라지는지, 효율성 분포의 차이가 통계적으로 유의미한지 여부들에 대한 분석들도 어렵지 않게 수행해 보면서 SFA에 대한 이해를 높일 수 있을 것이다.

나. 확률거리함수를 이용한 다투입 다산출 상황에서의 기술적 효율성 추정

현실적으로는 단일 산출의 경우보다는 다투입 다산출이 일반적이다. 앞에서 설명한 이론은 산출방향 확률거리함수를 중심으로 논의했다. 하지만 우리가 사용하는 쌀 생산과 관련된 예제 자료는 산출이 하나밖에 없기 때문에 종속변수에 다산출이 있는 경우를 나타내기 어렵다. 따라서 다투입이 종속변수로 사용되는 투입방향 확률거리함수 모형을 살펴보도록 하자. 초월대수 형태의 투입함수를 갖는 투입방향 확률거리함수는 다음과 같이 나타낼 수 있다.

초월대수형 투입방향 확률거리함수

$$\begin{aligned}\ln x_{Sk} &= \alpha_0 + \sum_{i=1}^{M}\alpha_i \ln y_{ik} + 0.5\sum_{n=1}^{M}\sum_{l=1}^{M}\alpha_{nl}\ln y_{nk}\ln y_{lk} \\ &+ \sum_{r=1}^{S-1}\beta_r \ln x_{rk}^{*} + 0.5\sum_{p=1}^{S-1}\sum_{j=1}^{S-1}\beta_{pj}\ln x_{pk}^{*}\ln x_{jk}^{*} \\ &+ \sum_{p=1}^{S-1}\sum_{i=1}^{M} r_{in}\ln x_{pk}^{*}\ln y_{ik} + v_k - u_k\end{aligned}$$

(단, $k=1,2,...,n$, $y_{ik}^{*} = y_{ik}/y_{Mk}$, M은 산출요소 수, S는 투입요소 수)

투입요소를 앞의 예제와 마찬가지로 면적(Area), 인력(Labor), 그리고 비료(NPK)라고 가정하고, 산출요소는 생산량(Prod)이라고 가정을 하자. 다투입요소 중의 하나를 주요 종속변수로 선정을 해야 되는데 여기서는 비료(NPK)를 선정하였다. 그다음 각 변수들을 평균대비 표준화를 한다. 한편 투입방향 확률거리함수인 경우에는 기준이 되는 투입변수를 이용하여 다른 투입변수들을 나누어 준 값을 독립변수로 사용하게 된다. 예를 들면 비료(NPK)가 기준이 되는 투입변수이기 때문에 면적(Area)은 비료 대비 면적(Area/NPK)으로 변환해 주는 것이다. 이렇게 변환해 준 값에 로그를 취해서 얻은 변수를 lnArea*라고 하자. 비슷한 방법으로 노동(Labor) 역시 변환을 하여 lnLabor* 변수로 바꾸어주게 된다. 이렇게 변환된 변수를 이용하여 추정해야 될 확률거리함수는 다음과 같이 나타낼 수 있다.

$$\begin{aligned}\ln NPK = f(&lnprod, lnprod^2 \\ &, \ln Area^{*}, \ln Labor^{*}, \ln Area^{*2}, \ln Labor^{*2}, \ln Area^{*} \times \mathrm{Ln} Labor^{*} \\ &, lnProd \times \ln Area^{*}, lnProd \times \ln Labor^{*})\end{aligned}$$

확률거리함수를 추정하게 되면 각 변수들의 회귀계수뿐만 아니라 무작위 오차항과 비효율성 변수의 표준편차 σ_v, σ_u의 값을 계산할 수 있다. 다음 결과를 살펴보면 효율변경에서 각 DMU와 거리는 무작위 오차(σ_v)보다 효율성 차이에 의한 변동(σ_u)이 더 큼을 알 수 있다.

표 10.6 ▸ 투입방향 확률거리함수를 이용한 투입 효율성 SAS 10.5

Parameter	Estimate	Standard Error	t Value	Approx Pr > |t|
Intercept	−0.234907	0.046024	−5.10	<.0001
YEARDUM	−0.016900	0.006654	−2.54	0.0111
lnprod	0.919758	0.025568	35.97	<.0001
lnprod*lnprod	0.028352	0.016169	1.75	0.0795
lnareastar	−0.533880	0.073574	−7.26	<.0001
lnlaborstar	−0.295979	0.072851	−4.06	<.0001
lnareastar*lnareastar	0.116978	0.096482	1.21	0.2253
lnlaborstar*lnlaborstar	0.154262	0.121290	1.27	0.2034
lnareastar*lnlaborstar	−0.320571	0.177938	−1.80	0.0716
lnprod*lnareastar	−0.247676	0.067535	−3.67	0.0002
lnprod*lnlaborstar	0.178828	0.070289	2.54	0.0110
_Sigma_v	0.198139	0.021945	9.03	<.0001
_Sigma_u	0.347160	0.041214	8.42	<.0001

마지막으로 개별 DMU별 효율성 점수도 아래 [표 10.7]과 같이 구할 수 있다.

표 10.7 ▸ 투입방향 확률거리함수를 이용한 투입 효율성 점수 SAS 10.5

DMU	NPK	LABOR	AREA	PROD	TE1	TE2
1	1.09652	1.48603	1.16631	1.20332	0.92256	0.92025
2	1.60383	1.69832	1.77279	1.58251	0.93228	0.93043
3	1.33168	1.56910	1.58618	1.52593	0.92416	0.92193
4	0.46503	0.62764	0.65313	0.73850	0.88253	0.87829
5	0.79161	1.19990	1.67948	1.33634	0.92633	0.92420
6	0.11097	0.31382	0.23326	0.28133	0.84975	0.84401
7	1.28412	0.83993	0.81642	1.12534	0.88307	0.87885
8	0.81697	1.05222	0.79309	1.01984	0.89233	0.88855
9	0.87933	1.94753	1.39957	1.40667	0.92212	0.91979
…	…	…	…	…	…	…

다. 패널 SFA 분석 방법

생산기술이 시점 간에 변화 없이 일정하다고 가정을 한 후 u_i에 대한 분포 가정을 부과하지 않고 u_i가 독립변수나 v_i와 서로 상관관계가 있을 수 있다고 가정한다. 그리고 각 DMU의 시점 간의 효율성도 일정하다고 가정한다. 이러한 가정을 바탕으로 둔 것이 시간불변 고정효과 모형이다. 이 고정효과 모형은 단순한 OLS 방법을 이용하여 어렵지 않게 추정할 수 있다. 추정절차는 첫 번째, DMU에 대한 가변수(dummy variable)와 독립변수를 모형에 포함시키고 절편항이 없는 회귀모형을 추정한 후, 두 번째, 추정된 DMU 가변수의 회귀계수 중 최댓값을 이용하여 이 값에서 각 회귀계수 값을 빼 정규화하여, 세 번째, 이를 통해 얻어진 값에 음수 값을 취한 후 지수함수 값을 구하면 된다.

첫 번째 단계의 회귀계수의 추정은 SAS의 REG, GLM, QLIM 외 여러 다양한 프러시저를 이용하여 수행할 수 있지만 PANEL 프러시저의 FIXONE 옵션을 이용하여 추정한 결과는 다음과 같다. 먼저 DMU 효율성 점수에 차이가 있는지 여부를 검정하기 위해 고정효과 유무에 대한 F-검정 결과를 얻을 수 있는데 귀무가설이 '고정효과가 없다'이기 때문에 본 자료를 분석하는 데 있어서는 고정효과 모형이 타당함을 알 수 있다. 또한 결정계수 값이 0.92로 매우 높게 나오고 있어 모형의 설명력도 높음을 알 수 있다.

표 10.8 ▸ 고정효과 유무에 관한 가정 SAS 10.6

F Test for No Fixed Effects and No Intercept			
Num DF	Den DF	F Value	Pr > F
43	292	3.56	<.0001

회귀계수 추정값들도 [표 10.9]와 같이 구할 수 있다. CS1부터 CS43까지의 회귀계수는 DMU별 가변수의 회귀계수이다. 고정효과 모형을 이용한 경우와 이를 고려하지 않은 SFA 모형의 결과를 비교해보면 노동 변수가 더 이상 통계적으로 유의미하지 않음을 알 수 있다.

표 10.9 ▸ 추정된 회귀계수들 SAS 10.6

Variable	Estimate	Standard Error	t Value	Pr > |t|	Label
CS1	−0.09876	0.1012	−0.98	0.3300	Cross Sectional Effect 1
CS2	0.405627	0.1231	3.30	0.0011	Cross Sectional Effect 2
CS3	−0.01776	0.1227	−0.14	0.8850	Cross Sectional Effect 3
…	…	…	…	…	…
CS43	−0.22004	0.1041	−2.11	0.0354	Cross Sectional Effect 43
Lnarea	0.552307	0.1176	4.70	<.0001	
lnlabor	0.026224	0.0851	0.31	0.7581	
lnNPK	0.159795	0.0593	2.69	0.0075	

Variable	Estimate	Standard Error	t Value	Pr > |t|	Label
lnareasq	−0.44075	0.1441	−3.06	0.0024	
lnarealab	0.578242	0.2142	2.70	0.0074	
lnareanpk	0.133001	0.1472	0.90	0.3668	
lnlaborsq	−0.29289	0.1478	−1.98	0.0484	
lnlabnpk	−0.24789	0.1278	−1.94	0.0534	
lnnpksq	0.027782	0.0497	0.56	0.5764	

한편 위에서 얻어진 가변수의 회귀계수를 이용하여 $\widehat{u_i} = Max(\widehat{\beta_{0i}}) - \widehat{\beta_{0i}}$를 구한 후 기술적 효율성, $TE_i = \exp(-\widehat{u_i})$을 아래와 같이 구할 수 있다.

표 10.10 ▸ 각 DMU별 기술적 효율성 SAS 10.6

VarName	TE
CS1	0.35012
CS2	0.57979
CS3	0.37966
CS4	0.40216
...	...

한편 시점불변 무작위효과 모형의 기술적 효율성도 유사한 방법으로 추정할 수 있다. SAS 프로그램을 사용하는 경우에는 PANEL 프러시저의 RANONE 옵션을 이용하여 무작위효과 회귀계수와 잔차를 추정한다. 이 추정된 잔차 값을 이용하여 각 DMU별 잔차의 평균을 구한 후 앞의 고정효과 모형과 동일하게 최댓값 표준화를 수행한 후에 결과를 얻으면 된다.

무작위효과 모형을 가정한 경우의 기술적 효율성 값과 고정효과 모형을 가정한 경우의 기술적 효율성은 높은 상관관계를 갖고 있는 것으로 나타나고 있다. 스피어만 순위상관계수 값을 계산해 보면 0.85로 상당히 큰 값을 가짐을 알 수 있다.

이 장의 SAS code 정리

```
/*자료입력 및 변수설명*/
PROC IMPORT OUT= WORK.RICE
   DATAFILE= "D:₩RICE.XLSX"
   DBMS=EXCELCS REPLACE;
   RANGE="SHEET1$";
RUN;

PROC PRINT;
RUN;

/* DATA EXPLANATION: COELLI, T., ET AL. (2005). AN INTRODUCTION TO EFFICIENCY
AND PRODUCTIVITY ANALYSIS, SPRINGER.P.326
YEARDUM: TIME PERIOD
FMERCODE: FARMER CODE
PROD:OUTPUT (TONNES OF FRESHLY THRESHED RICE)
AREA: AREA PLANTED (HECTARES)
LABOR: LABOUR USED (MAN-DAYS OF FARNILY AND HIRED LABOUR)
NPK: FERTILISER USED (KG OF ACTIVE INGREDIEN염)
OTHER: OTHER INPUTS USED (LASPEYRES INDEX = 100 FOR FIRM 17 IN 1991)
PRICE: OUTPUT PRICE (PESOS PER KG)
AREAP: RENTAL PRICE OF 1AND (PESOS PER HECTARE)
LABORP: LABOUR PRICE (PESOS PER HIRED MAN-DAY)
NPKP: FERTILISER PRICE (PESOS PER KG OF ACTIVE INGREDIENT)
OTHERP: PRICE OF OTHER INPUTS (IMP1ICIT PRICE INDEX)
AGE: AGE OF HOUSEHOLD HEAD (YEARS)
EDYRS: EDUCATION OFHOUSEHO1D HEAD (YEARS)
HHSIZE: HOUSEHO1D SIZE
NADULT: NUMBER OF ADULTS IN THE HOUSEHOLD
BANRAT: PERCENTAGE OF AREA C1ASSIFIED AS BANTOG (UP1AND) FIELDS
*/
```

SAS 10.1 분석에 사용된 변수의 기술통계량

```
PROC MEANS DATA=RICE MAXDEC=3  NOLABEL;
   VAR PROD AREA LABOR NPK;
RUN;

/*자료의 평균표준화 */
PROC STDIZE DATA=RICE METHOD=SUM MULT=344 OUT=SRICE;
   VAR PROD AREA LABOR NPK;
RUN;
```

```
/*평균표준화된 자료의 로그변환*/
DATA LNRICE;
   SET SRICE;
   LNPROD=LOG(PROD);
   LNAREA=LOG(AREA);
   LNLABOR=LOG(LABOR);
   LNNPK=LOG(NPK);
RUN;
```

SAS 10.2 **초월대수 함수 추정 결과; OLS**

```
PROC GLM DATA=LNRICE;
   MODEL LNPROD=LNAREA LNLABOR LNNPK LNAREA*LNAREA
      LNAREA*LNLABOR LNAREA*LNNPK                    LNLABOR*LNLABOR
      LNLABOR*LNNPK LNNPK*LNNPK/SOLUTION;
RUN;

QUIT;

PROC QLIM DATA=LNRICE;
   MODEL LNPROD=LNAREA LNLABOR LNNPK LNAREA*LNAREA
      LNAREA*LNLABOR LNAREA*LNNPK                    LNLABOR*LNLABOR
      LNLABOR*LNNPK LNNPK*LNNPK;
RUN;

QUIT;
```

SAS 10.3 SFA

```
PROC QLIM DATA=LNRICE PLOTS=ALL;
   MODEL LNPROD=YEARDUM LNAREA LNLABOR LNNPK
      LNAREA*LNAREA LNAREA*LNLABOR LNAREA*LNNPK
      LNLABOR*LNLABOR LNLABOR*LNNPK LNNPK*LNNPK;
   ENDOGENOUS LNPROD ~ FRONTIER (TYPE=HALF
      PRODUCTION);/*EXPONENTIAL, TRUNCATE */
   OUTPUT OUT=SFA  PREDICTED EXPECTED TE1 TE2;
RUN;

/*각 DMU별 효율성 점수 계산 결과*/
PROC PRINT DATA=SFA(OBS=10) NOOBS;
   VAR F1 PROD AREA LABOR NPK TE1 TE2;
RUN;
```

SAS 10.4 효율성 점수의 분포

```
PROC UNIVARIATE DATA=SFA;
   VAR TE1;
   HISTOGRAM/KERNEL;
RUN;

PROC SGPLOT DATA=SFA;
   PBSPLINE X=LNLABOR Y=TE1;
RUN;

DATA PRODEFF;
   SET SFA;
   PRODEFF=TE1;
   KEEP F1 PRODEFF;
RUN;
```

SAS 10.5 투입방향 확률거리함수를 이용한 투입효율성

```
PROC STDIZE DATA=RICE METHOD=SUM MULT=344 OUT=SRICE2;
   VAR PROD AREA LABOR NPK;
RUN;

DATA LNRICE2;
   SET SRICE2;
   LNPROD=LOG(PROD);
   LNAREASTAR=LOG(AREA/NPK);
   LNLABORSTAR=LOG(LABOR/NPK);
   LNNPK=LOG(NPK);

PROC QLIM DATA=LNRICE2 PLOTS=ALL;
   MODEL LNNPK=YEARDUM LNPROD LNPROD*LNPROD
      LNAREASTAR LNLABORSTAR LNAREASTAR*LNAREASTAR
      LNLABORSTAR*LNLABORSTAR LNAREASTAR*LNLABORSTAR
      LNPROD*LNAREASTAR LNPROD*LNLABORSTAR;
   ENDOGENOUS LNNPK ~ FRONTIER (TYPE=HALF
      COST);/*EXPONENTIAL, TRUNCATE */
   OUTPUT OUT=SFA  PREDICTED EXPECTED TE1 TE2;
RUN;

/*투입방향 확률거리함수를 이용한 투입 효율성 점수*/
PROC PRINT DATA=SFA(OBS=10) NOOBS;
   VAR F1 NPK LABOR AREA PROD TE1 TE2;
```

```
RUN;

DATA COSTEFF;
   SET SFA;
   COSTEFF=TE1;
   KEEP F1 COSTEFF;
RUN;

PROC SORT DATA=COSTEFF;
   BY F1;
RUN;

PROC SORT DATA=PRODEFF;
   BY F1;
RUN;

DATA COMP;
   MERGE COSTEFF PRODEFF;
   BY F1;
RUN;

PROC PRINT DATA=COMP;
RUN;

PROC SGPLOT;
   REG  X=PRODEFF Y=COSTEFF/CLM CLI;
RUN;

PROC CORR DATA=COMP;
   VAR PRODEFF COSTEFF;
RUN;
```

SAS 10.6 패널 분석

```
/*FIXED EFFECT MODEL USING PROC PANEL: QLIM으로 한 것과 동일함*/
DATA NEW;
   SET LNRICE;
   LNAREASQ=LNAREA*LNAREA;
   LNNPKSQ=LNNPK*LNNPK;
   LNLABORSQ=LNLABOR*LNLABOR;
   LNAREALAB=LNAREA*LNLABOR;
   LNAREANPK=LNAREA*LNNPK;
   LNLABNPK=LNLABOR*LNNPK;
```

```
RUN;

PROC SORT DATA=NEW;
   BY FMERCODE YEARDUM;
RUN;

PROC PANEL DATA=NEW;
   ID FMERCODE YEARDUM;
   MODEL LNPROD= LNAREA LNLABOR LNNPK LNAREASQ
      LNAREALAB LNAREANPK          LNLABORSQ LNLABNPK
      LNNPKSQ/FIXONE NOINT PRINTFIXED;
   ODS OUTPUT PARAMETERESTIMATES=PARM2;
RUN;

QUIT;

/*각 DMU별 기술적 효율성*/
PROC MEANS DATA=PARM2(WHERE=(LABEL ^="")) MAX;
   VAR ESTIMATE;
   OUTPUT OUT=TEMP MAX=MAX;
RUN;

DATA _NULL_;
   SET TEMP;
   CALL SYMPUT('MAXIMUM', MAX);
RUN;

DATA PARM3;
   SET PARM2(WHERE=(LABEL ^=""));
   U_I=&MAXIMUM-ESTIMATE;
   TE=EXP(-U_I);
RUN;

PROC PRINT DATA=PARM3;
   VAR VARNAME TE;
RUN;

/*RANDOM EFFECT 고정효과와 무작위효과 모형의 상관관계*/
PROC PANEL DATA=NEW;
   ID FMERCODE YEARDUM;
   MODEL LNPROD=YEARDUM LNAREA LNLABOR LNNPK
      LNAREASQ LNAREALAB LNAREANPK          LNLABORSQ LNLABNPK
```

```
      LNNPKSQ/RANONE  PRINTFIXED;
   OUTPUT OUT=RESULT PRED=PRED RESID=RESIDUAL;
RUN;

QUIT;

PROC MEANS DATA=RESULT;
   CLASS FMERCODE;
   VAR RESIDUAL;
   OUTPUT OUT=USTAR;
RUN;

PROC PRINT;
RUN;

PROC MEANS DATA=USTAR(WHERE=(_STAT_="MEAN")) MAX;
   VAR RESIDUAL;
   OUTPUT OUT=TEMP MAX=MAX;
RUN;

DATA _NULL_;
   SET TEMP;
   CALL SYMPUT('MAXIMUM', MAX);
RUN;

DATA TE;
   SET USTAR(WHERE=(_STAT_="MEAN"));
   U_I=(&MAXIMUM-RESIDUAL);
   TE=EXP(-U_I);
RUN;

PROC PRINT DATA=TE;
   VAR FMERCODE TE;
RUN;

DATA COMP;
   MERGE TE(RENAME=(TE=RANTE) WHERE=(FMERCODE ^=.))
      PARM3(RENAME=(TE=FIXTE));
RUN;

PROC PRINT;
RUN;
```

```
PROC GPLOT DATA=COMP;
   SYMBOL1 INTERPOL=R
      VALUE=CIRCLE;
   PLOT RANTE*FIXTE/REGEQN;
RUN;

PROC CORR DATA=COMP SPEARMAN;
   VAR RANTE FIXTE;
RUN;
```

제11장
결 론

Theory of Efficiency Analysis

제 11 장

Theory of Efficiency Analysis

결론

지금까지 DEA와 SFA를 바탕으로 한 다양한 효율성 분석 방법들을 살펴보았다. DEA가 시작된 것이 1970년대 말이라는 점을 생각해보면 효율성 분석은 아직도 성장과정에 있는 분야라고 할 수 있다. 꾸준히 새로운 분석 모형들이 등장하고 있으며 다양한 응용 사례들이 제시되고 있다. 이론이 빠르게 발전한다는 것은 그만큼 이론의 기초를 정확히 이해할 필요가 있다는 것을 의미한다. 튼튼한 기초를 바탕으로 새로운 이론을 발전시킬 수도 있고 제시된 이론들의 한계가 무엇인지도 알 수 있기 때문이다.

실제 효율성 분석 이론을 실무에 적용하는 과정에서는 많은 어려움에 직면하게 될 것이다. 가장 어려운 점은 효율성 개념을 이해관계자들이 매우 상이하게 이해하고 있다는 것이다. 공공부문의 효율성을 평가할 때 흔히 제기되는 반론은 공공부문의 산출은 수익률이나 매출액만으로 평가를 할 수 없다는 주장이다. 공공부문을 평가할 때 효율성 분석 결과만을 가지고 평가할 때는 이 주장은 지극히 타당하다. 하지만 공공부문을 평가하는 다양한 측면 중 수익률이나 매출액 측면을 평가해야 된다면 이 책에서 제시한 효율성 분석은 타당성을 갖게 된다. 실제로 여러 측면을 고려해야 한다는 주장은 쉽게 제시하면서도 막상 어떤 측면을 구체적으로 어떻게 적용할지에 대해서는 대안이 없는 막연한 비판만을 제기하는 경우가 많기 때문이다.

또 하나의 어려움은 모든 이해관계자가 만족하는 적절한 투입 및 산출요소를 모형에 포함하기 어렵다는 점이다. 일부 투입 및 산출요소는 측정이 어렵고, 일부 요소는 특정

DMU에게만 중요한 요소인 경우들이 있다. 예를 들어 부채가 많은 공기업들은 자신들 사업의 특수성을 주장하며 부채를 효율성 측정에 사용하면 안 된다고 주장을 하는 것이다. 그러나 DEA와 같은 효율성 평가는 자신의 효율성을 극대화할 수 있는 유사한 상태에 있는 준거 DMU와 비교해서 이루어지기 때문에 효율경계를 형성할 수 있는 적절한 DMU들이 존재하는 경우 부채가 많은 것이 효율성에 반드시 부정적인 영향을 준다고 판단하기 어렵게 된다. 우리가 관심을 기울여야 하는 것은 전체 공기업을 평가할 때 부채요소를 고려하는 것이 타당한지의 여부이지 그것이 특정 공기업에 어떤 영향을 주는지의 여부는 아닐 수 있는 것이다. 그리고 투입 및 산출요소 선정의 판단은 모든 이해관계자를 만족시키려는 데 있는 것이 아니라 연구자 혹은 연구를 요청한 고객 쪽의 효율성 분석 목적을 달성하는지 여부에 있다고 할 수 있다. 따라서 실제 DEA 활용에서는 효율성 분석의 목적을 명확히 하는 것이 매우 중요하다고 할 것이다.

효율성 분석을 수행하면서 직면하는 또 하나의 문제는 다양한 분석모형 중 어느 분석 결과를 제시해야 할 것인가이다. 지면상의 제약으로 모든 모형을 다 제시할 수는 없는 경우가 많고, 경우에 따라서는 각 모형의 결과들을 나열하는 데 그치는 경우가 많다. 바람직한 효율성 분석일수록 다양한 모형을 이용해 자료를 분석하고 연구자가 생각하는 가장 바람직한 모형의 결과를 제시하고, 모형 간 분석한 결과의 차이를 비교 평가해주는 정보를 제공해주는 것이 이상적이다.

효율성 분석은 앞으로 발전할 여지가 많다. 많은 연구들이 효율성 점수를 계산하는 데 머물러 있는 경우가 많기 때문에 효율성 분석 결과가 예측가능성이 높은지, 이 결과를 실제 조직관리에 사용했을 때 어떤 문제가 발생하는지에 대한 연구들은 매우 미흡한 상황이다. 한국적 상황에서 효율성 분석 결과를 어떻게 실제 사례에 응용할지에 대한 수준 높은 연구들이 절실하다고 할 수 있다.

또 하나는 효율성 분석 이론과 소프트웨어의 개발이다. 다양한 접근 방식이 사용되는 효율성 분석의 경우 새로운 모형을 반영하는 소프트웨어들이 필요한데 이러한 소프트웨어들을 국내의 개발자들이 더욱 많이 만들어 보급하지 않으면 효율성 분석의 이론과 응용의 발전을 기대하기는 어렵다. 행정, 공학, 경영 등 다양한 분야의 학제적인 연구를 통해 국내에서의 효율성 분석 이론과 소프트웨어의 발전을 기대해 본다.

마지막으로 효율성의 인과메커니즘에 대한 깊이 있는 연구이다. 우리는 투입과 산출이 효율성을 결정한다는 것은 인정하지만 이것들이 구체적으로 어떻게 영향을 주는지에 대해서는 상식적인 수준의 설명에 머무르고 있다. 어떤 조직의 효율성이 높다면 왜 높은지에 대한 설명이 제시되지 않는 한 조직의 효율성 개선을 위한 구체적인 관리전략을 제시하기는 어렵다. 어쩌면 이러한 이유 때문에 효율성 분석은 경영이나 행정학 분야의 연구자들이 앞으로 기여할 여지를 더 많이 갖고 있다고 할 수 있다.

효율성 분석의 한계가 있다는 주장이 효율성 분석이 불필요하다는 의미는 아니다. 좋은 과학자라면 한계가 있다는 주장에 머무르지는 않는다. 효율성 분석이 한계가 있는 방법론이지만 이를 꾸준히 발전시킨다면 우리는 혁신적인 효율성 분석 모형을 발견할 수 있을 것이다. 세상에는 진리가 없다는 불가지론의 편안함에 머무르는 것보다 조금이라도 과학적인 진리를 찾고자 하는 노력이 과학 지식의 발전에 기여할 수 있다.

부록 1

국내외 효율성 분석에서 사용된 투입과 산출 요소

부록 1

Theory of Efficiency Analysis

국내외 효율성 분석에서 사용된 투입과 산출 요소

대분류	소분류	투입 요소	산출 요소
SOC	공항	활주로 수, 게이트 수, 운영비용, 비운영비용	정기 및 부정기 연간 운항 횟수, 연간 여객처리 실적, 항공수익, 비항공수익, 정시 운항 비율
		게이트 및 Stand 수, Airside 넓이, 활주로 수, 항공교통관제사 수	항공기 운항 횟수
		영업비용, 연간 처리능력	단위 처리량, 영업수익
		활주로 길이, 터미널 면적, 직원 수	여객 수, 화물 수, 운항 횟수
		터미널 면적 공항정규직 인원수, 터미널 면적	여객 수, 매출액
		활주로 길이, 종업원 수, 터미널 규모	여객 수, 화물량, 비행편 수
		aero revenue, non-aero revenue, labor cost, financial cost, direct cost	operating profit, net profit, dependency on debt
	버스 터미널	site area, floor space-number of scheduled trips, operating expenses	number of passengers, fare collection, total revenue
	지하철	차량 수, 역 수, 직원 수, 노선 연장	수송인원, 수입
	철도	객차 수, 화차 수, 기관차 수, 직원 수, 토지 및 구조물비, 장비비, 에너지 소비량	여객/km, 톤/km, 여객열차/km, 화물열차/km
		차량 수, 노동자 수	차량/km
		직원 수, 자본, 토지경사도	열차/km
		객차 좌석 수, 화차 용량, 직원 수, 노선 연장	여객/km, 톤/km
		기관차 수, 객차 수, 화차 수, 직원 수, 동력소비량, 장비소비량, 노선 연장, 승객 수	여객/km, 톤/km
		차량 수, 직원 수, 노선 연장	여객/km, 톤/km
		차량 수, 행정직원 수, 비행정직원 수, 노동인원 수, 노선거리	차량/km
		capital, equipments, labor	passenger services, freight services
		차량 수, 행정직원 수, 운행기사 수, 정비직원 수, 연료사용량	운행거리, 승객 수

대분류	소분류	투입 요소	산출 요소
		전동차 수, 철도청, 서울지하철공사, 부산지하철공사 인력 수, 유지보수비용, 궤도별 설비투자, 비운행 필요전력	전동차/km
		-	전동차/km
		객차 수, 화차 수, 기관차 수, 노동자 수, 국민총생산, 복선화율	여객/km, 톤/km, 수송수입, 영업계수
		노동, 전력, 전동차 및 유지보수, 궤도	전동차/km
		차량 수, 기사 수, 관리직원 수, 정비직원 수, 연료사용량	운행거리, 승객 수
		차량 수, 역 수, 직원 수, 노선 연장	수송인원, 수입
		정부지급액, 운영비용	교통량, 차로 수
		직원 수, 차량용량, 노선 연장	여객/km, 열차/km, 여객 수
		차량 수, 기사, 관리직원 수, 정비직원 수, 연료사용량	운행거리, 승객 수, 사고비용
		차량 수, 노동자 수, 유지보수비연료, 노선 연장	여객/km, 톤/km, 열차/km
		객차 수, 화차 수, 기관차 수, 노동자 수, 연료사용량, 철도 연장, GDP	여객/km, 톤/km
		객차 수, 화차 수, 직원 수, 영업 연장	여객/km, 톤/km, 열차/km
		발송 규모, 발송 수입, 도착 규모, 도착 수입	발송 규모, 발송 수입, 도착 규모, 도착 수입을 동시에 모두 반영하여 도출한 성과지표
		객차 수, 화차 수, 직원 수, 영업 연장	여객열차 운행거리, 화물열차 운행거리, 여객 수송실적(인/km), 화물 수송실적(톤/km)
		객차 수, 화차 수, 직원 수, 운영비, 영업 연장	여객/km, 톤/km, 열차/km
		객차 수, 화차 수, 직원 수, 운영비, 선로 연장	여객열차 운행거리(천대/km), 화물열차 운행거리(천대/km), 여객 수송실적(백만인/km), 화물 수송실적(백만톤/km)
		직원 수, 역별 화물열차 유치가능량	화물 수입금액, 화물 취급량
		영업 및 열차 인력, 1일 최대작업능력(량), 역내 차량 유치가능량	발송 규모(만톤/년), 도착 규모(만톤/년)
		화물인력, 유치가능량	품목별 발송 규모, 품목별 도착 규모
		객차 수, 화차 수, 직원 수, 영업 연장	여객열차 운행거리, 화물열차 운행거리, 여객 수송실적(인/km), 화물 수송실적(톤/km)
		차량 수, 운행거리, 대당 운행거리, 운행 횟수	총수익금, 전체 이용 건수
		차량 수, 정류소 수, 노선 거리, 배차간격, 연료사용량	총수익금, 승객 수
		차량 수, 노동자 수, 선로 연장	열차 운행거리, 수송실적
		차량 수, 역 수, 직원 수, 운영비, 선로 연장	전동차 운행거리, 여객 수송실적, 매출액
		차량 수, 역 수, 인건비, 수도광열비, 열차편성 수, 영업거리, 소요시간, 표정속도, 운행 횟수, 환승노선 수, km당 승객 수	연간 수송인원, 일평균 수송인원, 연간 승차인원, 일평균 승차인원
		선형, 궤도, 교량, 터널, 노반	총괄 노후도 점수

대분류	소분류	투입 요소	산출 요소
	항만	number of containers, total length of berth, container berth length	total tons throughput
		안벽 길이, 접안능력, 야적장 면적, 하역능력	항만화물 수송량, 입출항 실적(척), 입출항 실적(톤)
		선석 길이, 선석 수, 수심, 안벽 크레인, 부두 총면적	총처리 물동량(TEU)
		선석 수, 선석길이, C/C(크레인)대수, CT의 총면적	연간 컨테이너 처리량
		선적 수, 배후단지 면적, 배후단지 입주기업 수	배후단지 컨테이너 창출량
공공 기관	공기업	직원 수, 투자자본	매출액
		인건비, 순유형자산, 물건비	매출액
		직원 수, 총비용, 노동 가격, 물적 자본 가격	자기자본, 자기자본비율, 수익, 수지비율
		운영역 수, 차량 수, 노동인원수, 선로 길이	수송인원수, 운수수입액
	사회복지	건물 연면적, 지사직원 수, 지사 총임금액	민원업무량, 징수총액, 부과총액, 암검진 대상인원/연, 암검진 수검인원/연
	정보보호	인원수, 연간 예산	채택표준 수, 간사 수, 프로젝트 수, 국가표준 수, 투표율 수
	지방의회	지방의원 수, 의정활동, 예산 규모	조례제정심의, 예결산심의, 행정사무감사, 질의질문 등의 실적 건수
	지역농협	경지면적, 직원 수, 조합원 수	판매 실적, 구매 실적
	의료기관	임직원 수, 총비용	매출액, 당기순이익
		의료인력 수, 간호인력 수, 행정인력 수	진료 실적, 구강보건사업 실적, 보건교육사업 실적, 방문건강관리사업 실적
		종업원 수, 인건비 자본투입량, 부가비용투입량	산출 물량, 산출물 질
		인건비, 투자자본	매출액, 당기순이익
		운영병상 수, 의사 수, 간호사 수, 일반직원 수, 의료비용, 관리비	외래환자 수, 입원환자 수, 수술 건수, 입원수익, 외래수익
공공 서비스	경찰행정	인적자원, 물적자원	경찰업무
		경찰 인력 수	범죄검거율
		경찰 인력 수	6대 범죄검거 건수
		경찰관 1인당 관할면적, 경찰관 1인당 관할인구, 예산차량, 통신장비, 수사장비	5대 범죄발생 건수, 5대 범죄검거 건수, 교통사고 처리 건수, 안전사고처리 건수
		경찰 인력 수, 경찰 예산	경범죄검거 건수, 5대 범죄검거 건수
		경찰 인력 수	범죄대응능력
		경찰 인력 수, 경찰 예산	총 범죄발생 건수, 총 범죄검거 건수, 교통사고 처리 건수, 기초질서 단속 건수, 민원업무 처리 건수
		징세비	징수세액, 조세범칙추징액
	국방	종업원 수, 총자산	매출액
		인원수, 예산	특허 성과, 기술 이전료, 순 기술가치, 기술주요도, 전투력경쟁, 정비경쟁, 수행능력

대분류	소분류	투입 요소	산출 요소
		승무원 수, 전투중량, 전고	톤당 마력, 최고속도, 항속거리, 주포구경
		종업원 수, 총자산	매출액, 당기순이익
		직원 수, 총자산	매출액
		판매관리비, 자산, 부채	매출액, 당기순이익, 현금흐름
		승조원 수, 톤 수, 길이	항해능력, 대함/대공/대잠/대지무기체계
		종업원 수, 재료비, 총자산, 종업원 수, 재료비	매출액
		업무투입시간, 인원수, 운영예산	계약 건수, 지출지급 건수, 본부평가점수
	대중교통	차량 수, 노동인력 수, 정비인력 수, 유류(리터)	도시형버스/km, 좌석버스/km, (도시형버스와 좌석버스 승객을 생산하는 기업형태), 승객 수
		통일 및 동북아시대 대비 교통망 구축, 종합연계교통체계 구축, 대중교통중심 교통체계 구축, 재원조달 및 투자체계의 합리화, 대중교통 통합서비스 구축, 교통수요관리정책의 강화, 지능형교통체계 구축, 교통시설의 운영효율화, 교통-물류산업의 국가경쟁력 강화, 복합화물운송체계 구축, 공항-항만 시설의 허브화, 교통시설운영의 민영화 추진, 자원절약적·환경친화적 교통체계 개발, 교통안전체계의 선진화, 교통약자의 이동권 확보	효율적인 국가종합교통체계, 신속·쾌적한 교통서비스, 경쟁력 있는 교통-물류산업의 육성, 지속가능하고 인간중시하는 교통환경
		배차간격, 운행시간 오차율	통합 정시성
		차량 수, 정류소 수/운영비, 노선거리, 배차간격	총수익금, 승객 수
		1인당 기반시설 투자액, 인구밀도, 자동차 보유대수, 도로율(m/km^2), 도로포장률, 재정자립도	교통사고 발생량/자동차 1천 대
		수송거리, 차량 대수, 운행 빈도, 배차간격, 정거장 수, 일평균 운행비용, 운송원가	노선별 연간 운송 수입금
	도서관	장서 수, 총개관시간, 정기간행물 수, 구입도서 수, 거주인구, 면적, 인구밀도	이용 도서 수, 정보 요구 수, 조회 수
		장서 수, 연속간행물 수, 연간증가책 수	이용자 수, 이용 도서 수
		면적, 장서 수, 자료구입비, 직원 수	연간증가책 수, 연속간행물 수, 이용 도서 수, 이용자 수
	도시가스	인구밀집도, 산업용비중, 총 직원 수당 인건비, 유동비율, 매출총이익률, 영업이익률, 총자본회전율, 총 직원 수당 매출총이익, 수도권 · 비수도권더미, 상장 · 비상장더미	효율성 지표
	민간위탁	수거인력, 수거차량, 수송차량	총수거량
		위탁비용, 인력	민원안내 건수, 전화안내 건수
		직영비용, 위탁용역비용	분무작업량, 유충작업량
	사회복지	1998년도 11개월 간 총지출	총 이용자 수, 전문프로그램 이용자 수, 프로그램 운영실적, 1998년도 실적평가점수, 상근사회복지사 수
		인원, 차량 및 중장비, 손수레 수	총수거량, 매각 및 소각량, 재활용품 수거량

대분류	소분류	투입 요소	산출 요소
		자원봉사자 수, 결산액, 후원금, 종사자 수 대비 사회복지사 비율	이용자 수, 총 프로그램 수
		본인부담금	이용자 수, 매출액
	소방행정	소방기동장비 종류 및 수소방인력(행정직, 기술직, 소방직) 수시도별 소방예산(공무수행경비, 일반보상비, 재료비, 시설비, 부대비, 자산취득비 등의 총합)	화재피해경감액, 구조실적
	에너지	종업원 수, 설비용량(MW)	판매수입(백만 원), 순이익(백만 불), 판매량(TWh)
		인건비, 예산집행액(인건비 제외)	에너지 절약 홍보 및 교육, 에너지관리진단 및 지도, 에너지관리, 에너지사용기자재 효율 향상
	우체국	관할면적, 고정자산, 직원 수, 공통비, 우편영업비, 금융영업비, 관할가구 수	우편영업수익, 금융영업수익, 보익수지차, 배달 및 중계우편물량, 현금출납 건수, 연평잔실적
	정보보호	정보보호 전담 인력 수, 정보보호 관련예산	보안 인식 교육 횟수, 외부 교육 횟수, 외부 교육 인원 비율
	정보통신	유형자산, 투입인력 수, 투자비용	매출액
	철도	화물취급역 수, 화물수입액(억 원), 화물취급규모(만톤)	발착 규모, 규모 순위
		기관차 수, 화차 수, 객차 수, 인원수/연료사용량, GDP, 철도연장(km)	여객/km, 화물 ton/km
		역별 인력 수, 역별 유치가능용량	화물수입(원), 화물취급량
		선로구간 수	선로노후도 점수
	체육시설	연면적, 인건비, 운영비	연간운영수입액, 사용일수(연시설 이용인원수의 proxy)
	항공	항공자유화 체결, 자유무역협정, 지리적 위치, 물류처리비용, 운송시간, 인프라 개발, 통관절차, 복합운송체계구축, 물류정보시스템 운용 여부, 기업환경, 공항의 브랜드 이미지	정책결정 결과
교육기관	대학교	전임교수 수, 직원 수, 교수인건비, 직원인건비	대학생 수, 대학원생 수, 연구용역 수입, 연구논문 수, 저서 수
		교수 수, 직원 수, 운영비, 인건비 및 기자재비	대학생 수, 대학원생 수, 논문 편수, 취업자 수
		인건비, 관리운영비, 기자재비	대학생 수, 대학원생 수, 논문 편수, 취업자 수
		학생 1백 명당 교수 수, 학생 1백 명당 교직원 수, 총 세입 금액, 건물면적, 교직원 연수 건수, 관리운영비, 1인당 인건비, 장학수혜폭	학생 상대 적용 지수, 교수 대외연구 수혜액, 교수의 연구실적
		건물면적, 학생 1백 명당 교수 수, 학생 1백 명당 교직원 수, 총 세입 금액, 교직원 연수 건수, 평당 관리운영비, 1인당 인건비, 장학수혜폭	학생 상대 적응 지수, 교수대외 연구수혜액, 교수의 연구실적
		학급당 학생 수, 교사 평균 경력, 석사 이상 교원 비율, 자격 시수율, 학생당 수익사업비	4년제 대학 진학률
		교육직원 수, 비교육직원 수, 총 지출액(인건비 제외), 비유동자산 가치	전일제 학생, 학위 수여자 수, 연구지원비, 외부 연구비, 연구지출비

대분류	소분류	투입 요소	산출 요소
		교수당 학생 수, 직원당 학생 수, 대학원생 비율, 학생당 세출액, 세출 중 인건비 비중, 세출 중 장학금 비중	학사 졸업생 취업률, 학사과정 학업 지속률, 교수당 학술지 논문 편수, 교수당 외부연구비
		보유 장서 수, 교수 수, 직원 수, 연구비, 인건비, 학생 수	논문 편수, 연구용역 수입, 논문 피인용 횟수, 사회적 평판
		교수 수, 직원 수, 세출 총액	취업자 수, 사회봉사 실적, 교수 논문 게재 실적 총합, 외부 연구비 수혜금액 총합
		직원 보수, 연구학생 경비관리 운영비, 교육 외 비용	취업자, 진학자, 학술지
		대학 수, 교수 수	학생 수
		학생 수	교사 수, 유치원 수, 교사 면적
		(물적요소) 학생 1인당 장서 수, 전임교원 1인당 연구비, 학생 1인당 장학금, (인적요소) 전임교원 1인당 학생 수, 전임교원 강의 비율	정규직 취업률, 전임교원 1인당 연구 실적
		도서관 예산, 전임교원 확보율, 1인당 학생 수, 강의 담당 비율(%)	등재 논문 편수, SCI급 국제논문 편수, 1인당 저역서 수, 1인당 연구비, 특허등록건수
		학생 수, 전임교원 확보율, 장학금 수혜율, 1인당 교육원가	취업률, 교수 1인당 연구 실적, 학생 유지율, 재학생 충원율
	도서관	시설 연면적, 도서관 직원 수, 도서구입비를 포함한 도서관 운영비, 이용대상자 수, 장서 수	연간 이용자 수, 연간 대출도서 수
		시설 연면적, 도서관 직원 수, 장서 수	연간 이용자 수, 연간 대출도서 수
		임시직을 제외한 직원 수, 총운영비용, 이용자 수	참고 조사, 대출도서 수, 상호대차 횟수
		도서관장 인건비, 전문직 인건비, 총운영비용	총 대출 건수, 주당 이용시간, 증가장서 수
		직원 수, 도서구입비, 도서관 면적, 정기간행물 수	학생들의 도서관 출입횟수, 대출 건수, 참고 조사, 상호대차 횟수
		직원 수, 인건비를 제외한 총운영비용	참고 조사, 대출도서 수, 상호대차 횟수
		직원 수, 총운영비용, 도서구입비, 상호대차 횟수	장서 현황, 수집자료, 정기간행물 수, 마이크로필름 수, 상호대차 횟수, 총 대출 건수
		장서 수, 총개관시간, 정기간행물 수, 구입도서 수	총 이용 건수
		총운영비용	이용 도서 수
		좌석 수, 장서 수, 직원 수	이용자 수, 이용 도서 수
		장서 현황, 연간수집 자료량, 연간구입 자료량, 연간구독 정기간행물 수, 직원 수(전문직/비전문직), 고용 학생 수	상호대차 횟수, 이용자 교육참여 학생 수, 참고 조사, 총 대출 건수
		도서관 면적, 직원 수, 예산, 장서 수	이용자 수, 이용 도서 수
		장서 수, 정규직 직원 수	연속간행물 수, 대출도서 수, 주당 개관시간, 연간 도서 증가 수
		직원 수, 최신 자료 비율, 구독정기간행물 비율, 수집 자료량, 열람시간, 컴퓨터 대수, 이용자 교육에 사용된 열람권 수, 학생 수	이용자 교육학습 활동, 학생 연구활동

대분류	소분류	투입 요소	산출 요소
		면적, 단행본 수, 비도서 수, 총 간행물 수, 직원 수, 학생 수	이용자 수, 대출도서 수
		면적, 직원 수, 예산, 장서 수	이용자 수, 열람도서 수, 대출도서 수
		면적, 인력 수, 지출액	이용자 수, 대출도서 수, 문화행사 참가자 수
		면적, 장서 수, 직원 수, 자료구입비	이용자 수, 총 이용도서 수, 문화행사 참가자 수
		면적, 장서 수, 직원 수, 예산	자료실 이용자 수, 대출도서 수, 상호대차 이용 건수
		면적, 직원 수, 예산, 자료수	대출도서 수, 이용자 수
		인건비, 자료구입비, 운영비	이용자 수, 이용 도서 수
		도서관 면적, 직원 수, 장서 수	이용자 수, 이용 도서 수
		도서관 면적, 직원 수, 예산, 장서 수	이용자 수, 이용 도서 수, 문화행사 참가자 수
		면적, 장서 수, 직원 수, 자료구입비	이용자 수, 이용 도서 수, 연속간행물 수, 연간 도서증가 수
		면적, 도서 수, 자료실 좌석 수, 직원 수, 자료구입비	대출자 수, 대출 건수, 도서관 방문자 수
		연간 장서 증가 수, 인력 수, 인건비, 장서 가격, 총 보유 장서 수, 면적	이용자 수, 이용 도서 수
	연구관리	교원 수, 직원 수, 교내 연구비, 운영비용	기술이전수입, 국내 특허등록건수, 국제 특허등록건수, 운영수입
	중등교육	학급당 학생 수, 교사 경력(년 수), 17년 이상 교사 비율(%), 학생당 부지, 학생당 복리비(원)	4년제 대학진학률(%)
		학급당 학생 수, 교사 경력(년 수), 석사 이상 교사 비율(%), 학생당 부지, 장학생 비율(%)	4년제 대학진학률(%)
		학급당 학생 수, 교사 평균 경력(년 수), 10년 이상 교사 비율(%), 석사 이상 교사 비율(%), 학생당 운영비(원)	4년제 대학진학률(%)
		학생 1백 명당 교원 수, 교사 학력, 학생 이전 성취도, 가구 소득, 학생당 교수학습 활동비	학업성취도, 만족도
		국고지원액(원), 참가 교사 비율(%), 참가 학생 비율(%)	프로그램 참가자 수, 현장체험 학생 수, 교원연수 참가자 수, 우수학생 유치율(%), 동일계 취업률(%), 동일계 진학률(%)
		교지 확보율, 교사시설 확보율, 직원 수	취업률, 정규직 취업률(%)
		교사 수, 대학원생 수, 연구비	학술지 논문 실적, 기타 실적
		학교 수, 교사 수	학생 수
		학생 1인당 교육분야 재정지출 규모, 학생 1인당 교육분야 총지출 규모	고교취학대상자(17~19세) 취학률, 고등교육대상자(20~29세) 취학률, 공립중학교(14~16세) 연평균 총수업시간, 공립 및 사립 중학교 학급당 평균 학생 수(부정적 지표), 중등교육기관의 교사 대 학생 수(부정적 지표), 고등교육기관의 교사 대 학생 수(부정적 지표), 중학교의 순 강의시간, 고등학교의 순 강의시간

대분류	소분류	투입 요소	산출 요소
		교지 확보율, 교사시설 확보율, 직원 수	재학생 1인당 장학금 수혜액, 취업률(%)
		교사 1인당 학생 수, 학급당 학생 수, 직원 1인당 학생 수, 학생 1인당 발전기금	대학진학률(%), 취업률(%)
		재정지원액, 교사 1인당 학생 수	학생 수 증가율, 영어 기초학력 이상 성취 비율
	초등교육	이전(읽기, 과학, 의사소통) SES 점수, 급식 감면자 수, SES, 소수민족 비율, 영어 사용 제한 부모 비율, 면적당 인구 수, 인구 수, 학생 100명당 훈육사건 수	읽기, 과학, 의사소통 SES 점수
		교사 수, 졸업생 수	취업자 수
		재정지원액(원)	입학생 수, 진학생 수, 동일계 취업자 수
		학생 1백 인당 교사 수, 1급 정교사 비율, 학생 1인당 교수 학습 활동비	
		1급 정교사 비율, 교사 1인당 학생 수, 학급당 학생 수, 학생 1인당 교육비, 결산 총액 대비 교수 학습 결산액 비율	국가수준학업성취도 평가 점수
금융 기관	은행	노동, 자본, 기금	부동산 대출, 상업 및 산업 대출, 소비자 대출, 기타 대출, 요구불예금
		직업유형별 투입시간	입지급 처리건수, 대출금
		사무실 임대료, 지점당 직원 수, 지출 경비	대출 건수, 계좌개설 및 폐지 건수, 여행자수표 및 채권 매매 건수, 예금 출납
		노동, 자본, 요구불예금, 저축성예금	이자수익, 비이자수익, 총대출금
		영업점, 자동화기기, 직원 수, 고정 이하 여신, 무수익 여신, 지급보증, 신용위험 가중 자산, 시장위험 가중 자산, 운영위험 가중 자산, 예치금, 파생상품거래, 유가증권거래	대손상각비, 예수금, 대출금, BIS 자기자본, 이자수익, 기타 영업수익
		고정자산, 사무실 전용면적 책임자급 직원 수, 행원 수, 경비, 총이자비용 차입금	수익성 자산, 총이자 수입, 저축성예금
		업무용 고정자산, 정규직원 수, 경비, 부실 무수익 여신	업무 이익, 대출이자 이익, 비이자 수익, 당기순이익
		본원적 서비스, 업무처리, 신뢰감, 고객 응대, 고객 관리, 영업점 환경	고객 만족, 타인 추천 의향, 재이용 의향
		급여, 간주임차료, 총자산	개인수신 매출, 개인여신 매출, 법인수신 매출, 법인여신 매출, 일일거래량
		인건비성 비용, 자기자본	신용사업 합계, 경제사업 합계, 조수익
		점포 수, 업무용 고정자산, 직원 수, 이자비용	예수금, 대출금-무수익 여신, 이자수익, 영업이익
		점포 수, 업무용 고정자산, 직원 수, 이자비용	예수금, 대출금, 이자수익, 영업이익, 무수익 여신
		노동, 자본, 대출 가능 자금	유가증권 잔액, 부동산 대출, 상업 및 산업 대출, 기타 대출
		고정자산, 경영비용, 개인 및 기업예금	총대출 및 어음, 유동자산, 기타수익

대분류	소분류	투입 요소	산출 요소
		노동, 자본, 대출 가능 자금	부동산 대출, 상업 및 산업 대출, 유가증권투자, 소비재 대출, 요구불예금
		금고 수, 그 외 고정자산, 임직원 수	예수금, 대출금
		업무용 고정자산, 직원 수	예수금, 대출금, 월평균 전표 매수
		직원 수, 영업비용	영업이익, 경상이익
		직원 수, 업무용 순 고정자산, 예수금, 차입금	대출금, 유가증권, 기타 운용(수수료 수익)
		(중개기능 접근) 직원 수, 자본, 예금, 차입금(생산기능 접근) 직원 수, 자본, 차입금	(중개기능 접근) 대출, 유가증권, 수수료 수입(생산기능 접근) 대출, 유가증권, 수수료 수입, 예금
		이자비용, 비이자비용, 예수금, 차입금	이자수입, 비이자수입, 총수익자산(대출금+유가증권)
		직원 수, 영업비용	예수금, 대출금, 유가증권
		업무용 고정자산, 직원 수, 지점 수	예수금, 대출금, 유가증권 보유액, 무수익 여신
		직원 수, 업무용 고정자산, 이자비용	업무이익, 대출금, 부실여신
		직원 수, 사무실 점유 비용 및 사무실 자재비 지출, 원자재 지출	요구불예금 계좌 수, 저축예금 계좌 수, 부동산 대출 계좌 수, 분할상한 대출계좌 수, 상업 대출계좌 수
	지역농협	종업원 수, 판매관리비, 교육지원비, 조합원 수	당기순이익, 경제실적총액
		업무용 부동산, 총 직원 수	경제사업취급액, 대출금 평잔, 순손익
		건물비용, 노동경비, 컴퓨터임차료	은행 거래 건수, 신탁계정 거래 건수
		면적, 고정자산, 직원 수, 경비, 자본비용	총수신 평잔, 총여신 평잔, 당기순이익, 예수금 평잔, 대출금 평잔
		면적, 인원수, 자본비용, 물건비	자본조달 및 운용액, 전표처리건수, 영업수익
		직원 수, 사업관리비, 조합원 수, 예수금 평잔	판매액, 구매액, 대출금
사업	R&D	number of researchers, R&D expenditures	papers, patents, royalties, technology and transfers
		연구비	국내외 학술지 게재 수, 국내외 학술대회 발표, 소프트웨어 등록, 특허 등록
		R&D 스톡, R&D 인력 수	SCI 논문 편수, 미국특허출원 수
		연구인력, 연구개발예산	SCI 논문 편수, 등록 특허, 기술료
		연구개발인력, 총 연구개발비 지출	논문 편수, 특허 수
		연구비, 참여연구원 수	SCI 논문 편수, 기술확산 건수(기술이전+기술평가+기술지도)
		GDP, 경제활동인구, R&D 지출	논문 편수, 특허 수
		R&D 스톡, R&D 인력 수	SCI/EI 논문 수, 특허 수
		R&D 지출, 연구인력, 국내총생산, 인구	논문 편수, 특허 수
		R&D 참여인력, 기술개발투자금, 기술개발성과기관	산업재산권, 기술선진화, 매출증가율, 고용증가율
		R&D 인력, 정부 보조금, 수혜기업, 대응 투자금, 사업 종료 후 경과 기간	논문, 특허, 실용화, 사업화

대분류	소분류	투입 요소	산출 요소
	고용지원	직업안정기관운영사업, 예결산액	고용지원센터에 구직신청을 하여 최종적으로 취직한 사람들의 수
	농업	농약량, 유기질 비료량, 노동시간	쌀 생산량
	사회복지	사회복지사 수, 사회복지사 인건비	복지프로그램 참여자 수
		총 직원 수, 연간 자원봉사자 수, 연간 총운영비, 운영기간	복지프로그램 참여자 수
		보육시설 수, 보육시설 담당공무원 수, 보육시설 예산	보육시설 이용 아동 수, 보육시설 면적
	상하수도 사업	인건비 시설공사비, 유지관리비, 원리금 상환액	수도요금수입액, 수돗물 생산량
		인건비, 기타 영업비용, 영업외비용, 물건비	1인당 일일 급수량, 안정성 비율, 수익성 비율
		직원 수, 운영비용	일평균 하수처리량, 하수관 설치 연장
		인건비, 관리비, 약품비, 원수 및 정수비, 동력비, 수선유지비, 이전경비, 수탁공사비, 지급이자 및 기업채 취급 제비용, 특별손실	수익성비율(총수지비율)
	시장육성	local value, investment budget, merchant union activities, project satisfaction	number of customer, sales, activate commercial
	지역축제	총예산, 지방예산비율(%)	평균 관람객 수, 관광객 1인당 지출액
	해운	종업원 수, 자본금	연간 매출액
산업	산업단지	시장당 주민 수, 시장당 상인 수, 시장당 점포 수	시장당 매출액, 시장당 고객 수
	유통	매장 면적, 출점비용, 인구밀도, 소득수준	매출액
	은행 –일반	지점 수, 직원 수, 총비용	예수금, 대출금, 총수익
		업무용 고정자산, 총 임직원 수, 예수금	대출채권, 유가증권
		점포 수, 직원 수, 이자비용	예수금, 대출금, 유가증권
	정보통신	자산, 종업원 수, 운영비	매출액, 순이익
		자산, 자본, 직원 수	당기순이익, 경상이익, 영업이익, 매출액
		연구개발비, 종업원 수, 고정자산	매출액
		시장환경, 정치–규제 환경, 인프라 환경, 개인 준비도, 기업 준비도, 정부 준비도	개인 활용도, 기업 활용도, 정부 활용도
	철강	자본비용, 재료비용, 노동비용	철강생산량, 이윤, 판매량
의료 기관	공공병원	간호서비스, 보조서비스, 행정서비스	입원 일수
		순고정자산, 의사 수, 직원 수, 진료인 수	중환자 입원일 수, 의료보호환자 입원 일수, 수술 건수, 응급환자 수
		총 병상 수, 의료 인력, 간호 인력, 기타 인력	응급환자 총 입원 일수, 중환자 총 입원 일수, 입원환자 및 외래환자 수술 횟수, 외래환자 진료 횟수, 훈련받은 레지던트 수
		응급치료병상 수, 장기병상 수, 간호사, 간호조무사, 의료 인력, 비의료 인력, 장기진료 인력	응급치료 입원 일수, 응급치료 입·퇴원 건수, 장기치료 입원 일수, 외래 방문 건수, 구급차 수술 건수, 입원 수술 건수

대분류	소분류	투입 요소	산출 요소
		의사 수, 간호사 수, 행정직원 수, 관리운영비 지출	외래환자 수, 입원환자 수
		순 병원 운영비(자본비용 제외)	진찰승인 건수, 외래환자 방문 건수, 보육 및 입원환자 입원일 수
	병원	병상 수, 조정의사 수, 의료지원인력 수, 관리인원	외래환자 수, 입원환자 수
		병상 수, 직원 수, 재료비	입원환자 수, 외래환자 수, 조정환자 수
		병상 수, 의사 수, 간호사 수, 사무관리직원 수	일평균 외래환자 수, 일평균 입원환자 수, 병상이용율, 평균 재원일 수의 역수, 의업수지비율, 노동소득분배율의 역수
	보건소	인건비, 의약품비, 기타 비용	주민 1인당 진찰 횟수(보건서비스 수요), 의사 1인당 진찰 횟수(보건서비스 공급), 계획 대비 진찰실적의 백분율(보건서비스 질)
		주민 1인당 인건비, 주민 1인당 운영비	환자치료사업, 집단검진사업, 예방접종사업, 가족계획사업, 병역사업, 보건교육사업, 모자보건사업
		의료 인력, 간호 인력, 행정 인력	진료사업, 가족계획사업
		의료 인력, 간호 인력, 행정 인력	진료사업 실적, 구강보건사업 실적, 모자보건사업 실적
		의료 인력, 간호 인력, 기타 인력	진료사업, 가족계획사업, 모자보건사업 실적, 진료사업
		의료 인력, 간호 인력, 기타 인력	결핵환자 등록 관리자 수, 가족계획 시술 건수, 임산부 및 영유아 신규등록자 수, 연간 환자진료 인원
	지방 의료원	의사직원, 간호직원, 의사보조직원, 관리직원, 병상 재료비, 인건비, 관리비	입원환자 수, 외래환자 수, 입원수입, 외래수입
		병상 수, 의사 수, 간호사 수, 의료보조직원 수	일평균 입원환자 수, 일평균 외래환자 수
		재료비, 인건비, 관리비	입원수익, 외래수익
		재료비, 인건비	연 외래환자 수, 연 입원환자 재원일 수, 당기순이익
		병상 수, 의사 수, 간호사 수, 관리직 수, 예산	외래진료수익, 입원진료수익
		병상 수, 전문 인력(의료보건직), 기타 인력(사무관리직), 의업비용	입원환자 수, 외래환자 수, 의업수입
		인건비, 관리운영비, 재료비	매출액 순이익률, 자기자본비율, 의료보호환자 비율
		인건비, 관리운영비, 재료비	의료수익 순이익률, 자기자본비율, 의료보호환자 비율
		병상 수, 의사 수, 간호사 수, 관리직원 수	외래진료비 수익, 입원진료 비수익
정책	R&D	하드웨어, 인력, 사업비	매출액, 고용창출
		지역별 연구원 수, 지역별 과학기술관련 예산, 지역별 국가연구개발비	지역 내 총생산(GRDP)
	규제	종업원 수, 자본 투입량, 중간재 투입량	총 전화서비스 가입회선 수, 총 통화량

대분류	소분류	투입 요소	산출 요소
	규제 -영업	매장 면적, 인건비, 관리비, 재고자산	매출액, 고객 수
		시설 면적, 직원 수, 유통인 수	1일 평균 거래물량, 장려금, 고객만족도
		고정자산, 출자금, 총취급량	매출액, 가동률
		신뢰성, 확신성, 유형성, 공감성, 대응성	재 이용률, 고객만족도, 추천율
		전문 인력, 자본비용, 차입금	유통관련 매출, 축산 및 잉곡매출, 유통매출액 증가율, 시설평균가등률, 공동계산율, 교육실적, 이자수입
		매장 면적, 종업원 수, POS, 인구 수	총매출액, 고객 수
	규제 -환경	기업별 온실가스 배출량, 기업별 에너지 사용량	생산량, 매출액, 영업이익, 연간 당기순이익, 연간 투자수익률(ROI)
		GDP/P, CO2/P, 1천 명당 노동자 수, 화석에너지소비량/P, 비화석에너지소비량/P	경제효율성, 환경효율성
	부패방지	시도별 청렴관련 예산액, 시도별 부패감사 업무 공무원 수, 청렴교육실적	부패시책 평가결과 중 청렴도
	사회복지	예산집행액, 지원 아동 수	지원 아동 수(실적)
	전통시장 지원	자가상인 수, 임차상인 수, 노점상 수	일평균 매출액, 일평균 고객 수 활성화지수, 시설사업 건수, 경영현대화 건수
	전통시장 지원 -자금	정부자금지원금액, 기업자체 R&D 투자액, 기업 R&D 인력	제품매출액, 특허등록 건수, 기업자산, 기업매출액, 기업영업이익, 기업인력의 증감
	전통시장 지원 -정책	부지면적, 연면적, 매장면적, 주차 대수, 투자비, 종업원 수, 인구 수, 가구소득	매출액, 고객 수
		인건비, 매장면적, 재고자산, 관리비	매출액, 고객 수
		인건비, 매장면적	매출액, 재고량
		총자산, 인건비, 매출원가, 판관비	매출액
		좌석 수, 홀 면적, 인건비, 임차료, 일반관리비	매출액, 순이익
		고객안내센터, 방송시설, 원산지 표시, 자율포장대, 경품행사	매출액, 고객 수
지방 정부	공공사업	인력(소속 단원+임원), 예산(일반운영비+공연사업비)	공연 횟수, 관람자 수, 공연기획(구성 및 내용, 실적)
		중앙정부지원비, 지방정부 및 민자	도로포장실적(km), 완공기반시설면적(m^2), 상하수도처리시설실적(천톤/일)
		인건비, 투자자본	매출액, 당기순이익, 경제적 부가가치
		영업비용, 비영업비용	영업수익
		연구원 수, 연구개발투자비, 연구장비 구입액	특허출원, SCI 보정지수
	공공 서비스	인건비, 건설비, 유지관리비, 원리금 상환액	상수도 연장, 자본수익, 조정량(=총급수량-누수량)
		부지면적, 예산, 도서 수, 고용 수, 평균 개관시간	도서관 방문 및 자료실 이용자 수, 도서관 프로그램 참가자 수, 홈페이지 접속 수

대분류	소분류	투입 요소	산출 요소
	공공행정	공무원 수, 공무원 인건비, 세출액	상수도 보급률, 건축허가 건수, 쓰레기 수거량, 지방세 징수액, 생활보호대상자 수
		영업점 면적, 근무인원	예탁금, 대출금, 손익
		읍면의 공무원 수, 연간 예산액	주민숙원사업(목표대비 달성비율), 가정복지(복지수혜 가구 수), 산림녹지(산불예방 홍보 횟수), 농업생산(방제면적), 지역개발(개발사업 건수), 상수도 관리(간이급수 점검 횟수)
		지역 경사도, 평균고도, 관밀도, 단위면적당 유사발생량	지역인구수
		인력, 예산, 장비 수	총수거량, 재활용품 수거실적, 봉투수수료 징수액
	사회복지	인구 1천 명당 사회복지시설 수, 국민기초생활보장 수급자 비율, 예산대비 사회복지비비율	1인당 사회복지비, 인구 1천 명당 사회복지시설 생활인원 수
		복지예산, 복지담당 공무원 수	복지시설 수, 복지시설생활자 수
		복지인력, 복지예산	복지시설 수, 복지시설생활자 수, 복지시설 면적
		인력 수(정규직+강사), 예산(위탁금)	자격증 취득자 수, 취업자 수, 자체수익
		복지시설 수, 공원 면적 의료기관 종사자 수, 예산대비 사회개발비 비율	주민 10만 명당 범죄 건수, 주민 1인당 사회개발비, 복지시설 수용 인원, 연간 진료건수, 전체 인구대비 수급자 비율
		보육시설 수, 시설면적, 보육시설 담당공무원 수, 보육시설 예산	보육시설 현 아동 수
		주민 1만 명당 사회복지전담공무원 수, 1인당 지역내 총생산, 일반회계 중 복지예산비율, 재정자립도	유아 1천 명당 보육시설 수, 10만 명당 사회복지시설 수, 주민 1천 명당 공원면적
		인구수, 체육시설 부담비율(=체육시설 부담비/일반회계 세출예산), 재정자립도	체육시설 수, 1인당 체육시설 면적
	상하수도 사업	직원 수, 영업비용, 일반관리비, 시설용량	1인당 1일 급수량
		순 설비자산, 수도관 연장, 직원 수, 인구수, 영업비용	영업수입, 조정량(=배수량−누수량)
		인건비, 물건비, 기타 영업비용(이전 경비 및 급수공사비), 영업외비용(지급이자 및 기업채권 취급제비용)	1인당 1일 급수량, 안정성 비율, 수익성 비율
		인건비, 소모품비, 기타비용(감가상각비 및 기반설비 교체비 제외)	급수 인구(가정용 요금부과 급수 전수)
		급수 인구당 원정수비, 일반관리비, 급수공사비, 감가상각비, 영업외비용	유수율, 매출액
	생활 폐기물	생활폐기물 관리인원 수, 관리예산 집행액, 처리업체 차량 수, 손수레 수, 중장비 수	생활폐기물 매립 및 소각량, 생활폐기물 재활용량
		생활폐기물처리용 트럭 수, 손수레 수, 폐기물 관련 인원수, 생활폐기물관리예산액	생활폐기물 소각/매립량, 폐기물 재활용량, 폐기물처리수수료 징수액

대분류	소분류	투입 요소	산출 요소
	성과평가	공무원 1인당 관할면적, 공무원 1인당 주민 수, 주민 1인당 세출액	사회복지시설 수, 공무원 교육률, 1인당 지방세 징수액, 민원처리 실적, 공공체육시설 수, 문화예술시설 수 1인당 도시공원면적, 상수도 보급률, 하수도 보급률, 도로율
	의정활동	지방의회 청사 면적, 지방의원 수, 의회사무처, 지방의회예산액	조례안 처리 건수, 예산결산 처리 건수, 청원 및 진정처리 건수, 시정 질문 건수, 행정사무감사 조치 건수
	전자정부	정보화 인력 수, 정보화 예산액, 정보화 교육시간	내부업무 정보화, 전자결제, 전자민원처리, 지역주민정보화 교육
		정보화 인력 수, 정보화 예산액	업무의 정보화, 주민정보화 교육 실적, 전자적 주민참여 및 서비스 수준
		정보화 인력 수, 정보화 예산액	업무의 정보화, 홈페이지 활용, 전자적 주민참여
		정보화 예산비율, 자격증 보유율, 일반정보 교육률, 전문정보 교육률	업무 정보화 수준, 주민정보화 교육 실적, 전자적 주민참여수준, 홈페이지 활용수준
		정보화 인력 수, 정보화 예산액, 교육 현황	자료관리현황(DB 관리), 홈페이지개인정보관리, 개인정보시스템운영, 개인정보시스템통제
	전통시장	점포 수, 상인 수, 시장당 주민 수	총매출액, 고객 수
	지역경제	도시공무원 수, 세출예산총액(인건비 제외), 시유행정 재산 총평가액	건축허가면적, 도로면적, 자동차 수, 저소득 국민 수, 식품위생 업소 수, 공중위생 업소 수, 쓰레기 수거량, 인구 및 총 사업체 수
		공무원 1인당 관할면적, 주민 1인당 공무원 수(종합, 직무별), 주민 1인당 세출액	상수도 보급률, 하수도 보급률, 도로율, 도시공원면적, 공중변소 수, 사회복지시설 수용 인원수, 공공도서관 입관자 수, 공영주차장 건수, 건축허가 건수
		종사자 수, 총고정자본형성	지역 내 총생산
		유형 고정자산 연말잔액, 제조업의 월평균 종사자 수	생산액
		시 정부 인력, 시 정부 예산	상수도 보급률, 하수드 보급률, 1인당 공원면적, 주차장 비율, 도로포장률, 민원서류 처리실적, 사회복지시설 수, 금융기관 수, 자활용비율, 도서관 좌석 수, 주택보급률, 건축허가면적, 병상 수, 의료인력 수
		주민 1인당 공무원 수, 주민 1인당 세출액, 공무원 1인당 관할면적	상수도 보급률, 하수도 보급률, 사회복지시설 수, 지방세 징수액, 도로율, 공원면적, 문화시설 수
		시민 1천 명당 공무원 수, 시민 1인당 세출액	자동차 1대당 주차면 수, 상수도 보급률, 하수도 보급률, 교통안전지 수, 인구 1천 명당 체육시설 면적, 인구 1천 명당 도시공원면적, 인구 1인당 복지시설 수
		경지면적, 유형고정자산, 산업종사자 수	대기오염물질 배출량, 도시별 지역 내 총생산
		사회고정자산투자액, 도시취업인구 수	지역별 1인당 GDP
		유형고정자산, 산업참여 노동자, 임금, 순환 자본량에 의한 활용자금	총산업의 산출가치, 각 주 기업생산조세, 각 주 기업생산 이익, 각 주 도소매 판매액
	행정개편	주민 1인당 공무원 수, 주민 1인당 세출액, 공무원 1인당 관할면적	주민 1인당 상수급량, 공무원 1백 명당 민원처리 건수, 지방세 징수액, 도로율, 공원면적

부록 2
선형계획법 이론의 기초

1. 선형계획법의 기본 이론
2. SAS 프로그램을 이용해 최적해를 찾는 방법
3. 쌍대문제(dual problem)와 잠재가격
4. 최소화 문제: 전력생산문제 사례
5. 잔여변수의 문제

부록 2

선형계획법 이론의 기초

1 선형계획법의 기본 이론

선형계획법을 제대로 공부하지 않은 학생의 경우 DEA 이론이 어렵게 느껴질 수밖에 없다. 특히 언제부터인가 행정학 분야에서는 경영과학(operation research) 이론을 가르치지 않는 학교가 대부분인 상황이 되어 버렸다. 그 결과 학생들은 매우 편협하게 방법론을 이해하게 되었고 경영학 분야에서 발전된 각종 방법론을 제대로 이해하지 못하는 상태에 이르게 되었다. 뿐만 아니라, 빅데이터 분석이나 각종 경영과학 기법을 공공부문에 응용할 수 있는 행정학 전공자를 찾아보기 어렵게 되었다. 이런 상황을 고려해 여기에서는 선형계획법의 기본 이론을 간단히 소개하고 SAS의 OPTMODEL 프러시저를 이용하여 분석하는 방법을 예제를 통해 살펴보고자 한다.[1]

경찰청은 치안서비스와 교통서비스를 시민들에게 제공하고 있다. 치안서비스는 한 단위당 1,200원, 교통서비스는 1,500원의 편익이 있는 것으로 알려져 있다. 경찰서가 이 서비스를 제공하기 위해서는 인력, 순찰차, 그리고 정보통신시설이 필요한 것으로 알려져 있다. 한 단

1 여기서 사용하는 예제는 곽노균·최태성(2000)을 이용하였다.

위의 치안서비스 제공을 위해서는 0.4명의 인력이, 0.2대의 순찰차가, 0.2대의 컴퓨터가 필요하다. 교통서비스를 제공하기 위해서는 0.2명의 인력이, 0.2대의 순찰차가, 0.5대의 컴퓨터가 필요하다. 이 경찰청은 인력을 40,000명, 순찰차는 30,000대 그리고 컴퓨터는 50,000대를 확보하고 있는 상황이다.

경찰청의 역량 평가 결과 치안서비스와 교통서비스를 제공할 수 있는 최대 양은 200,000 단위인 것으로 알려져 있다. 또한 교통서비스의 수요가 치안서비스의 수요보다 많은 것이 일반적인 추세이다. 경찰청이 지난해에 수행한 원가 계산에 의하면 치안서비스 한 단위당 변동비는 700원, 교통서비스의 변동비는 900원으로 추정되고 있다. 경찰청장은 최대의 편익을 시민들에게 제공하기 위해서 올해 치안서비스와 교통서비스의 제공 규모를 결정하고자 한다.

위와 같은 최적화 문제 해결에 선형계획법을 활용하기 위해서는 목적함수의 정의, 제약조건의 정의, 그리고 최적해의 계산 절차를 이해할 필요가 있다. 이를 하나씩 살펴보도록 하자.

가. 목적함수의 정의

목적함수(objective function)는 의사결정자가 달성하고자 하는 목적을 함수형태로 표현한 것으로 선형계획법에서는 이 목적함수가 선형함수의 형태로 표현된다. 이 목적함수는 목적함수 값에 영향을 주는 변수, 즉 결정변수(decision variable)와 해당 결정변수가 목적함수에 단위당 얼마나 기여하는지를 보여주는 기여계수(contribution coefficient)로 구성된다. 목적함수의 일반적인 형태는 다음과 같이 수식으로 나타낼 수 있다.

최대화 문제의 선형계획법 목적함수의 형태

$$Max\ Z = c_1x_1 + c_2x_2 + ... + c_nx_n = \sum_{i=1}^{n} c_i x_i$$

(단, x_i는 i 번째 결정변수, c_i는 i 번째 결정변수의 기여계수)

위의 예제에서 경찰청의 목적함수는 최대의 순편익을 사회에 제공하는 것이다. 경찰청이 결정해야 되는 변수는 제공해야 할 치안서비스와 교통서비스 단위의 규모이다. 따라서 결정변수를 다음과 같이 정의할 수 있다.

x_1: 공급하고자 하는 치안서비스 단위의 규모

x_2: 공급하고자 하는 교통서비스 단위의 규모

한편 치안서비스와 교통서비스가 제공하는 편익은 각각 1,200원과 1,500원이고 각 서비스의 생산비용은 700원 및 900원이다. 결국 각각의 서비스의 순기여는 500(=1,200−700)원과 600(=1,500−900)원이다. 따라서 치안서비스와 교통서비스의 단위당 순편익 크기에 기여 정도를 나타내는 기여계수는 다음과 같이 나타낼 수 있다.

c_1: 700원

c_2: 900원

위의 결정변수와 기여계수를 이용한 목적함수를 다음과 같이 나타낼 수 있다.

$$Max\ Z = 500x_1 + 600x_2$$

여기서 독자들 중의 일부는 규모의 경제가 나타나면 생산량이 증가할수록 단위당 생산비용이 줄어들 수 있기 때문에 기여계수가 생산량의 크기에 관계없이 일정하다는 가정이 잘못되었다고 주장할 수 있다. 이러한 주장은 목적함수가 선형이라는 가정이 잘못되었다는 비판과 동일하다. 이 선형성(linearity) 가정은 결정변숫값의 크기에 관계없이 결정변수가 한 단위 변화할 때 목적함수 값 Z의 변화량, 즉 기여계수의 크기가 일정하다는 가정을 의미한다. 위 선형성 가정을 위배할 때는 비선형계획법(nonlinear programming)을 사용해야 한다.

또한 위 목적함수에서 치안서비스와 교통서비스가 동시에 제공되는 경우 순편익이 증폭되어 나타날 수 있다고 주장할 수 있다. 이러한 경우 시너지 효과(synergy effect)가 존재한다고 할 수 있는데 이 시너지 효과의 존재를 주장하는 경우에는 목적함수가 가산성(additivity) 가정을 위배한다고 이야기할 수 있다. 가산성은 결정변수가 목적함수에 미치는 영향은 다른 결정변수의 크기에 영향을 받지 않는다는 가정을 의미한다. 결정변수의 효과가 목적함수에 독립적으로 나타나지 않는다면 서로 상호작용을 하는 변수를 결합하여 하나의 결정변수로 설정한 후 선형계획법을 적용할 수 있을 것이다.

한편 목적함수에 사용된 기여계수의 값이 변하지 않고 불확실할 뿐 아니라 시간에 따라 변할 수도 있기 때문에 최적해가 반드시 타당한 것은 아니라고 주장할 수 있다. 이 주장은 선형모형에 사용되는 계수들이 확실하게 알려져 있고 분석기간 동안 일정하게 유지된다는 확실성 가정(certainty assumption)과 관련이 있다. 확실성 가정이 위배되는 경우에는 민감도 분석을 이용하여 주어진 계수 값이 변할 때 최적해가 어떻게 변하는지를 살펴보는 것이 필요하다.

이와 같이 선형성, 가산성, 확실성 가정 이외에도 선형계획법에서는 결정변숫값이 양수인 실수 값이 아니라 반드시 정수가 되어야 한다는 가정을 부과하기도 한다. 예를 들면 인력, 버스의 수, 컴퓨터의 수 등은 정수 값을 갖는 것이 일반적이기 때문이다. 이 경우에는 정수계획법(integer programming)을 사용하여 계산하게 된다. 한편 어떤 의사결정이 다수의 목표를 추구해야 한다면 목적함수가 한 개가 아니라 여러 개가 될 수 있는데 이 경우는 목표계획법(goal programming)이나 다목적선형계획법(multiple objective linear programming) 등의 방법을 사용해야 한다.

나. 제약조건

의사결정자가 목적함수를 극대화하거나 극소화하고자 할 때 시간이나 자원의 여러 가지 제약 요인들을 고려할 필요가 있다. 이러한 제약조건들은 일반적으로 부등식 형태로 표현될 수 있다. 왜냐하면 어떤 투입요소가 특정 값 이상을 넘어서는 사용할 수 없는 것과 같은 상황을 나타낼 때는 부등식이 편리하기 때문이다.

이 제약조건들은 결정변수 한 단위당 자원의 소비량을 기술계수(technical coefficient)라고 하며 사용가능한 최대 혹은 최소 자원량을 우변상수(right-hand side constraint)라고 부른다. 기술계수와 우변상수를 고려하여 m개의 제약조건은 다음과 같은 부등식으로 나타낼 수 있다.

$$\sum_{i=1}^{n} a_{ij}x_i \leq b_j$$

(단, a_{ij}는 결정변수 x_i의 j 번째 제약조건의 기술계수,

b_j는 j 번째 제약조건의 우변상수, $j=1, 2, ..., m$)

예제의 제약조건은 다음과 같이 나타낼 수 있다. 먼저 치안서비스를 제공하기 위해서는 0.4 단위의 인력이, 교통서비스를 제공하기 위해서는 0.2 단위의 인력이 필요한 상황에서 최대 활용 가능한 인력이 40,000이므로 이 제약조건은 아래와 같이 나타낼 수 있다.

$$0.4x_1 + 0.2x_2 \leq 40,000$$

이와 유사하게 치안서비스를 제공하기 위해서는 0.2대의 순찰차, 교통서비스를 제공

하기 위해서는 0.2대의 순찰차가 필요하고 최대 활용 가능한 순찰차의 규모가 30,000대이므로 이를 제약식으로 나타내면 아래와 같다.

$$0.2x_1 + 0.2x_2 \le 30,000$$

유사하게 컴퓨터에 대한 제약조건은 다음과 같이 나타낼 수 있다.

$$0.2x_1 + 0.5x_2 \le 50,000$$

치안서비스와 교통서비스의 최대 공급량이 200,000 단위이므로 이에 대한 제약식은 아래와 같다.

$$x_1 + x_2 \le 200,000$$

한편 치안서비스보다는 교통서비스의 공급량이 항상 많게 공급되는 것이 일반적이었다는 점을 고려한 제약조건은 다음과 같다.

$$x_1 - x_2 \le 0$$

그리고 위 예제에서 명시적으로 제시하지는 않고 있지만 치안서비스와 교통서비스의 공급은 항상 0 이상의 값을 갖는 비음수인 실수 값을 가져야 된다. 이를 비음조건(non-negative condition)이라고 하는데 선형계획법에서는 모든 결정변숫값이 음수가 될 수 없다는 비음조건을 가정한다. 이 경우 제약조건은 다음과 같다.

$$x_1 \ge 0,\ \ x_2 \ge 0$$

다. 최적해 탐색

앞의 목적함수와 제약조건을 종합하여 나타내면 아래와 같은 선형함수와 부등식의 집합으로 나타낼 수 있다.[2]

$$Max\ Z = 500x_1 + 600x_2$$

---

2 $s.t.$는 subject to의 약자로 제약조건을 나타내는 기호이다.

$$
\begin{aligned}
s.t.\quad 0.4x + 0.2\,x_2 &\le 40{,}000 \\
0.2x_1 + 0.2\,x_2 &\le 30{,}000 \\
0.2x_1 + 0.5\,x_5 &\le 50{,}000 \\
x_1 + \quad x_2 &\le 200{,}000 \\
x_1 - \quad x_2 &\le 0
\end{aligned}
$$

위 식에서 해를 찾아가는 과정을 그림을 이용해 나타내보면 첫째, 제약조건을 이용하여 해가 존재할 수 있는 영역(이를 가해영역이라고 부름)을 최대한 축소해보고, 둘째, 가해영역 내에서 목적함수 값을 극대화하는 점을 찾는 과정으로 나타낼 수 있다.

1) 비음조건 충족영역 구축

먼저 x_1과 x_2는 실수 값을 갖는 임의의 숫자이지만 우리의 선형모형에서는 이 두 변수가 0보다 크거나 같다는 비음조건을 가정하고 있다. 따라서 최적해를 구할 때는 결정변숫값이 모두 음수가 아닌 영역인 제1사분면만이 고려대상이 된다. 따라서 해가 존재할 수 있는 공간은 아래 그림과 같이 1사분면의 윗부분으로 축소시킬 수 있다.

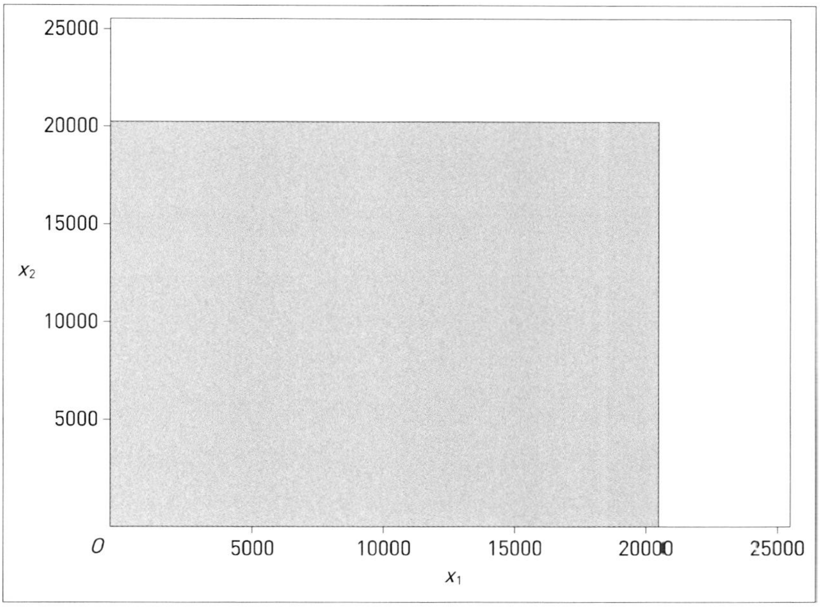

2) 제약조건의 도식 및 가해영역의 결정

첫 번째 제약조건 $0.4x_1 + 0.2x_2 \le 40{,}000$을 등식으로 간주하고 $x_1 = 0$, $x_2 = 200{,}000$인 점과 $x_1 = 100{,}000$, $x_2 = 0$인 점을 연결하는 직선을 그리면 선분의 아래쪽

이 제약조건을 충족하는 가해영역이다.

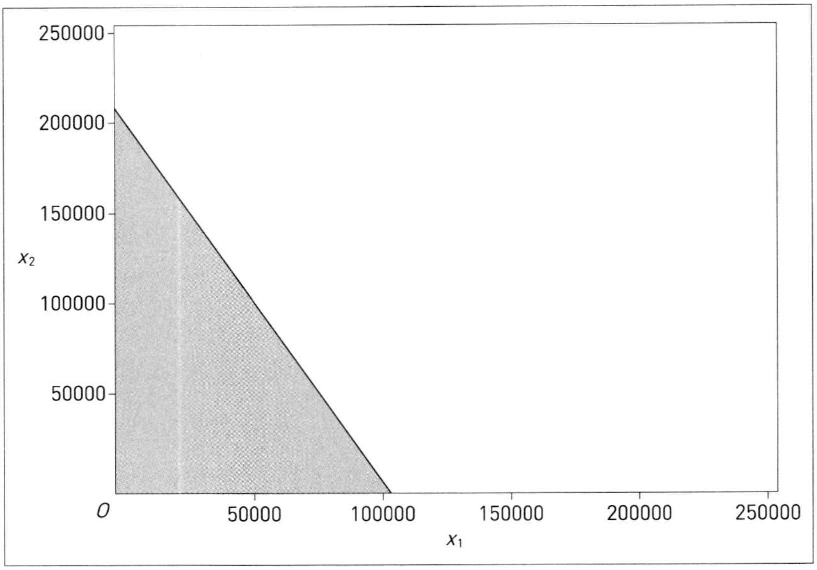

두 번째 제약조건 $0.2x_1 + 0.2x_2 \leq 30,000$을 등식으로 간주하고 좌표가 (150,000, 0)인 점과 (0, 150,000)인 점을 연결한 선분을 첨가하여 두 제약조건을 모두 충족하는 영역을 표시하면 다음과 같다.

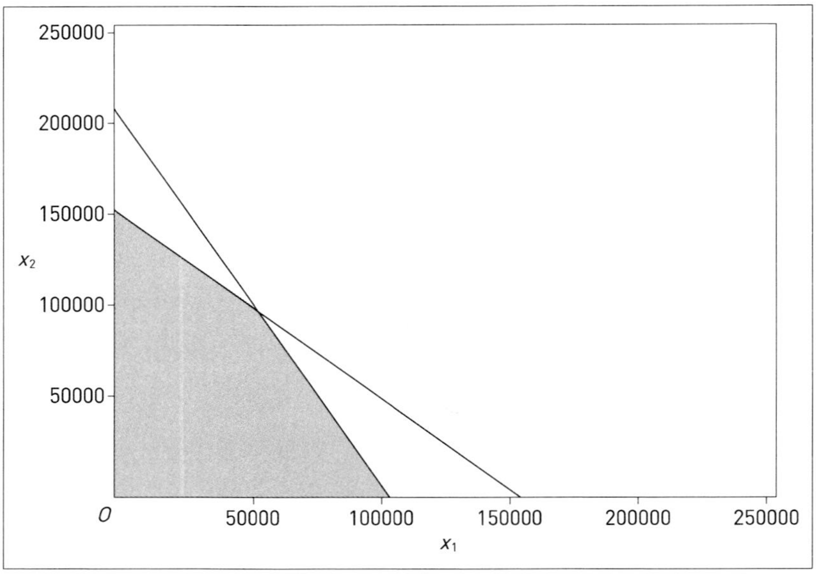

세 번째 제약조건 $0.2x_1 + 0.5x_2 \leq 50{,}000$을 등식으로 나타내는 선은 좌표가 (0, 100,000)인 점과 (250,000, 0)점을 연결한 선분이다. 이를 첨가하여 3개의 제약조건 모두를 충족하는 영역을 표시하면 다음과 같다.

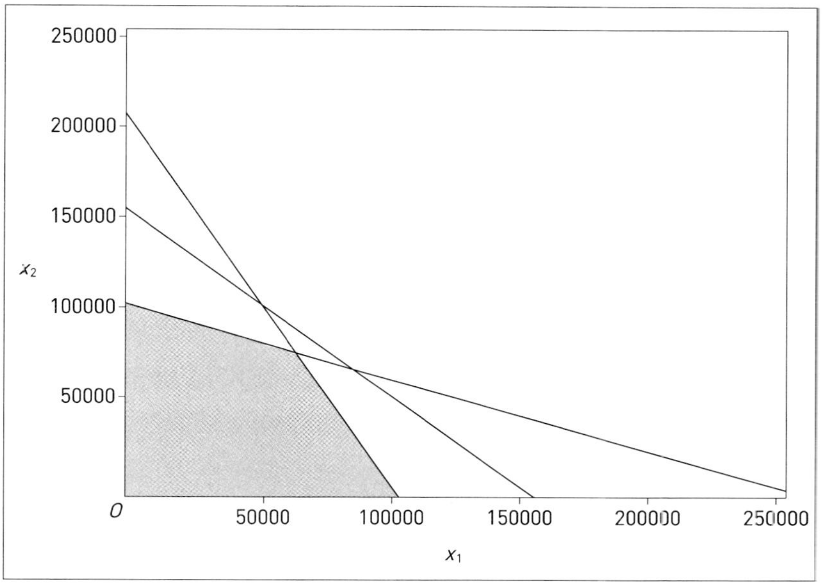

네 번째 제약조건 $x_1 + x_2 \leq 200{,}000$을 등식으로 나타내는 선은 좌표가 (0, 200,000)인 점과 (200,000, 0)인 점을 연결한 선분이다. 이를 첨가하여 4개의 제약조건 모두를 충족하는 영역을 표시하면 다음과 같다.

제약조건이 추가됨에 따라 가해영역이 점점 작아지는 위의 경우와 달리 가해영역이 변하지 않았다. 이처럼 네 번째 제약조건과 같이 가해영역의 결정에 영향을 주지 않는 제약조건을 중복제약조건이라고 한다.

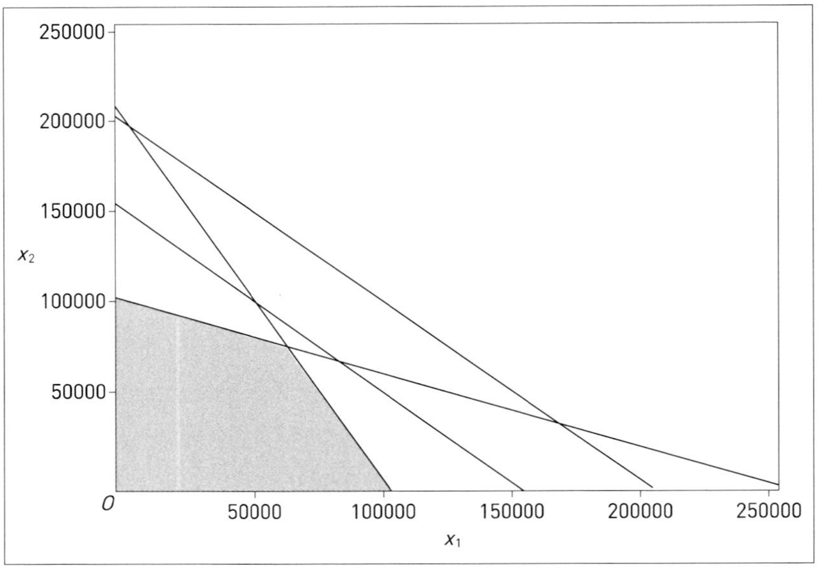

다섯 번째 제약조건 $x_1 - x_2 \leq 0$을 등식으로 나타내는 선은 원점에서 시작하는 45° 대각선이다. 다섯 번째 제약조건을 충족하는 영역은 45°선의 왼쪽 부분으로 모든 제약조건을 충족하는 영역을 표시하면 다음과 같다.

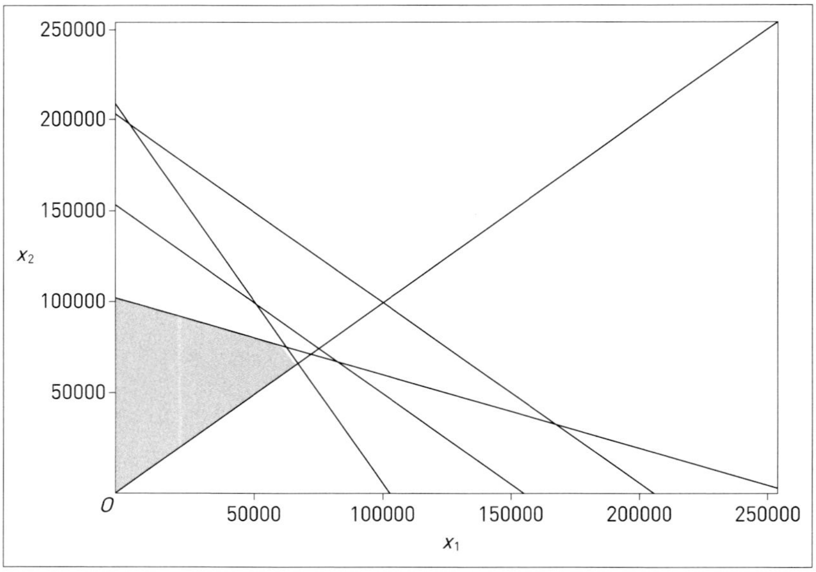

3) 등가이익선의 도식

제약조건을 이용하여 모형의 가해영역이 결정되었으므로 이 중에서 목적함수 값을 최대화 또는 최소화하는 변숫값을 찾아야 한다.

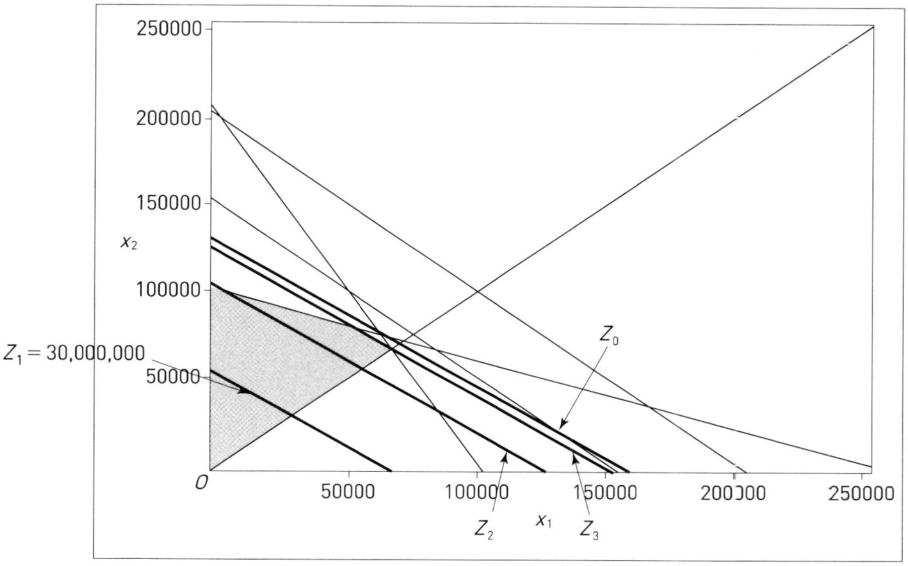

목적함수의 절편값으로 결정하는 Z값을 모르기 때문에 그래프로 나타낼 수 없다. 따라서 임의로 Z값을 정하여 그래프를 그리는데 기여계수들의 공배수로 정한다. Z값을 30,000,000으로 하면 좌표가 (0, 50,000)인 점과 (60,000, 0)인 점을 연결한 선분이 Z값이 30,000,000일 때의 등가이익선이다.

그러나 등가이익선 Z_1, Z_2, Z_3, Z_4의 경우 모두 윗부분에 가해영역이 존재하므로 최댓값이 아니다. 가해영역과 마지막에 닿는 등가이익선은 Z_0이다. 따라서 최댓값은 Z_0가 된다.

최적해를 찾는 방법을 앞에서와 같이 그림으로 나타냈지만 실제 분석에서는 심플렉스법(simplex method)과 같은 최적화 기법을 이용한다. 이 심플렉스법의 기본 아이디어는 가해영역의 꼭짓점을 검토하여 최적해를 찾아내는 방법이다. 경영과학을 공부하는 학생들은 심플렉스법을 통해 최적해를 구하는 절차를 반드시 공부해야 하겠지만 선형계획법의 응용에 초점을 두는 학생들은 곽노균 · 최태성(2000) 등을 참고하기 바란다.

2 SAS 프로그램을 이용해 최적해를 찾는 방법

본 부록은 본문의 프러시저를 이해하고 사용할 수 있기 위한 SAS의 기본 기능과 SAS/OR[R] OPTMODEL의 기초를 이해하기 위한 것이다. 부록을 통해 기초 개념의 이해, 구문 작성 기초 규칙, 데이터의 입력과 임포트(IMPORT), 매크로(MACRO) 기초 사용법, OPTMODEL 활용법 등을 간단한 예제를 통해 익히도록 한다.

가. SAS 개요와 기초

SAS(Statistical Analysis System)는 미국 North Carolina 주립대학에서 1966년부터 개발된 통계패키지이다. 가장 최신 버전은 2014년 8월 공개된 SAS 9.4이며 시각화 기능의 강화, R과 같은 다른 통계 프로그램과의 인터페이스 강화, 네트워크 분석을 비롯하여 빅데이터 분석 기능 등이 강화되었다. 본서는 SAS/BASE를 활용한 데이터 입출력, SAS/OR을 활용한 자료포락분석이 중심이므로 이들 프로그램의 기초를 살펴보도록 한다. 시각화나 통계 및 다변량 분석에 관심이 많다면 프로그램을 설명하는 다양한 개론서가 존재하므로 이를 참고하면 도움이 될 것이다.

1) SAS 화면과 DMS

SAS를 실행하면 가장 먼저 만나는 것은 다음과 같은 화면관리자시스템(DMS)이다.

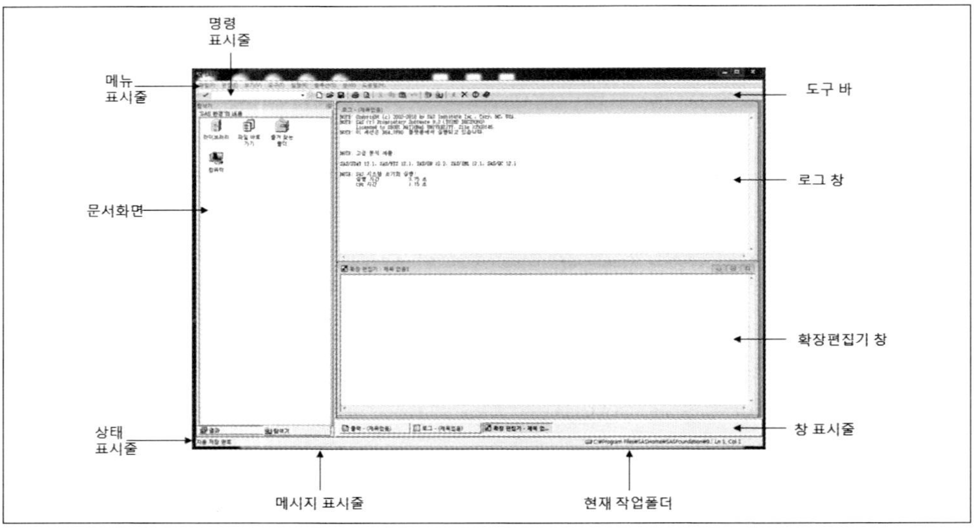

그림 1 ▸ SAS 첫 화면과 DMS 이름들

DMS는 사용자와 SAS 소프트웨어 사이의 대화식 창구이다. 이 화면을 통해 명령(command), 메뉴(menu) 등 원하는 작업을 수행할 수 있다.

SAS를 이용한 작업은 기본적으로 다음과 같은 단계를 거친다.

즉 SAS는 데이터셋과 데이터셋의 가공과정인 프로그램을 제출. 원하는 결과를 얻는 과정에 사용되는 도구이다. SAS 데이터셋은 문서 화면에서 확인할 수 있으며, 프로그램은 확장 편집기 창에서 작성한다. SAS를 통해 얻는 결과물을 아웃풋(output)이라고 하며, 아웃풋 생성 과정을 배달(delivery)이라고 한다. 기본적으로 SAS DMS는 텍스트 아웃풋을 출력창으로, 로그를 로그창으로 배달한다. 그리고 첫 화면에는 나타나지 않지만 그래픽 형식의 출력이 이루어질 경우 별도로 "Result Viewer-SAS Output"이라는 창이 생성되어 출력된다.

2) SAS 프로그램의 기본 개념

SAS는 기본적으로 데이터 단락(DATA step)과 절차 단락(PROC step)이라는 두 가지 기본적 작업단위에 의해 이루어진다. 데이터 단락은 데이터를 관리하기 위한 것, 절차 단락은 데이터를 분석하기 위한 것으로 후자를 특히 프러시저(procedure) 단락, 줄여서 프러시저라고도 부른다.

SAS문은 키워드(keyword)와 인수(argument)로 구성된 스테이트먼트를 기본 단위로 구성되며 스테이트먼트를 마칠 때마다 세미콜론(;)을 사용한다. 키워드는 프로그램 작성 시 이용되는 명령어이다.

인수는 키워드 또는 "=" 부호 다음에 오는 것들을 총칭한다. 인수는 이름, 기호, 상수 등이 올 수 있다. SAS의 키워드와 인수는 모두 대문자와 소문자를 구분하지 않는다. 처음에는 인수와 키워드 구분이 어려울 수 있다. SAS는 키워드와 인수를 글자의 색상으로 구분해 표시한다. 기본적으로 지정되어있는 확장 편집기 창의 굵은 청색으로 표시되는 항들이 DATA, PROC, 그리고 청색 글씨로 표시되는 항들이 키워드, 나머지 형식으로 표시되는 항들이 인수이다. 가령 일반 문자열(literal)은 흑색 비이탤릭체로 표시, 숫자는 굵은 녹색, 작은 또는 큰 따옴표 안의 인용 문자(quoted literal)는 보라색으로 표시된다.

SAS문은 어느 열에서나 시작할 수 있고, 여러 줄에 거칠 수도 있으며 한 줄에 여러 SAS문이 올 수도 있다. SAS의 이름은 영문, 숫자, 밑줄(_)로 만들 수 있고 32자까지 가능하다.[3]

자료처리를 위한 데이터 단락은 DATA문으로 시작해 RUN문으로 끝난다. 데이터 단락에서는 SAS 데이터셋 생성, 수정, 갱신 등이 가능하며, INPUT, PUT문 등을 통해 관측단위 통제가 가능한데 한 SAS 세션에서 사용가능한 데이터셋 수는 제한이 없다. 자료분석을 위한 절차 단락은 PROC문으로 시작해 RUN문으로 끝난다. 절차 단락에서 데이터셋을 지정하지 않으면 SAS 시스템은 직전에 생성된 데이터셋을 사용한다.

SAS문 작성규칙은 직관적이어서 익숙해지기 쉽다는 장점이 있다. 물론 이 외에도 SAS문의 작성규칙은 많으나, 위의 규칙만 숙지해도 복잡한 SAS문을 작성하거나 이해하는 데 무리가 없을 것이다.

3) SAS 연산자(operators)

SAS 연산자는 자료의 산술 연산, 비교 연산, 논리 연산 등을 행하기 위한 기호들이다. 이들 기호는 키워드 뒤에 오는 인수들의 특별한 종류들로 아래의 연산을 행하기 위한 일종의 약속기호이고 다른 컴퓨터 언어 또는 통계프로그램과 거의 동일하다.

① 산술 연산자

+	−	*	/	**
덧셈	뺄셈	곱셈	나눗셈	지수

예: *Y*= *X***2+3**X*+ *Z*/3;

이 구문은 $y = x^2 + 3x + \frac{z}{3}$을 SAS 문법규칙에 맞게 작성한 것이다.

② 비교 연산자

=	^=	>	<	<=	>=	^>	^<
EQ	NE	GT	LT	LE	GE	NG	NL
같다	같지 않다	작다	크다	크거나 같다	작거나 같다	크지 않다	작지 않다

3 다만 8글자까지만 이름을 지정하는 것을 권장한다. 일부 SAS 프로그램은 여전히 기술적 문제로 8글자만 읽을 수 있기 때문이다.

③ 논리 연산자

<table>
<tr><td>&
AND</td><td>|
OR</td><td>^
NOT</td></tr>
</table>

④ 기타 연산자

<table>
<tr><td>><</td><td>최솟값</td></tr>
<tr><td><></td><td>최댓값</td></tr>
<tr><td>||</td><td>문자열을 옆으로 붙임</td></tr>
<tr><td>if / then</td><td>조건에 맞는 데에서만 연산을 실행</td></tr>
</table>

기타 연산자는 생소할 것이다. 예를 들어 설명하면, 가령 다음과 같은 구문은 각각 'C는 A, B 중 작은 값을 가진다(예: 각각의 변수 A와 B의 데이터 값이 각각 A=2, B=3이면 C=2)', 'D는 E와 F의 값을 옆으로 붙인다(예: 각각의 변수 E와 F의 데이터 값이 각각 E=2, F=3이면 D=23)'라는 의미이다.

```
C=A><B;
D=E||F;
```

후술하겠지만, SAS OPTMODEL은 변수명 지정과 제약식 서술에서 다양한 키워드, 인수와 연산자를 사용해야 한다. 키워드와 인수의 구분, 연산자의 익숙한 사용은 OPTMODEL을 비롯한 SAS 패키지 전반을 이해하고 사용하는 데 큰 도움을 준다.

4) 데이터셋의 입력

데이터 입출력을 위한 DATA 구문의 규칙은 세부적으로는 매우 다양하나, 본 부록에서는 본문에서 사용할 DATA 구문을 위한 설명만을 할 것이다. DATA 구문의 기본 형태는 다음과 같다.

표 1 ▸ DATA 구문의 기본 형태

<table>
<tr><td>DATA 데이터셋명;</td><td>데이터셋의 이름을 지정한다. 특수문자는 사용불가능하다.</td></tr>
<tr><td>INFILE 외부 파일명;</td><td>외부 장치에 보관된 자료를 불러올 때 사용한다.</td></tr>
<tr><td>CARDS|DATALINES;</td><td>외부 파일을 이용하지 않는 경우 사용한다.
CARDS문은 DATALINES와 동일하며 한 가지만 사용해도 된다.</td></tr>
<tr><td>INPUT 입력변수명;</td><td>입력자료의 순서대로 변수이름을 지정한다.</td></tr>
<tr><td>기타 DATA 구문의 문장;</td><td>MERGE, SET 등</td></tr>
</table>

가장 기본적인 데이터 입력은 다음과 같다. 만약 DATA 구문에서 데이터셋 명을 입력하지 않는 경우, 데이터셋 순서에 따라 DATA1, DATA2, ... 이름의 SAS 데이터셋이 생성된다.

```
DATA SAMPLE;                    SAMPLE이라는 데이터를 생성
  INPUT X Y;                     이름이 X, Y인 변수를 생성
  CARDS;
    1 2                         X={1,3}, Y={2,4}인 데이터 생성
    3 4
     ;                                    종료
```

다음은 데이터를 직접 입력하여 생성하지 않고 외부 데이터셋을 불러올 수 있다. 편의상 C드라이브의 루트 폴더에 위의 데이터(X={1, 3}, Y={2, 4})가 SAMPLE.DAT라는 이름으로 저장되어있는 파일을 불러온다고 해보자. 이 경우 사용하는 것은 INFLIE 구문이다.

```
DATA SAMPLE;
   INFILE 'C:₩SAMPLE.DAT';
RUN;
```

하지만 외부 자료를 SAS 데이터셋으로 불러 읽는 데 널리 사용되는 것은 PROC IMPORT 프러시저이다. IMPORT 프러시저를 이용하면 다양한 형태의 자료들을 SAS 데이터셋 형태로 변환시킬 수 있다.

가령, C드라이브 루트폴더의 SAMPLE.XLS라는 엑셀파일은 다음 구문으로 불러올 수 있다.

```
PROC IMPORT OUT= WORK.rice
            DATAFILE= "C:₩SAMPLE.XLS"
            DBMS=EXCELCS REPLACE;
RUN;
```

5) INCLUDE, MACRO의 기초 사용법

INCLUDE는 이미 작성해서 컴퓨터에 저장되어 있는 SAS 프로그램 파일을 가져올 때 유용하다. MACRO는 반복수행을 해야 되는 분석절차 코드들을 하나의 단위르 묶어 실행하도록 하는 프로그램이다. INCLUDE문은 다음과 같이 지정한다.

```
%INCLUDE '파일이름';
```

MACRO문의 형식은 다음과 같다.

```
%MACRO 매크로 이름
매크로 문장
%MEND 매크로 이름;
```

매크로 지정이 끝나는 부분에서 %MEND를 사용함에 유의한다. 이를 사용하기 위해서는 단순히 [%MACRO 이름]의 형태를 사용하면 된다.

매크로는 SAS의 고급 수준의 기법으로 사용방법과 범위가 상당히 넓다. 본서의 자료포락분석 프로그램들 역시 모두 매크로를 이용해 작성되어있어, 직관적 사용은 쉬울 수 있으나 이를 이해하기 위해서는 매크로에 대한 이해와 숙달이 필요할 것이다. MACRO를 위한 별도 매뉴얼은 SAS User Guide 내에 [SAS/MACRO PROCESSING]에 있으니 참고하면 도움이 될 것이다.

나. SAS를 이용한 선형계획법 문제의 해결

SAS에서는 선형계획법(linear programming)을 구현할 수 있는 다양한 프러시저들을 소프트웨어에 포함시켜왔고 이를 지속적으로 발전시켜왔다. SAS에 익숙한 학생들은 직접 SAS의 IML(Interactive Matrix Language)과 MACRO 언어를 이용하여 프로그램을 짤 수 있겠지만 이미 표준화된 프러시저가 개발되어 있으므로 사회과학도 수준에서는 이를 이용하는 것이 편리할 수 있다. 이 책에서는 SAS의 OPTMODEL 프러시저를 중심으로 어떻게 선형계획법의 해를 구하는지 살펴보도록 하겠다. 선형계획법 문제가 앞에서 살펴본 것처럼 다음과 같이 제시되었다고 하자.

$$Max\ Z = 500x_1 + 600x_2$$

$$\begin{aligned} s.t.\ \ 0.4\,x_1 + 0.2\,x_2 &\le 40{,}000 \\ 0.2\,x_1 + 0.2\,x_2 &\le 30{,}000 \\ 0.2\,x_1 + 0.5\,x_5 &\le 50{,}000 \\ x_1 + \quad x_2 &\le 200{,}000 \\ x_1 - \quad x_2 &\le 0 \end{aligned}$$

먼저 위의 선형계획법 문제를 풀기 위해서는 목적함수를 나타내는 결정변수의 기여계수 c와 결정변수 x를 정의해주어야 한다.

$$Max\ Z = c_1x_1 + c_2x_2 + \ldots + c_nx_n = \sum_{i=1}^{n} c_ix_i$$

기여계수는 숫자이고 결정변수는 변수이므로 OPTMODEL에서는 기여계수의 집합과 결정계수의 집합을 숫자와 문자 형태로 아래와 같이 선언한다.

```
NUMBER C{1..n};
VAR X{1..n};
```

예제의 경우 기여계수와 결정계수를 2개씩 갖고 있으므로 다음과 같이 선언하면 된다.

```
NUMBER C{1..2};
VAR X{1..2};
```

이렇게 표현하면 기여계수 집합은 c_1, c_2라는 원소를 갖고 결정계수는 x_1, x_2라는 원소를 갖는다. 유사하게 제약조건의 기술계수 a_{ij} 역시 다음과 같이 만들 수 있다.

NUMBER A{1..n_i, 1..n_j};

이렇게 기여계수, 결정변수, 기술계수 등을 만든 다음에 변수의 합으로 이루어진 목적함수나 제약조건 함수를 나타낼 필요가 있는데 목적함수 $\sum_{i=1}^{n} c_ix_i$를 나타내는 방법을 살펴보면 아래와 같다. 여기서 C[I]는 c_i에 해당하고 X[I]는 x_i에 해당한다고 할 수 있다.

SUM {I in 1..N} (C[I]*X[I])

이렇게 목적함수와 제약조건들을 나타낸 후 목적함수를 선언하는 명령어는 MAX (혹은 MIN)을 사용할 수 있고 제약조건은 CON이라는 명령어를 사용한다. 그리고 마지막으로 목적함수를 풀어 결정변숫값을 구하기 위해서는 SOLVE라는 명령어를 사용한다.

이처럼 PROC OPTMODEL의 기본적인 명령어를 이용하여 예제를 풀기 위한 SAS 프로그램을 아래와 같이 만들어 볼 수 있다.

```
① PROC OPTMODEL;
② NUMBER C{1..2}=[500, 600];
③ NUMBER A{1..5, 1..2}=  [0.4, 0.2,
                          0.2, 0.2,
                          0.2, 0.5,
                          1,   1,
                          1,  -1];
   PRINT A;
④ NUMBER B{1..5}=[40000, 30000, 50000, 200000, 0];

⑤ VAR X{1..2} >=0 ;
⑥ MAX Z=SUM{i IN 1..2} (C[I]*X[I]);
⑦ CON CONSTRAINT {J IN 1..5} :
   SUM{I IN 1..2} A[J, I]*X[I] <=B[J];
⑧ EXPAND;
⑨ SOLVE;
⑩ PRINT X.SOL;
QUIT;
```

위 프로그램을 하나씩 설명해보면 다음과 같다.

```
① PROC OPTMODEL;
```

위 명령어는 OPTMODEL 프러시저를 사용하겠다는 것을 선언해주는 것이다.

```
② NUMBER C{1..2}=[500, 600];
```

이것은 선형계획법에서 목적함수의 기여계수를 선언해준 것이다. 우리의 목적함수는 $Max\ Z = 500x_1 + 600x_2$로 나타내지고 있는데 이때 x_1, x_2에 대응하는 기여계수를

c_1, c_2라고 이야기할 때 그 값이 각각 500과 600이다. 위에서 NUMBER라는 명령어는 변수가 숫자 변수임을 선언해준 것이다. 그리고 C{1..2}는 C라는 변수의 지시자(index)가 1부터 2까지 간다는 것을 설명해준다. { } 기호 사이에는 반드시 숫자가 들어갈 필요는 없고 자신이 지시자로 사용하고자 하는 단어들을 넣어도 된다. C{1..2}는 c_1, c_2라는 숫자 변수를 만드는 것이다. 또한 오른쪽에 선언한 [500, 600]은 c_1, c_2 원소 값에 해당한다. 즉 C{1..2}에 의해서 만들어진 c_1, c_2 변수의 값에 각각 500, 600이 할당되게 된다. 참고로 OPTMODEL에서 사용하는 다양한 괄호는 다음의 표와 같다.

표 2 ▸ OPTMODEL에서 사용되는 다양한 괄호와 기능

괄호명	기능
소괄호 ()	데이터 입력이나 출력 시 열 변수 등에 사용 예: col(i) = i열로 대체하라는 의미
중괄호 {}	변수, 모수 지정 시 하첨자 표시 시그마 기호에서 상하첨자 표시
대괄호 []	목적식과 제약식의 하첨자 표시 데이터 입력 시 열 변수 지정

```
③ NUMBER A{1..5, 1..2}= [0.4, 0.2,
                         0.2, 0.2,
                         0.2, 0.5,
                           1,   1,
                           1,  −1];
   PRINT A;
```

이 단계에서는 아래 제약조건들에서 사용되고 있는 기술계수 값을 선언해주고 있다. 예를 들어 다음과 같이 NUMBER 명령어를 사용하면 데이터에서 읽어온 투입물 1, 2와 산출물 1, 2를 X1, X2, Y1, Y2 등과 같이 하첨자를 붙여 읽어오라는 의미이다.

NUMBER X{1..2};
NUMBER Y{1..2};

②와 구분이 되는 것은 기술계수 값들이 벡터 형태가 아니라 5 by 2의 행렬 형태로 선언되고 있다는 점이다. 그 이유를 살펴보면 아래 제약조건에서 볼 수 있듯이 기술계수

들의 집합을 행렬로 나타내는 것이 편하기 때문이다.

$$\begin{aligned} 0.4\,x_1 + 0.2\,x_2 &\le 40{,}000 \\ 0.2\,x_1 + 0.2\,x_2 &\le 30{,}000 \\ 0.2\,x_1 + 0.5\,x_5 &\le 50{,}000 \\ x_1 + \quad\; x_2 &\le 200{,}000 \\ x_1 - \quad\; x_2 &\le 0 \end{aligned}$$

NUMBER A{1..5, 1..2}라는 명령어는 실질적으로 SAS가 다음과 같은 기술계수 배열을 만들도록 한다.

$$\begin{pmatrix} a_{11}\ a_{12} \\ a_{21}\ a_{22} \\ a_{31}\ a_{32} \\ a_{41}\ a_{42} \\ a_{51}\ a_{52} \end{pmatrix}$$

그리고 =[0.4, 0.2, 0.2, 0.2, 0.2, 0.5, 1, 1, 1, −1]은 위 행렬의 각 원소 값을 순서대로 지정해준 것이다. 각 원소별로 콤마로 구분된 이유는 행렬을 만든 것이라기보다는 기술계수의 원소 값들을 지정한 것이기 때문이다. PRINT A; 라는 명령어는 위 행렬 값들이 제대로 입력되었는지를 확인하기 위해 SAS OUTPUT 윈도우에 헝렬 A를 출력하라는 것이다. 물론 실제 분석에서는 이것을 생략해도 해를 구하는 데는 전혀 문제가 없다.

④ NUMBER B{1..5}=[40000, 30000, 50000, 200000, 0];

마찬가지로 위 명령어는 우변상수의 변수를 B로 선언하고 그 INDEX가 1부터 5까지 있으며 각 변수에 [40000, 30000, 50000, 200000, 0] 값을 할당하도록 선언해주고 있다.

⑤ VAR X{1..2} >=0 ;

이 명령어는 결정변수를 선언한 것으로 결정변수는 X로 선언되었고 INDEX는 1과 2를 갖으며 결정변수가 비음조건을 갖는다는 것이 선언되었다.

⑥ MAX Z=SUM{I IN 1..2} (C[I]*X[I]);

기여계수, 기술계수, 우변상수가 ②, ③, ④를 통해 선언되고 그 값이 입력되었으며 결정변수가 ⑤를 통해 선언되었으므로 이제 목적함수를 지정해주어야 한다. ⑥은 목적함수를 선언해준 것이다.

여기서 =SUM{I IN 1..2}은 $\sum_{i=1}^{2}$에 해당하며 수학에서는 $i \in \{1,2\}$ 기호와 유사하다고 할 수 있다. (C[I]*X[I]);은 $c_i \times x_i$를 나타낸다. 결국 이 선형계획법이 $z = \sum_{i=1}^{2} c_i x_i$라는 목적함수의 최댓값을 구하고 그에 상응하는 결정변숫값을 구하는 문제임을 나타낸 것이다.

```
⑦ CON CONSTRAINT {J IN 1..5} :
   SUM{I IN 1..2} A[J, I]*X[J] <= B[J];
```

이 단계에서는 제약조건식을 선언하고 있다. 여기서 제약조건이란 것을 나타내는 것은 CON이라는 명령어이다. 우리 예제에서는 5개의 제약조건이 존재한다. 따라서 제약조건식에 이름을 부여하고 각 이름에 지시자를 1부터 5까지 부여할 수 있다. 이것이 CONSTRAINT {J IN 1..5} : 이다. J는 임으로 할당되는 제약식 지시자 변수의 이름이다. 마지막에 세미콜론이 아니라 콜론(:)을 사용하고 있다는 점에 주의해야 된다.

```
SUM{I IN 1..2} A[J, I]*X[I] <= B[J];
```

위 명령어는 $\sum_{i=1}^{2} a_{ji} * x_i \leq b_j$를 나타낸다. 이미 a_{ji} 값이나 b_j 값은 앞의 ③, ④에서 SAS 메모리에 저장되어 있으므로 $\sum_{i=1}^{2} a_{ji} * x_i \leq b_j$ 값을 첫 번째 제약식 즉, $j=1$인 경우에 아래와 같은 제약식이 선언된 것이다.

```
CONSTRAINT CONSTRAINT[1]: 0.4*X[1] + 0.2*X[2] <= 40000
```

나머지 네 개의 제약식도 ⑦ 단계에서는 아래와 같이 선언된다.

```
CONSTRAINT CONSTRAINT[2]: 0.2*X[1] + 0.2*X[2] <= 30000
CONSTRAINT CONSTRAINT[3]: 0.2*X[1] + 0.5*X[2] <= 50000
CONSTRAINT CONSTRAINT[4]: X[1] + X[2] <= 200000
CONSTRAINT CONSTRAINT[5]: X[1] - X[2] <= 0
```

```
⑧ EXPAND;
```

이 명령어는 앞에서 제시된 목적함수와 제약조건들을 바탕으로 선형계획법 문제를 프린트하도록 하는 것으로 SAS OUTPUT 윈도우를 확인하면 다음과 같은 선형계획법 식이 출력된다.

```
Var X[1] >= 0
Var X[2] >= 0
Maximize Z=500*X[1] + 600*X[2]
Constraint CONSTRAINT[1]: 0.4*X[1] + 0.2*X[2] <= 40000
Constraint CONSTRAINT[2]: 0.2*X[1] + 0.2*X[2] <= 30000
Constraint CONSTRAINT[3]: 0.2*X[1] + 0.5*X[2] <= 50000
Constraint CONSTRAINT[4]: X[1] + X[2] <= 200000
Constraint CONSTRAINT[5]: X[1] - X[2] <= 0
```

그림 2 ▸ EXPAND 명령어를 이용한 선형계획법 모형의 출력 결과

⑨ SOLVE;

이것은 목적함수인 z값을 구하도록 하는 것으로 Solution Summary 테이블로 출력이 된다. 아래 표에서 z값은 76250000임을 알 수 있다.

Solution Summary	
Solver	Dual Simplex
Objective Function	z
Solution Status	Optimal
Objective Value	76250000
Iterations	2
Primal Infeasibility	0
Dual Infeasibility	0
Bound Infeasibility	0

⑩ PRINT X.SOL;

마지막으로 목적함수 z가 최댓값을 가질 때 결정변숫값이 어떤 값인지를 알기 위해서는 결정변수 x의 해의 값을 구해야 되는데 이것이 X.SOL이며 PRINT 명령어는 이 결정부수의 해를 출력하라는 것이다. 출력 결과를 살펴보면 목적함수를 극대화했을 때 x_1(치안서비스)과 x_2(교통서비스) 생산량은 각각 62,500과 75,000임을 알 수 있다.

[1]	X.SOL
1	62500
2	75000

한편 이 최적상태를 달성하기 위해 자원을 어떻게 사용해야 할지에 대한 답을 구할 수도 있다. 예를 들면 두 번째 제약식 $0.2x_1 + 0.2x_2 \leq 30,000$은 순찰차를 몇 대 투입해야 할지에 대한 제약식이다. 앞에서 얻어진 최적 생산량을 이용하여 순찰차의 투입량을 구해보면 $0.2 \times 62,500 + 0.2 \times 75,000 = 27,500$이 됨을 알 수 있다. 즉 목적함수를 최대화하기 위해 27,500대의 순찰차를 사용하면 되기 때문에 최대 이용가능한 30,000대 중 약 2,500대의 순찰차는 잔량(remains)이 됨을 알 수 있다. 그러나 인력과 컴퓨터의 잔량을 계산하면 0임을 알 수 있는데 최대편익을 달성하기 위해서는 보유한 인력과 컴퓨터를 모두 사용해야 된다는 것을 의미한다. 또한 치안서비스와 교통서비스 공급량의 합이 최대 200,000 단위까지 가능하기 때문에 실제 생산된 규모는 137,500 단위이므로 62,500 단위는 잔량으로 남게 된다. 최적해를 달성했을 때 제약조건 방정식의 값은 SAS에서 PRINT _CON_.BODY; 라는 명령어를 이용해 계산하면 된다. 앞의 예제에서는 제약조건의 이름을 constraint라고 지정하였으므로 PRINT constraint.BODY라고 해도 동일한 결과를 얻을 수 있다.

3 쌍대문제(dual problem)와 잠재가격

앞의 예제에서 관심을 가졌던 것은 순편익을 최대화하기 위해 두 가지의 서비스, 즉 치안과 교통서비스를 각각 얼마나 더 공급해야 하는지의 문제였다. 하지만 이 문제는 제품생산에 투입되는 자원의 비용 혹은 가치를 얼마나 최소화해야 되는지의 문제로 전환할 수도 있다. 즉 인력, 순찰차, 컴퓨터의 구체적인 가치는 모르지만 이것들의 전체 투입가치를 최소화하는 것이 사회적 순편익을 극대화하는 전략이라고 할 수 있다.

원본문제

목적함수: $Max\ Z = c_1x_1 + c_2x_2 + \ldots + c_nx_n = \sum_{i=1}^{n} c_i x_i$

제약조건: $\sum_{i=1}^{n} a_{ij} x_i \leq b_j$ (단, $j = 1, 2, \ldots, m$)

$x_i \geq 0$ (단, $i = 1, 2, \ldots, n$)

쌍대문제

목적함수: $Min\ v = \sum_{j=1}^{m} b_j y_j$

제약조건: $\sum_{j=1}^{m} a_{ij} y_j \geq c_i$ (단, $i = 1, 2, ..., n$)

$y_j \geq 0$ (단, $j = 1, 2, ..., m$)

인력, 순찰차, 컴퓨터, 그리고 치안서비스와 교통서비스 간의 상대적 선택에 따라 요구되는 자원의 가치를 각각 y_1, y_2, y_3, y_4, y_5라고 해보자. 원래 최적화했던 문제는 원본문제(primal problem)라고 부르며 그 목적함수와 제약조건은 아래와 같았다.

$$
\begin{aligned}
& Max\ Z = 500x_1 + 600x_2 \\
s.t.\ & 0.4\,x_1 + 0.2\,x_2 \leq 40{,}000 \\
& 0.2\,x_1 + 0.2\,x_2 \leq 30{,}000 \\
& 0.2\,x_1 + 0.5\,x_2 \leq 50{,}000 \\
& x_1 + x_2 \leq 200{,}000 \\
& x_1 - x_2 \leq 0
\end{aligned}
$$

이 문제를 자원의 가치 문제로 바꾸어 푼 문제를 쌍대문제(dual problem)라고 부를 수 있다. 원본문제와 쌍대문제의 관계는 다음과 같은 관계를 갖는다(김성호 외, 2007:41).

표 3 ▸ 원본문제와 쌍대문제의 관계

원본문제	쌍대문제
Maximize	Minimize
i 번째 제약조건 $\leq$	i 번째 결정변수 $\lambda_i \geq 0$
i 번째 제약조건 $=$	i 번째 결정변수 λ_i, 제약 없음
i 번째 제약조건 $\geq$	i 번째 결정변수 $\lambda_i \leq 0$
j 번째 결정변수 $v_j \geq 0$	j 번째 제약조건 $\geq$
j 번째 결정변수 v_j, 제약 없음	j 번째 제약조건 $=$
j 번째 결정변수 $v_j \leq 0$	j 번째 제약조건 $\leq$

원본문제와 쌍대문제의 결정변수들은 다음과 같이 나타내 놓을 수 있다.

$$
\begin{aligned}
&Max\ Z = 500x_1 + 600x_2 \\
s.t.\ & 0.4\,x_1 + 0.2\,x_2 \le 40,000 \cdots \lambda_1 \\
& 0.2\,x_1 + 0.2\,x_2 \le 30,000 \cdots \lambda_2 \\
& 0.2\,x_1 + 0.5\,x_2 \le 50,000 \cdots \lambda_3 \\
& x_1 + x_2 \le 200,000 \cdots \lambda_4 \\
& x_1 - x_2 \le 0 \cdots \lambda_5
\end{aligned}
$$

다음 표에서 열의 변수와 행의 값을 곱하여 목적식과 제약함수를 나타낼 수 있다. 쌍대문제에서는 이와 달리 행의 변수와 열의 값을 이용하여 목적함수와 제약식을 만드는 것이다.

표 4 ▸ 원본문제의 계수의 변환

	원본문제			
	x_1	x_2	부등호	상수
λ_1	0.4	0.2	$\le$	40,000
λ_2	0.2	0.2	$\le$	30,000
λ_3	0.2	0.5	$\le$	50,000
λ_4	1	1	$\le$	20,000
λ_5	1	−1	$\le$	0
상수	$\ge$	$\ge$		MIN
	500	600	MAX	

앞의 원본문제는 산출을 최대화하는 것이었다. 이제 쌍대문제의 목적함수는 투입자원의 비용을 최소화하는 것이다. 그렇다면 각각의 투입요소에 대응하는 투입비용을 결정변수 $\lambda_1, \lambda_2, \lambda_3, \lambda_4, \lambda_5$로 가정할 수 있다. 이 경우 각각의 자원별로 투입가능한 양은 40,000, 30,000, 50,000, 200,000, 0으로 정해져 있으므로 목적함수는 다음과 같이 최소해를 구하는 함수로 나타낼 수 있다.

$$Min\ Z = 40,000\lambda_1 + 30,000\lambda_2 + 50,000\lambda_3 + 200,000\lambda_4 + 0^*\lambda_5$$

목적함수가 결정되었으므로 제약조건을 살펴보자. 한편 치안서비스(x_1)를 한 단위 생산하기 위해서는 인력, 순찰차, 컴퓨터, 그리고 치안서비스와 교통서비스 간의 대체비용 등의 투입요소로 고려되어야 한다. 이것을 제약조건으로 나타내면 다음과 같다.

$$0.4\lambda_1 + 0.2\lambda_2 + 0.2\lambda_3 + \lambda_4 + \lambda_5 \geq 500$$

위 식에서 왼쪽 항이 오른쪽 항보다 크거나 같게 되는 이유는 치안서비스를 포기하는 조건으로 위 투입요소들을 다른 물건 한 단위를 생산하기 위해 사용한다면 이 물건의 가격은 최소한 치안서비스 가격 500원보다는 높아야 하기 때문이다. 이것은 기회비용의 개념, 즉 어떤 재화의 생산을 선택했을 때 그로 인해 포기해야 하는 다른 재화의 가치를 나타낸다고 할 수 있다.

한편 교통서비스 한 단위 생산에 관한 기회비용의 제약조건은 아래와 같다.

$$0.2\lambda_1 + 0.2\lambda_2 + 0.5\lambda_3 + \lambda_4 - \lambda_5 \geq 600$$

마지막으로 '첫 번째부터 다섯 번째 제약조건의 부등호 방향이 모두 작거나 같다(≤)'이므로 결정변수는 모두 비음조건의 제약을 갖는다.

$$\lambda_{1,}\lambda_{2,}\lambda_{3,}\lambda_4,\lambda_5 \geq 0$$

결국 최종적으로 풀어야 하는 쌍대문제는 다음과 같다.

$$Min\ \ Z = 40,000\lambda_1 + 30,000\lambda_2 + 50,000\lambda_3 + 200,000\lambda_4 + 0^*\lambda_5$$

$$\begin{aligned} s.t.\ \ & 0.4\lambda_1 + 0.2\lambda_2 + 0.2\lambda_3 + \lambda_4 + \lambda_5 \geq 500 \\ & 0.2\lambda_1 + 0.2\lambda_2 + 0.5\lambda_3 + \lambda_4 - \lambda_5 \geq 600 \\ & \lambda_{1,}\lambda_{2,}\lambda_{3,}\lambda_4,\lambda_5 \geq 0 \end{aligned}$$

SAS에서 위 쌍대문제를 해결하는 것은 위의 목적함수와 제약조건을 이용하여 결과를 얻으면 된다. 만일 간단하게 이 값을 구하고자 한다면 PRINT _CON_.dual;이라는 명령어를 사용하면 된다. 제약조건에 constraint라는 이름을 부여했기 때문에 PRINT CONSTRAINT.DUAL;이라는 명령어를 사용하면 된다.[4]

이렇게 얻어진 쌍대해의 의미는 쌍대문제 결정변숫값은 원본문제의 우변 상숫값이 한 단위 변할 때 목적함수 값이 변하는 양을 의미한다. 원본문제가 최대화 문제라면, 즉 가용자원을 한 단위 증가시킬 때 수익이 얼마나 증가하는지를 나타낸다고 할 것이다. 예를 들면 λ_2의 쌍대해 값, 즉 순찰차의 비용이 0임을 알 수 있다. 앞에서 순찰차의 경우 최대 순편익을 달성한 상태에서도 2,500대의 여유가 있음을 알 수 있었다. 이것은

4 독자들은 직접 쌍대문제의 최적화 문제를 PROC OPTMODEL을 이용하여 계산한 후 CONSTRAINT.DUAL 옵션을 통해 얻은 값과 같은지 살펴보도록 하라.

순찰차의 가용자원 규모를 한 단위 더 늘리더라도 수익은 변하지 않는다는 것을 의미한다. 경제학적인 관점에서 이것은 순찰차의 잠재가격(shadow price)이라고 부를 수 있으며 현재 상태에서 순찰차의 한계수익의 크기라고 할 수 있다.

이와 달리 인력의 경우에는 쌍대문제의 해가 812.5임을 알 수 있다. 앞에서 인력과 컴퓨터의 경우에는 가용 용량을 모두 다 소비해야 한다는 것을 확인했었다. 따라서 인력의 가용자원을 추가적으로 한 단위 늘리게 되면 약 812.5원의 순편익이 더 발생한다는 것을 의미한다. 다시 이야기하면 인력의 잠재가격은 812.5원인 것이다. 따라서 인력을 추가로 투입하기 위해서 지불할 수 있는 최대의 금액은 812.5원으로 만일 인건비가 812.5원보다 크다면 추가 고용을 해서는 안 될 것이다.

표 5 ▸ 쌍대문제의 해

[1]	constraint.DUAL
1	812.5
2	0.0
3	875.0
4	0.0
5	0.0

4 최소화 문제: 전력생산문제 사례

앞에서는 목적함수를 최대화하는 문제를 다루었다. 이번에는 최소화 문제의 사례를 다루어보도록 하자.

영흥화력발전소는 매년 시간당 2,000메가와트(mwh)의 전력을 공급하여야 한다. 그러나 전력생산을 위해서는 오염물질이 발생하는데 환경법에서는 이 오염물질의 양이 시간당 2800톤을 넘어서는 안 된다고 규제하고 있다. 어떤 원료를 쓰는지에 따라 전력생산 단가와 오염물질 양의 크기가 달라진다. 발전소는 현재의 원료를 그대로 사용하는 방법, 저황(low-sulfur) 연료를 사용하는 방법, 그리고 현재 원료나 저황 연료를 사용하되 오염물질을 걸러내는 필터를 사용하는 방법, 그리고 전력을 아예 다른 곳에서 사 오는 등의 방법을 통해 전력을 공급할 수 있다. 어떤 방법을 쓰는지에 따라 전력생산 단가가 달라진다. 이 단가는 아래 [표 6]에 나타나 있다. 또한 전력을 다른 곳에서 사 와서 공급하는 경우 최대 시간당 200메가와트까지만 사 올 수 있다. 그렇다면 영흥화력발전소의 최적 공급방식은 무엇일까?

표 6 ▸ 영흥화력발전소 사례

	오염	비용/mwh
현재 원료 사용	10톤/mwh	\$3.5
저황 연료 사용	1.2톤/mwh	\$5.0
필터 장치	90% 오염 절감	\$0.8
전력 수입	0/mwh	\$4.0

위 사례에서 먼저 목적함수를 살펴보자. 여기서 결정해야 되는 변수는 각 생산방식에 따라 얼마만큼의 전력을 공급해야 하는지의 문제이다. 전력공급방식은 크게 현재 원료 사용, 저황 연료 사용, 현재 원료를 사용하되 필터 장치를 사용, 저황 연료를 사용하되 필터 장치를 사용, 그리고 전력을 수입하는 방식이 있다. 각 방식에 따라 생산되는 전력의 양을 x_1, x_2, x_3, x_4, x_5라고 하자.

그렇다면 목적함수는 최소비용으로 전력을 공급하는 것이기 때문에 다음과 같이 목적함수를 설정할 수 있다.

$$Min\ z = 3.5x_1 + 5.0x_2 + (3.5+0.8)x_3 + (5.0+0.8)x_4 + 4.0x_5$$

한편 제약조건은 다음과 같이 나타낼 수 있다. 먼저 오염물질의 최대 방출량은 2,800톤으로 제약되어 있으므로 다음과 같은 제약조건이 가능하다.

$$10x_1 + 1.2x_2 + x_3 + 0.12x_4 \leq 2800$$

한편 전력은 최소한 2000메가와트 정도가 공급되어야 하기 때문에 아래와 같이 제약조건을 부여할 수 있다.

$$x_1 + x_2 + x_3 + x_4 + x_5 \geq 2000$$

위 제약은 부등호 방향을 동일하게 하기 위해 아래와 같이 변형할 수 있다.

$$-x_1 - x_2 - x_3 - x_4 - x_5 \leq -2000$$

마지막으로 다른 곳에서 사 올 수 있는 수입량이 200메가와트로 한정되어 있기 때문에 이 경우의 제약조건은 다음과 같다.

$$x_5 \leq 200$$

그리고 결정변수가 모두 비음이라는 조건을 부과할 수 있다.

위 선형계획법을 푸는 SAS 코드는 아래와 같다.

```
PROC OPTMODEL;
    NUMBER C{1..5}=[3.5, 5, 4.3, 5.8, 4];
    NUMBER A{1..3, 1..5}= [10, 1.2, 1, 0.12, 0, -1, -1, -1, -1, -1, 0, 0, 0, 0, 1];
    NUMBER B{1..3}=[2800, -2000, 200];
    VAR X{1..5} >=0;
    MIN Z=SUM{I IN 1..5} (C[I]*X[I]);
    CON CONSTRAINT {J IN 1..3} :
        SUM{I IN 1..5} A[J, I]*X[I] <=B[J];
    EXPAND;
    SOLVE;
    PRINT _VAR_.NAME _VAR_.LB _VAR_.UB _VAR_.SOL _VAR_.DUAL _VAR_.RC;
    PRINT _CON_.NAME _CON_.LB _CON_.BODY _CON_.UB _CON_.DUAL;
QUIT;
```

먼저 SOLVE; 명령문을 통해 영흥화력발전소가 시간당 최소한 2000메가와트를 공급하기 위해 지불해야 되는 비용은 시간당 $8451.11임을 알 수 있다.

한편 PRINT _VAR_.NAME _VAR_.LB _VAR_.UB _VAR_.SOL _VAR_.DUAL _VAR_.RC;의 명령문은 선형계획법 문제를 풀 때 유용한 여러 값들을 출력하도록 하고 있다. _VAR_.NAME은 결정변수의 이름들을 출력하도록 되어 있고, _VAR_.LB은 결정변수의 하한값, _VAR_.UB은 결정변수의 상한값, _VAR_.SOL은 목적함수를 최적화할 때 결정변수의 값, _VAR_.DUAL은 쌍대해의 값, 그리고 _VAR_.RC은 감가액(reduced cost) 혹은 상대적 손실의 값을 나타낸다.

먼저 출력 결과에서 _VAR_.SOL의 값을 읽어보면 현재 원료를 사용해서 생산하는 전력은 111.11메가와트, 저황 연료 사용을 통한 생산은 0메가와트, 현재 원료를 이용하되 필터 장치를 이용한 생산은 1688.89메가와트, 저황 연료를 사용하되 필터 장치를 이용한 생산은 0메가와트, 그리고 다른 곳에서 전력을 수입해 오는 양은 200메가와트일 때 최소 생산비용 $8451.11를 달성할 수 있음을 알 수 있다.

5 잔여변수의 문제

하나 주목할만한 것은 _VAR_.RC 칼럼에 나타난 감가액 정보이다. 감가액의 의미를 이해하기 위해서는 잔여변수(slack variable)의 의미를 이해할 필요가 있다. 여기에서 풀고자 하는 원본문제는 다음과 같다.

$$Min\ \ z = 3.5x_1 + 5.0x_2 + (3.5 + 0.8)x_3 + (5.0 + 0.8)x_4 + 4.0x_5$$

$$10x_1 + 1.2x_2 + x_3 + 0.12x_4 \le 2800 \text{(오염물질 방출량과 관련된 제약)}$$
$$-x_1 - x_2 - x_3 - x_4 - x_5 \le -2000 \text{(전력 공급 규모와 관련된 제약)}$$
$$x_5 \le 200 \text{(전력 수입량과 관련된 제약)}$$

이 원본문제에 대한 쌍대문제를 구축할 때 잔여변수를 이용하여 다음과 같이 구축할 수 있다.

$$\begin{aligned} Max\ z' &= 2800\,y_1 - 2000\,y_2 + 200y_3 \\ 10\,y_1 - y_2 &= 3.5 + s_1 \\ 1.2\,y_1 - y_2 &= 5.0 + s_2 \\ y_1 - y_2 &= 4.3 + s_3 \\ 0.12\,y_1 - y_2 &= 5.8 + s_4 \\ - y_2 &= 4.0 + s_5 \end{aligned}$$

위에서 s_1이라는 잔여변숫값이 0이라면 x_1이 현재 비용에서도 생산을 하는 것이 바람직하다는 것을 의미하며 만일 0보다 큰 값을 갖는다면 비용을 s_1만큼 낮추는 것이 바람직하다는 의미로 해석할 수 있다. 이 잔여변숫값은 쌍대문제를 풀어서 얻은 값을 통해 얻거나 감가액을 계산해서 얻을 수 있는데 다음 [표 7]의 _VAR_.DUAL 칼럼이나 _VAR_.RC에 잔여변숫값이 나타나고 있다. 이 칼럼을 보면 s_2, 즉 저황 연료의 잔여변수가 0.71778로 나타나고 있다. 이것은 현재 비용 상황에서 저황 연료를 사용하는 것이 바람직하지 않다는 것을 의미한다. 그러나 만일 생산비용이 현재 수준인 $5.0보다 0.71778 이상 감소하면 저황 연료를 사용한 전력생산을 고려할 수 있다고 볼 수 있다. 이를 확인해 보기 위해 위 SAS 프로그램에서 x_2의 기술계수를 5에서 0.72만큼 감소시킨 경우와 0.71로 감소시킨 경우를 비교해보자. 전자는 s_2 값보다 약간 큰 값이고 후자는 s_2 값보다 약간 작은 값이다.

```
NUMBER C{1..5}=[3.5, 4.28, 4.3, 5.8, 4];
NUMBER C{1..5}=[3.5, 4.29, 4.3, 5.8, 4];
```

비용이 4.29가 되는 경우는 여전히 x_2의 생산량이 0이 되어야 비용을 최소화하는 것으로 나타나지만 4.8로 감소하는 경우는 x_2의 값이 1727.273이 되는 것을 알 수 있다. 즉 저황 연료를 이용하여 1727.273mkh만큼의 전력을 생산하는 것이 바람직하다는 것을 알 수 있다.[5]

표 7 ▸ 결정변수 해의 요약

[1]	_VAR_.NAME	_VAR_.LB	_VAR_.UB	_VAR_.SOL	_VAR_.DUAL	_VAR_.RC
1	x[1]	0	1.7977E+308	111.11	0.00000	0.00000
2	x[2]	0	1.7977E+308	0.00	0.71778	0.71778
3	x[3]	0	1.7977E+308	1688.89	0.00000	0.00000
4	x[4]	0	1.7977E+308	0.00	1.42178	1.42178
5	x[5]	0	1.7977E+308	200.00	0.00000	0.00000

한편 제약조건에 대한 여러 출력물들은 아래 명령문을 통해 얻을 수 있다.

```
PRINT _CON_.NAME _CON_.LB _CON_.BODY _CON_.UB _CON_.DUAL ;
```

아래 결과에서 _CON_.BODY는 원본문제 최적해가 달성되었을 때 각 제약조건별 용량의 값이다. 비용을 최소화했을 때 오염물질 방출량은 2800이 되고, 전력공급의 규모 역시 2000, 그리고 전력수입량도 200이 되고 있다. _CON_.DUAL은 원본문제 최적해의 잔여변수를 나타내고 있다. 우리 예제에서는 소수점 차이 때문에 약간의 차이가 발생하고 있는 것을 알 수 있다. 예를 들면 실제로 _CON_.BODY에서 첫 번째 제약조건의 2800은 2800.088889이다. 첫 번째 제약조건의 잔여변숫값은 오염물질 방출량인데 원래는 2800까지 허용되었는데 최적해를 구했을 때 이것보다는 0.088889만큼 더 오염물질을 방출하는 것으로 나타나고 있다.

[1]	_CON_.NAME	_CON_.LB	_CON_.UB	_CON_.BODY	_CON_.DUAL
1	constraint[1]	−1.7977E+308	2800	2800	−0.088889
2	constraint[2]	−1.7977E+308	−2000	−2000	−4.388889
3	constraint[3]	−1.7977E+308	200	200	−0.388889

5 이 예제에서 얻을 수 있는 또 다른 시사점은 기여계수나 기술계수 값이 약간만 달라지더라도 최적해에 해당하는 결정변수의 값들이 매우 달라질 수 있음을 알 수 있다. 이러한 이유 때문에 선형계획법에서 민감도 분석의 중요성은 매우 크다고 할 수 있다.

부록 3
DEA 코드

DEA 코드

지금까지 설명한 각 개념들만으로는 OPTMODEL을 이용해 DEA를 위한 SAS 코드를 직접 짜기는 쉽지 않을 것이다. 하지만 본서에서 제시된 프로그램 코드들을 이해하는 데에는 부족함이 없을 것이다. 독자들의 이해를 돕기 위해서 산출방향 포락분석 모형을 OPTMODEL을 이용해서 분석할 수 있도록 프로그램을 짜보도록 하자.

```
/*데이터 입력*/

DATA X;
    INPUT X $9.;
    DATALINES;
INPUT1
INPUT2
INPUT3
;

DATA Y;
    INPUT Y $11.;
    DATALINES;
OUTPUT1
```

```
OUTPUT2
;

%LET DATANAME=BANK;

DATA &DATANAME;
   INPUT DMU_NAME$ INPUT1 INPUT2 INPUT3 OUTPUT1 OUTPUT2;
   CARDS;
1        784951   100008   260123   604615   761827
2        879031   105817   301204   837191   902855
3       1351112   112358   444154   595337   678472
4        932876   109896   326151   698981  1107165
5       1212980    97818   372405   979816  1215492
6        725713    75375   248056   439959   472763
7       2064405   220042   792572   784291   926963
8        884021    95057   302448   722960  1016973
9       1430560   111159   448935   450950   915496
10       692210    93488   275500   716727  1300549
11       895873    85400   378459   828298   736777
12      1301604   132732   572417  2730861  2301904
13      1798072   123730   582782  1500566  2981793
14       993376    97940   282354   807648  2192614
15      1211314   121841   478213   763614  1016866
16      2803052   201253  1053767   779217  1177962
17      1114684   115756   320335   788497   555608
18       970000    99323   452576   736664   858207
19      2383511   174205  1431663  1606290  1539269

;
RUN;
```

먼저, OPTMODEL 프러시저에서는 각종 변수를 지정하고 계수를 지정한 후 다음과 같이 데이터를 읽어 오게 된다.

SAS문	의미
PROC OPTMODEL;	OPTMODEL을 시작
SET 〈STR〉 M;	X변수의 열을 M으로 설정
READ DATA X INTO M=[X];	투입물 모수 데이터의 열 입력
SET 〈STR〉 S;	Y변수의 열을 S로 설정
READ DATA Y INTO S=[Y];	산출물 모수 데이터의 열 입력
SET 〈NUM〉 N;	숫자 N을 정의
STR DMU_NAME {N};	DMU의 이름의 열을 N으로 설정
NUM X {N, M};	투입물의 모수를 지정
NUM Y {N, S};	산출물의 모수를 지정
READ DATA &DATANAME INTO N=[_N_] DMU_NAME	SAS WORKSHEET에서 &DATANAME이라는 데이터를 불러옴. 데이터 형식을 DMU 이름, 투입과 산출이 열로 구성
{I IN M} <X[_N_, I]=COL(I)>	
{R IN S} <Y[_N_, R]=COL(R)>;	
NUM K;	분석대상 DMU를 지정
VAR SN {N, M}>=0;	계산될 투입 여유분을 지정 제약식의 $s_i^- \geq 0,\ i=1,2,\cdots,m$
VAR SP {N, S}>=0;	계산될 산출 여유분을 지정 제약식의 $s_r^+ \geq 0,\ r=1,2,\cdots,s$
VAR LAMBDA {N}>=0;	계산될 각 요소 가중치를 지정 제약식의 $\lambda_i \geq 0,\ j=1,2,\cdots,n$
VAR H>=0;	계산될 효율성 변숫값을 지정
NUM EFFICIENCY_NUMBER{N};	출력될 효율성 값을 지정
NUM INPUTSLACK{N, M};	출력될 투입 여유분을 지정
NUM OUTPUTSLACK{N, S};	출력될 산출 여유분을 지정
NUM LAMBDA_SOL {N, N};	출력될 각 요소 가중치를 지정

데이터와 모수를 지정해주고, 계산되는 변수를 지정해준다. 유의할 점은 SAS OPTMODEL 내에서 계산되는 변수들을 나중에 출력해주기 위해서는 각각의 값을 모수 형태로 다시 지정해주어야 한다는 점이다.

CCR 산출방향 포락모형은 다음과 같이 변환된다.

SAS 입력 형태	수식 형태
MAX OBJECTIVE=H; CON INPUT_CON {I IN M}: X[K, I]-SUM {J IN N} X[J, I]*LAMBDA[J]-SN[K, I]=0; CON OUTPUT_CON {R IN S}: SUM {J IN N} Y[J, R]*LAMBDA[J]-Y[K, R]*H-SP[K, R]=0;	$Max\,\phi$ $s.t.\ \sum_{j=1}^{n} x_{ji}\lambda_j + s_i^- = x_{ki}$ $y_{kr}\phi - \sum_{j=1}^{n} y_{jr}\lambda_j + s_r^+ = 0$

다음 입력분은 해를 찾도록 SAS에 명령하는 구문이다.

SAS문	의미
DO K = N;	각 분석대상에 대해 반복 수행을 시작
SOLVE;	해 찾기 명령
FOR {I IN M} INPUTSLACK[K, I]=SN[K, I];	계산된 투입 여유분을 모수화
FOR {R IN S} OUTPUTSLACK[K, R]=SP[K, R];	계산된 산출 여유분을 모수화
EFFICIENCY_NUMBER[K] =1/H.SOL;	계산된 효율성 변수를 모수화
FOR {J IN N} LAMBDA_SOL[K, J]=(IF LAMBDA[J].SOL>1E-6 THEN LAMBDA[J].SOL ELSE .);	계산된 가중치 변수를 모수화
END;	계산 종료

계산된 변수를 모수화하는 과정은 계산된 값을 출력하기 위한 것이다. OPTMODEL 프러시저 내에서 계산된 변수를 위와 같이 처리해주지 않으면 출력이 불가능하다. 다음은 출력을 위한 구문이다.

SAS문	의미
SET EFFICIENT_DMU={J IN N: EFFICIENCY_NUMBER [J]>=1};	효율성이 1인 DMU에 효율적 DMU의 의미를 부여
SET INEFFICIENT_DMU=N DIFF EFFICIENT_DMU;	효율성이 1보다 낮은 DMU에 비효율적 DMU의 의미를 부여
PRINT DMU_NAME EFFICIENCY_NUMBER;	DMU 이름과 효율성 계수를 출력
CREATE DATA EFFICIENCY_DATA FROM [DMUID]	DMU 이름과 효율성 계수가 담긴 EFFICIENCY_DATA를 생성
DMU_NAME EFFICIENCY_NUMBER;	
CREATE DATA RESULT FROM [DMUID] DMU_NAME EFFICIENCY_NUMBER {I IN M} <COL ("INSLACK"||I) =INPUTSLACK[DMUID, I]> {R IN S}<COL ("OUTSLACK" ||R)=OUTPUTSLACK[DMUID, R]>;	DMU 이름, 효율성 계수, 투입과 산출의 여유분 출력값이 담긴 RESULT 데이터를 생성
QUIT;	OPTMODEL을 종료

두 개의 데이터를 생성하도록 예시했지만 효율성 계수만이 궁금하다면 **EFFICIENCY_DATA**만을 생성해도 된다.

전체 **SAS OPTMODEL**구문은 **OPTMODEL**로 시작해서 **QUIT**으로 끝난다. 해당 **CCR** 산출방향 포락모형 **OPTMODEL**구문을 성공적으로 완료했다면, 프린트를 위해 다음 구문을 입력한다.

SAS문	의미
PROC SORT DATA=RESULT;	RESULT 데이터셋에 대해 효율성 계수 값을 따라 오름차순으로 DMU를 정렬
BY DESCENDING EFFICIENCY_NUMBER;	
RUN;	
PROC PRINT DATA=RESULT;	RESULT 데이터를 출력
RUN;	

그 결과 SAS 출력창에 다음과 같은 결과가 출력된다.

SAS 시스템

OBS	DMUID	DMU_NAME	EFFICIENCY_NUMBER	INSLACKINPUT1	INSLACKINPUT2	INSLACKINPUT3	OUTSLACKOUTPUT1	OUTSLACKOUTPUT2
1	12	12	1.00000	0.00	0.00	0.00	0	0.00
2	13	13	1.00000	0.00	0.00	0.00	0	0.00
3	14	14	1.00000	0.00	0.00	0.00	0	0.00
4	10	10	0.89839	0.00	24622.29	50304.25	0	0.00
5	5	5	0.63792	221727.27	0.00	0.00	0	0.00
6	2	2	0.63156	121580.21	29269.30	0.00	0	0.00
7	8	8	0.60182	38908.69	10381.30	0.00	0	0.00
8	4	4	0.58058	0.00	16748.26	7073.50	0	0.00
9	1	1	0.55971	88756.75	30014.52	0.00	0	0.00
10	17	17	0.51595	386282.65	41476.75	0.00	0	211325.84
11	11	11	0.48478	31310.90	0.00	7884.68	0	0.00
12	19	19	0.47963	543642.16	0.00	669323.23	-4.6566E-10	-0.00
13	18	18	0.46041	-0.00	1551.91	78657.21	0	0.00
14	15	15	0.42446	0.00	270.60	35362.73	-2.3283E-10	0.00
15	6	6	0.40250	102823.19	12418.13	0.00	2.32831E-10	0.00
16	9	9	0.35763	23440.70	0.00	0.00	0	0.00
17	3	3	0.31613	207274.11	0.00	0.00	0	0.00
18	16	16	0.26480	159238.18	0.00	129466.44	0	0.00
19	7	7	0.23291	0.00	12059.99	1356.75	0	0.00

주요 참고문헌

고길곤(2014), 통계학의 이해와 활용, 문우사.

곽노균 · 최태성(2000), 경영과학－이론과 응용, 다산출판사.

김성호 · 최태성 · 이동원(2007), 효율성 분석: 이론과 활용, 서울경제경영.

김순양 · 윤기찬(2012), 교육 효율성 측면에서의 지방자치단체 간 교육격차의 비교 · 분석: 자료포락분석(DEA) 기법의 적용, 한국사회정책, 19(2), pp. 99~136.

김흥률 · 심광호 · 윤기석 · 박재신(2006), 정부성과관리와 평가제도: 주요 선진국 사례를 중심으로, 대영문화사.

박과영 · 김갑성(2014), 도시 공공서비스의 효율적 공급을 위한 적정 도시규모 분석, 도시행정학보, 27(2), pp. 231~261.

박만희(2008), 효율성과 생산성 분석, 한국학술정보.

유금록(2010a, 2010b), 공립도서관의 효율성 평가: 부트스트랩 자료포락분석, 행정논총, 48(3), pp. 275~303.

______(2010c), 확률거리변경함수를 이용한 금융공공기관과 민간은행의 효율성 비교, 한국행정학보, 44(4), pp. 285~315.

______(2011), 비방사적 자료포락분석모형을 이용한 국립대학교 도서관의 운영효율성 평가, 한국자치행정학보, 25(1), pp. 1~15.

______(2014), 부트스트랩 비방사적 자료포락분석을 이용한 지방공기업의 영업효율성 평가, 한국행정학보, 48(4), pp. 319~348.

윤기찬 · 이일현 · 이현실(2013), 기초자치단체별 보건의료서비스 효율성 격차 비교분석: 자료포락분석(DEA)의 적용, 지방행정연구, 27(3), pp. 231~261.

이윤식(2010), 정책평가론, 대영문화사.

이정동 · 오동현(2013), 효율성분석이론, 지필미디어.

이정호(2010), DEA 모형의 확장에 관한 연구, 한국생산관리학회지, 21(2), pp. 157~176.

Aggarwal, C. C.(2005), *Outlier Analysis*, Springer.

Asmild, M., Paradi, J. C., Aggarwall, V., & Schaffnit, C.(2004), Combining DEA window analysis with the Malmquist index approach in a study of the Canadian banking industry, *Journal of Productivity Analysis*, 21(1), pp. 67~89.

Avkiran, N. K.(2006), *Productivity Analysis in the Service Sector with Data Envelopment Analysis*, N. K. Avkiran.

Bahari, A. & Emrouznejad, A.(2014), Influential DMUs and outlier detection in data envelopment analysis with an application to health care, *Annals of Operations Research*, 223(1), pp. 95~108.

Banker, R.(1996), Hypothesis tests using data envelopment analysis, *Journal of Productivity Analysis*, 7(2~3), pp. 139~159.

Banker, R. D.(1993), Maximum Likelihood, Consistency and Data Envelopment Analysis: A Statistical Foundation, *Management Science*, 39(10), pp. 1265~1273.

Banker, R. D., Charnes, A., & Cooper, W. W.(1984), Some Models for Estimating Technical and Scale Inefficiencies in Data Envelopment Analysis, *Management Science*, 30(9), pp. 1078~1092.

Banker, R. D., Charnes, A., Cooper, W. W., Swarts, J., & Thomas, D.(1989), An Introduction to data envelopment analysis with some of its models and their uses, *Research in Government and Nonprofit Accounting*, 5(5), pp. 125~163.

Banker, R. D., Cooper, W. W., Seiford, L. M., Thrall, R. M., & Zhu, J.(2004), Returns to scale in different DEA models, *European Journal of Operational Research*, 154(2), pp. 345~362.

Banker, R. D. & Thrall, R. M.(1992), Estimation of returns to scale using data envelopment analysis, *European Journal of Operational Research*, 62(1), pp. 74~84.

Battese, G. E. & Coelli, T. J.(1988), Prediction of Firm-Level Technical Efficiencies with a Generalized Frontier Production Function and Panel Data, *Journal of Econometrics*, 38, pp. 387~399.

Blackburn, V., Brennan, S., & Ruggiero, J.(2014), *Nonparametric Estimation of Educational Production and Costs using Data Envelopment Analysis*, Springer.

Boardman, A. E., Greenberg, D. H., Vining, A. R., & Weimer, D. L.(2001), *Cost-benefit analysis: concepts and practice*(2nd ed.), Prentice Hall.

Bogetoft, P. & Otto, L.(2011), *Stochastic Frontier Analysis SFA Benchmarking with DEA, SFA, and R*, 157, pp. 197~231, Springer.

Boussofiane, A., Dyson, R. G., & Thanassoulis, E.(1991), Applied Data Envelopment Analysis, *European Journal of Operational Research*, 52(1), pp. 1~15.

Bowlin, W. F.(1998), Measuring Performance: An Introduction to Data Envelopment Analysis(DEA), *Journal of Cost Analysis*, 7, pp. 3~27.

Callender, G.(2009), *Efficiency and Management*, Routledge.

Cameron, K. S.(1986), Effectiveness As Paradox: Consensus and Conflict in Conceptions of Organizational Effectiveness, *Management Science*, 32(5), pp. 539~553.

Charnes, A.(1996), Sensitivity and stability of efficiency classifications in data envelopment analysis, *Journal of Productivity Analysis*, 7(1), pp. 5~18.

Charnes, A. & Cooper, W. W.(1962), Programming with linear fractional functionals, *Naval Research Logistics Quarterly*, 9(3~4), pp. 181~186.

Charnes, A., Cooper, W. W., & Rhodes, E.(1978), Measuring the efficiency of decision making units, *European Journal of Operational Research*, 2(6), pp. 429~444.

Chen, Y. & Liang, L.(2011), Super-efficiency DEA in the presence of infeasibility: One model approach, *European Journal of Operational Research*, 213(1), pp. 359~360.

Cheng, G., Zervopoulos, P., & Qian, Z.(2013), A variant of radial measure capable of dealing with negative inputs and outputs in data envelopment analysis, *European Journal of Operational Research*, 225(1), p. 100.

Cheng, G. & Zervopoulos, P.(2014), Estimating the technical efficiency of health care systems: A cross-country comparison using the directional distance function, *European Journal of Operational Research*, 238(3), p. 899.

Coelli, T. J., Rao, D. S. P., O'Donnell, C. J., & Battese, G. E.(2005), *An Introduction to Efficiency and Productivity Analysis*(2nd ed.), Springer.

Coelli, T. J. & Perelman, S.(1996), Efficiency Measurement, Multiple-output Technologies and Distance Functions: With Application to European Railways Retrieved from CREPP Discussion Paper no. 96/05.

Cook, W. D. & Zhu, J.(2014), *Data Envelopment Analysis: A Handbook on the Modeling of Internal Structures and Networks*, Springer.

Cook, W. D., Tone, K., & Zhu, J.(2014), Data envelopment analysis: Prior to choosing a model, *Omega*, 44, pp. 1~4.

Cooper, W. W., Li, S., Seiford, L. M., & Zhu, J.(2011), Sensitivity Analysis in DEA, In W. W. Cooper, L. M. Seiford, & J. Zhu(eds.), *Handbook on Data Envelopment Analysis*, 164, pp. 71~91, Springer.

Cooper, W. W., Seiford, L. M., & Zhu, J.(2011), Data Envelopment Analysis: History, Models, and Interpretations, In W. W. Cooper, L. M. Seiford, & J. Zhu(eds.), *Handbook on Data Envelopment Analysis*, 164, pp. 1~39, Springer.

Cooper, W. W.(2011), *Handbook on data envelopment analysis*, Springer.

Cooper, W. W., Seiford, L. M., & Tone, K.(2006), *Data Envelopment Analysis*(2nd ed.), Springer.

________________________________(2007), *Data Envelopment Analysis: A Comprehensive Text with Models, Applications, References and DEA-Solver Software*, Springer.

Cooper, W. W., Seiford, L. M., & Zhu, J.(2004), *Handbook on Data Envelopment Analysis*, Kluwer Academic.

________________________________(2011), *Handbook on Data Envelopment Analysis*, Springer.

Cornwell, C., Schmidt, P., & Sickles, R. C.(1990), Production frontiers with cross-sectional and time-series variation in efficiency levels, *Journal of Econometrics*, 46(1~2), pp. 185~200.

Sherman, D. H. & Zhu, J.(2006), *Service Productivity Management: Improving Service Performance using Data Envelopment Analysis(DEA)*, Springer.

Dyson, R. G., Allen, R., Camanho, A. S., Podinovski, V. V., Sarrico, C. S., & Shale, E. A.(2001), Pitfalls and protocols in DEA, *European Journal of Operational Research*, 132(2), pp. 245~259.

Edirisinghe, N. C. P. & Zhang, X.(2007), Generalized DEA model of fundamental analysis and its application to portfolio optimization, *Journal of Banking & Finance*, 31(11), pp. 3311~3335.

______________________________(2010), Input/output selection in DEA under expert information, with application to financial markets, *European Journal of Operational Research*, 207(3), pp. 1669~1678.

Emrouznejad, A. & Amin, G. R.(2009), DEA models for ratio data: Convexity consideration, *Applied Mathematical Modelling*, 33(1), pp. 486~498.

Emrouznejad, A., Anouze, A. L., & Thanassoulis, E.(2010), A semi-oriented radial measure for measuring the efficiency of decision making units with negative data, using DEA, *European Journal of Operational Research*, 200(1), pp. 297~304.

Emrouznejad, A. & Ho, W.(2011), *Applied operational research with SAS*, Boca Raton: Chapman and Hall/CRC.

Emrouznejad, A. & Cabanda, E.(2014), *Managing service productivity: using frontier efficiency methodologies and multicriteria decision making for improving service performance*, 215, Springer.

Emrouznejad, A. & Tavana, M.(2014), *Performance measurement with fuzzy data envelopment analysis*, 309, Springer.

Färe, R. & Knox Lovell, C. A.(1978), Measuring the technical efficiency of production, *Journal of Economic Theory*, 19(1), pp. 150~162.

Färe, R., Grosskopf, S., Lovell, C. A. K., & Pasurka, C.(1989), Multilateral Productivity Comparisons When Some Outputs are Undesirable: A Nonparametric Approach, *The Review of Economics and Statistics*, 71(1), pp. 90~98.

Färe, R., Grosskopf, S., & Pasurka Jr, C. A.(2007), Environmental production functions and environmental directional distance functions, *Energy*, 32(7), pp. 1055~1066.

Fox, K. J.(2002), *Efficiency in the Public Sector*, Springer.

Golany, B. & Roll, Y.(1989), An application procedure for DEA, *Omega*, 17(3), pp. 237~250.

Greene, W. H.(2008), The Econometric Approach to Efficiency Analysis, In H. O.

Fried, C. A. K. Lovell, & S. S. Schmidte(eds.), *The Measurement of Productive Efficiency and Productivity Change*, Oxford University Press.

Griffin, R. C., Montgomery, J. M., & Rister, M. E.(1987), Selecting Functional Form in Production Function Analysis, *Western Journal of Agricultural Economics*, 12(2), pp. 216~227.

Hawkins, D. M.(1980), *Identification of Outliers*, Chapman and Hall.

Holzer, M.(1995), Productivity and Quality Management, In J. Rabin(ed.), *Handbook of Public Personnel Administration and Labor Relations*, Marcel Dekker.

Jondrow, J., Lovell, C. A. K., Materov, I. S., & Schmidt, P.(1982), On The Estimation of Technical Efficiency in the Stochastic Frontier Production Function Model, *Journal of Econometrics*, 19, pp. 233~238.

Kerstens, K. & Van de Woestyne, I.(2014), A note on a variant of radial measure capable of dealing with negative inputs and outputs in DEA, *European Journal of Operational Research*, 234(1), p. 341.

Knox Lovell, C. A. & Pastor, J. T.(1995), Units invariant and translation invariant DEA models, *Operations Research Letters*, 18(3), pp. 147~151.

Kumbarkar, S. C. & Lovell, C. A. K.(2000), *Stochastic Frontier Analysis*, Cambridge University Press.

Lee, H. S., Chu, C. W., & Zhu, J.(2011), Super-efficiency DEA in the presence of infeasibility, *European Journal of Operational Research*, 212(1), pp. 141~147.

Lee, H. S. & Zhu, J.(2012), Super-efficiency infeasibility and zero data in DEA, *European Journal of Operational Research*, 216(2), pp. 429~433.

Levine, C. H.(1978), Organizational Decline and Cutback Management, *Public Administration Review*, 38(4), pp. 316~325.

Lozano, S. & Gutiérrez, E.(2011), Slacks-based measure of efficiency of airports with airplanes delays as undesirable outputs, *Computers and Operations Research*, 38(1), pp. 131~139.

Matin, R. K., Jahanshahloo, G. R., & Vencheh, A. H.(2007), Inefficiency Evaluation with an Additive DEA Model Under Imprecise Data: An Application on IAUK Departments, *Journal of the Operations Research Society of Japan*, 50(3), pp. 163~177.

Morita, H. & Avkiran, N. K.(2009), Selecting inputs and outputs in data envelopment analysis by designing statistical experiments, *Journal of the Operations Research Society of Japan*, 52(2), pp. 163~173.

Oh, D. H.(2010), A metafrontier approach for measuring an environmentally sensitive productivity growth index, *Energy Economics*, 32(1), pp. 146~157.

Ozcan, Y. A.(2014), *Health Care Benchmarking and Performance Evaluation: An Assessment using Data Envelopment Analysis(DEA)*, Springer.

Paradi, J., Yang, Z., & Zhu, H.(2011), Assessing Bank and Bank Branch Performance, In W. W. Cooper, L. M. Seiford, & J. Zhu(eds.), *Handbook on Data Envelopment Analysis*, 164, pp. 315~361, Springer.

Pastor, J. T.(1996), Translation invariance in data envelopment analysis: A generalization, *Annals of Operations Research*, 66(2), pp. 91~102.

Podinovski, V. V. & Kuosmanen, T.(2011), Modelling weak disposability in data envelopment analysis under relaxed convexity assumptions, *European Journal of Operational Research*, 211(3), pp. 577~585.

Portela, M. C. A. S., Thanassoulis, E., & Simpson, G.(2004), A directional distance approach to deal with negative data in DEA: An application to bank branches, *Journal of Operational Research Society*, 55(10), pp. 1111~1121.

Quinn, R. E. & Cameron, K.(1983), Organizational Life Cycles and Shifting Criteria of Effectiveness: Some Preliminary Evidence, *Management Science*, 29(1), pp. 33~51.

Ray, S. C.(2004), *Data Envelopment Analysis*, Cambridge University Press.

Rousseau, J. J. & Semple, J.(1993), Categorical Outputs in Data Envelopment Analysis, *Management Science*, 39(3), pp. 384~386.

Rousseeuw, P. J. & Driessen, K. V.(1999), A Fast Algorithm for the Minimum Covariance Determinant Estimator, *Technometrics*, 41(3), pp. 212~223.

Rubin, I.(1985), *Shrinking the federal government: the effect of cutbacks on five federal agencies*, Longman.

Ruggiero, J.(1998), Non-discretionary inputs in data envelopment analysis, *European Journal of Operational Research*, 111(3), pp. 461~469.

__________(2011), *Frontiers in Major League Baseball: Nonparametric Analysis of Performance Using Data Envelopment Analysis*, Springer.

Sarkis, J.(2006), Preparing Your Data for DEA, In N. K. Avkiran(ed.), *Productivity Analysis in the Service Sector with Data Envelopment Analysis*, N. K. Avkiran.

Scheel, H.(2001), Undesirable outputs in efficiency valuations, *European Journal of Operational Research*, 132(2), pp. 400~410.

Seiford, L. M. & Zhu, J.(1998), Sensitivity Analysis of DEA Models for Simultaneous Changes in All the Data, *The Journal of the Operational Research Society*, 49(10), pp. 1060~1071.

______________________(2002), Modeling undesirable factors in efficiency evaluation, *European Journal of Operational Research*, 142(1), pp. 16~20.

Sexton, T. R., Silkman, R. H., & Hogan, A. J.(1986), Data envelopment analysis:

Critique and extensions, *New Directions for Program Evaluation*, 1986(32), pp. 73~105.

Sharp, J. A., Meng, W. & Liu, W.(2007), A Modified Slacks-Based Measure Model for Data Envelopment Analysis with 'Natural' Negative Outputs and Inputs, *The Journal of the Operational Research Society*, 58(12), pp. 1672~1677.

Simar, L.(2003), Detecting outliers in frontier models: a simple approach, *Journal of Productivity Analysis*, 20(3), pp. 391~424. doi:10.1023/A:1027308001925

Simar, L. & Wilson, P. W.(1998), Sensitivity Analysis of Efficiency Scores: How to Bootstrap in Nonparametric Frontier Models, *Management Science*, 44(1), pp. 49~61.

______________________________(2007), Estimation and inference in two-stage, semi-parametric models of production processes, *Journal of Econometrics*, 136(1), pp. 31~64.

________________________(2011), Performance of the Bootstrap for DEA Estimators and Iterating the Principle, In W. W. Cooper, L. M. Seiford, & J. Zhu(eds.), *Handbook on Data Envelopment Analysis*, pp. 241~271.

____________________(2011), Two-stage DEA: caveat emptor, *Journal of Productivity Analysis*, 36(2), pp. 205~218.

Tone, K.(2001), A slacks-based measure of efficiency in data envelopment analysis, *European Journal of Operational Research*, 130(3), pp. 498~509.

________(2002), A slacks-based measure of super-efficiency in data envelopment analysis, *European Journal of Operational Research*, 143(1), pp. 32~41.

Tone, K. & Tsutsui, M.(2010), Dynamic DEA: A slacks-based measure approach, Omega, 38(3~4), pp. 145~156.

Tran, N. A., Shively, G., & Preckel, P.(2010), A new method for detecting outliers in data envelopment analysis, *Applied Economics Letters*, 17(4/6), pp. 313~316.

Wilson, P.(1995), Detecting influential observations in data envelopment analysis, *Journal of Productivity Analysis*, 6(1), pp. 27~45.

Worthington, A. C. & Dollery, B. E.(2002), Incorporating contextual information in public sector efficiency analyses: a comparative study of NSW local government, *Applied Economics*, 34(4), pp. 453~464.

Yang, H. & Pollitt, M.(2009), Incorporating both undesirable outputs and uncontrollable variables into DEA: The performance of Chinese coal-fired power plants, *European Journal of Operational Research*, 197(3), pp. 1095~1105.

Yohai, V. J.(1987), High Breakdown-Point and High Efficiency Robust Estimates for Regression, *The Annals of Statistics*, 15(2), pp. 642~656.

Zhu, J.(1996), Robustness of the efficient DMUs in data envelopment analysis, *European Journal of Operational Research*, 90(3), pp. 451~460.

_______(2001), Super-efficiency and DEA sensitivity analysis, *European Journal of Operational Research*, 129(2), pp. 443~455.

_______(2014), *Quantitative Models for Performance Evaluation and Benchmarking: Data Envelopment Analysis with Spreadsheets*, Springer.

Zhu, J. & Zhang, G.(2008), The Institutional Determinants of Anticorruption in China: Evidences From Revealed Corruption Cases Across Provinces, Paper presented at the MPSA Annual National Conference, Palmer House Hotel, Hilton, Chicago, IL.

Zhu, Q.(2008), Reorientation and Prospect of China's Combat against Corruption, *Crime, Law and Social Change*, 49, pp. 81~95.

찾아보기

ㄱ

ㄴ

ㄷ

ㄹ

ㅁ

ㅍ

ㅎ

기타

저자 소개

고길곤 Kilkon Ko(kilkon@snu.ac.kr)

연세대학교 응용통계학과를 나와 서울대 행정대학원 석사를 거쳐 미국 Pittsburgh 대학에서 정책학 박사학위를 받았다. National University of Singapore 정치학과에서 조교수로 근무한 후 2011년부터 서울대학교 행정대학원에서 계량분석, 조사방법론, 정책평가 등을 가르치고 있다. 2006년 미국 정책학회(APPAM)에서 최우수 박사논문상을 수상했으며 현재 인과이론, 의사결정이론, 복잡계 네트워트 분석, 시뮬레이션, 행정윤리 및 철학, 그리고 정책분석 및 평가이론 연구를 수행하고 있다.

효율성 분석 이론

–자료포락분석과 확률변경분석–

2017년 1월 13일 초판 인쇄
2017년 1월 20일 초판 발행

지 은 이 고 길 곤
펴 낸 이 김 영 훈
기획영업 전 영 완
편 집 김 병 성
펴 낸 곳 도서출판 문우사 MoonWoo
주 소 경기도 고양시 일산동구 정발산로 24
(장항동, 웨스턴돔타워) 2동 814호
전 화 031) 901–6542
070) 4200–6542
팩 스 031) 906–6542
이 메 일 moonwoosa@hanmail.net
홈페이지 www.munu.co.kr
출판신고번호 제396–2013–000113호

값 30,000원 ISBN 979–11–85994–32–1

* 본 저서는 서울대학교 행정대학원 공공성과관리연구센터의 지원을 받아 발간되었습니다.